आदिवासी दुनिया
(चुनिंदा मुद्‌दों पर विमर्श)

लोकोपयोगी सामाजिक विज्ञान

आदिवासी दुनिया

(चुनिंदा मुद्दों पर विमर्श)

हरिराम मीणा

nbt.india
एकः सूते सकलम्
राष्ट्रीय पुस्तक न्यास, भारत
NATIONAL BOOK TRUST, INDIA

ISBN 978-81-237-6672-0

पहला संस्करण : 2013
पाँचवीं आवृत्ति : 2022 (*शक* 1944)

Adivasi Duniya (*Hindi Original*)

₹ 175.00

निदेशक, राष्ट्रीय पुस्तक न्यास, भारत
नेहरू भवन, 5 इंस्टीट्यूशनल एरिया, फेज-II,
वसंत कुंज, नई दिल्ली-110070 द्वारा प्रकाशित
Website : www.nbtindia.gov.in

अनुक्रम

	'आदिवासी दुनिया' पुस्तक के विषय में	*नौ*
	प्रस्तुति वक्तव्य	*ग्यारह*
भाग-1ः	भारतीय परम्परा और आदिवासी	1
	• आदिवासी कौन?	1
	• भारतीय मिथक, इतिहास और आदिवासी	21
	• आदिवासी मिथक	32
भाग-2ः	स्वतन्त्रता संग्राम में आदिवासी योगदान	52
	• पूर्वोत्तर भारत	53
	• मध्य भारत	58
	• पश्चिमी भारत	71
	• दक्षिणांचल	80
	• अण्डमान द्वीप समूह - अबेर्दीन की लड़ाई	87
भाग-3ः	ज्वलंत मुद्दे	89
	• आदिवासी संस्कृति	89
	• धर्म व साम्प्रदायिकता	107
	• आदिवासी शिक्षा	121
	• आदिवासी भाषा	129
	• विस्थापन की समस्या	136
	• नक्सलवाद	149
	• आदिवासी अस्मिता	168
	• क्या जंगलों को आदिवासी उजाड़ते हैं?	178
भाग-4ः	आदिवासी साहित्य और मीडिया	190
	• कथा साहित्य में आदिवासी	190
	• समकालीन आदिवासी कविता	199
	• आदिवासी साहित्य—समस्या और संभावनाएँ	212

- आदिवासी लेखकों द्वारा लिखा आदिवासी हिन्दी साहित्य 215
- आदिवासी साहित्य सम्मेलन 220
- मीडिया और आदिवासी 234

भारत के आदिवासियों की सूची 241

संदर्भ सामग्री 277

''भारत के आदिवासी हजारों वर्षों से इस देश के सबसे पुराने निवासी हैं। बाद में यहाँ आने वाले समूहों ने इन आदिवासियों को दबाकर रखा है, उनकी जमीन छीन ली, उन्हें पर्वतों व जंगलों में खदेड़ा और उन्हें उत्पीड़कों ने अपने हित में बेगार करने को विवश किया। आज विभिन्न समूहों के लगभग 4 करोड़ आदिवासी हैं (अब करीब 10 करोड़) जिन पर सरकार को विशेष ध्यान देने की आवश्यकता है चूंकि वे राष्ट्रीय संस्कृति से अलग थलग रह रहे हैं।''

—जवाहरलाल नेहरू

1958

'आदिवासी दुनिया' पुस्तक के विषय में

- इस पुस्तक-पाण्डुलिपि के लेखक आदिवासी मुद्दों को लेकर पिछले करीब एक दशक से शोधपूर्ण कार्य कर रहे हैं। अब तक निम्न कृतियाँ प्रकाशित हो चुकी हैं–
  'हां चांद मेरा है' (कविता संकलन) जगतराम एण्ड सन्स, नई दिल्ली, 1999
  'साईबर सिटी से नंगे आदिवासियों तक' (यात्रा वृतांत) शिल्पायन, नई दिल्ली, 2001
  'रोया नहीं था यक्ष' (प्रबन्ध काव्य) जगतराम एण्ड सन्स, नई दिल्ली, 2003
  'सुबह के इंतजार में' (कविता संकलन) शिल्पायन, नई दिल्ली, 2006
  'जंगल जंगल जलियांवाला' (यात्रा वृतांत) शिल्पायन, नई दिल्ली, 2008
  'धूणी तपे तीर' (उपन्यास) साहित्य उपक्रम, मधुबन/नई दिल्ली, 2008
- अर्सा से यह महसूस किया जा रहा है कि वर्तमान में भारतीय राष्ट्र-समाज का आदिवासी घटक इस दौर में जिन परिस्थितियों से गुजर रहा है वे आदिवासी-जन के लिए बहुत ही पेचीदा बनती जा रही हैं और हालात पर अकादमिक विमर्श आवश्यक है।
- भारत सरकार द्वारा वनाधिकार अधिनियम 2006 बनाये जाने के बाद भी जल-जंगल-जमीन का मुद्दा यहाँ-वहाँ उठता दिखायी दे रहा है।
- संवैधानिक प्रावधानों एवं सरकारी नीतियों में उनके कल्याण की बहुत सारी योजनाओं के बावजूद उनका लाभ आदिवासियों को पूरी तरह नहीं मिल पा रहा है। ये अत्यन्त सोचनीय हालात हैं और इन हालात पर गम्भीरता से विचार किया जाना चाहिए।
- नक्सलवाद का जो स्वरूप उभरकर आया है वह स्वयं में एक चुनौती है, जिससे आदिवासी सर्वाधिक प्रभावित हुआ है।
- इस तरह के विमर्श की कोई मुकम्मिल पुस्तक सामने नहीं आई, यद्यपि आंचलिक या समुदाय के स्तर पर कई सर्वेक्षण व शोध किये गये हैं और बहुत सारे गैर-सरकारी संगठन कार्यरत हैं।
- यही सब सोचकर यह पुस्तक तैयार की गई है, जिसमें निम्न विषयों को शामिल किया गया है–

प्रस्तुति वक्तव्य

1. भारतीय परम्परा और आदिवासी
   ● आदिवासी कौन? ● भारतीय मिथक, इतिहास और आदिवासी ● आदिवासी मिथक
2. स्वतन्त्रता संग्राम में आदिवासी योगदान
   ● पूर्वोत्तर भारत ● मध्य भारत ● पश्चिमी भारत ● दक्षिणांचल ● अण्डमान
3. ज्वलंत मुद्दे
   ● संस्कृति ● धर्म व साम्प्रदायिकता ● शिक्षा ● भाषा ● विकास बनाम विस्थापन ● नक्सलवाद ● अस्मिता का सवाल ● क्या जंगलों को आदिवासी उजाड़ते हैं?
4. आदिवासी साहित्य और मीडिया
   ● कथा साहित्य में आदिवासी ● आदिवासी कविता ● आदिवासी साहित्य की समस्याएं ● आदिवासी लेखकों द्वारा लिखा आदिवासी हिन्दी साहित्य ● आदिवासी साहित्य सम्मेलन ● मीडिया और आदिवासी

आदिवासियों की सूची

संदर्भ सामग्री

(संकलित सामग्री कुल करीब 250 पृष्ठों में समाहित है।)

- उक्त सारे विषय आदिवासी समाज के दृष्टिकोण से महत्वपूर्ण हैं। इस पुस्तक में शामिल करीब-करीब सभी लेख विभिन्न प्रतिष्ठित साहित्यिक पत्रिकाओं में प्रकाशित होते रहे हैं, जिनमें पहल, कथादेश, वसुधा, आकल्प, अकार, साखी, पाण्डुलिपि, अक्सर, मधुमती, दस्तक, युद्धरत आम आदमी, संकल्प आदि शामिल हैं। इन लेखों का छोटा रूप 'जनसत्ता' में प्रकाशित होता रहा है।
- इस पुस्तक के लेखक की पहचान आदिवासी मुद्दों के विशेषज्ञ के रूप में स्थापित है और उनके साहित्यक कर्म पर विभिन्न विश्वविद्यालयों के करीब दो दर्जन छात्र व छात्राएं शोध/लघुशोध कर रहे हैं जिनमें करीब एक दर्जन लघुशोध पूर्ण हो चुके हैं, शेष पर काम जारी है।
- प्रकाशनाधीन यह पुस्तक आदिवासी विषय में रुचि रखने वाले अध्यापकों/शोधार्थियों, सम्बन्धित सरकारी विभागों, गैर-सरकारी संगठनों एवं अन्य बुद्धिजीवियों के लिए निश्चित रूप से उपयोगी बन सकेगी।

प्रस्तुति वक्तव्य

वर्ष 1999 के जनवरी माह का आखिरी सप्ताह। मैं अण्डमान में था। मैंने अबेर्दीन की वह जमीन देखी जहाँ पर वर्ष 1859 में इस द्वीप समूह पर कब्जा करते वक्त अंग्रेजों ने हजारों आदिवासियों को बंदूक की गोलियों से भून दिया था। उस हादसे के बाद वहाँ के चार मुख्य आदिवासी समुदाय (ग्रेट अण्डमानी, ओंगी, जारवा व सेंटेनली) अण्डमान की मुख्य धरती से दूर घने जंगलों व छोटे वीरान टापूओं में छिप गये थे। दुनिया के सबसे पिछड़े जारवा व सेंटेनली आदिवासीजन आज भी बाहरी इंसान को सबसे खतरनाक प्राणी मानकर चलते हैं।

मैंने माह जुलाई, सन् 2001 के अंतिम सप्ताह में राजस्थान-गुजरात सीमा पर अवस्थित मानगढ़ की पहाड़ी की यात्रा की, अंचल के आदिवासियों से बातचीत की और कुछ कच्ची सामग्री बटोरी। 17 नवंबर, सन् 1913 को फिरंगियों एवं देशी रियासतों की फौज ने वहाँ डेढ़ हज़ार आदिवासियों को मशीनगनों से भून दिया था। ये आदिवासी वनसंपदा के पुश्तैनी उपयोग पर पाबंदी, भारी लगान व बेगार के विरुद्ध एकत्रित होकर गोविंद गुरू के नेतृत्व में पंचायत कर रहे थे।

ये ही चुनिंदा घटनाएँ नहीं है। पलामू विद्रोह (1770-71) से नागारानी गाई दिल्ल्यू (1932-47) के बिगुल तक ऐसी सैकड़ों घटनाएँ ब्रिटिश-काल में देश के आदिवासी बाहुल्य इलाकों में घटित हुई जिनमें हजारों-हजारों आदिवासीजन अपने हक के लिए लड़ते-लड़ते शहीद हुए। उनका दोष था तो यही कि वे अपनी परंपरागत जमीन, जंगल व जरियामास के छिन जाने के विरुद्ध आवाज उठाना चाहते थे। इससे पहले भी आदिवासियों के अजस्त्र संघर्ष का लंबा अतीत रहा है, नाम उसे कुछ भी दिया जा सकता है। हाँ, इतिहास (लिखित) में यह सब दर्ज नहीं है, दर्ज है भी तो ईमानदारी व सच्चाई के साथ नहीं, आज भी प्रचार-तंत्र का कमोबेश वैसा ही दृष्टिकोण है।

छोड़िये उन वातानुकूलित बातों को कि आदिवासी लोग समृद्ध प्रकृति की गोद में नाचते-गाते उन्मुक्त व मस्ती भरा जीवन जीते रहे हैं। हकीकत में देखें तो उनका इतिहास बाहरी आक्रान्ता-घुसपैठियों के दलन-दमन-शोषण, अत्याचार-अन्याय व स्वयं के श्रम-संघर्ष-शहादत से भरा पड़ा है। ऐसी ही परिस्थितियों में ये लोग अभावों व असुविधाओं भरी जिंदगी जीते रहे हैं।

राष्ट्रीय अनुसूचित जाति/जनजाति आयोग के अध्यक्ष दिलीप सिंह भूरिया ने राहुल बहुआयामी शोध संस्थान, दिल्ली द्वारा आयोजित (दि0 12 व 13 नवंबर, 1999) कार्यक्रम के उद्घाटन भाषण में कहा था कि "बादशाहों के समय में कानून बादशाह बनाते थे, अंग्रेज बनाते थे, राजा बनाते थे और आज आजाद भारत में भी उसको सरकार बनाती है, पर आदिवासियों को न्याय नहीं मिला।" 26 जनवरी, 2001 के गणतंत्र दिवस पर राष्ट्र के नाम प्रसारित अपने संदेश में महामहिम राष्ट्रपति महोदय ने इस वक्त आदिवासियों पर छाये चौतरफा संकट पर गहरी चिंता जतायी थी।

14 मार्च, सन् 2001 के जनसत्ता में डॉ. ब्रह्मदेव शर्मा का लेख छपा। उन्होंने बताया कि 'करीब एक करोड़ आदिवासियों का अस्तित्व खतरे में है।' इस देश में करीब आठ करोड़ आदिवासी अनुसूचीबद्ध हैं। कुछ अन्य समूह भी हैं जो घुमंतू जीवन जीते हैं। वे अपनी भौम से पहले भी उखड़े हुए हैं।

ये आधिकारिक वक्तव्य प्रश्न खड़ा करते हैं कि भविष्य में आदिवासी कहाँ होंगे? निश्चित है कुछ आदिवासी प्रजातियां पृथ्वी से विलुप्त हो जायेंगी। जंगल-पहाड़ अब वन्य जीवों के लिए सुरक्षित-आरक्षित कर दिये गये हैं। बीच-बीच में फँसे-सिकुड़े पड़े आदिवासियों को वन संपदा के उपयोग से बाकायदा महरूम किया जा रहा है। विकास के नाम पर उनके बट में आया विस्थापन। समय और 'सभ्यता' की सतायी यह आदिमानवता आखिर कहाँ जायेगी, जो न तो जंगली जानवर हैं और न ही मुख्य धारा के सभ्य इन्सान? स्पष्ट है, ये मानव समूह रोजी-रोटी की तलाश में शहर-कस्बों की ओर आयेंगे जहाँ उन्हें रोजगार की अनिश्चितता रहेगी। कड़ी मेहनत के बावजूद मिलेगी घर, दूकानों, संस्थानों की गुलामी या फिर फुटपाथी-भिखमंगा जीवन। पहले तो ये चोर-उठायीगिरे नहीं थे, अब शायद इन असोची परिस्थितियों के दबाव में अपनी गौरवशाली परंपरा को भूलकर पेट भरने के लिए यह सब भी करने लग जायें। और हाँ, वैश्यावृत्ति जैसे घृणित कर्म में भी अपनी बहू-बेटियों को झोंक दे। आदिवासियों की धार्मिक परंपराओं में सबसे बड़े ईश्वर इनके पुरखे होते हैं। इनकी मान्यता है कि किसी भी दुख-सुख में पुरखे इनके आसपास रहते हैं। पुश्तैनी लीक पर चलते रहने के लिए ये लोग अपने इन्हीं पुरखों से सीख लेते रहे हैं। विकल्पहीन जीवन के इस दौर में कहीं ये अपने मासूम बच्चों को बेचने न लग जायें, चूँकि अब ये अपने पूर्वजों के देवलों से बहुत दूर पहुँचने लगे हैं।

मैंने देखे हैं। आपने भी देखे होंगे। राष्ट्रीय उच्चमार्ग, रेलवे लाईन, बड़े बाँध, शहरों में सीवरेज, टेलीफोन, पेय जल, सड़क, फ्लाई ओवर, भूमिगत-पारपथ, बहु-मंजिला कॉम्पलेक्स-फ्लेट्स बनाते हुए इनके भी झुंड यहाँ-वहाँ नजर आते हैं। किस कदर इनके श्रम का शोषण किया जा रहा है। ठेकेदार, इंजीनियर, मालिक दिनभर इनकी

बहू-बेटियों पर ऐसे नजर रखते हैं जैसे उन्हें अंधेरे का भी इंतजार नहीं हो।

मैं रोज घर से दफ्तर आते-जाते चार-पाँच व्यस्त चौराहों से गुजरता रहा हूँ। गुलाबी नगर हेरिटेज सिटी का वाकिया बताता हूँ। हर शनिवार को दिनभर इन चौराहों पर पंद्रह-बीस की तादाद में साँवले-ठिगने फटेहाल औरत-मर्द-बच्चे (अलग-अलग) हाथों में शनि महाराज की तस्वीर, लोटे में थोड़ा-सा तेल और एक भिक्षापात्र लिए वाहनों के निकट 'शनि महाराज की जय' कहते हुए दिखते हैं। शनिदेव के डर से इन्हें कुछ चिल्लर मिल जाती है। एक दिन मैंने सुना कि एक चौराहे पर कुछ तिलकधारियों ने इन भिखमंगों की जमकर धुनाई की। वजह थी कि 'हमारे पुश्तैनी 'धंधे' में घुसपैठ करने वाले तुम असभ्य-जंगली-गँवार कहाँ से आ गये?' जगह व मौके के मुताबिक भीख भी नहीं मांगने देंगे!

एक रात मैं इसी शहर में इधर-उधर घूमता-भटक रहा था। हेरिटेज सिटी की ठिठुराती रात, पथराये फुटपाथों पर उस ढलती रात में अपने ही देश में अपनी भौम से बेदखल कर दी गयी मानवता गिजाइयों (बरसाती लटों) के जत्थों की तरह सहमी-सिकुड़ी घुटनों को छाती से सटाये यहाँ-वहाँ पटी पड़ी थी। दो मोटर साइकिलों पर चार-पाँच बिगड़ैल शराबी शहरी-लौंडे उन्हें जगा-जगाकर परेशान कर रहे थे और वे डेराबंद फुटपाथी गिड़गिड़ाये जा रहे थे। "हमारी औरतें यह धंधा नहीं करती साब।" मैं दंग रह गया। क्या ये वही लोग हैं जिन्होंने अपने जंगलों व जमीनों की हिफाजत के लिए राजे-रजवाड़े और अंग्रेजों की तलवार-तोपों के सामने मोर्चा लिया था, अपने आदिम तीरों पर भरोसा करते हुए शहीद हो गये थे, मगर स्वाभिमान को धक्का नहीं लगने दिया? और उस रात उन शराबी गुंडों के आगे अपने आपको लाचार-निरीह-कायर साबित कर रहे थे।

कौन लोग हैं जिन्होंने आदिवासियों को इस दयनीय दशा में पहुँचा दिया?

यह कोई अरण्यरोदन नहीं। इस हकीकत से भी इनकार नहीं कि आजादी के बाद संवैधानिक प्रावधानों के तहत आदिवासी कल्याण के लिए योजनाएँ बनीं, राजनीति व सरकारी नौकरियों में आरक्षण से व्यवस्था में इस समाज की भागीदारी की उम्मीदें जगीं, लेकिन यह सब ऊँट के मुँह में जीरा और अंततः ढाक के वही तीन पात साबित हुआ अन्यथा आदिवासी अस्तित्व का यह संकट क्यों गहराता, जो नियोजित-प्रायोजित-प्रयोजित तरीकों से भीड़ और भेड़ के रूप में तब्दील किये जा रहे जन समाज की उस चौपाल का प्रमुख एजेंडा है जिसे लोकतंत्र का 'नीरो'-नेतृत्व अर्थहीन बनाता जा रहा है। यह वह नेतृत्व है जिसे संविधान के प्रस्तावना-सिद्धान्त 'सूट' नहीं करते। सत्ता पर प्रत्यक्ष व अप्रत्यक्ष रूप से वह वर्ग काबिज हो गया है जो रातों-रात अमरीका बनना चाहता है और बनता जा रहा है।

विश्व बैंक ने अपनी वर्ष 1990 की रिपोर्ट में कहा था कि 'मार्केट रिफोर्मूस कर दीजिए, दुनिया का भला हो जायेगा, विषमता समाप्त हो जायेगी, गरीबी दूर हो जायेगी'। यह मार्केट ज़िन भारी भरकम पैरों के बलबूते पर घर-घर में धँस रहा है वे भूमण्डलीकरण व उदारवाद हैं जिन्होंने कुछ ही अरसा में दुनिया भर के उस आम आदमी को हाशिए पर धकेल दिया जिसे विश्वव्यापी लोकतांत्रिक व्यवस्थाओं का आधारपटल बनना था। खुद अमरीका का आम आदमी अपने आप को बेचैनी, घुटन व दबाव में महसूस करने लगा है। बेरोजगारी भत्ते की बात न करें तो आज विश्व में सर्वाधिक बेरोजगार युवावर्ग अमरीका में है।

समाज, सत्ता और संस्कृति विषय पर 'हंस' द्वारा आयोजित (31 जुलाई, 2001) परिचर्चा में हिस्सा लेते हुए युवा समाजशास्त्री एवं पत्रकार आनंद प्रधान ने इन दुष्चक्रों का पर्दाफाश करते हुए कहा कि ''वे भूमंडलीकरण के समर्थन में इसलिए (भी) हैं कि प्रतियोगिता, योग्यता, दक्षता, कुशलता के नाम पर एक बार फिर एक नये किस्म का कुलीनतंत्र तकनीकी तंत्रवादी (टेक्नोक्रेटिक) और सुयोग्यतातंत्रवादी (मेरिटोक्रेटिक) निजाम खड़ा हो रहा है जिसने हमेशा की तरह एक बार फिर दलितों, पिछड़ों, आदिवासियों और कमजोर वर्गों को बाहर रखने का पक्का इंतजाम कर लिया गया है। इस निजाम में एक नये तरह की वर्ण-व्यवस्था को पनपते और मजबूत होते देखा जा सकता है।''

इस चालाक षड्यंत्र के नक्कारखाने में भोले-भाले आदिवासियों की तूती कहाँ सुनी जायेगी।

हजारों वर्षो तक हरे भरे जंगलों व कुँवारी जमीनों पर 'मजे' मारते रहे ये आदिवासी! खदेड़ो, भगाओ इनको!! उत्तर-आधुनिक निथरी-निखरी रंगी-पुती, सजी-सँवरी मानव प्रजाति के जलसे में ये उजड्ड, भद्दे, अधनंगे आदमीनुमा जानवर शामिल होंगे?

प्रश्नों के इस जटिल-जाल में और भी बहुतेरे सवाल नाग-फनों की तरह मस्तिष्क की कन्दराओं से ताक-झांक रहे हैं यथा संस्कृति बनाम प्रदर्शनी, विकास बनाम विस्थापन, नैसर्गिक भोलापन बनाम नक्सली आतंक, भली व भोली स्मृतियों की भूमि पर उपजने वाले भयंकर स्वप्न...। और भी बहुत कुछ है जिन पर सोचने के लिए में कुछ वर्षो से व्याकुल रहा। आदिवासी समाज से जुड़े इन विषय-क्षेत्रों को किस तरह समेटकर अभिव्यक्त किया जाए और वह भी सार्थक विमर्श के लिए ताकि कोई रास्ता सूझ सके, कोई विकल्प ढूंढ़ा जा सके। यही वेदना और चिंता रही इस पुस्तक में सम्मिलित सामग्री को बटोरने, सहेजने और उजागर करने के पीछे। पाठकों और आदिवासियों के प्रति चिन्तावान व चिन्तनशील साथियों से विनम्र निवेदन है कि ठीक से हालात पैदा करने वाली बात कैसे बनें-इस पर विचार किया जाये!

हरिराम मीणा

भाग-1

भारतीय परम्परा और आदिवासी

आदिवासी कौन?

भारतीय समाज के विभिन्न वर्गों को समझने के लिए ऐतिहासिक परिप्रेक्ष में हमें वर्ण व्यवस्था से होकर वर्तमान प्रमुख रूप से जाति आधारित समाज की व्यवस्था तक गुजरना होता है। जहाँ तक आदिवासियों का सवाल है तो वे इस सामाजिक प्रणाली का अंग न होकर अलग-थलग रहते आये समुदाय हैं जिन्हें वर्ण व जाति आधारित समाज से पृथक देखना होगा। व्यवसाय के आधार पर बनने वाली श्रेणियों की दृष्टि से भी आदिवासी समुदायों का वर्ग भौगोलिक, सांस्कृतिक व नृतत्व वैज्ञानिक दृष्टिकोण से विशिष्ट ही माना जाता रहा है।

सर्वप्रथम ब्रिटिश काल में व्यवसाय आधारित जनगणना सन् 1891 में हुई थी उसके बाद सन् 1931 में जाति पर केन्द्रित जनगणना की गई। ब्रिटिश काल में हुई इस तरह की व पश्चात्वर्ती दस सालाना जनगणना के आँकड़ों में भी आदिवासी समाज को भारतीय मुख्य समाज से पृथक मानव समाज माना जाता रहा है। कुल मिलाकर भारतीय समाज को जाति व आदिवासी दो बड़े वर्गों में विभाजित करके ही देखा जाता रहा है जिसकी प्रमुख वजह यह रही है कि आदिवासी समुदायों में जाति की अवधारणा विकसित नहीं हुई। यह अलग बात है कि उनका वर्गीकरण प्रजातीय व आंचलिक आधार पर किया जाता रहा है। इतिहास की यात्रा में भारतीय समाज के परिवर्तनक्रम में यह सम्भव है कि कुछ आदिवासी समुदाय मुख्य समाज की श्रेणी में आने की प्रक्रिया में उनकी संज्ञात्मक अवधारणा की परम्परा को जाति के रूप में पहचान दी जाने लगी, यद्यपि इससे उनका जातिगत समुदाय स्थापित हो जाना नहीं मान लेना चाहिए। इसकी प्रमुख वजह यह है कि अभी भी समुदाय के स्तर पर उनका नामकरण उनके आवासीय भूगोल, गोत्र, गणचिन्ह या वंश परम्परा के आधार पर ही जाना जाता रहा है और यही उन समुदायों की मूल पहचान है।

किसी भी राष्ट्र समाज के उन घटकों के मानव समुदाय के सम्मिलित समाज को हाशिये का समाज कहा गया है जो समाज के अगुवा तबके की तुलना में सामाजिक, राजनैतिक, आर्थिक स्तर पर किन्हीं कारणों से पीछे रह गया है। इस सामान्यीकृत परिभाषा को विस्तार से समझने से पूर्व हाशिये शब्द पर थोड़ा विचार करना जरूरी है। किसी पृष्ठ में हस्तलेखन या टंकण करने से पूर्व शीर्ष एवं परम्परा अनुसार मुख्य रूप से बायीं ओर कुछ जगह छोड़ी जाती रही है और इसी जगह को हाशिया कहा जाता है। प्रश्न यह उठता है कि हाशिया का समाज समग्र समाज के लिए कितना महत्वपूर्ण है और उसे शीर्ष का समाज कहना चाहिए या एक ओर छोड़े गये हाशिये का समाज।

भारतीय राष्ट्र के सन्दर्भ में हाशिये के समाज में निस्संदेह आधी मानवता के रूप में महिलायें होंगी। इससे इतर स्त्री पुरुष को साथ-साथ लेते हुए दलित, आदिवासी व अति पिछड़े अन्य वर्ग और अल्पसंख्यक शामिल माने जायेंगे। स्त्री की दशा इतिहास में पुरुष की तुलना में कुल मिलाकर दोयम दर्जा की रहती आई चाहे मूल में मातृ सत्तात्मक परिवार की वास्तविकता रही हो या भारतीय शास्त्रों में 'यत्र नार्यस्तु पूज्यन्ते' का कथन रहा हो। यह दशा कालांतर में विकसित पुरुष वर्चस्व के विकसित होते जाने के साथ पैदा हुई। पुरुष की तुलना में स्त्री की ऐसी दशा के अलावा जब सामाजिक घटकों के स्तर पर बात की जायेगी तो दलित व आदिवासी समाज की बात सामने आती है। यह समाज कैसे अस्तित्व में आया, यह शोध का विषय अभी भी है लेकिन जो अध्ययन और इतिहास हमारे सामने है उसके आधार पर यह कहा जा सकता है कि आर्य-अनार्य संग्राम शृंखला के दौरान जो ज्ञात मूल-जन विजित कर लिये गये और दास, सेवक या शूद्र के रूप में जिनके साथ व्यवहार किया गया वे आज का दलित समाज है जिसने मुख्य रूप से अछूत होने का दंश सहा। जो जन समूह विजेताओं की पकड़ से बाहर रहे, खदेड़ दिये गये या बचकर दूर-दराज सुरक्षित दुर्गम जंगलों व पहाड़ों में शरण लेने को विवश हुये वे आज के आदिवासी कहे जा सकते हैं। दलितों के साथ अछूत जैसा व्यवहार करना एक समाजशास्त्रीय अवधारणा है जबकि आदिवासीजन राज सत्ता के वर्चस्व से दूर दलन की प्रक्रिया से गुजरते हुए पृथक भौगोलिक क्षेत्रों में चले गये, उनके जीवन की दशा को राजनीतिशास्त्रीय दृष्टिकोण से देखा जाना चाहिए, क्योंकि सामाजिक-सांस्कृतिक परम्परा के साथ उनकी राजनैतिक प्रणाली शेष समाज से पृथक रही। गणतंत्र की अवधारणा ऐसे ही आदिम समाजों में विकसित हुई थी जो अभी भी किसी न किसी रूप में देखी जा सकती है। पूर्वोत्तर राज्य इसका श्रेष्ठ उदाहरण है।

उक्त समाजशास्त्रीय व राजनीति वैज्ञानिक दृष्टिकोण से विश्लेषण करने पर सामाजिक व राजनैतिक शोषण प्रमुख रूप से उभरकर सामने आता है।

जहाँ तक अति पिछड़े अन्य वर्गों का सवाल है तो उन्हें हम अर्थशास्त्रीय अवधारणा से समझ सकते हैं। इन घटकों का प्रमुख संकट वर्चस्वकारी प्रभु वर्ग द्वारा श्रम का शोषण था। इस वर्ग में कृषक, शिल्पी व श्रम पर निर्भर अन्य मानव समुदाय आते हैं। यद्यपि इस वर्ग ने सामाजिक, सांस्कृतिक स्तर पर दोयम दर्जे का सलूक नहीं झेला लेकिन आर्थिक दृष्टि से इस वर्ग का शोषण होता रहा। इसलिए यह वर्ग भौतिक स्तर पर पीछे रहता चला गया। हाशिये के समाज में एक अन्य महत्वपूर्ण घटक ऐसा शामिल है जिसे हम अल्पसंख्यक वर्ग कहते हैं जिसमें प्रमुख रूप से भारतीय हिन्दू या गैर-हिन्दू परम्परागत समाज के मानव समुदाय स्वैच्छिक या दबाव में अन्य धर्मो को अपनाते रहे। इनमें प्रमुख रूप से मुस्लिम, ईसाई व सिख शामिल है जिनका अधिसंख्यक दलित, आदिवासी व पिछड़े वर्गों से ताल्लुक रखता है। यहाँ हम बौद्ध व जैन धर्मावलंबियों को शामिल नहीं कर रहे हैं चूँकि ये दोनों ही धर्म जड़ होते जा रहे हिन्दू धर्म के विरुद्ध धार्मिक क्रान्तियों के रूप में सामने आते हैं एवं हाशिये के समाज से उस रूप में सम्बन्ध नहीं रखते जैसे कि यहाँ चर्चा की जा रही है यद्यपि यह भी पृथक से गहन विश्लेषण का विषय हो सकता है।

स्पष्ट है कि दलित, दमित, शोषित व धर्म के स्तर पर अल्पसंख्यक घटकों का वृहद समाज हाशिये का समाज बनता है। हाशिये का यहाँ अत्यन्त सीमित अर्थ है जिसमें सामाजिक, राजनैतिक, आर्थिक व धार्मिक स्तर पर इन्हीं से सम्बन्ध रखने वाली सत्ताओं यथाः सामाजिक, राजनैतिक, आर्थिक व धार्मिक शक्तियों पर वर्चस्व रखने वाले वर्ग ने हाशिये के इस वर्ग को उत्पीड़ित किया। फलस्वरूप यह वर्ग समाज के समग्र विकास की यात्रा में पीछे और हाशिये पर लटकता चला गया या उधर जाने के लिए विवश किया गया। वस्तुतः यह हाशिये का समाज ही राष्ट्र समाज की प्रमुख मानवता है जिसकी महत्वपूर्ण भूमिका सभ्यता व संस्कृति के विकास में हुई तथा उत्पादन का कार्य भी इसी वर्ग द्वारा किया गया। इसलिए जब राष्ट्र निर्माण में मानव संसाधन के अवदान पर चर्चा की जायेगी तो श्रम सन्नद्ध इसी हाशिये के समाज को केन्द्र में रखा जायेगा न कि वर्चस्वकारी पराश्रयी प्रभु वर्ग को।

उक्त विश्लेषण से वर्ग की अवधारणा हमारे सामने आती है और किसी भी राष्ट्र समाज में अन्ततः दो ही वर्ग उभरकर सामने दिखाई देते हैं एक श्रम सम्मत व्यापक लोक और दूसरा वर्चस्वकारी कुलीन वर्ग। ठेठ आदिम अवस्था से वर्तमान तक इस वर्गीय अवधारणा को केन्द्र में रखकर चीजों को समझने का प्रयास किया जाये तो व्यापक लोक बनाम वर्चस्वकारी वर्ग की ही तरह शारीरिक श्रम बनाम बौद्धिक श्रम का प्रत्यय हमारे सामने आता है। भारतीय ज्ञान परम्परा के आधार पर यह सिद्ध हो जाता है कि किस तरह चालाक बुद्धिजीवी वर्ग ने शारीरिक श्रम की तुलना में बौद्धिक श्रम को महत्व

देते जाने का प्रयास करते-करते अन्ततः बुद्धिबल को श्रम से अधिक तवज्जो दी और यह प्रस्थापित कर दिया कि बौद्धिक अवदान ही सभ्यता, संस्कृति और विकास की यात्रा के लिए प्रमुख है। इस प्रस्थापना के कारण श्रम पर आधारित वर्ग बौद्धिक वर्ग की तुलना में हेय दृष्टि से देखा जाने लगा। यह सर्वविदित है कि किस तरह इस बौद्धिक वर्ग ने श्रम व बुद्धिबल का तुलनात्मक विश्लेषण करते हुए स्वयं के वर्चस्व को प्रस्थापित किया। इसी के साथ विराट पुरुष से वर्ण व्यवस्था की उत्पत्ति की जिसने मनुवाद को जन्म देते हुए अन्ततः भारत की व्यापक लोक-परम्परा के मौलिक गुणों यथाः समानता, सामूहिकता, मातृ प्रधानता, सार्वजनिक सम्पत्ति एवं प्रकृति व मानवेतर प्राणी जगत से सहअस्तित्व के सम्बन्धों को शनैः-शनैः तिलांजलि दी और यही प्रक्रिया आज के बहुआयामी संकटों की जननी है। राज, धन व धर्म की सत्ताओं पर जो वर्ग काबिज रहा उसने शेष समाज को उपेक्षित रखने का षड्यंत्र रचा। यहाँ तक कि पुरुष वर्चस्व की परम्परा को सुदृढ़ करते हुए स्वयं के वर्ग के नारी समुदाय को भी दोयम दर्जे पर पटक दिया।

जिसे हम हाशिये का समाज कहते हैं उसका अधिकांश ज्ञात स्तर पर देश का मूल निवासी है। इस देश की सभ्यता व संस्कृति का निर्माता है। इस राष्ट्र की भूमि का असली वारिस है। जो मानसिकता समानता, सामूहिकता, प्रकृति व प्राणियों के साथ सहअस्तित्व, श्रम की महत्ता आदि में विश्वास नहीं करती उसे राष्ट्र हित के लिए घातक माना जाना चाहिए। इस उत्तर-आधुनिक वैश्वीकरण के दौर में चीजें और साफ होती जा रही हैं जबकि पूंजी, बाजार, तकनीकी आदि के रूप में उभर रही नई शक्तियों पर भी एक चालाक वर्ग का कब्जा होता जा रहा है जो बाजार की ताकत के आधार पर शासन प्रणाली एवं लोकतांत्रिक व्यवस्था को भी अपने हित में इस्तेमाल करने की क्षमता रखता है। यह ऐसा वर्ग है जिसका एकमात्र लक्ष्य अधिकाधिक भौतिक लाभ अर्जित करना है। इस वर्ग को राष्ट्र-समाज के सरोकारों से अधिक मतलब नहीं है। परम्परागत वर्चस्वकारी वर्ग अब हाईटेक पूंजीनायक वर्ग बनता जा रहा है।

लोकतांत्रिक व्यवस्था में जनसंख्या एवं मतदाताओं का निर्णय शासन संचालन के लिए प्रमुख शक्ति-स्रोत होता है। इस दृष्टि से देखा जाये तो दलित, आदिवासी, अति पिछड़ा वर्ग एवं अल्पसंख्यक (महिलाओं सहित) क्रमशः 16, 12, 22 व 20 (कुल 70 प्रतिशत) एवं 30 प्रतिशत प्रभु वर्ग का 50 प्रतिशत अर्थात कुल का 15 प्रतिशत स्त्रियों को मिलाकर तथाकथित हाशिये समाज का यह वर्ग भारत की 85 प्रतिशत जनसंख्या बनती है और इसी अनुपात में मतदाता। इस बहुलजन को हाशिये का समाज कैसे कहा जा सकता है?

इस बहुसंख्यक समाज की समस्याओं में कुछ समान समस्याएं हैं जिनमें हम बहुआयामी शोषण, पहचान का संकट और अन्ततः मानवाधिकारों की समस्याओं के

रूप में देख सकते हैं। विशिष्ट समस्याओं के रूप में दलित वर्ग अभी भी अस्पृश्यता के संकट से जूझ रहा है। आदिवासी समाज के लिए तो इस दौर में अस्तित्व का संकट चुनौती के रूप में सामने आ रहा है। अति पिछड़ा वर्ग श्रम के शोषण से अभी भी जूझ रहा है। और अल्पसंख्यक वर्ग आये दिन साम्प्रदायिक स्तर पर हिंसा एवं उत्पीड़न से ग्रसित है। कुल मिलाकर समान व विशिष्ट समस्यायें इस वर्ग की जिस वजह से उत्पन्न हुई हैं वह प्रभु वर्ग का समग्र वर्चस्व है जिसमें विकास के लिए आवश्यक संसाधनों पर उसका कब्जा निर्णायक तत्व के रूप में देखा जा सकता है।

मुक्ति का मार्ग एक ही है कि हाशिये के जिस समाज को अब हम बहुसंख्यक समाज कहने की स्थिति में हैं उस समाज के विभिन्न घटक एकजुट होकर राजनैतिक, सामाजिक, आर्थिक व सांस्कृतिक मोर्चो पर लामबंद हों और शिक्षा, जागृति व नेतृत्व को विकसित करें एवं लोकतांत्रिक व्यवस्था में अपना सशक्त प्रतिनिधित्व सुनिश्चित करें ताकि निर्णय उनके पक्ष में सम्भव हो सके और साथ ही वर्चस्वकारी वर्ग को यह आत्मानुभूति हो कि परम्परा दर परम्परा उसने जो चालाकियां की हैं वे अन्ततः समग्र मानव समाज के हित में नहीं हैं। ये हरकतें मनुष्य विरोधी हरकतें रही हैं जिनसे स्वयं वह वर्ग भी सुरक्षित नहीं रह पायेगा।

हाशिये के समाज से सम्बन्धित जिन घटकों की हम बात कर रहे हैं उसे यदि मिथक और इतिहास में देखा जाये तो स्त्री, शूद्र, राक्षस आदि एवं कृषक-शिल्पी आदि मानव समुदाय सामने आते हैं। सतयुग में इन्द्रलोक की अप्सराओं, शकुन्तला, गार्गी व माधवी जैसे नारी पात्र हमारे सामने हैं जिन्होंने पुरुष वर्चस्व के कारण उत्पीड़न सहा। त्रेतायुग में सीता और द्वापर में द्रौपदी जैसे चरित्र मिलते है जिन्होंने अपने पक्ष की लड़ाई लड़ी। यह स्त्री का परम्परागत प्रतिरोध था। यही प्रतिरोध आज नारी मुक्ति आन्दोलन के रूप हमारे सामने है। दलित-आदिवासी-लोक के अन्य घटकों से सम्बन्धित उदाहरणों में त्रेतायुग के उन सारे आदिवासी समुदायों को लिया जा सकता है जो राम के पक्ष में लंका की लड़ाई लड़े। हनुमान के अलावा सभी पात्र चाहे कितने भी योद्धा, कूटनीतिज्ञ व रणनीतिकार रहे हों, अन्ततः वे सबके सब वहीं रहे जहाँ थे। अयोध्या की शासन प्रणाली में उनमें से किसी को कोई उचित पद नहीं दिया गया। यही स्थिति द्वापर युग के कृष्ण-काल में देखी जा सकती है। कौरव-पांडव तत्कालीन समाज के शासक थे और उनके प्रमुख सलाहकार श्रीकृष्ण। श्रीकृष्ण ने जहां अपना बचपन गुजारा और युवावस्था की दहलीज पर कदम रखा तब तक सारे संगी-साथी श्रम सम्मत लोक से जुड़े हुए चरित्र थे चाहे वे ग्वाल, बाल सखा, गोपिकाएं कोई भी हों। इनमें से केवल सुदामा के अलावा अन्य की भौतिक दशा में कोई परिवर्तन हुआ या नहीं हुआ, कोई उदाहरण हमारे सामने नहीं है। राधा के बारे में कहते रहिए कि

'भविष्य में उनका नाम कृष्ण से पहले भक्तजनों की जुबान पर रहेगा' मगर भौतिक जीवन में राधा ने सम्पूर्ण जीवन कृष्ण के विरह में गुजारा। यह द्वापर का एक कटु सत्य सामने है।

भारतीय मिथक एवं इतिहास परम्परा में बहुत ऐसे सन्दर्भ हैं जिनका जिक्र परम्परागत वर्चस्वकारी वर्ग अपने पक्ष में करता रहा है, यह साबित करने के लिए कि भारतीय समाज एवं संस्कृति में शान्ति, सद्भाव, वसुधैव कुटुम्बकम, नारी का सम्मान आदि को उच्च स्थान दिया जाता रहा है। जितने भी युद्ध होते रहे हैं उनको अन्ततः धर्म युद्ध सिद्ध करने के प्रयास किये गये चाहे वे कितने भी हिंसक व नरसंहारी रहे हों, जबकि राम-रावण व महाभारत युद्ध की जड़ में भद्र वर्ग के किसी बड़े पात्र से सम्बन्धित कोई व्यक्तिगत कारण रहा था। राम-रावण संग्राम में रावण के द्वारा सीता हरण के कृत्य को पृथक से देखा जाना चाहिए और समस्त शत्रु पक्ष के विनाश के अभियान को अलग से, जो सुरासुर आर्य-अनार्य संग्राम शृंखला को ही एक प्रकार से आगे बढ़ाता है। महाभारत युद्ध को दुर्योधन के पक्ष से देखा जाये तो यह तथ्य गौर करने लायक है कि वह कालखण्ड कृषियोग्य भूमि के विस्तार से सम्बन्धित था जिसमें पांडवों के अलावा दुर्योधन की अगुवाई में कौरवों द्वारा जंगली इलाकों को साफ कर कृषियोग्य भूमि तैयार की गई और उन दिनों पांडव कहीं अन्यत्र तपस्या कर रहे थे ताकि श्रम से पृथक साधना के आधार पर दैवीय शक्तियां प्राप्त की जा सकें। यहाँ श्रम का प्रतिनिधित्व दुर्योधन का पक्ष कर रहा है और साधना का पांडव पक्ष। जब दुर्योधन व युधिष्ठर के पक्षों के बीच सम्पत्ति के बंटवारे की बात आती है तो वह सम्पत्ति केवल भू-क्षेत्र था जिसको देने से दुर्योधन ने स्पष्ट इन्कार किया था। तात्कालिक कारण चाहे दुर्योधन पर द्रोपदी का हंसना रहा हो लेकिन पृष्ठभूमि का वास्तविक कारण भू-सम्पदा पर अधिकार का था। मिथकैतिहास एवं इतिहास में युद्धों के जितने उदाहरण हैं उनका विश्लेषण करने से अतिक्रमी विस्तारवादी शक्तियों के वर्चस्व की मानसिकता सामने आयेगी, चाहे उसे गौरवान्वित करने के लिए कोई अन्य नाम दिया जाता रहा हो।

परम्परा के उपरोक्त उदाहरणों के ही क्रम में वर्तमान तथाकथित वैश्वीकरण में जो कुछ घटित हो रहा है उसे देखा जाना चाहिए। उल्लेखनीय है कि यह बात भारत के सन्दर्भ में ही नहीं प्रत्युतः विश्व के श्रम सम्मत समस्त लोक एवं वर्चस्वकारी शक्तियों के माध्यम से होने वाले अन्तर्संघर्षों के रूप में आती है। परम्परा के अनुसार राज, समाज व धर्म प्रमुख अवधारणा के रूप में सामने आते हैं। राज व समाज की व्यवस्था पर भी धर्म की मोहर लगाई जाती थी ताकि लोक में से कहीं कोई प्रतिरोध हो तो यह कहा जा सके कि यह सारी व्यवस्था अन्ततः ईश्वरीय इच्छा है। अब स्थिति बदल गई

है। धर्म का स्थान पूंजी ने ले लिया है पर पूंजी के इर्द-गिर्द राज, समाज व धर्म से सम्बन्धित सारी गतिविधियां चलने लगी हैं। कुल मिलाकर पूंजी का वर्चस्व है। पूंजी को एक प्रभावकारी हथियार के रूप में एक वर्ग विशेष इस्तेमाल किये जा रहा है जिसे अन्ततः वैश्विक विस्तारवादी-वर्चस्ववादी वर्ग कहा जा सकता है। अमेरिका जैसे हाईटेक अति विकसित राष्ट्रों के सन्दर्भ में यह अवधारणा नवसाम्राज्यवाद के रूप में सामने आती है जिसके ज्वलंत उदाहरण अमेरिका की अगुवाई में ईराक व अफगानिस्तान पर आक्रमण तथा लादेन जैसे आंतकवादियों को अन्तर्राष्ट्रीय कानून की परवाह न करते हुए अन्य देश की भूमि से बिना उसकी सहमति लिये मारा जाता है। यहाँ प्रश्न विश्व के सामने सद्दाम व लादेन की चुनौती का नहीं है प्रत्युत संयुक्त राष्ट्र संघ जैसी अन्तर्राष्ट्रीय संस्थाओं के सम्मान व सुदृढ़ीकरण का है जो विश्व में वैश्विक राजनैतिक व्यवहार के लिए प्रथम व द्वितीय विश्व युद्ध की त्रासदियों की पुनरावृत्ति को रोकने के लिए गम्भीर विमर्श के पश्चात स्थापित की गई थी। यह तो मानना पड़ेगा कि विश्व व्यवस्था के लिए कोई विश्व संस्था सर्वोच्च मानी जाये जो सिद्धान्त व व्यवहार के स्तर पर राष्ट्रों के बीच शान्तिपूर्ण सहअस्तित्व के लक्ष्य को प्राप्त करने में प्रभावी भूमिका निभा सके। चाहे किसी राष्ट्र-समाज के भीतर का प्रभु वर्ग हो या विश्व के स्तर पर कोई प्रभु राष्ट्र या राष्ट्र समूह, शक्तिशाली का अन्ततः ध्येय वर्चस्व स्थापित करना हो जाता है। यही वर्चस्ववादी मानसिकता है जिसे व्यक्ति व राष्ट्र के स्तर पर विश्लेषित किया जाना चाहिए।

वैश्वीकरण के इस दौर में प्रभु वर्ग द्वारा स्वयं के हित में चलाये जा रहे अभियान को यह कहकर न्यायसम्मत ठहराये जाने का प्रयास किया जाता है कि निजीकरण-उदारीकरण-भूमंडलीकरण आम आदमी की प्रगति के लिए है। मोबाईल फोन जैसी कुछ तकनीक आम आदमी के हित में हो सकती है लेकिन बहुराष्ट्रीय कम्पनियों का आखिरी मकसद प्राकृतिक संसाधनों के दोहन, बाजार की शक्ति के आधार पर अधिकाधिक लाभ, पूंजी व तकनीकी के बल पर अपने व्यावसायिक विस्तार आदि हैं जहाँ आम आदमी का हित गौण हो जाता है।

नई पीढ़ी के सन्दर्भ में यह कहा जाता है कि वैश्वीकरण के दौर में रोजगार की सम्भावना बढ़ेगी और लोगों की माली हालत तथा आधारभूत सुविधाओं में बढ़ोतरी होगी। वास्तव में रोजगार युवा वर्ग के उस घटक के लिए सम्भव हो पा रहा है जो तकनीकी स्तर पर शिक्षित व अनुभवी है या कुशल श्रमिक के रूप में अपने श्रम से व्यवसायकर्ता को अधिकाधिक आर्थिक लाभ पहुँचा सकता है। ऐसा युवा वर्ग पैदा करने के लिए तकनीकी व विशिष्ट शिक्षा प्रदान करने वाली संस्थाएँ स्थापित की जा रही हैं जिनका अधिकांश भाग प्राईवेट सैक्टर में है। ऐसी शिक्षा या सेवा के नाम पर

स्वास्थ्य व अन्य गतिविधियां भी अन्ततः आय के केन्द्र बनकर रह जाते हैं। इस प्रक्रिया में राज्य की कल्याणकारी भूमिका नकारात्मक दृष्टि से प्रभावित होती है। उसका क्षेत्र सीमित होता है और जो कुछ भूमिका अदा की जाती है उस पर प्रभु वर्ग एक शक्तिशाली दबाव समूह के रूप में काम करने लगता है। वैश्वीकरण की यह समस्त प्रक्रिया अन्ततः सार्वजनिक व निजी दोनों ही क्षेत्रों पर अपना बहुआयामी वर्चस्व कायम करने का मार्ग प्रशस्त करती है।

मिथक, इतिहास व परम्परा के परिप्रेक्ष में जब भारतीय समाज पर वर्तमान वैश्वीकरण की दृष्टि से विचार किया जायेगा तो तकनीकी, पूँजी व प्रभु वर्ग के वर्चस्व की इस मुहिम में विकास के सबसे निचले पायदान पर हम आदिवासियों को पायेंगे। इसलिए आदिवासीजन पर चर्चा से पहले उक्त पृष्ठभूमि आवश्यक समझी गयी है।

'आदिवासी' शब्द को परिभाषित करना थोड़ा मुश्किल है। आदिवासी शब्द के साथ मूलवासी, (indigenous) आदिम (ab-origin) जैसी संज्ञाएं भी सामने आती हैं। आदिवासी शब्द को परिभाषित करते वक्त समाजशास्त्र, नृतत्व विज्ञान, इतिहास, संस्कृति जैसे अनुशासनों का संदर्भ भी ग्रहण करना होता है। यहाँ तक कि भारतीय संविधान में अनुसूचित आदिवासियों की दृष्टि से राजनैतिक दृष्टिकोण भी हमारे सामने आता है। शब्द को समझने के लिये मैंने इन्टरनेट का सहारा लेना चाहा एवं जैसे ही मैंने गूगल पर तलाश किया तो एक परिभाषा देखकर मुझे दुखदः आश्चर्य हुआ। www.olx.in साइट पर जो परिभाषा सामने आई वह इस प्रकार थी–"असभ्य एवं जंगली बर्बर लोगों का समुदाय जो किसी एक मुखिया या शासन के अधीन रहता है।"

इस साईट से पीछा छुड़ाकर मैंने आदिवासी की परिभाषा अन्यत्र खोजना प्रारम्भ किया। ऑक्सफोर्ड डिक्शनरी पर जो परिभाषा मिली, वह इस प्रकार है–"एकाधिक परिवारों से बने परम्परागत समाज का वह वर्ग जो सामाजिक, आर्थिक, सांस्कृतिक, भाषिक तथा रक्त के स्तर पर बंधे हों और जो एक क्षेत्रीय नेतृत्व के अधीन रहते आये हों।" यह परिभाषा वास्तविकता के काफी निकट दिखाई दी।

रेमण्ड फर्थ ने आदिवासियों को परिभाषित करते हुए कहा है कि "आदिवासी समुदाय विशेष एक ही सांस्कृतिक शृंखला का मानव समूह है जो साधारणतः एक ही भू-खण्ड पर रहता है, एक ही भाषा-भाषी है तथा एक प्रकार की परम्पराओं व संस्थाओं का पालन करता है और एक ही सरकार के प्रति उत्तरदायी होता है।" जार्ज पीटर मर्डाक ने कहा है कि "यह एक सामाजिक समूह होता है जिसकी एक अलग भाषा होती है तथा विशिष्ट संस्कृति व एक स्वतंत्र राजनैतिक संगठन होता है।" डब्लू.एच.आर.रिवर्स, फ्रेज बोऑस एवं गिलिन व गिलिन क्रमशः सामाजिक

समूह, स्वतंत्र जनसमूह व भू-भाग व भाषा विशेष को आदिवासी समुदाय का आधार बनाने पर जोर देते हैं। इम्पीरियल गेजटियर ऑफ इण्डिया में भी सामान्य नाम व भाषा के भू-भाग पर रहने वाले परिवार के समूह को रेखांकित किया है।

प्रागैतिहासिक युग में समस्त मानवता आदिम दशा में थी। सभ्यता के विकास के साथ विभिन्न मानव समूह आदिम जीवन शैली के बाहर निकलते गये। अब से करीब डेढ़ करोड़ वर्ष पहले हिमालय के उत्तर पश्चिम में अवस्थित शिवालिक पहाड़ियों में रामापिथेकस नामक प्रजाति बसी। यही भारत में आने वाली पहली प्रजाति है। ऑस्ट्रॉलोपीथेकस प्रजाति को आज से करीब 20 लाख वर्ष पहले भारत में आना माना गया है। इन दोनों प्रजातियों के बीच में दीर्घ काल के दौरान हुए मानव विकास के संबंध में कोई शोध निष्कर्ष हमारे सामने नहीं हैं। वर्तमान भारतीय-जन नृतत्व विज्ञान की दृष्टि से विभिन्न प्रजातियों के वशंज या मिश्रित सन्तानों के रूप में हैं।

सन् 1891 में पहली बार व्यवसाय के आधार पर भारत की जनसंख्या को वर्गीकृत किया गया। इसके बाद 1931 में जाति आधारित जनगणना हुई। इस क्रम में कुछ आदिवासी समूहों को पहचाना गया। नृतत्वशास्त्रियों ने भी महत्वपूर्ण अध्ययन किये। आजादी के बाद सन् 1950 में कुल 212 आदिवासी समुदायों की पहचान की गयी है, जिसका प्रमुख आधार सामाजिक व आर्थिक पिछड़ापन था। कुछ समुदायों को संविधान की अनुसूची में शामिल नहीं किया, जिसका काफी विरोध हुआ। फलस्वरूप पिछड़ी जाति आयोग के नाम पर काका कालेलकर आयोग बनाया गया। इस आयोग ने पिछड़ी जातियों को चिन्हित करते हुए उनमें से कई समुदायों को अनुसूचित जाति व जन जाति के रूप में वर्गीकृत करने के लिए अपनी सिफारिश की। इसी के साथ राज्य पुनर्गठन कानून लागू किया गया और आदिवासी समूह को प्रान्तीय आधार पर 1956 में अनुसूचित श्रेणी में शामिल किया गया।

भारत के आदिवासियों का भौगोलिक वितरण पहली बार बी.एस. गुहा ने वर्ष 1951 में किया। उन्होंने उत्तर एवं उत्तर पश्चिम क्षेत्र में हिमालय अंचल व तलहटी क्षेत्रों को शामिल करते हुए पूर्वोत्तर को इस श्रेणी में रखा। दूसरी श्रेणी में मध्यवर्ती अर्थात बिहार, बंगाल, दक्षिण उत्तर प्रदेश, मध्य प्रदेश, दक्षिणी राजस्थान, उत्तरी महाराष्ट्र व उड़ीसा के आदिवासी समुदायों को शामिल माना। तीसरे क्षेत्र में दक्षिणांचल को शामिल किया, जिसमें तत्कालीन हैदराबाद, मैसूर, आन्ध्रप्रदेश, तमिलनाडु, कोचीन व अण्डमान-निकोबार को शामिल किया गया।

सन् 2001 की जनगणना के मुताबिक आदिवासियों की कुल तादाद 8 करोड़, 20 लाख थी। भारत के आदिवासियों में सीमान्त आदिवासी करीब 11 प्रतिशत हैं जो

पूर्वोत्तर के राज्यों तथा हिमालय पर्वत शृंखला के इर्द-गिर्द बसे हुए हैं, शेष 89 प्रतिशत आदिवासी अन्य प्रान्तों में हैं जो उन राज्यों की कुल जनसंख्या का मध्यप्रदेश में 23 प्रतिशत, उड़ीसा 22 प्रतिशत, राजस्थान 12 प्रतिशत, बिहार 8 प्रतिशत, गुजरात 14 प्रतिशत, दादरा-नगर हवेली 79 प्रतिशत एवं लक्षद्वीप 94 प्रतिशत है।

भौगोलिक दृष्टिकोण से डॉ. श्यामाचरण दुबे ने आदिवासियों के चार क्षेत्र यथाः उत्तर-पूर्व, मध्य, दक्षिण एवं पश्चिम में वर्गीकृत किया। इसी तरह योगेश अटल ने वर्ष 1965 में कमोबेश इसी वर्गीकरण को स्वीकार किया। वर्ष 1971 में बी.के. रायवर्मन ने उन्हीं क्षेत्रों को पाँच भागों में वर्गीकृत किया, जिसमें पूर्वोक्त भौगोलिक क्षेत्र शामिल रहे। ललिता प्रसाद विद्यार्थी ने कुछ अरसा बाद इन भौगोलिक क्षेत्रों में से अण्डमान निकोबार व लक्षद्वीप को पृथक अंचल मानते हुए उसे 'द्वीप समूह' की संज्ञा दी। इसके आधार पर निम्न चित्र सामने आता है।

भौगोलिक क्षेत्र	प्रमुख आदिवासी समुदायों के नाम
1. हिमालय प्रदेश	गद्दी, गुज्जर, भोट, किन्नौरा, थारू, मिजो, कचारी हमार, बिमसा, नगा आदि। अनेक उपजातियाँ भी हैं यथा—त्रिपुरी, रियान, थड़ाऊ आदि।
2. मध्य भारतीय क्षेत्र	संथाल, मुण्डा, उराँव, हो, भूमिज, लोधा, खोण्ड, सोवर, गदबा, कमार, बैगा, भूइवाँ, कोरकू, हल्बा आदि।
3. पश्चिम भारतीय क्षेत्र	मीणा, भील, डफली, घोटिया, गमीत, सहयाद्री, कोली, महादेव, कोंकण आदि।
4. दक्षिण भारतीय क्षेत्र	गौण्ड, कोया, अण्डी, भेरूकूलू, कोण्डा डोरा, इरूला, माला, कुरावान, नैकाडा, यरावा, पुलियन, पनियन, कादर आदि।
5. द्वीप समूह क्षेत्र	अण्डमानी, ओंगी, जारवा, सेन्टेनेलिस, निकोबारी शॉम्पेन, आदि।

प्रजातीय आधार पर भारतीय आदिवासियों के वर्गीकरण का प्रश्न काफी जटिल है। इसकी खास वजह इन समुदायों के बारे में अकाट्य प्रमाण उपलब्ध नहीं होना है। मदन एवं मजूमदार का कथन है कि "भारतीय प्रजातीय इतिहास संबंधी सभी ऐतिहासिक निर्मितियों को अटकलबाजियों पर आधारित करना पड़ता है।" हर्बट होप रिजले ने वर्गीकरण करते हुए सात भारतीय प्रजातीय प्रकारों का जिक्र किया हैं जिनमें

द्रविड़ व मंगोल प्रजातियों से भारतीय आदिवासियों का सम्बन्ध माना है।

1. **तुर्क-ईरानी** - इस प्रजाति में रिजले ने उत्तर पश्चिमी सीमा प्रान्त के अफगान (जो अब अफगानिस्तान में है) और बलूचिस्तान के बलोच और ब्राहुई लोगों को रखा है। ये लोग तुर्की और ईरानी तत्वों के सम्मिश्रण का प्रतिफल हैं। इनका औसत से ऊंचा कद, गोरा रंग, काली और कहीं-कहीं भूरी आँखें, चौड़ा सिर, लम्बी नाक और अधिक बालयुक्त सिर होता है।
2. **इण्डो-आर्य** - इस प्रजाति के लोग पंजाब, राजस्थान और कश्मीर में पाये जाते हैं। इनका कद ऊंचा, रंग गोरा, आँखें काली, चेहरे पर घने बाल, लम्बा सिर, पतली नाक होती है।
3. **साईथो-द्रविड़** - मध्यप्रदेश, गुजरात और कुर्ग के पहाड़ी क्षेत्रों में इस प्रजाति के लोग पाये जाते हैं। इसके मुख्य प्रतिनिधि महाराष्ट्र के मराठा ब्राह्मण, कुर्गवासी कुर्ग और गुजरात के नागर ब्राह्मण हैं। इस प्रजाति का निर्माण साईथियन एवं द्रविड़ तत्वों से माना गया है। इनका सिर चौड़ा, कम दाढ़ी-मूंछें, मध्यम कद, सुन्दर नाक (अधिक लम्बी नहीं) तथा रंग गोरा होता है। (इस प्रजातीय वर्गीकरण में आदिवासी समुदायों को चिन्हित नहीं किया गया।)
4. **आर्य-द्रविड़** - इसमें पंजाब की पूर्वी सीमा, उत्तरप्रदेश, राजस्थान और बिहार के कुछ भागों में पाये जाने वाले समूह हैं। इनका सिर लम्बा, कद मध्यम, हल्का भूरा या काला रंग तथा नाक इण्डो-आर्य से थोड़ी चौड़ी होती है। इनका कद भी उनसे कम होता है।
5. **मंगोल-द्रविड़** - बंगाल और उड़ीसा में पाये जाने वाले कुछ मानव समूह इस प्रजाति के अन्तर्गत रखे गये हैं। इसे मंगोल और द्रविड़ का मिश्रण रूप माना गया है। इनका सिर चौड़ा,नाक मध्यम कभी-कभी चपटी, रंग काला, कद मध्यम और चेहरे पर घने बाल होते हैं।
6. **मंगोल-उत्तर** - पूर्वीभारत में इस प्रजाति के अधिकतर लोग पाये जाते हैं। विशेषकर नेपाल एवं असम में इनकी तादाद ज्यादा है। इनका सिर चौड़ा, रंग. पीला, दाढ़ी-मूंछ के नाम पर नगण्य बाल, कद काफी छोटा अर्थात औसत से कम, नाक पतली और चौड़ी (दोनों प्रकार की) चेहरा चौड़ा, आँखों के ऊपर माँस की मोटी परत के कारण पलकें झुकी हुई होती हैं।
7. **द्रविड़** - तमिलनाडु, आन्ध्र प्रदेश विशेषकर हैदराबाद, मध्यप्रदेश के दक्षिणी भाग एवं बिहार के छोटा-नागपुर में इस प्रजाति के लोग पाये जाते हैं। इनके सर्वप्रमुख प्रतिनिधि पनियन और छोटा-नागपुर के संथाल हैं। इनका कद छोटा, रंग काला, घुँघराले बाल, काली आँखें, लम्बा सिर, और नाक बहुत चौड़ी होती है।

ए.सी.हड्‌न, विलियम कुक, आइकस्टीड, हेमेन्डोर्फ, एस.एस.सरकार ने भी प्रजाति संबंधी अटकलें लगाई हैं, लेकिन अन्तिम अध्ययन और सर्व प्रचलित वर्गीकरण हटन, गुहा एवं मजूमदार के हैं। गुहा ने 1931 की जनगणना के समय स्वयं नृतत्वमिति का उपयोग करते हुए 2000 मानव सिरों का मापन कर अपने निष्कर्षों को प्रतिपादित किया है। उनके अनुसार सम्पूर्ण भारतीय जनता के छः मुख्य और नौ उप-प्रजाति प्रकार हैं।

1. निग्रिटो
2. प्रोटो-ऑस्ट्रेलायड
3. मंगोलायड
   - (क) पेलियो मंगोलायड
     - (i) लम्बे सिरवाले
     - (ii) चौड़े सिर वाले
   - (ख) तिब्बती मंगोलायड
4. मेडिटरेनियन (भू-मध्य सागरीय)
   - (क) पेलियो मेडिटरेनियन
   - (ख) मेडिटरेनियन
   - (ग) ओरिएन्टल
5. पश्चिमी ब्रेकीसेफल्स (चौड़े सिर वाले)
   - (क) एल्पिनॉयड
   - (ख) डिनॉरिक
   - (ग) आर्मिनायड
6. नॉर्डिक

भारतीय आदिवासी पजातियों का रचना-वर्गीकरण गुहा ने 1952 में प्रस्तुत किया जो निम्नलिखित है :

1. दक्षिण भारत के कादर, इरूला और पनियान अपने घुंघराले बालों के कारण निश्चित रूप में निग्रिटो का प्रतिनिधित्व करते हैं।
2. भारत के मध्य क्षेत्र की जनजातियों को प्रोटो-ऑस्ट्रेलायड का सदस्य कहा गया।
3. उत्तर पूर्वी भारत के चौड़े सिर वाले मंगोलायडों में आँख और चेहरे से संबंधित विशिष्ट लक्षण पाये गये।
4. मध्यम कद, ऊंचे सिर वाले मध्यम नाक वाले थोड़े भिन्न प्रकार के मंगोलायड ब्रह्मपुत्र घाटी क्षेत्र के निवासी हैं।

(भारत की जनजातीय संस्कृति-मध्यप्रदेश हिन्दी ग्रन्थ अकादमी)

प्रजाति विमर्श को समाप्त करते हुए विशेषज्ञ एवं शोधशास्त्रियों की इस सहमति का जिक्र किया जा सकता है कि आज जितने भी मनुष्य संसार में रहते हैं वे सभी एक प्रजाति के सदस्य हैं, जिसे ''हीमोसेपियन्स'' कहते हैं।

नृतत्व वैज्ञानिकों ने आदिवासी शब्द को परिभाषित करते हुए वंश एवं रक्त के तत्व पर सर्वाधिक जोर दिया है। दूसरा, आदिवासी समुदायों से मिलती अवधारणाओं को स्वीकार किया है। भारतीय संविधान में आदिवासियों को परिभाषित करते हुए कुछ तत्वों को आवश्यक बताया है जिनमें अलग-थलग भूभाग में निवास करना, अनूठी सांस्कृतिक परम्परा, प्रगति की दृष्टि से पिछड़ापन तथा बाहरी समाज से घुलने-मिलने में झिझक को शामिल किया है।

'मूलवासी' (इण्डीजीनस) शब्द को परिभाषित करना अत्यधिक कठिन है। इस शब्द पर चर्चा करने के साथ-साथ आदिवासी (ट्राईब) देशी (नेटिव) एवं आदिम (अबोरिजनल) जैसे शब्दों की अवधारणाएं सामने आती हैं। वर्ष 1987 में ग्रेलर ने मूलवासी की व्याख्या करते हुए कहा कि यह 'राजनैतिक दृष्टि से अधिकार-विहीन लोगों के ऐसे समुदाय हैं जो अपनी विशिष्ट नस्लगत पहचान बनाये रखते हैं और आधुनिक राष्ट्र की अवधारणा के मूर्त्तरूप लेने के बावजूद अलग ईकाई के रूप में समाज का हिस्सा बनकर चलते हैं।' इससे पूर्व वर्ष 1972 में मूलवासी-जन के लिये गठित संयुक्त राष्ट्र संघ के कार्य समूह ने जोस माल्टीनेज कोज की परिभाषा से सहमति प्रकट करते हुए 'किसी भू-भाग पर विश्व के अन्य हिस्सों से आने वाले बाहरी मानव समूहों से पहिले वहां प्राचीन काल से रहने वाले लोगों के वंशज' के रूप में मूलवासी की पहचान की है। इस प्रक्रिया में बाहरी घुसपैठियों द्वारा आक्रमण एवं उस भू-भाग पर अधिकार करने तथा मूलवासियों को दोयम दर्जे का जीवन जीने को विवश किया गया। परिणास्वरूप वर्चस्वकारी व्यवस्था में उन्हें हेय दृष्टि से देखा जाने लगा और यहीं से विश्व की सबसे बड़ी समस्या नस्ल पर आधारित भेदभाव तथा मूलवासियों से सम्बन्धित अन्य मुद्दे सामने आये।

वर्ष 1983 में संयुक्त राष्ट्र संघ के स्तर पर 'मूलवासी' शब्द की व्याख्या करते हुए माना कि 'किसी भू-भाग पर प्राचीन काल से रहने वाले मानव समुदाय के वंशज हैं जो नस्ल एवं संस्कृति के स्तर पर विशिष्टता रखते हों। इनमें से काफी लोग राष्ट्र-समाज की मुख्य धारा से अलग-थलग अपने पुरखों की परम्परा एवं रीति रिवाजों का संरक्षण करते हुए जीवन जीते चले आ रहे हैं और विकसित राष्ट्रीय, सामाजिक एवं सांस्कृतिक परिवेश को ये लोग बाहरी (एलियन) मानते हैं।' कुल मिलाकर ''किसी भू-भाग के ज्ञात प्राचीनतम निवासियों'' को मूलवासी कहना उचित होगा।

भौगोलिक दृष्टिकोण से आस्ट्रेलिया महाद्वीप के मूलवासियों को आदिम

(अबोरिजनल) और शेष दुनिया के मूलवासियों को 'इण्डीजीनस' कहा जाता है। आदिम शब्द में मौलिकता जैसे सांस्कृतिक-मनोवैज्ञानिक तत्व का तथा मूलवासी (इण्डीजीनस) में भू-भाग विशेष में जीवन जीते रहने का भाव संकेतित होता है। *आदिवासी समुदाय आदिम एवं मूलवासी समाज का वह हिस्सा है जो अभी भी मुख्य समाज से अलग-थलग प्रमुख रूप से प्रकृति पर आधारित जीवन जीता आ रहा है और प्राचीनता एवं नैसर्गिकता के सन्दर्भ में आदिम सरोकारों का कमोबेश संरक्षण किये हुए है।*

सामान्य तौर पर निष्कर्ष निकाला जा सकता है कि मूलवासी किसी भूखंड पर निर्विवाद रूप से लम्बे समय से वंशानुगत क्रम में निवास करने वाले ऐसे जन हैं जिनका नस्ल विशेष से गहरा संबंध होता है। यहाँ नस्ल, भू-भाग एवं प्राचीनता महत्वपूर्ण शब्द हैं। आधुनिक राष्ट्र- समाज एवं सरकारों के उद्भव के साथ अपनी स्वतन्त्र ईकाई के सन्दर्भ में ऐसे मूलवासी समुदाय राजनीति के स्तर पर अपने अस्तित्व एवं अधिकारों के लिये एक विशिष्ट पहचान बनाने की प्रक्रिया से गुजरते आये हैं। काल-खण्डानुक्रम की दृष्टि से प्राचीन काल, उपनिवेशवाद काल एवं आधुनिक काल के संदर्भ में इनकी अस्मिता, पराभव एवं पुनरुत्थान की प्रक्रिया को समझना आसान होगा। इस प्रक्रिया में होने वाले नस्ल परिवर्तन, सांस्कृतिक प्रदूषण, भाषागत अन्तर्क्रिया, मूल्यगत ह्रास की दृष्टि से परम्परा एवं आधुनिकता का अन्तर्संघर्ष, अन्तर्विरोध, अन्तर्क्रिया, परस्पर प्रभाव जैसी प्रमुख स्थितियां उभरकर सामने आती हैं। इस क्रम में भू-भाग विशेष महत्वपूर्ण तत्व न रहकर मानव समूहों के बिखराव एवं विस्थापन की स्थिति सामने आती है। यहाँ वनांचल से मुख्य भूमि, गावों से शहर और परम्परागत समाज से आधुनिक समाज की ओर अग्रसर होने की स्वाभाविकता या विवशता भी महत्वपूर्ण बन जाती है। निश्चित रूप से इतिहास एवं संस्कृति जैसे प्रमुख क्षेत्र प्रभावित होते हैं और प्राचीन ऐतिहासिकता एवं मौलिक संस्कृति के संरक्षण के प्रश्न सामने आते हैं।

विश्व मूलवासी अध्ययन केन्द्र की स्थापना वर्ष 1984 में डॉ. रूडोल्फ सी. रायसर एवं जार्ज मेनुअल ने एक स्वतंत्र शोध एवं शैक्षिक संगठन के रूप में की। जार्ज मेनुअल राष्ट्रीय भारत मैत्री संगठन (कनाडा) के पूर्व अध्यक्ष थे जिन्होंने उपनिवेशवाद से उबरे मूलवासियों के लिये कार्य किया। उन्होंने ही संयुक्त राष्ट्र संघ से सम्बन्धित मूलवासियों की विश्व परिषद के गठन में महतपूर्ण योगदान दिया।

उल्लेखनीय है कि विश्व की कुल जनसंख्या करीब 6 अरब में से 3 अरब 70 करोड़ मूलवासी हैं, जो करीब 70 देशों में रह रहे हैं। *भारत राष्ट्र के सन्दर्भ में मूलवासी श्रेणी में ही आदिवासियों को माना गया है।* वर्ष 2001 की जनगणना के अनुसार

करीब आठ करोड़ बीस लाख लोगों को मूलवासियों के रूप में चिन्हित किया गया है। इनके कुल 461 समूह माने गये हैं। स्वतन्त्र शोध निष्कर्षो के अनुसार ऐसे कुल 635 आदिवासी घटक हैं जिनमें प्रमुख गोण्ड, सन्थाल, उरांव, भील व नगा आदि हैं। जनगणना के मुताबिक 461 चिन्हित आदिवासी घटकों में से 220 उत्तर-पूर्वी राज्यों में रहते हैं, जो कुल आदिवासियों का 12 प्रतिशत जनसंख्या का प्रतिनिधित्व करते हैं। वैसे मध्य भारत में कुल आदिवासियों की करीब 50 प्रतिशत जनसंख्या निवास करती है। ऐतिहासिक दृष्टिकोण से विचार किया जाये और आर्य-अनार्य संग्राम-शृंखला के सिद्धान्त को स्वीकार किया जाता है तो आदिवासी समाज के साथ दलित(अनुसूचित जाति) जनसंख्या भी मूलवासी की श्रेणी में आती है और साथ ही द्रविड़ मूल के अन्य घटक भी।

वैश्विक मूलवासियों पर जब चर्चा की जाती है तो विश्व के सभी महाद्वीप विमर्श के केन्द्र में आते हैं। मूलवासियों की जनसंख्या अफ्रीका, आस्ट्रेलिया, अमेरिका, एशिया, यूरोप आदि सभी महाद्वीपों से गहरा संबंध रखती आई हैं चाहे समस्या उत्तरी अमेरिका के रेड इंडियनस् की हो या दक्षिणी अमेरिका के 'बुश नीग्रो' की हो या अफ्रीका के सांन की हो या मैक्सिको के माया लोगों की हो या न्यूजीलैंड के मोरानी की हो या आस्ट्रेलिया के कुरी, नुनगा, टीवी की हो या यूरोप के खिनालुग, कोमी, सामी की हो अथवा एशिया के अडंमान टापू के सेंटेनलीज या जारवा की हो।

मूलवासियों को सर्वाधिक त्रासदी का सामना उपनिवेश-काल के दौर में करना पड़ा था जो पन्द्रहवीं शताब्दी से शुरू होकर बीसवीं सदी के मध्य पार तक चला। नव साम्राज्यवाद एवं वैश्वीकरण के इस दौर में मूलवासियों की समस्याओं के और अधिक पेचीदा बनने की संभावनाएं सामने हैं। वे उच्च तकनीकी, बाजारवाद एवं पूंजी की वर्तमान भूमिका से सर्वथा अपरिचित हैं। मूलवासियों का विश्व-समाज आधुनिक प्रगतिशील जगत से स्वयं को पृथक व पिछड़ा हुआ महसूस करता है और है भी।

अन्तर्राष्ट्रीय मूलवासी दिवस के रूप में नौ अगस्त को मनाने की पृष्ठभूमि यह है कि वर्ष 1982 में इसी तारीख को संयुक्त राष्ट्र संघ के मूलवासी लोगों के कार्यसमूह की प्रथम बैठक सम्पन्न हुई थी। तद्नुसार संयुक्त राष्ट्र संघ की साधारण सभा की दिनांक 23 दिसम्बर 1994 को हुई बैठक में इस तिथि को 'अन्तर्राष्ट्रीय मूलवासी दिवस' मनाने का निर्णय लिया। विश्व के मूलवासियों के उत्थान के लिये वर्ष 1995 से 2004 तक की अवधि को 'प्रथम मूलवासी दशक' एवं वर्ष 2005 से 2014 तक की अवधि को 'द्वितीय मूलवासी दशक' के रूप में मनाये जाने की संयुक्त राष्ट्र संघ की साधारण सभा में घोषणा की गई।

मूलवासियों के प्रति सामान्यीकृत दृष्टिकोण विरोधाभाषी रहे हैं। मूलवासियों के

समर्थक उनके इतिहास एवं संस्कृति को विश्व धरोहर तथा प्रकृति के साथ बेहतरीन सामंजस्य से आपूरित जीवन शैली एवं संस्कृति के रूप में देखते हैं, वहीं दूसरा दृष्टिकोण मूलवासियों को आदिम, असभ्य, जंगली एवं अविकसित श्रेणी का मानता है।

वर्तमान काल में मूलवासियों से संबंधित समस्याएं विश्व के सामने महत्वपूर्ण स्थान रखती हैं जिनमें नस्लभेद, रोटी-कपड़ा-मकान, शिक्षा-स्वास्थ्य जैसी मूलभूत सुविधाएं, विस्थापन, संस्कृति का संरक्षण, पहचान का संकट एवं मानवाधिकारों के संरक्षण आदि शामिल हैं। भारतीय परिप्रेक्ष्य में आदिवासी आबादी की आधी से अधिक जनसंख्या गरीबी के स्तर से नीचे का जीवन जीने को विवश है जबकि गरीबी की रेखा से नीचे जीने वाले भारत की कुल आबादी का करीब तिहाई अंश है। शेष विश्व के मूलवासियों की भौतिक दशा भी कमोबेश ऐसी ही है। इन समस्याओं के समाधान के बिना मूलवासियों का भविष्य सुरक्षित नहीं है, जो विश्व मानवता के सामने सबसे बड़ी चुनौती है।

हाल ही में 'सेंटर फॉर सेल्युलर एंड मोलेक्युलर बायोलोजी' के पूर्व निदेशक लालजी सिंह एवं इसी संस्था के वरिष्ठ वैज्ञानिक कुमारस्वामी थंगराजन ने आर्य व द्रविड़ प्रजातियों को लेकर शोध किया है जिसका आधार जीन्स् के अध्ययन को बनाया। उनका निष्कर्ष है कि आर्यों एवं द्रविड़ों का भेद एक भ्रान्ति है और इन दोनों प्रजातियों के आधार पर उत्तर एवं दक्षिण भारत को अलग अलग देखने का कोई वैज्ञानिक आधार नहीं है। आर्यजन के भारत में प्रवेश के हजारों वर्ष पहले उत्तर व दक्षिण भारत में पृथक मानव प्रजातियां निवास कर रही थी।

दोनों वैज्ञानिकों ने उत्तर एवं दक्षिण के 13 प्रांतों के 25 मानव समूहों के कुल 1300 व्यक्तियों को सेम्पल के रूप में अध्ययन में शामिल किया। इस शोध में 5 लाख जैनेटिक संकेतकों (उंतामते) पर विश्लेषण किया गया। अध्ययन में शामिल सभी व्यक्ति भारत की प्रमुख 6 भाषा परिवारों से सम्बन्ध रखते हैं। साथ ही परम्परागत रूप से जिन्हें उच्च व निम्नवर्ग कहा जाता है उनका भी प्रतिनिधित्व रखा गया।

यह अध्ययन हार्वर्ड मेडीकल स्कूल, हार्वर्ड स्कूल ऑफ पब्लिक हेल्थ और एम. आई.टी. के सहयोग से किया गया। शोधार्थियों का मानना है कि वर्तमान भारत के लोग उनके उत्तर भारतीय एवं दक्षिण भारतीय पूर्वजों के वंशज हैं। आर्यो के भारत आने से बहुत समय पूर्व अर्थात आज से करीब 1,35,000 से 75,000 वर्ष पहले पूर्वी अफ्रीका भू-भाग में बाढ़ आने से वहां की करीब 95 प्रतिशत जनसंख्या विस्थापित हुई और उनमें से कुछ ने दक्षिण समुद्री तट होते हुए अण्डमान तक का रास्ता लिया जो इस क्षेत्र के आदिपूर्वज पाये गये। 65 हजार वर्ष पहले दक्षिण भारत में मानव समूह अन्यत्र से आकर रहने लगे एवं 40 हज़ार वर्ष पहले उत्तर भारत में। कालान्तर में दोनों

भू-भागों के वे आदि-मानव आपस में घुले मिले और उनके मध्य पैदा हुए सम्बंधों से मिश्रित जनसंख्या सामने आई। यह जनसंख्या दोनों किस्म के पूर्वजों से भिन्न पैदा हुई। यही जनसंख्या आज के भारत का प्रतिनिधित्व करती है। राष्ट्र की आदि-मानवता के इन वंशजों के जैविक विश्लेषण से यह तथ्य उजागर हुआ है। यह अद्‌भुत संयोग है कि इसी क्रम में जैनेटिक रोगों की दृष्टि से आंचलिक विशेषताएँ सामने आईं जो यह संकेत देती हैं कि भारत की जनसंख्या का करीब 70 प्रतिशत हिस्सा जैनेटिक असंतुलन (disorder) से ग्रसित है और इसी वजह से आंचलिक एवं मानव समुदाय विशेष के स्तर पर जेनेटिक रोग पाये जाते हैं, यथा पारसी महिलाओं में स्तन-कैंसर, चित्तूर व तिरूपति के निवासियों में मोटर न्यूरोन बीमारी और पूर्वोत्तर तथा मध्य भारत के आदिवासियों में 'स्किल सैल एनीमिया'।

शोधार्थियों के अनुसार इस मत में कोई दम नहीं है कि प्राचीन भारत में कोई मानव समूह मध्यपूर्व यूरोप, दक्षिण पूर्व एशिया अथवा आस्ट्रेलिया से भारत आये। *उल्लेखनीय है कि इस अध्ययन का आधार जेनेटिक्स है इसलिए एकांगी दृष्टि से किसी विषय को देखना आधिकारिक नहीं माना जा सकता। वैज्ञानिक द्वै का निष्कर्ष जैविक-प्रजातीय विशिष्टताओं के अध्ययन पर आधारित है। और भी बहुत से अनुशासन हैं, जिनके आधार पर आर्य-अनार्य की अवधारणाओं को परखा जा सकता है। इनमें नृतत्व-विज्ञान, उत्खनित सभ्यताई अवशेष, सांस्कृतिक परंपरा प्रचलित मिथक-कथाएँ, भाषा आदि प्रमुख हो सकते हैं।* उदाहरणार्थ डॉ. रामविलास शर्मा ने भाषा-विज्ञान को आधार बनाकर यह प्रस्थापना दे दी कि 'आर्य भारत में बाहर से नहीं आये।' यह मत भी निराधार है। इसे आधिकारिक निष्कर्ष नहीं माना जा सकता। अद्यतन शोध से यह सिद्ध हो चुका है कि हिंदू पौराणिक ग्रंथों में वर्णित क्षीरसागर वास्तव में केस्पियन समुद्र है जिसके पानी का रंग दुधिया है। यह अवधारणा जो कालांतर में मिथक बनी, मध्य-पूर्व से जुड़ी हुई है। स्पष्ट है कि वहीं कहीं से आर्य प्रजाति भारत में आयी और जो एक स्थापित मत है। वह मानव समुदाय गति एवं तैयारी के साथ आया था (जैसा कि हर अक्रांता आता है) इसलिए पुराने वासिंदों पर विजय प्राप्त करता गया। आर्यों के आगमन से पूर्व के मानव समाज से सम्बन्धित शोधार्थी वैज्ञानिकों-लालजी सिंह एवं थंगराजन से यहाँ इस सीमा तक सहमत हुआ जा सकता है कि आर्य-पूर्व भारतीय मानव-समाज के सम्पन्न व चालाक वर्ग ने अपने ही समाज के आम आदमी के ऊपर वर्चस्व कायम करना आरम्भ कर दिया। यही वजह है कि जिन्हें हम अनार्य या द्रविड़ मानते हैं उनमें भी आर्य (आज की हिंदू मानसिकता) परम्परानुरूप पुरातनपंथवाद पाया जाता है।

लालजी सिंह एवं थंगराजन के शोध-निष्कर्षों को ध्यान में रखते हुए यदि भारत

की आदिम मानवता अर्थात् वर्तमान के आदिवासियों पर चर्चा की जाये तो यह कहना शायद ठीक हो कि प्रथमतः भारत के मूलवासियों के वंशजों को तो तलाशना कठिन ही नहीं, असम्भव है। चूँकि किसी भी अध्ययन से यह सिद्ध नहीं हुआ है और यह तार्किक विसंगति होगी कि पृथ्वी के किसी भी भू-भाग पर जो इंसान आदि मनुष्य के रूप में पैदा हुआ उसके वंशज उसी भू-भाग में वर्तमान तक रहते आये। मूलवासी की अवधारणा का यदि ऐसा अर्थ निकाला जाता है तो वह तर्कसम्मत नहीं होगा और कई तरह की भ्रांतियां पैदा करेगा। *ज्ञात प्राचीनकाल से किसी भू-भाग पर रहते आये मानव-समुदाय को यदि मूलवासी की संज्ञा दी जाये तो शायद यह मानने में कोई गुरेज नहीं और इस दृष्टि से भू-भाग विशेष की सापेक्षिकता के स्तर पर ऐसे मानव-समुदायों को आदिवासी कहा जा सकता है। दूसरे, जो मानव-समुदाय भारतीय समाज की तथाकथित मुख्य धारा से भौगोलिक और वहाँ विकसित जीवन के विभिन्न पक्षों के स्तर पर अलग-थलग रहते आये मगर आदि-मानवता के सरोकारों को संरक्षित रखते रहे यथा प्रकृति व मानवेतर प्राणी जगत के साथ सह अस्तित्व, सामूहिकता, आदिम सामाजिकता, सांस्कृतिक परंपराएँ, उन्हें आदिवासी संज्ञा दी जानी चाहिए।* कुल मिलाकर भारत के ज्ञात आदि-जन के शुद्ध वंशज जो वक्त की रफ्तार से पैदा हुई हवाओं से बहुत कम प्रभावित हुए, सब मिलाकर वर्तमान का आदिवासी समाज बनाते हैं।

भारतीय समाज के सन्दर्भ में आदिवासियों पर ब्रिटिश काल से पहले कोई व्यवस्थित अध्ययन नहीं हुआ। पौराणिक काल में सुरासुर संग्राम शृंखला एवं महाकाव्य काल के सन्दर्भों के अलावा कोई उदाहरण हमारे सामने नहीं है। यह भी उल्लेखनीय है कि ब्रिटिश काल से पहले के इतिहास में आदिवासी समाज को लेकर कोई विमर्श सामने नहीं आया। समाज के प्रबुद्ध वर्ग व राजसत्ता ने भी इस समाज की ओर कोई ध्यान देने की आवश्यकता नहीं समझी। इसी का परिणाम है कि आदिवासी समुदाय अपने अतीत-कालीन जंगल, पहाड़ी इलाकों में रहते चले आये। इसके दो पहलू खासकर उभरकर सामने आते हैं। सुखद पहलू यह है कि शेष समाज या व्यवस्था ने किसी भी स्तर पर आदिवासी समाज के जीवन में हस्तक्षेप नहीं के बराबर किया। यही कारण रहा कि आदिवासी संस्कृति, परम्परा व जीवनशैली संरक्षित व अप्रभावित रहती चली आई। इसका दुखद पहलू यह रहा कि विकास की धारा से आदिवासी समाज अलग-थलग पड़ा रहा।

ब्रिटिश काल में चाहे ईस्ट इण्डिया कम्पनी कालखण्ड रहा हो या ब्रिटिश राजसत्ता, एक नीति के तहत आदिवासी अंचलों में हस्तक्षेप आरम्भ किया गया, जिसका प्रमुख उद्देश्य प्राकृतिक सम्पदा का दोहन था। इसी समयावधि में विशेष रूप से ब्रिटिश प्रशासक-विद्वानों ने आदिवासी समाज पर गम्भीर शोध व अध्ययन किये जिनमें नृतत्व

विज्ञान का दृष्टिकोण प्रमुख रूप से हावी रहा। इन विद्वानों में डाल्डन, रिस्ले, थ्रस्टन, एन्थोवेन, क्रूक व रसैल शामिल थे।

नदीम हसनेन ने अपनी पुस्तक 'ट्राईबल इण्डिया' में यह स्पष्ट जिक्र किया है कि भारतीय राजनैतिक व बौद्धिक नेतृत्व ने भी ब्रिटिश काल में आदिवासी समाज पर कोई ध्यान नहीं दिया। सुरेन्द्र नाथ बनर्जी, अरविन्द घोष, विपिन चन्द्र पाल, महादेव गोविन्द राणाडे, गोपाल कृष्ण गोखले व बाल गंगाधर तिलक जैसे राष्ट्र नायकों ने सम्पूर्ण भारतीय समाज, सत्ता, धर्म आदि की चिन्ता व इन विषयों पर चिन्तन करने के बावजूद आदिवासी समाज को अपने एजेन्डे में शामिल नहीं किया। निहार रंजन राय ने भारतीय राष्ट्रीय कांग्रेस का सन्दर्भ देते हुए यह निष्कर्ष निकाला कि 19 वीं शताब्दी के अन्तिम दशकों में कांग्रेस के एजेन्डा में दलित वर्ग था, लेकिन आदिवासी समाज नहीं रहा। आदिवासी समाज की ओर सर्वप्रथम मुखर रूप से पण्डित जवाहर लाल नेहरू ने चिन्ता जाहिर की। इसकी पृष्ठभूमि में डॉ. अम्बेडकर एवं पं. नेहरू के प्रभाव से आदिवासी समाज के उत्थान के लिए भारतीय संविधान में विशेष प्रावधान रखे गये।

सर्वोच्च न्यायालय ने 11 जुलाई, सन् 1997 के अपने एक निर्णय में स्पष्ट कहा कि 'संविधान की मंशा है कि अनुसूचित क्षेत्रों की जमीन हमेशा आदिवासियों की बनी रहे, अन्यथा इन क्षेत्रों की शांति भंग होगी।' प्रकारांतर से, इनके अस्तित्व को खतरा पैदा हो जायेगा।

आदिवासियों के सम्बन्ध में 5 जनवरी, 2011 को उच्चतम न्यायालय ने एक महत्वपूर्ण निर्णय सुनाया। निर्णय 13 मई, 1994 को भील आदिवासी महिला नंदा बाई के उत्पीड़न से सम्बंधित था जिसमें अधीनस्थ न्यायालयों द्वारा अपराधियों को अपर्याप्त सजा सुनाई थी। उच्चतम न्यायालय ने स्पष्ट कहा कि 'यह दुर्भाग्यपूर्ण है कि आज आदिवासी, जो कि सम्भवतया भारत के मूल निवासियों के वंशज हैं अब देश की कुल आबादी के 8 प्रतिशत बचे हैं वे एक तरफ गरीबी, निरक्षरता, बेरोजगारी, बीमारियों और भूमिहीनता से ग्रस्त हैं वहीं दूसरी तरफ भारत की बहुसंख्यक जनसंख्या जो कि विभिन्न अप्रवासी जातियों की वंशज है उनके साथ भेदभावपूर्ण व्यवहार करती है। उच्चतम न्यायालय के इस निर्णय में ऐतिहासिक सन्दर्भों के साथ विस्तार से इस बात की चर्चा की गई है कि भारत के असली मूल निवासी कौन हैं—द्रविड़ या उनसे पहले से रह रहे आदिवासी! सारी बहसों को सामने रखते हुए 'दी केम्ब्रिज हिस्ट्री ऑफ इण्डिया' (भाग-1) के माध्यम से यही साबित किया गया है कि द्रविड़ों से पहले भी यहाँ आदिवासी रहते थे और वर्तमान मुण्डा, भील आदि उनके ही वंशज हैं।

फैसले में 'वर्ल्ड डायरेक्टरी ऑफ माईनोरिटीज एण्ड इण्डीजीनस पीपुल-भारतः आदिवासी (गूगल) लेख का जिक्र करते हुए बताया गया है कि शौर्य के धनी भीलों को

17वीं सदी में निर्दयता से कुचला गया। इनको अपराधी के रूप में पकड़कर मार दिया जाता था। इनका सफाया करने की भरपूर कोशिश की गई है। कुछ भील जहां-तहाँ जंगलों और कंदराओं में छिप गये। फैसले में विभिन्न प्रजातियों के बाहर से भारत में आने के सिलसिले का सन्दर्भ दिया है जिनके दबाव में मूल आदिवासियों को अपनी भाषा व संस्कृति से समझौता करना पड़ा। इसके बावजूद मुण्डारी जैसी भाषाएँ सबसे प्राचीन सिद्ध होती हैं।

प्रस्तुत निर्णय में उपेक्षित, वंचित आदिवासी समाज के उत्थान के लिए संविधान में किये गये प्रावधानों का जिक्र किया गया है। 'ऐतिहासिक रूप से वंचित तबकों को विशेष सुरक्षा और अवसर दिये जाने चाहिए ताकि वे खुद को ऊपर उठा सकें। इसके लिए संविधान के अनुच्छेद 15(4), 15(5), 16(4), 16(4ए), 46 आदि में विशेष प्रावधान किये गये हैं'। निर्णय में जोर देकर यह कहा गया है चूँकि आदिवासी यहाँ के मूल निवासियों के वंशज हैं, इसलिए उन्हें पर्याप्त सम्मान दिया जाना चाहिए। फैसले में एकलव्य की घटना को रेखांकित करते हुए फैसले के बिन्दु क्रम सं. 38 के तहत लिखा है, 'यह द्रोणाचार्य की ओर से एक शर्मनाक कार्य था जबकि उन्होंने एकलव्य को सिखाया भी नहीं। फिर किस आधार पर गुरू दक्षिणा मांग ली और वह भी उसके दायें हाथ का अँगूठा, जिससे कि वह उनके शिष्य अर्जुन से श्रेष्ठ धनुर्धर न बन सके'। फैसले में आदिवासियों के बारे में कहा गया है कि वे सामान्यतया अन्य नागरिकों से ईमानदार, चरित्रवान होते हैं। यही वह समय है कि हम इतिहास में उनके साथ हुए अन्याय को दुरुस्त कर सकें।

यह अत्यन्त उल्लेखनीय बात है कि नंदा बाई के मुकदमे के बहाने भारत के उच्चतम न्यायालय ने आदिवासियों से सम्बन्धित विभिन्न पक्षों को रेखांकित करते हुए व्यवस्था को आगाह किया है कि अगर आदिवासियों की अस्मिता व उत्थान को प्राथमिकता के आधार पर नहीं लिया गया तो यह देश के लिए शर्मनाक होगा। यह निर्णय आदिवासियों के कल्याण के लिए मील का पत्थर सिद्ध होना चाहिए और वह भी उस दौर में जब देश की करीब 40 प्रतिशत प्राकृतिक सम्पदा की रक्षा आदिवासीजन हजारों सालों से करते आ रहे हैं और अब उस सम्पदा को देशी-विदेशी कम्पनियों द्वारा छीनने की भरसक कोशिश की जा रही है। आदिवासियों का हित केवल आदिवासी समुदाय का हित नहीं है, प्रत्युत सम्पूर्ण देश व समाज के कल्याण का मुद्दा है जिस पर व्यवस्था से जुड़े तथा स्वतन्त्र नागरिकों को बहुत गम्भीरता से सोचना चाहिए।

ऐतिहासिक दृष्टिकोण विशेष रूप से आजादी की लड़ाई के दौरान से लेकर इस उत्तर आधुनिक दौर तक बावजूद प्रयासों के आदिवासी समाज अपेक्षित रूप में नहीं

बदला है और वर्तमान में नक्सलवाद जैसी समस्या को ध्यान में रखते हुए इस समाज के उत्थान की बात की जाये तो बहुत कुछ करना शेष है। महान विद्वान एल्विन वेरियर ने एक महत्वपूर्ण बात कही है कि 'केवल स्वतंत्रता के नारे से आदिवासी समाज का उत्थान सम्भव नहीं है। यह तभी सम्भव होगा जब सरकारी कार्यक्रम उन पर बाहर से लादे नहीं जायें बल्कि उनके द्वारा आत्मसात् करने के साथ उनका क्रियान्वयन किया जाये।'

आदिवासी समाज को समझने के लिए जितने भी बिन्दु उभरकर सामने आये हैं, उनके साथ ही यह एक महत्वपूर्ण पक्ष है कि नृतत्व विज्ञान की दृष्टि से समाज के किन मानव समुदायों को आदिवासी की श्रेणी में रखा जाये। यह संकेत पूर्व में दिये जा चुके हैं। जब हम ऐसे समुदायों की संख्या पर कोई आधिकारिक निष्कर्ष निकालते हैं तो भारतीय संविधान में अनुसूचीबद्ध कुल 583 आदिवासी समुदायों के साथ अपरिगणित एवं घुमन्तू समुदाय भी इसमें जोड़े जायेंगे। वे ब्रिटिशकाल में आपराधिक जनजातीय अधिनियम में आदिवासियों के रूप में चिह्नित किये हुए थे। इनके अलावा कई मानव समूह ऐसे भी हैं जो आदिवासी के रूप में चिह्नित नहीं किये गये लेकिन वे नृतत्व वैज्ञानिक दृष्टिकोण से आदिवासी श्रेणी में आने चाहिए। इसी से जुड़ा हुआ एक अन्य मुद्दा उन समुदायों का हो सकता है जो स्वयं को परम्परागत रूप से मूल वासी समाज की उपश्रेणियों के रूप में स्वीकार करते हैं। बहरहाल जो स्थिति सामने आती है उसमें संविधान में अनुसूचीबद्ध-समुदायों अपरिगणित एवं घुमन्तू मानव समुदायों को आदिवासी समाज की श्रेणी में स्वीकार करना चाहिए। इनकी कुल संख्या 1048 हैं। यह संख्या चिह्नित आदिम समुदायों की पहचान के आधार पर तैयार की गई है ना कि संविधान या राज्य या जिला या तालुका स्तर पर उपलब्ध सूचियों के आधार पर। ऐसा इसलिए किया गया है कि संविधान, राज्य व नीचे की ईकाइयों को आधार मानने से समुदायों की पुनरावृत्ति होती है। इसलिए अधिकारिक आंकलन समुदाय को आधार मानकर ही सम्भव हो सका।

भारतीय मिथक, इतिहास और आदिवासी

आदिवासियों पर किए जाते रहे अध्ययन शोध की परम्परा का तनिक विश्लेषण करें, तो बात थोड़ी और स्पष्ट हो सकेगी। भारतीय आदिवासी समुदायों पर लेखन की शुरुआत औपनिवेशिक दौर में आरम्भ हो गयी थी। आरियंटलिस्ट ने उन्हें कौतूहल व हिकारत भरी नजरों से देखा, नृतत्वशास्त्रियों ने उनके प्रति सामान्यीकृत औपचारिकता का दृष्टिकोण अपनाया, भाषाई अध्येता सतह से नीचे नहीं उतर पाये। जहां तक प्रगतिशील नजरिये का सवाल है, तो डी.डी. कौसाम्बी, डी.पी. चट्टोपाध्याय, भगवत

शरण उपाध्याय एवं राहुल सांकृत्यायन जैसी विभूतियों ने आदिवासियों को समझने में गहरी दिलचस्पी ली, लेकिन कुल मिलाकर उनमें भी एक सतही व रोमानी नजरिया ही हावी होता जान पड़ता है। आगे दिये कुछ उदाहरणों से यह सिद्ध हो जायेगा। वर्तमान में आदिवासियों को लेकर बड़े-बड़े विद्वान चिंतित और चिंतनशील दिखायी देते हैं, जिनमें डा. ब्रह्मदेव शर्मा, रामशरण जोशी, कुमार सुरेश सिंह (अब स्वर्गीय), जी.एन. देवी और भी कई नाम लिए जा सकते हैं, फिर भी किसी ठोस वजह से एक बेचैनी वहीं की वहीं उसी मात्रा में बनी रहती है।

आदिवासियों का वास्तविक इतिहास क्या था, उसकी खोज कैसे की जाए एवं उसे सामने कैसे लाएं? यह मूल प्रश्न अपनी जगह है। इसका उत्तर तलाशने से पूर्व हमें इस महत्वपूर्ण प्रश्न से मुठभेड़ करनी होगी कि जैसा इतिहास हमें पढ़ाया-सुनाया जाता रहा है, उसमें आदिवासी किस रूप में हैं? इसे समझने के लिए हमें भारतीय मिथक परंपरा में जाना होगा, चूंकि सारी गड़बड़ी वहीं से शुरू हुई है। मिथक एवं इतिहास के साथ सबसे बड़ी दिक्कत यह रही है कि हारी हुई कौमों को विकृत करके चित्रित किया जाता है, वर्चस्वकारी वर्ग के पक्ष में सब कुछ रचा-सजाकर प्रस्तुत कर दिया जाता रहा है। प्रायः इतिहासकार स्वयं की वर्ग परंपरा के पक्ष में तथा विपक्ष (जिस भी स्वरूप और मात्रा में) के विरोध में कुछ न कुछ पूर्वाग्रहों से ग्रसित होता है। ऐतिहासिक प्रमाण तो निरपेक्ष होते हैं, समस्या यह है कि वे सब मूक होते हैं। जब उनके अधिकांश की व्याख्या-विश्लेषण-निष्कर्ष का मौका इतिहासकार को मिलता है तो प्रामाणिक सामग्री के अनुरूप उसका तटस्थ और निष्पक्ष हो पाना बहुत मुश्किल होता है। इतिहासकार के संस्कार सोच, दृष्टि और विचारधारा प्रत्यक्ष-परोक्ष या जाने-अनजाने समाविष्ट होकर रचे जा रहे इतिहास को प्रभावित करने लगते हैं। यह किसी के साथ भी हो सकता है। इस उलझन से बचने के लिए हमें 'वाद-विवाद-संवाद' की प्रविधि को अपनाना चाहिए जिसके माध्यम से विभिन्न दृष्टिकोणों से लिखे और अनलिखे इतिहास का विश्लेषण करके उस निष्कर्ष तक पहुँचना चाहिए जो बौद्धिक-तार्किक व तथ्यात्मक-वैज्ञानिक तुला पर खरा उतरे। पढ़-सुनकर लगे कि "हाँ, यह प्रामाणिक है, यह सच है, इसे स्वीकार करने में कोई हिचक नहीं।" इतिहास की ऐसी प्रामाणिकता के सामने तथ्यात्मक यथार्थ बनाम मूल्यात्मक आग्रह की असुविधाजनक स्थिति भी पैदा नहीं होनी चाहिए। इतिहास को 'क्या है' के रूप में ही देखना चाहिए, न कि 'क्या होना चाहिए' के रूप में। 'इतिहास के प्रति दृष्टिकोण' पर यह संक्षिप्त चर्चा विषयांतर नहीं है। जब तक हम इसे न समझे, 'इतिहास और आदिवासी' विषय पूरी तरह हमारी समझ में नहीं आता। हाँ, तो इतिहास-चर्चा से पहले हम मिथकों पर कुछ उदाहरणों के सहारे बात करें।

जहां तक मिथकों में आदिवासियों की विकृत प्रस्तुति का प्रश्न है हमें पुराणों के साथ रामायण और महाभारत में भी जाना होगा। पुराण ई.पू. की दूसरी सदी से ई.पू. की सातवीं सदी के कालखंड में लिखे गये। इनके माध्यम से बुद्ध और महावीर द्वारा आरंभ किए ब्राह्मण विरोधी आन्दोलन से ध्वस्त पुरोहित वर्चस्व को पुनः स्थापित करने का प्रयास किया गया। ध्यातव्य है कि सम्राट चन्द्रगुप्त मौर्य ने जैन धर्म के प्रचार-प्रसार में महत्वपूर्ण योगदान किया।

मशहूर इतिहासकार रोमिला थापर और अर्थशास्त्री अमित भादुड़ी के एक संयुक्त लेख की इन पंक्तियों पर गौर कीजिए–"अतीत के ग्रंथों में जंगल के लोगों, वनवासियों को आमतौर पर 'अन्य' के रूप में पेश किया गया है–राक्षस के रूप में–ऐसे लोग जो काले बादलों की तरह और खूनी आंखों के साथ जंगल में विचरण करते थे, जो हर गलत चीज खाते और पीते थे, जिनके यौन सम्बन्धों के गलत नियम थे, जो एक विचित्र प्राणी थे, जो 'हमंसे' बहुत अलग थे।"

रोमिला थापर ने अपनी पुस्तक 'आदिकालीन भारत की व्याख्या' में आर्य-अनार्य संग्राम-क्रम से संबंधित एक महत्वपूर्ण व रोचक मिथक का जिक्र किया है जो इस प्रकार है :

'पृथु की कथा से स्पष्ट होगा कि कुछ मिथक बदलती सामाजिक और राजनीतिक अवस्थाओं को वैधता प्रदान करते हैं। इस कथा के अनेक संस्करण हैं। सबका प्रारम्भ एक जैसा है। वेन बड़ा दुष्ट राजा था। ऋषियों ने उसकी हत्या कर दी क्योंकि वह धर्म से च्युत होकर शासन कर रहा था। उन्होंने उसके बाएं जंघे को मथकर उसका एक उत्तराधिकारी प्रकट किया जो निषाद था। वह शासन के योग्य न था। इसलिए उसे वन में निर्वासित कर दिया जहां वह आखेटजीवी हो गया। वेन के दाहिने बाहु को मथकर ऋषियों ने दूसरे उत्तराधिकारी को प्रकट किया। वह धर्मात्मा पृथु था। उसने गौ-पालन और कृषि का प्रारम्भ किया और पृथ्वी को अनेक वरदान दिए। पृथु से प्रसन्न होकर उसने अपना नाम पृथ्वी रखा। वेन दुष्ट था क्योंकि वह यज्ञ नहीं करता था। इसलिए ऋषियों ने उसका वध कर दिया (प्रजा ने उसे निर्वासित नहीं किया) जिन्हें राजा को पदच्युत करने का अधिकार था। काला, नाटा, कुरूप निषाद सभी वनवासियों का आद्य रूप हुआ। इस मिथक में भूमि को साफ कर कृषि प्रारम्भ करने पर सभी ऐसे समूहों को वनवास देने को वैधता प्रदान की गई है।'

उक्त मिथकीय प्रसंग से स्पष्ट है कि जो भी आर्यो की योजना में बाधक बना उसे आर्यो ने या तो नष्ट कर दिया या मनुष्य के दर्जे से खारिज कर दिया।

थापर व भादुड़ी के पूर्वोक्त लेख में यह बताया गया कि कौटिल्य के 'अर्थशास्त्र' में आदिवासियों को उपद्रवी बताकर उनकी निंदा की गई है, जबकि सम्राट अशोक ने

उन लोगों को धमकी दी थी, हालांकि यह नहीं बताया था कि यह धमकी क्यों दी गई। लेख में आगे कहा गया है—"विभिन्न राजवंशों के जंगलों में विस्तार से जो हित जुड़े थे, उसके स्पष्ट कारण हैं। जंगलों से सेना के लिए हाथी मिलते थे, लोहा समेत दूसरी खनिज संपदा वहां थी, मकान के लिए लकड़ी मिलती थी, जंगलों की सफाई से खेती की जमीन में इजाफा होता था और इसके परिणास्वरूप ज्यादा जमीन पर खेती से राजस्व में बढ़ोतरी होती थी। बाद के युगों में, उन स्थितियों में भी जब वनवासियों पर निर्भरता रहती थी, उनके प्रति परम्परागत नजरिया यही था कि ये लोग सामाजिक दायरे से बाहर हैं और उनसे दूर ही रहना है।"

यह कहने के बाद रोमिला थापर और अमित भादुड़ी ने सवाल उठाया कि "क्या यह तौर-तरीका आज से अलग था?"

जैन ग्रंथों में इस बात का उल्लेख है कि सम्राट अशोक अंत में जैन मुनि बन गये। (भारतीय संस्कृति और हिन्दी प्रदेश खंड-एक, डा. रामविलास शर्मा -पृष्ठ 636)

यह तो सर्वविदित है कि सम्राट अशोक ने बौद्ध धर्म के प्रसार-प्रचार में जी-जान लगा दी। ब्राह्मण सेनापति पुष्यमित्र अपने स्वामी मौर्य सम्राट वृहद्रथ का वध करके जब सम्राट बनता है, (ई.पू. 184) तभी से ब्राह्मणवादी वर्चस्व पुनः स्थापित होता है जिसे गुप्तवंशीय राजाओं का भरपूर प्रश्रय मिला। यह सारा कालखंड ई.पू. दूसरी सदी से सातवीं सदी तक चलता है। इसी दौरान पुराण लिखे जाते हैं जिनमें चमत्कार, अतिशयोक्ति एवं मिथकों के माध्यम से ब्राह्मणवादी व्यवस्था को गौरवान्वित किया जाता है जो अनार्य-आदिवासी विरोधी रहती आयी थी और आगे भी चलती है। पौराणिक मिथकों का कुछ अंश रामायण में और अधिकांश महाभारत के माध्यम से पहले ही प्रस्तुत हो चुका था।

रामायण के प्रमुख पात्र राम हैं, जिन्हें पुरुषोत्तम के रूप में अब तक संपूर्ण समाज पर स्थापित किया जाता रहा। अगर राम के जीवन में से वनवास के चौदह वर्ष निकाल दिए जायें तो उनके व्यक्तिंत्व में क्या बचेगा?

उन महत्वपूर्ण चौदह वर्षो में राम आदिवासियों के साथ रहे और उन्हीं की ताकत से अनार्यो (आदिवासियों के विशेष संदर्भ में) से युद्धोपरांत विजयी होते हैं। इस सबके बावजूद राम की व्यवस्था में आदिवासी नायकों की भागीदारी, हस्तक्षेप एवं दर्जा क्या रहा? भद्रजन के लिए यह बड़ा ही असुविधाजनक प्रश्न होगा। निर्दोष शंबूक के वध के बावजूद राम महान रहेंगे! राम-रावण युद्ध में दोनों ही तरफ से मरने वाले आदिवासी-अनार्य और युद्ध किसके लिए? इससे भी आगे-आपके लिए जो मानव समुदाय शत्रुपक्ष था उसे मनुष्य न मानकर राक्षस, असुर, दैत्य, दानव न जाने किस-किस तरह से विरूपित किया गया और जिन्होंने आपका साथ दिया उन्हें गिद्ध,

रीछ, वानर आदि की संज्ञा देकर जंगली जानवरों की श्रेणी में रख दिया ताकि भविष्य तक में कभी उनकी असली पहचान न हो सके?

महाभारत में चिरपरिचित एकलव्य का प्रसंग आता है। आर्यगुरू ने धनुर्विद्या सिखाने से मना कर दिया। निषादराज-पुत्र से फिर भी उसको गुरू मनवा दिया और अपने बलबूते पर धनुर्धर बन जाने पर भी बतौर दक्षिणा अंगूठा काटकर दिलवा दिया। कान पक गये यह कथा सुनते-सुनते। मेरे गले यह कथा इस रूप में कतई नहीं उतरती। तर्कसम्मत यह लगता है कि एकलव्य का अगूंठा जबरन काटा होगा। इस जघन्य अपराध को ढकने के लिए तथा-कथित दक्षिणा का स्वांग रचकर थोप दिया गया। रामकुमार वर्मा कृत 'एकलव्य' महाकाव्य के अंत में प्रस्तुत परिशिष्ट के श्लोकों को पढ़िये जो एकलव्य प्रसंग से सम्बधित हैं, बात स्पष्ट हो जायेगी।

आदिवासी स्त्री हिडिम्बा के पुत्र घटोत्कच का प्रसंग आता है जिससे अर्जुन को बचाने के लिए शहीद कर दिया जाता है। घटोत्कच के पुत्र बर्बरीक का महत्वपूर्ण प्रसंग महाभारत में है। वह किशोरावस्था में ही था, मगर अत्यन्त बलवान। दुर्योधन कहीं से ढूंढ़कर उसे अपने पक्ष में लड़ने के लिए बुला लेता है। वह कौरवों की तरफ से लड़ने को तत्पर है।

ध्यान देने की बात है कि महाभारत युद्ध में अधिकांश आदिवासी कौरवों के पक्ष में लड़े थे। एकलव्य स्वयं इसका उदाहरण है। उसका अगूंठा अगर द्रोणाचार्य मांगता तो शायद वह उसकी सेना के पक्ष में न लड़ता। अगूंठा काटने वाले पांडव थे, इसलिए वह पांडवों के विरुद्ध लड़ा था।

हाँ, तो बर्बरीक की कथा यूं चलती है कि जैसे ही वह युद्धभूमि में आया तो, कृष्ण समझ गये कि अब पांडवों का बचना मुश्किल है। क्या किया जाये? भोले किशोर बर्बरीक को सोलह कला प्रवीण भगवान छलने के लिए चल देते हैं। कहते हैं–"कलियुग में तेरी पूजा का इंतजाम किये देता हूँ। इस वक्त बैकुंठ (या स्वर्ग) धाम में भेजने की गारन्टी भी लेता हूँ। बस एक काम कर दे, लड़ मत और अपना शीश मुझे सौंप दे।"

"जवाब मिलता है," आप तो भगवान हैं, जो करेंगे ठीक ही होगा। मेरी इतनी-सी इच्छा है कि दोनों ओर से बड़े-बड़े धुरंधर लड़ रहे हैं। मैं इनकी बहादुरी देखना चाहता हूँ।"

शर्त मान ली जाती है। बर्बरीक शीश सौंप देता है।

एक मत के अनुसार कुरूक्षेत्र के मैदान के निकट लम्बे बांस पर बर्बरीक का शीश टाँक दिया जाता है, जहाँ से उसने सारा युद्ध देखा।

दूसरे मत के अनुसार कुरूक्षेत्र के निकट सबसे उँची पहाड़ी चोटी पर शीश रख दिया जाता है। यह पहाड़ सीकर (राजस्थान) के निकट हर्ष पर्वत है जिसकी ऊँचाई

3300 फीट है। माउन्ट आबू के गुरू शिखर (करीब 6000 फीट) के बाद राजस्थान, हरियाणा, उत्तरप्रदेश, पंजाब के अंचल में यही सबसे ऊँचा पहाड़ है। हर्ष पर्वत और रींगस के बीच खाटू श्याम जी का धर्मस्थल है, जिसमें केवल शीश वाली प्रतिमा है, जिसकी पूजा होती है। इसे 'श्याम बाबा' कहते हैं। शीश मूर्ति से लगता है यह बर्बरीक ही होगा। हर्ष के पर्वत सीकर से ही उसने महाभारत युद्ध देखा। इस प्रसंग को यहीं रोकते हैं। यह कहते हैं कि खाटू श्याम जी की मूर्ति तो बर्बरीक की है लेकिन मान्यता यह चली आ रही है कि यह श्रीकृष्ण का बाल रूप है और उसी की पूजा होती है। सालाना लक्खी मेला यहां लगता है। विडम्बना यह है कि शीश काटकर देने के बाद भी आदिवासी बर्बरीक की जगह कृष्ण को पूजा गया।

एक और प्रसंग है महाभारत में। अश्वमेधी यज्ञ के घोड़े की यात्रा के दौरान अर्जुन की लड़ाई बभ्रूवाहन से होती है। यह स्थान पूर्वांचल है। बभ्रूवाहन मणिपुर के आदिवासी राजा चित्रवाहन की राजकुमारी चित्रांगदा का पुत्र था। उल्लेखनीय है अर्जुन ने चित्रांगदा और नाग कन्या उलूपी (दोनों आदिवासी) से विवाह (?) किया था। लड़ाई में अर्जुन मारा जाता है (बेहोश हुआ होगा) और उलूपी जड़ी-बूटियों से उसे जीवित(?) करती है। प्रश्न यह है कि अर्जुन को धूल चटा देने वाला शूरवीर बभ्रूवाहन महान नहीं माना जाकर अतुलनीय योद्धा अर्जुन को ही बताया जाता है।

एक और प्रसंग। कृष्ण का वध जारा शबर नामक आदिवासी के हाथों होता है। मैंने वध स्थल (गुजरात) की यात्रा की है। घटना स्थल की परख की। किसी भी कोण से देखें, यह सम्भव ही नहीं कि हरिण की आँख समझकर पगतल में चमकते पद्‌म चिह्न पर निशाना साधा हो। अगर आखेट था तो शबर का बाण जहरीला नहीं हो सकता और बाण जहरीला नहीं था, तो पैर में बाण लगने से कम से कम तत्काल तो मृत्यु नहीं हो सकती। इसके लिए पूरे शरीर का 'सेप्टिक' होना जरूरी होगा। वह भी तब, जब कि कोई उपचार न किया जाये। आप कहते रहिए अगले जन्म में बाली के हाथों मरने वाला वरदान राम ने दिया था और जारा शबर ही त्रेतायुग का बाली था।

सारे सन्दर्भ देखने पड़ेंगे। खाण्डव वन-दहन में आदिवासी नाग जाति को भस्म करने में कृष्ण एवं अर्जुन द्वारा अग्नि का सहयोग करने से लेकर कंस-शिशुपाल-जयद्रथ वध, एकलव्य का 'अंगूठा', घटोत्कच-बर्बरीक-बभ्रूवाहन प्रसंग तक। यही नहीं, जाना होगा सतयुग और त्रेतायुग में भी।

आप भीलों की मौखिक और गेय परम्परा का महाभारत ('भीलों का भारथ' द्वारा भगवानदास पटेल) पढ़ जाइये। पात्र एवं घटनास्थल करीब-करीब वही हैं लेकिन संदर्भ बदले हुए पायेंगे। वहां अर्जुन की जगह नागवंशी आदिवासी राजा वासुकी अतुलनीय योद्धा और बलवान मिलेगा। उनका यह अत्यंत महत्वपूर्ण योगदान है आदिवासियों की

दृष्टि से भारतीय मिथकों की व्याख्या के परिप्रेक्ष्य में।

पूरा का पूरा तथा-कथित सतयुग भरा पड़ा है मिथकों से और मिथकों में आदिवासियों के विकृतिकरण से।

इंद्र का सन्दर्भ ले लीजिए। छल-छद्म, अय्याश, व्यभिचार, यहाँ तक कि बलात्कार (कानूनी परिभाषा और अहल्या प्रसंग) तक क्या-क्या कुकर्म उसने नहीं किए, और मनुष्य में श्रेष्ठ देवता और देवताओं के स्वामी (श्रेष्ठम) इन्द्र की पूजा आप करते रहिए। नारद, तुम्बरू जैसे पात्र अनार्य-आदिवासी थे। नारद के चरित्र को समझिए। वह इन्द्र की व्यवस्था के विरोध में हर जगह व्यंग करता है। उसके कथनों की मूल भावना और उद्देश्यों को समझने के लिए दिमाग पर अधिक जोर देने की आवश्यकता ही नहीं पड़ेगी।

क्या हैं ये "महान" चंद्रवंशी और सूर्यवंशी क्षत्रिय? उन्हीं के समर्थन में लिये गये शास्त्रों से स्थिति स्पष्ट हो जायेगी।

पुरुरवा की अप्सरा (वेश्या) पत्नी उर्वशी की औलाद की पीढ़ियां चंद्रवंशी और अप्सरा (वेश्या) मेनका पुत्री शंकुतला की औलाद की पीढ़ियां सूर्यवंशी हुए।

यह पूछना बड़ा ही असुविधाजनक होगा कि "तुम्हारी (दोनों वंशों की) आद्यजननी तो...थीं, फिर तुम महान कुल परंपरा कैसे हुए?"

दूसरी तरफ यह सवाल उठता है कि प्राचीन काल में अपनी पुश्तैनी धरती पर शांति से जीवन जी रहे आदिम समुदायों पर आपने बाहर से आकर हमले किए, उन्हें मारा, दास बनाया, भगाया और फिर असुर, राक्षस, जंगली जानवरों की संज्ञा दी। फिर तुम श्रेष्ठ कैसे हुए?

आदिवासी इतिहास लिखने से पहले हमें 'मिथकों में आदिवासी' के सारे संदर्भो को पुनर्व्याख्याथित करना होगा। आस्था और भावना अपनी जगह है मगर अतीत का निरूपण तो तथ्यात्मक, तार्किक, बौद्धिक व वैज्ञानिक ही होगा।

अब बात आती है इतिहास में आदिवासियों की। इससे पहले यह देखा जाये कि इतिहास में आम आदमी किस हद तक होता है? इतिहास के नाम पर हजारों वर्षों तक राजा-महाराजाओं का इतिहास ही लिखा जाता रहा। प्राचीन काल से मुगल काल तक भाट-चारणी-दरबारी इतिहासकारों की परंपरा हावी रही। इसमें प्राचीन सम्राटों, तथाकथित गणराज्यों के शासकों, मुस्लिम बादशाहों, रियासती सामंतों के पक्ष में इतिहास लिखा व लिखवाया जाता रहा। अंग्रेज काल में इतिहास लेखन के क्षेत्र में बहुत सारा काम हुआ। अंग्रेज इतिहासकारों की मानसिकता पूरे भारत देश की परम्परा को हेय दृष्टि से देखने की ही रही। उपनिवेशवाद के दौर में यह सम्भव ही नहीं हो सकता था कि इतिहास में आम आदमी को जगह मिले।

आजादी के बाद इतिहास लेखन के क्षेत्र में निस्संदेह महत्वपूर्ण कार्य वामपंथी इतिहासकारों ने किया। किसानों व श्रमिकों के आन्दोलनों, सामाजिक व आर्थिक परिस्थितियों, वर्ग-संघर्ष की परम्परा आदि को उजागर करने का प्रयास हुआ। लेकिन वामपंथी विचारधारा के सिद्धांत उन पर इस कदर हावी रहे कि वे देश की परम्पराओं व समस्याओं के समाधान के सारे सूत्र (ऐतिहासिक दृष्टि से) अन्तर्राष्ट्रीय साम्यवाद में ही ढूंढ़ते रहे। हर प्रश्न का उत्तर मार्क्स, ऐंगिल्स, लेनिन, माओ के विचारों में तलाशते रहे। उदाहरणार्थ, भारत में जाति व्यवस्था के यथार्थ को नजरअंदाज करते रहे। आजादी की लड़ाई के दौरान बाबा साहेब अम्बेडकर के नेतृत्व में समाज का दलित वर्ग बाह्मणवादी वर्चस्व के विरुद्ध मोर्चा थामे आगे बढ़ रहा था तो उन्होंने वामपंथियों के साथ आने का आग्रह किया। इस पर स्वयं ई. एम. एस. नम्बूदरीपाद ने कहा कि 'दलितों के पचड़े' में अभी नहीं पड़ना है। साम्राज्यवाद पर विजय प्राप्त करने के बाद दलितों की समस्या अपने आप हल हो जायेगी। यही वजह रही कि सर्वहारा के पक्ष में चिंतित चिन्तनशील वामपंथियों को दलितों ने अब तक स्वीकार नहीं किया है।

इतिहास के तथ्यों को कैसे तोड़ा-मरोड़ा जाता है, इसका एक उदाहरण देखिए। महाराणा प्रताप के अत्यन्त विश्वसनीय और योद्धा सेनापति राणा पूंजा थे। वे भील थे। भीलू राजा भी उन्हें कहा जाता रहा। राजीव गांधी जब प्रधानमंत्री थे, तो राणा पूंजा की प्रतिमा का उदयपुर में उन्होंने अनावरण किया। हिरणमगरी (पहाड़ी) जहाँ राणा प्रताप की प्रतिमा है, उसी से कुछ दूरी पर राणा पूँजा की प्रतिमा स्थापित की गई। यह सर्वविदित है कि राणा प्रताप के साथ लड़ने वाले राजपूत अत्यल्प थे और आदिवासी ही प्रमुख रूप से लड़े थे। कुछ लोगों ने एक कुचक्र रचा। चमचे किस्म के इतिहासकारों की एक कमेटी बनायी। उनसे यह साबित करवाया गया कि राणा पूंजा आदिवासी न होकर राजपूत था। उनके हिसाब से योद्धा केवल राजपूत होते हैं, और सब नपुंसक हैं। अगर इस साजिश का विरोध नहीं हुआ होता तो सम्भव था ऐसे लोग अपने प्रयासों में सफल हो जाते और राणा प्रताप के साथ लड़े आदिवासियों के बलिदान को पूरी तरह भुला दिया जाता।

इतिहास से सम्बन्धित एक और अत्यन्त गम्भीर बात है आदिवासियों का अपराधी के रूप में समाज के सामने प्रस्तुतीकरण। यह षड्यंत्र अंग्रेजों और देशी सामन्तों का मिला-जुला प्रयास था। आदिवासियों की सत्ता और संसाधन छीन लिए जाने पर वे विद्रोही बन गये। राज्य शक्ति के साथ उन्हें कानून की ताकत से दबाने का दुष्चक्र रचा गया। सन् 1871 में क्रिमिनल ट्राइब एक्ट सबसे पहले बाम्बे प्रेसेडेन्सी में लागू किया गया। बाद में एक-एक कर अन्य क्षेत्रों में। यद्यपि आजादी के बाद यह

कानून समाप्त कर दिया गया और इसकी जगह 'आदतन अपराधी अधिनियम' बना दिया गया, जो समूह आधारित न होकर व्यक्ति आधारित है। सवाल यह है कि ऐतिहासिक प्रमाण कहीं सिद्ध नहीं करते कि आदिवासी अपराधी रहे हैं, लेकिन गैरआदिवासी समाज का अधिकांश सवर्ण तबका उस षड्यंत्र की वजह से अब तक आदिवासियों के प्रति वही मानसिकता अपनाये हुए है।

आश्चर्य होगा यह जानकर कि राजस्थान स्तरीय प्रतियोगी परीक्षाओं की सामान्य ज्ञान की पुस्तकों में अभी भी मीणों, भीलों एवं अन्य आदिवासियों का परिचय यह कह कर दिया जाता है कि "इनका मुख्य धंधा चोरी, लूट, डकैती रहा है।" कंजर, सांसी, बावरिया, कालबेलिया, पारधी, बेड़िया जैसे आदिम समूहों को पुलिस चैन से नहीं बैठने देती। इस दौर में यह समाजशास्त्रीय दृष्टिकोण आदिवासियों के प्रति अंग्रेज कालीन व्यवस्था (जो कि अब इतिहास है) और देशी सामन्तवाद की उपज है, उस इतिहास को पढ़कर यह समाजशास्त्रीय धारणा बनती है, जिसका विरोध आदिवासियों एवं कुछ अन्य व्यक्तियों एवं संगठनों के अलावा आम बुद्धिजीवी क्यों नहीं करता? आश्चर्य तो यह है कि ऐसी पुस्तकों के ऐसे घोर 'आब्जेक्शनेबल' अंशों की ओर सरकार व प्रशासन का ध्यान भी क्यों नहीं जाता? ऐसे लखकों और प्रकाशकों के विरुद्ध दण्डात्मक कार्यवाई क्यों नहीं की जाती?

ये उदाहरण सिद्ध करते हैं कि किस प्रकार प्रायोजित या जाने-अनजाने आदिवासियों से सम्बन्धित महान घटनाओं व राष्ट्र के लिए उनके त्याग व बलिदान को इतिहास से बाहर रखा गया। इसके साथ उन्हें बदनाम भी किया जाता रहा।

अहम सवाल उठता है कि आदिवासियों के इतिहास को सामने कैसे लाया जाये? इतिहास की खोज और लेखन का महत्वपूर्ण काम सम्भव कैसे हो? किसी बात को कहने के लिए यदि व्यक्तिगत अनुभव व जानकारी का इस्तेमाल किया जाये तो मैं समझता हूँ, अधिक सहज और आधिकारिक होगा।

जयपुर के निकट बस्सी निवासी श्री झूथालाल नाढंला (मीणा आदिवासी) ने वर्षो मेहनत करके सन् 1968 में 'मीणा इतिहास' छपवाया। बहुत सारी सामग्री एकत्रित की। जागा-पोथियों का अध्ययन, जागाओं की पंचायत, स्थलों का भ्रमण, पुराने दस्तावेजों की परख, मौखिक परम्परा आदि का अध्ययन करके सामग्री बटोरी। इतिहासकार रावत सारस्वत से इतिहास लिखवाया। पूरी इतिहास पुस्तक को पढ़कर लगता है कि मीणा इतिहास के हर पृष्ठ पर स्वयं रावत सारस्वत कहीं न कहीं हस्तक्षेप करते हुए दिखायी देते हैं। उनके माध्यम से उनके अपने ब्राह्मणवादी संस्कार, पूर्वाग्रह, सोच, दृष्टि आदि झलकती दिखती है। बड़ा काम हुआ, मगर ईमानदारी से नहीं हो पाया।

इससे पहले मुनि मगन सागर (मीणा परिवार में जन्में और बाद में जैन मुनि बन गये थे) ने मीणा आदिवासियों पर गहन अध्ययन किया। मीणों के प्राचीन राज्य, राज़वंश, गोत्र आदि पर महत्वपूर्ण सामग्री बटोरी। मीणों की उत्पत्ति की खोज की। गणचिह्न के रूप में 'मीन' (मत्स्य) के आधार पर मीना, मीणा, मारण आदि संज्ञाओं की व्याख्या की। 'मीन पुराण भूमिका' और 'मीन पुराण' के रूप में महत्वपूर्ण ग्रन्थ लिखे। उन्हें किसी ने कह दिया कि "काशी में विद्वान पण्डित रहते हैं, उनमें से किसी को बुलवाओ और उनकी सलाह लेकर इस सबको अन्तिम स्वरूप दो।"

काशी के दो पण्डितों के चक्कर में वे पड़ गये और अधिकांश सामग्री के अर्थ का अनर्थ कर दिया। उदाहरणार्थ 'मीन' को गणचिह्न से बदलकर विष्णु के मत्स्यावतार से जोड़ दिया और यह निष्कर्ष निकलवा दिया कि मीणा लोग आर्यों से सम्बन्ध रखते हैं और क्षत्रिय हैं। वर्णाश्रमी व्यवस्था मीणा आदिवासियों में नहीं मिलती। उनके रीति-रिवाज, मौखिक परम्परा, संस्कृति, धर्म, संघर्ष, गाथाएं, प्रकृति सें जुड़ाव, पंचायत व्यवस्था सब कुछ आदिवासी है, मगर केवल एक शब्द 'मीन' (मत्स्य) की गलत व्याख्या करने से सब कुछ गुड़-गोबर हो गया। अभी भी कुछ लोग इस गलतफहमी के शिकार हैं।

प्रतिष्ठित इतिहासकारों का आदिवासियों के प्रति रवैया काफी हद तक हमने इस लेख के पूर्वोक्त हिस्सों में देख लिया। अब भी क्या आदिवासी लोग इन्तजार करेंगे और उन्हीं की ओर झांकते रहेंगे कि वे ही आदिवासियों का इतिहास लिखने के लिए अधिकृत और सक्षम हैं?

जब यह सिद्ध हो चुका कि आदिवासियों द्वारा लिखा गया साहित्य तुलनात्मक दृष्टि से किसी और साहित्य से कम नहीं है, प्रत्युत आदिवासी विषय वस्तु के परिप्रेक्ष्य में तो उससे अधिक गुणात्मक व आधिकारिक हैं, तो आदिवासी ही आदिवासियों का इतिहास क्यों न लिखें? इन प्रश्नों का सीधे-सीधे 'हां' या 'ना' में उत्तर देना कुछ उलझन पैदा कर सकता है। उचित यह होगा कि जागरूक व बुद्धिजीवी आदिवासी लोग एवं आदिवासी समाज को लेकर प्रतिबद्ध गैर-आदिवासी प्रबुद्धजन दायित्वबोध के साथ गम्भीर होकर इस मुद्दे पर विचार करें। अपने-अपने स्तर पर या टीम बनाकर इस काम में जुट जायें और कुछ सार्थक करके बतलायें। इतिहासकारों ने अब तक जो भूल की है उसका पश्चाताप करें और इतिहास में से जो महत्वपूर्ण छूट गया है, उसे जोड़ने का मूल्यवान काम तुरंत हाथ में लें।

इतिहास लिखने/लिखवाने या उसे प्रकाशित करवाने की समस्या इतनी बड़ी नहीं है, जितनी बड़ी चुनौती इतिहास को खोजने की है। इसके लिए निम्न सुझाव उपयोगी हो सकते है :

- आदिवासियों से सम्बन्धित भारतीय मिथकों की पुनर्व्याख्या की जाये।

- प्राचीन शिलालेख, ताम्रपत्र, सिक्के, पट्टे, परवाने तथा अन्य लिपिबद्ध प्रमाण जो किसी भी प्रकार आदिवासियों से सम्बन्ध रखते हों उनका उपयोग करें।
- प्राचीन हस्तलिखित पोथियां, पीढ़ियां, वंशावालियां और स्फुट बातें जिनमें आदिवासियों का उल्लेख हो, का विश्लेषण किया जाये।
- शास्त्रों, ग्रंथों, महाकाव्यों में जहां आदिवासियों के सन्दर्भ आये हैं उनकी सही व्याख्या की जाये।
- प्राचीन गढ़, किले, मन्दिर, देवले, बावड़ी, तालाब, कुएं, हथाई तथा अन्य ऐसी इमारतें जिनका ताल्लुक आदिवासियों से रहा हो उन्हें मौलिक सामग्री के रूप में उपयोग में लिया जाये।
- आदिवासियों के बारे में जागाओं, भाटों, गायकों द्वारा कही जाती रही बातों पर ध्यान दिया जाये।
- राणाओं तथा अन्य याचकों द्वारा गाये जाने वाले गीत, कवित्त, दोहा एवं कहावतों का अध्ययन किया जाये।
- आदिवासी समाज में प्रचलित लोकगीत, लोक गाथाओं आदि में जो सन्दर्भ आये, उनका संकलन किया जाये।
- आदिवासी उत्सव, मेलों, खेल-प्रतियोगिताओं, शौर्य-गाथाओं, मुहावरों, पहेलियों से निकलने वाली ऐतिहासिक महत्व की बातों का उपयोग किया जाये।
- आदिवासी समाज में प्रचलित जन्म, विवाह, मृत्यु, श्राद्ध, पितर, लोकदेवता, गणचिह्न आदि से सम्बन्धित परम्पराओं का अध्ययन किया जाये।
- आदिवासियों की जीवन शैली एवं जीवन दर्शन के विविध आयामों का वैज्ञानिक-तार्किक विश्लेषण किये जायें जो एक परंपरा का पोषन कराता है।
- अंधविश्वासों एंव कुरीतियों के पीछे के वास्तविक कारणों की खोज की जाये।
- आदिवासियों की पंचायती परंपरा, स्वशासन पद्धति, सामाजार्थिक जीवन आदि की जानकारी की जाये जो परपंरा के सूत्र बताती हों।
- आदिवासियों का अतीत उथल-पुथलों से भरा पड़ा है। आक्रमण, विरोध, हार-जीत, एक स्थान से दूसरे स्थलों की ओर पलायन आदि आदि। ऐसे किस्से बड़ों-बूढों की जुबान पर अब भी हैं। इनका संकलन और विश्लेषण किया जाये। देश के अंचल-अंचल में आदिवासी बिखरे हुए हैं लेकिन धर्म, संस्कृति, सामाजिक-व्यवस्था, आर्थिक जीवन, स्वभाव, बाहरी दबाव, शोषण, शोषण का प्रतिरोध और अस्मिता के लिए निरतंर संघर्ष आदि ऐसे तत्व हैं जो हर आदिवासी समुदाय को आपस में एक सूत्र में बांधे हुए हैं उन सबका तथ्यात्मक संकलन कर विश्लेषण किया जाये।

अब देखिए ना, जब बिरसा मुंडा झारखंड अंचल में आदिवासियों को संगठित कर जागरुक कर रहे थे और अंग्रेजों एवं देशी शासकों के विरुद्ध लड़ रहे थे, उसी दौर में गोविन्द गुरू के नेतृत्व में आदिवासी राजस्थान व गुजरात में अंग्रेजों और रियासती व्यवस्था से लोहा ले रहे थे। देखने की बात यह है कि उनके बीच कोई संवाद-संप्रेषण नहीं था फिर भी लड़ाई एक ही दौर में एक-सी शैली में हुई। भाषा का क्या, भाषा-बोली तो हर बारह कोस पर बदलती जाती है। फिर भी कुछ शब्द होते हैं जो पुरानी पहचान कराते रहते हैं। उदाहरणार्थ, 'जोहार' ऐसा शब्द है जो अभिवादन के लिए हर अंचल में इस्तेमाल किया जाता है। फर्क इतना-सा ही मिलेगा कि झारखंड में 'जोहार' है तो राजस्थान में 'जुहार'। देश के किसी भी क्षेत्र के सामूहिक आदिवासी आयोजन को देख लो, नजारा एक-सा मिलेगा। वाद्ययंत्रों की बनावट व सुर और गीतों की धुन में समानता मिलेगी। प्रकृति प्रेम और मानव स्वभाव सभी आदिवासी समूहों में एक समान कारक (FACTOR) मिलेगा। कहने का तात्पर्य यह है कि किसी भी अंचल के आदिवासी हों, उनका एक इतिहास भी सामने आना चाहिए। ऐतिहासिक सामग्री व्यापक स्तर के साथ आंचलिक स्तर पर भी एकत्रित करनी होगी। इस प्रक्रिया में कुछ सीमा तक संभव है, आंचलिक झलकियां-झांकियां देखने को मिले। उनको भी एक सूत्र में पिरोना होगा।

यह सब करने से ही इतिहास में आदिवासियों को पहचान मिल पायेगी, अन्यथा नहीं।

आदिवासी मिथक

जिस तरह आज भारत के गैर-आदिवासी अपने को आदिवासी समाजों से सभ्य और आगे बढ़ा हुआ मानते हैं, ऐसा ही पश्चिम कभी सारे गैर-पश्चिमी समाजों के बारे में मानता था। एक वक्त तक मानव-विज्ञान आदिवासियों की मानसिक अवस्था की तुलना बच्चों से करता था। लेवी स्ट्रॉस ने सभ्यता के अहंकार को बेनकाब कर दिया। उत्तरी और दक्षिण अमेरिका के आदिवासी मिथकों के अध्ययन के जरिए उन्होंने बताया कि आदिवासी भी औपचारिक और अमूर्त चिंतन करते हैं। उनका अपना ज्ञान-शास्त्र है। वे धरती या चांद के बारे में उतनी ही जटिलता के साथ सोच सकते हैं जितनी जटिलता भौतिकी या बीज-गणित की प्रणाली में होती है। वे तार्किक मानस के विभाजन को चुनौती देते हैं। उनके इस काम के बाद से यह माना जाने लगा कि कथित सभ्यताएं अपने उत्पादन, मशीनों और ताकत पर तो ऐंठ सकती हैं लेकिन तार्किक क्षमता पर नहीं। स्ट्रॉस ने बताया कि किसी भी मिथक में एक प्रणाली होती है,

जो चीजों, सामाजिक रिश्तों और विचारों का वर्गीकरण करती है। बहुत से लोग अब तक विज्ञान की समझ को ही चीजों का व्यवस्थित अध्ययन मानते थे। लेवी स्ट्रॉस और रोलां बॉर्थ दोनों ने ही मिथकों और विचारधारा की तार्किक बनावट के एक जैसा होने की तरफ इशारा किया। मिथक मुख्यतः मनुष्य और प्रकृति के बीच के टंकरावों और विरोधाभासों को कल्पना के स्तर पर हल करता है तो विचारधारा यही सामाजिक अंतर्विरोधों और टकरावों को लेकर करती है। फर्क यही है कि मिथक इतिहास की गति से अछूते से रहकर एक शाश्वत वर्तमान रच सकते हैं, जो अनंत काल तक अपने को दोहरा सकता है। वहीं विचारधारा सामाजिक टकरावों का स्वरूप बदलने पर रूपांतरित हो जाती है या कई बार उसका असर कम-ज्यादा हो जाता है।

विकसित समाजों में सृष्टि की उत्पति एवं अन्य विषयों के संबंध में चले आ रहे मिथक प्रगति की प्रक्रिया में धीरे धीरे समाप्त होते जा रहे हैं और जहाँ कहीं सुरक्षित हैं तो उनका परिमार्जित, संशोधित व परिवर्तित रूप ही मिलता है। मौलिक स्वरूप कहीं न कहीं अपभ्रष्ट होता दिखाई देता है। इससे इतर आदिवासी समाजों के मिथकों में अधिकांश मौखिक परम्परा का हिस्सा बने हुए हैं चूंकि इनके व्यवस्थित लिपिबद्ध प्रयास अपेक्षित स्तर पर नहीं हुए। यही वजह है कि समूह एवं अंचल के स्तर पर इन मिथकों में काफी विविधताएं पाई जाती हैं। यहाँ तक कि एक ही आदिवासी घटक़ में भी सृष्टि के उद्भव संबंधी एक से अधिक मिथक दिखाई देंगे। भारत की आंचलिकताओं के प्रतिनिधित्व की दृष्टि से चयनित आदिवासी समुदायों में प्रचलित मिथकों को समेटने का यहाँ प्रयास किया गया है।

पूर्वोत्तर भारत

सृष्टि की उत्पत्ति को लेकर आदिवासी मिथकों में आधारभूत तत्वों का जिक्र मिलता है। जब हम पूर्वोत्तर भारत की बात करते हैं तो अरुणाचल प्रदेश में जल, अण्डा, बादल, चट्टान, लकड़ी जैसे आधारभूत तत्वों को सृष्टि सृजन में सहायक माना गया है। इन तत्वों का सृष्टि से पूर्व स्वतः अस्तित्व बताया गया है। ये सब प्रथम सोपान के सृष्टिक्रम माने गये हैं। दूसरे चरण में पृथ्वी, आकाश, सूर्य, चन्द्रमा, वायु, अग्नि एवं अन्य सजीव रचनाओं को शामिल किया गया है। तीसरे चरण में रंग, दिशा, रूप, गंध माने गये हैं तथा चौथे-चरण में विवेक को शामिल किया गया है।

सृष्टि से पहले की अवस्था के बारे में पूर्वोत्तर भारत के आदिवासियों की यह मान्यता रही है कि पृथ्वी पर सर्वत्र जल ही जल था। आसमान में दो आदि-बंधु रहते थे। एक दिन उन्होंने आपस में बातचीत करते हुए यह सोचा कि अगर मनुष्य की उत्पत्ति की जाये तो वे जीवित कैसे रहेंगे क्योंकि यहाँ तो पानी ही पानी है? आकाश में

कमल का एक फूल था। दोनों भाइयों ने उस फूल को नीचे फेंक दिया। फूल की पंखुड़ियां अनन्त जल-राशि पर बिखर गई। फिर उन दोनों भाइयों ने चारों दिशाओं से वायु का आहवान किया। पूर्वी दिशा से आने वाली वायु अपने साथ सफेद धूल लायी जिसे फूल की पंखुड़ियों पर बिखेर दिया। पश्चिमी हवा पीले रंग की धूल लायी, दक्षिणी हवा लाल तथा उत्तरी हवा काली धूल लेकर आयी। यह सभी धूल आपस में कमल के फूल की पंखुड़ियों पर बिखर गयी और इस तरह बहुरंगी पृथ्वी का सृजन हुआ।

एक मिथक कथा यह चलती है कि ब्रह्माण्ड में आरम्भ में केवल दो अण्डे थे। वे नरम तथा सोने की तरह चमकने वाले थे। वे एक जगह टिकने के बजाय चक्कर लगा रहे थे। अन्ततः वे आपस में टकराये और फूट गये। एक अण्डे से पृथ्वी और दूसरे अण्डे से आकाश का सृजन हुआ। यह दोनों पत्नी और पति के रूप में सामने आये। दोनों के संभोग से वनस्पतियों तथा अन्य प्राणियों की रचना हुई।

अन्य मिथक-कथा यह है कि आरम्भ में पहले बादल थे। कोई पृथ्वी या आकाश नहीं था। बादल से एक स्त्री पैदा हुई। वह बादल जैसी थी। उसने एक बालक व एक कन्या को जन्म दिया। वे दोनों बर्फ जैसे थे। जब वे जवान हुए तो दोनों ने शारीरिक संबंध बनाया जिससे *इतंगा* नामक कन्या का जन्म हुआ जो पृथ्वी कहलायी और एक पुत्र पैदा हुआ जो *यूम* अर्थात आकाश कहलाया। पृथ्वी कीचड़ तथा आकाश बादल जैसा था। इन दोनों ने भी शादी कर ली तथा *इनबुंग* नामक पुत्र को जन्म दिया जो वायु कहलाया इसके जन्म से तेज हवाएँ चली जिससे उसका पिता बादल उड़ता हुआ आसमान में चला गया और कीचड़नुमा पृथ्वी को सुखा दिया जो क्रमशः स्वर्ग और पृथ्वी के रूप में आविर्भूत हुए।

एक अन्य मिथक कथा के अनुसार आरम्भ में केवल एक चट्टान थी और चट्टान के चारों ओर जल ही जल था। वह चट्टान सजीव थी जो नरम और इधर उधर चलने फिरने की क्षमता रखती थी। इस चट्टान से एक मादा चट्टान पैदा हुई जिससे एक अन्य चट्टान पैदा हुई जो थी नर-चट्टान। दोनों के मध्य यौन संबंध स्थापित किये जाने पर इन दोनों की प्रथम सन्तान मछली के रूप में पैदा हुई। तत्पश्चात उन्होंने एक बड़े मेंढक, फिर एक छोटे मेंढक और फिर एक थलचर मेंढक को जन्म दिया। इसके बाद उसने पानी में रहने वाले एक कीट को जन्म दिया और अन्ततः दूसरी मछली। फिर चट्टान-माता नक्षत्रों के बीच बने गगन ग्राम में चली गई। वहां भी उसने एक नक्षत्र से शादी की और कई बच्चे पैदा किये और उसके बाद मृत्यु को प्राप्त हो गई। उसके बच्चों ने अपनी मां के अन्तिम संस्कार के लिये चावल की लापसी बनाई। इस प्रक्रिया के दौरान उठी भाप से एक बादल उठा जिससे मिथुन (*क्रोन बोस*) पैदा हुआ। मिथुन ने अपने सींगों से गढ्ढा खोदा जिससे सूखी धरती

प्रकट हुई। तभी से वे नरम चट्टानें कठोर बन गईं और पृथ्वी पर अन्य सजीव-निर्जीव रचनाएँ सृजित हुईं।

एक और मिथक पूर्वोत्तर भारत में प्रचलित है जिसके अनुसार सृष्टि से पूर्व सर्वत्र जल ही जल था। पानी के ऊपर सर्वप्रथम एक वृक्ष पैदा हुआ जिसे *पैरीकामुला* कहा गया। समय के साथ एक कीड़ा उस पेड़ पर जन्मा और उसने पेड़ की लकड़ी को खाना शुरू किया। लकड़ी के कण पानी पर फैले और उसके बाद संसार की सृष्टि हुई। तत्पश्चात वह पेड़ बूढ़ा होकर जमीन पर गिर गया। उसके नीचे के हिस्से की छाल से संसार की त्वचा और ऊपर की हिस्से वाली छाल से आकाश की त्वचा बनी। पेड़ का तना चट्टानों में परिवर्तित हो गया और शाखाएं पर्वतों में।

एकल मानव प्राणी से पैदा हुई सृष्टि-मिथक की एक अन्य कथा सामने आती है जिसके अनुसार *क्रतमचालट्टू* नामक पृथ्वी मनुष्य जैसी थी जिसके सिर, भुजाएं, पैर और बड़ा पेट था। उसके पेट पर नवजात मनुष्य रहने लगे। पृथ्वी ने सोचा इन प्राणियों की वजह से हिलडुल भी नहीं सकती। ऐसा करूंगी तो ये गिरकर मर जायेंगे। उसने स्वयं मरना तय किया। उसके शरीर के पृथक-पृथक अंग संसार के अलग अलग खण्ड बने तथा दोनों आंखें सूरज व चांद।

पूर्वोत्तर प्रान्तों के आदिवासियों में सृष्टि संबंधी एक बात सामान्यतः पाई जाती है कि वे सब सृष्टि कीं पंच सोपानी उत्पत्ति में विश्वास करते हैं। यह भी एक सामान्यीकृत निष्कर्ष निकाला जा सकता है कि कमोबेश सभी मनुष्यों की उत्पत्ति पृथ्वी व आकाश के पत्नी व पति रूप से हुई।

यह भी एक किंवदन्ती चली आ रही है कि प्रथम मानव प्रजाति को नष्ट कर दिया था। फिर सम्पूर्ण पृथ्वी को बारिश में अच्छी तरह धोया तब जाकर मानव जाति की पुनः रचना हुई। पूर्वोत्तर के सभी आदिवासियों में यह मिथक पूरी तरह बसा हुआ है कि आदिकाल से मनुष्य, अन्य प्राणियों एवं अदृश्य आत्माओं के बीच गहरा संबंध था। कहा जाता है कि एक स्त्री ने मानव शिशु और बाघ शिशु को जुड़वां बच्चों की तरह जन्म दिया। उस जमाने में जानवर भी आपस में खुलकर बातें किया करते थे। इस तरह की कई कहानियां सुनी जाती हैं कि मनुष्यों द्वारा देवताओं की आत्माओं व अन्य प्राणियों, यहाँ तक कि पेड़ों और पत्तियों से भी शादी की जाती थी। यह भी विश्वास चला आ रहा है कि आदि-युग में विवेक केवल मनुष्य के पास ही नहीं अपितु पशु-पक्षियों के पास भी था। शास्त्रीय स्थापनाओं से अलग आदिवासियों की यह मान्यता है कि किसी एक ईश्वर ने सृष्टि की रचना नहीं की, बल्कि अस्तित्व में रहे भौतिक पदार्थों से सृष्टि उपजी। अर्थात भौतिक तत्वों से सजीव व निर्जीव दोनों किस्म की रचनाएं सामने आईं जो प्रारम्भ में एक ही थीं। उल्लेखनीय है कि जल की महिमा

प्रमुखता से सामने रही है। यह अत्यन्त महत्वपूर्ण बात है कि भौतिक पदार्थ से ही सजीव संसार सृजित हुआ। ऐसा ही वैज्ञानिकों का मत भी है।

लेप्चा आदिवासीजन पश्चिम बंगाल के दार्जलिंग व केलिम्पोंग एवं सिक्किम के इलाकों में रहते हैं। लेप्चा मिथिक-कथाओं में यह जिक्र आता है कि *ईतबुदेबु रम* अर्थात सृष्टिकर्ता द्वारा *मैल्याड़* की सृष्टि करने के बाद *किड़चुमजोड़बू* (कंचनजंघा) पर्वत चोटी की पवित्र बर्फ से पुरुष व स्त्री का जोड़ा बनाकर *मैल्याड़* अंचल में छोड़ दिया। दोनों के सात संतानें पैदा हुईं, जिन्हें शिशु अवस्था में ही ईश्वर के डर के मारे जंगल में छोड़ दिया गया। आठवें बच्चे को माँ ने दूध पिलाया। उसके पश्चात जो बच्चे पैदा हुए उन्हें जंगल में अनाथ नहीं छोड़ा गया और उनसे जो वंशवृद्धि हुई वह लेप्चा आदिवासियों के रूप में होती गई। जिन सात बच्चों को बिना दूध पिलाये जंगल में छोड़ा गया था वे हिंसक जानवरों जैसा व्यवहार करने लगे, जो शांतिपूर्वक रहने वाले लेप्चाओं को आये दिन परेशान करते रहते थे। उन दुष्ट लोगों का राजा *लासोमूड़मनु* था। लेप्चाओं ने उसे खत्म करने के लिए ईश्वर से प्रार्थना की। ईश्वर ने उनकी प्रार्थना सुनकर कंचनजंघा के पास वाली दूसरी पर्वत श्रेणी की बर्फ से एक शक्तिशाली पुरुष बनाया जिसने दुष्ट राजा का वध किया। लेप्चा कंचनजंघा को अपनी आराध्य जननी के रूप में पूजते हैं।

खासी आदिवासियों में जब भी कोई भावनात्मक या विचलन के क्षण आते हैं तो वे एक अनुष्ठान करते हैं, जिसमें कोड़ी (cowrie shell), चावल, अण्डा व मुर्गी का इस्तेमाल करते हैं। ये सभी अनाभिव्यक्त सृष्टि के प्रमुख तत्व माने गये हैं यथा अण्डे को आधार तत्व, कोड़ी को जल, मुर्गी को पृथ्वी तथा चावल को प्राण।

नगा एवं मिरि आदिवासी दो लोकों की अवधारणा में विश्वास करते हैं-एक, जीवित लोक तथा दूसरा मृतकों का लोक। सृष्टि के बारे में उनकी अवधारणाएँ पूर्वानुसार ही हैं।

अण्डमान

सृष्टि की उत्पत्ति के सम्बन्ध में अण्डमान के आदिवासियों में यह मिथक प्रचलित है कि *'पुलुगा'* नामक ईश्वर ने सृष्टि के समस्त प्राणियों एवं तत्वों की रचना की। *पुलुगा* ईश्वर ने प्रथम मानव की जो रचना की उसका नाम तोमो रखा जिसका रंग काला था, जो निग्रीटो प्रजाति के अण्डमानीय आदिवासियों का आदि-पूर्वज बना। *पुलुगा* ने तोमो को सर्वप्रथम आग के उपयोग की जानकारी दी। *बिलिकु* एवं ताराई जैसी शक्तिशाली प्रेत-आत्माओं से पहले और सर्वशक्तिशाली पुलुगा की उत्पत्ति से पहले ईश्वर का अदृश्य अस्तित्व था जो बाद में साकार हुआ। उसने नई प्रेत-आत्माओं की भूमिका तय

की जो सृष्टि के व्यवहार को नियमित करती हैं, *बिलिकु* व *ताराई* मुख्य प्रेत-आत्माएँ पृथक-पृथक द्वीपों में रहती थीं। ये द्वीप बहुत समय पहले समुद्र में डूब गये। तब से ये प्रेत-आत्माएँ उन द्वीपों के आसमान में रहती हैं।

अण्डमान के ओंगी आदिवासियों में हड्डी को पूर्वजों की निशानी के रूप में मानते हुए उसे आभूषण की तरह गले में धारण किया जाता है। उनकी मान्यता है कि इसकी अस्थि-गंध से ही उनका अस्तित्व उनके रिहायशी टापू पर और प्रेतात्माओं का वास उनके आसमान में रहता है, जो उनकी रक्षा करती हैं। प्रेतात्माओं को वे अपना स्त्रष्टा मानते हैं।

अण्डमानीय द्वीप समूहों में सुनामी जैसी प्राकृतिक आपदाएं पहले से ही आती रही हैं जिन्हें अण्डमानी, औंग व जारवा आदिवासी लोग जल-प्लावन की संज्ञा देते हैं। अग्नि की उत्पत्ति के बारे में यह कहावत प्रचलित है कि इसकी खोज सबसे पहले झींगा मछली ने की और उसे सूखी लकड़ियों के सहारे प्रज्जवलित कर वह सो गई। *किलकीला* पक्षी ने उस आग को चुरा लिया। अन्त में *कमेड़ी* पक्षी ने *किलकिला* से छीनकर उस आग को अण्डमानीय आदिवासियों को दिया और फिर जल प्लावन हुआ तब *गोह* जानवर (moniter lizard) आग को जल से छुपाने के लिए एक पेड़ पर चढ़ने लगा। इस कार्य में उसकी मदद उसकी पत्नी गन्ध-बिलाई ने की। इन दोनों ने आग को तब तक सुरक्षित रखा जब तक बाढ़ के जल का स्तर पुनः नीचे नहीं उतर गया था।

मध्य भारत

कोरकू

मध्यप्रदेश एवं महाराष्ट्र के विदर्भ अंचल में रहने वाले ये आदिवासी लोग हैं। कोरकू लोगों में सृष्टि सम्बन्धी यह मिथक प्रचलित है कि अति-प्राचीन-काल में रावण नामक एक शक्तिशाली राजा रहता था। एक समय में वह विन्ध्याचल व सतपुड़ा पहाड़ी इलाकों में भ्रमण कर रहा था। उसे यह देखकर अचरज हुआ कि इतने मनोरम अंचल में कोई मनुष्य नहीं रहता है। रावण ने भगवान शिव की तपस्या की और यह वरदान मांगा कि इस निर्जन वनांचल को मानव जाति से आबाद किया जाये। शिव ने अपने दूत कागेश्वर को आदेश दिया कि उस अंचल से लाल मिट्टी लेकर आवे। कागेश्वर द्वारा लाई गई लाल मिट्टी से पुरुष व स्त्री का एक जोड़ा बनाया गया और उसमें प्राण संचरित किये। इन्द्र को यह पसन्द नहीं आया। उसने शिव द्वारा बनाए गये स्त्री पुरुष को अपने द्वारा भेजे गये दो अश्वदूतों से नष्ट करवा दिया। महादेव ने पुनः मानव जोड़ा की सृष्टि की जिसे फिर इन्द्र ने नष्ट कर दिया। अबकी बार भगवान शिव ने

मानव जोड़ा बनाने से पहले एक कुत्ते की रचना की जिसने इन्द्र के अश्वों को मारकर भगा दिया। भगवान शिव द्वारा पैदा किये गये इस कोरकू आदि पुरुष व स्त्री का नाम क्रमशः मूल व मूलई के रूप में जाना जाता है।

गोण्ड

इन आदिवासियों का मिथक है कि कमल के पत्तों पर 'बड़ादेव' बैठा हुआ था तभी उसके मन में सृष्टि की रचना का विचार आया। दुनिया रचने के लिये उसे मिट्टी चाहिये थी। उसने नीचे देखा तो ब्रह्माण्ड में सर्वत्र जल ही जल दिखाई दिया। उसने अपनी छाती मसली। छाती रगड़ने से जो मैल इकट्ठा हुआ उससे उसने एक कौआ बनाया। कौआ को उसने मिट्टी की तलाश में भेजा। कौआ मिट्टी की तलाश में इधर उधर उड़ने लगा। उसने सब जगह छान मारा लेकिन उसे अनन्त दूरियों तक जल ही जल फैला हुआ दिखायी दिया। वह थक गया था। उसे कहीं बैठने की जगह भी नहीं मिली। तभी उसे एक सूखी लकड़ी नजर आई जिस पर वह बैठ गया। अचानक एक आवाज सुनाई दी–

''यह मेरे पंजे पर कौन बैठा है?''

वह आवाज केकड़े की थी। कौआ ने मिट्टी तलाश संबंधी बात उसे बताई। केकड़े ने कहा कि ''सारी मिट्टी पाताल लोक में चली गई है और उसे केंचुआ खा रहा है।'' कौआ ने केकड़े से विनती की कि केंचुआ को पाताल लोक से बाहर लाए। केकड़े ने पानी में से केंचुआ को बाहर निकाला। जब केंचुआ से कहा कि 'मिट्टी सौंपो' तो उसने जवाब दिया कि ''मिट्टी तो मेरा भोजन है इसलिये मैं नहीं दे सकता।'' तब केकड़ा ने केंचुआ को पकड़ा और उलटा करके उसे झटका दिया तो केंचुआ ने सारी मिट्टी बाहर उगल दी। कौआ ने वह मिट्टी चोंच में दबाई और बड़ादेव के पास आ गया।

बड़ादेव ने मकड़ा को आदेश दिया कि विराट जलाशय के चारों ओर एक जाला फैला दे। उसने ऐसा कर दिया। बड़ादेव ने जाला को पानी के ऊपर फैलाया और मिट्टी को उसके ऊपर बिखेर दिया। इसके पश्चात बड़ादेव ने पशु पक्षी तथा अन्य जानवर बनाकर पृथ्वी पर भेज दिये। उन्हीं में मानव की भी रचना की। मनुष्य ने बड़ादेव से पूछा कि–

''मैं अपने बच्चों को क्या खिलाऊं?''

बड़ादेव ने अपने माथे के बालों में से तीन बाल उखाड़े और उन्हें पृथ्वी पर फेंक दिया। उन बालों से आम, सागवान तथा बांस के पेड़ बन गये। बड़ादेव ने मनुष्य को एक कुल्हाड़ी देते हुए कहा कि वह इन वृक्षों की लकड़ी काटे और कुछ बनाये।

जैसे ही मनुष्य ने पेड़ों की लकड़ी काटना शुरू किया तभी कठफोड़वा ने कुल्हाड़ी

के आघातों जैसी आवाज निकालते हुए पेड़ों की टहनियों पर अपनी चोंच से शाखाओं को पोली करना आरम्भ कर दिया। मनुष्य को कठफोड़वा की हरकत पर गुस्सा आया। मनुष्य ने कुल्हाड़ी कठफोड़वा के ऊपर फेंकी। कठफोड़वा आकाश में उड़ गया और मनुष्य की कुल्हाड़ी भी गायब हो गई। .

मनुष्य बड़ादेव के पास मदद के लिये वापिस गया। बड़ादेव ने अपने अलाव में से थोड़ी-सी राख मनुष्य को दी और उससे कहा कि इसे पेड़ों की जड़ों में गाड़ देना।

जैसे ही मनुष्य ने पेड़ों के पास आकर राख को उनकी जड़ों में डाला तो पेड़ों में शाखाएँ व फल-फूल उत्पन्न हो गये और सारी पृथ्वी हरे जगलों से भर गई। उसने पहले काटी हुई लकड़ियों में से एक पोली लकड़ी दूर फेंकी। जिस जगह उसने लकड़ी फेंकी वहाँ बांस का पेड़ उग आया। बांस के झुरमुटों में से अन्न की देवी प्रगट हुई जिसने मनुष्य को लकड़ी का बना हुआ एक हल दिया। यह वही लकड़ी थी जिसे मनुष्य ने फेंका था और जहाँ बांस उगे थे। इस तरह मनुष्य ने हल से अन्न उपजाना आरम्भ किया। अन्न की देवी को गायब होने से बचाने के लिये गौण्ड पुरुष की स्त्री ने मिट्टी की एक कोठी बनाई और उपजे हुए अन्न को सुरक्षित रख दिया जिससे वह पूरे संसार के मनुष्यों का पोषण करने लगी।

इस मिथक कथा को सौहेल हाश्मी ने व्याख्यायित करते हुए कहा है कि इन आदिवासियों का आदिदेव अर्थात बड़ादेव व्यस्तता या अन्य किसी वजह से रोज स्नान नहीं करता था, इसलिये उसके बदन पर मैल जम गया। भद्र समाज के देवों की तरह वह रोज स्नान व श्रृंगार नहीं करता था। इस तरह वह वैसा ही देव था जैसे कि उसके अनुयायी आदिवासी। भद्र समाज में सामान्यतः कौआ, केकड़ा और मकड़ा को बुरा मानते हैं जबकि इस मिथक में उनका सृष्टि रचना में महत्वपूर्ण अवदान बताया है जिससे यह स्पष्ट होता है कि आदिवासी समाज पर्यावरण संतुलन के प्रति कितना सचेत रहा है।

गौण्डों के गढ़ा राज्य की स्थापना के सम्बन्ध में हमें दो जनश्रुतियों का उल्लेख मिलता है। इनका विवरण देना यहाँ उचित होगा। एक जनश्रुति के अनुसार गढ़ा के पास कटंगा में सकतू नामक गौण्ड रहता था। उसकी कन्या ने एक नाग से विवाह किया जो सहवास के समय पुरुष रूप धारण कर लेता था। इस विवाह के फलस्वरूप धारूशाह का जन्म हुआ। इसी धारूशाह का पौत्र यादवराय था, जिसने गढ़ा में गौण्ड राज्य की नींव रखी।

मण्डला जिला गैजेटियर में थोड़ी भिन्नता के साथ यह जनश्रुति दी गई है-पीपरपानी में एक किसान रहता था जिसकी इकलौती बेटी बसन्ती थी। किसान रोज अपने खेत में काम करता था, जोतता था, बोता था और काटता था और उसकी बेटी

रोज दोपहर को उसके लिये खाना लाती थी। रास्ते में वह दीमक के एक बमीठे के पास से जाती थी। उस बमीठे के भीतर एक आदमी सर्प के भेष में रहता था। एक दिन जब वह लड़की उस बमीठे के पास बैठकर विश्राम कर रही थी, वह सर्प उसके पास आया। लड़की डर गई और भाग खड़ी हुई लेकिन सर्प ने इन्सान का रूप धारण कर लिया और उसे बुलाकर कहा, ''डरो मत। मैं इन्सान हूँ। आओ और मुझसे रोज बात किया करो।'' लड़की ने उसकी आज्ञा का पालन किया और कालान्तर में उस अजनबी साथी के प्रेम में पड़ गई। कुछ ही समय बाद वह गर्भवती हो गई और जब इसके बारे में उसके माता-पिता ने पूछा तो उसने अपने पिता को बताया कि उसके बच्चे का पिता एक सर्प है और उसने कहा है कि उसके बेटे का नाम धारूशाह होगा और वह समय पाकर मण्डला का राजा बनेगा। सर्प का कथन सही हुआ और किसान की बेटी से पैदा हुआ उसका बेटा मण्डला का राजा बना।

दूसरी जनश्रुति स्लीमैन ने उल्लिखित की है जो इस प्रकार है–

''जादूराय (यादवराय) खानदेश में गोदावरी नदी के पास 20 कोस दूर स्थित सेहलगाँव नामक गाँव के जोधसिंग पटेल का बेटा था। वह भाग्यशाली सैनिक जादूराय लांजी (बालाघाट) के हैहयवंशी राजा के यहाँ नौकर था। एक बार वह अपने स्वामी के साथ नर्मदा नदी के उद्‌गम अमरकण्टक की तीर्थ यात्रा को गया। एक रात पहरा देते समय उसने दो गौण्ड पुरुषों और एक गौण्ड स्त्री को जाते देखा। उनके पीछे एक हनुमान जाति का विशाल बन्दर था। बन्दर ने उसे देखा और मोर के कुछ पंख गिराये जिन्हें उसने उठा लिया। नौकरी से मुक्त होने पर वह उन पंखों को अपने घर ले आया। रात में सो जाने पर स्वप्न में नर्मदा देवी प्रकट हुईं और उसे बताया कि उसने जिन लोगों को देखा था वे गौण्ड नहीं थे बल्कि वे वास्तव में राम, उनका भाई लक्ष्मण, राम की पत्नी सीता और राम का स्वामिभक्त अनुचर हनुमान थे। उसके द्वारा मोर पंख गिराने का अर्थ यह था कि जादूराय किसी समय राजा होगा। नर्मदा ने उससे तब यह भी कहा कि वह गढ़ा के पास तिलवारा घाट के निकट स्थित रामनगर के ब्राह्मण संत सर्वे पाठक के पास जाए और कोई भी कठिनाई आने पर उसका मार्ग-दर्शन प्राप्त करे और उसे अपना गुरू माने।''

मण्डला जिला से संग्रहीत यह उत्पत्ति मिथक आदिलाबाद के राजगौण्डों के उत्पत्ति-मिथकों से अलग है और इन पर ब्राह्मणों की पौराणिक कथाओं का काफी असर देखने को मिलता है। संक्षेप में यह कहानी इस प्रकार है : संसार की रचना करने के बाद ब्रह्मा विचार करते हैं कि इसका पालन कौन करेगा। वे क्रमशः ब्राह्मण, क्षत्रिय और गौण्ड को बुलाकर पूछते हैं। ब्राह्मण कहता है कि मैं खुद दूसरों से माँगकर खाता हूँ, मैं कैसे सबका पालन कर सकता है। क्षत्रिय भी मना कर देता है, यह कहकर कि अगर किसी को मारना

हो तो मुझे बताओ, दुनिया में कोई जीव नहीं बचेगा, लेकिन पालन करना मेरे बस की बात नहीं है। अंत में वे गौण्ड को बुलाकर पूछते हैं। गौण्ड को ना कहना नहीं आता है, सो उसने ब्रह्मा से कह दिया कि मैं पालन करूँगा, आप चिंता छोड़ो। ब्रह्मा खुश होकर उसे हल और एक जोड़ी बैल देकर किसानी करने को कहते हैं। लेकिन अब समस्या यह खड़ी हो गई कि सारे गौण्ड एक-दूसरे से लड़ने लगे। अब एक बार फिर ब्रह्मा आते हैं और गौण्ड के शरीर को मथते हैं। उससे तरह-तरह के लोग निकलते हैं, तीर कमान लिए भील जिसे नर्मदा के अंतिम सिरे के पहाड़ियों में भेजा जाता है जहाँ वह रैयत को लूटकर खा सकता है—कुल्हाड़ी के साथ बैगा निकलता है जिसे नर्मदा के दूसरे सिरे की पहाड़ियों में कंद-मूल खोदकर खाने को भेजा जाता है, फिर निकलते हैं कुदाल और कुल्हाड़ी लिए कोल और भरिया जिन्हें गौण्ड की मदद के लिए भेज दिया जाता है।

मिथक का ढांचा ब्राह्मणों के पौराणिक उत्पत्ति-मिथकों से जरूर लिया गया है, खासकर पृथु वेण मिथक से (जहाँ वेण के शरीर को मथने से तरह तरह के लोग निषाद आदि निकलते हैं और अंत में पृथु निकलता है जिसे पृथ्वी की रक्षा का जिम्मा सौंपा जाता है)। फिर भी उसका मूल भाव दक्षिण भारतीय कृषक समाजों (जैसे वेल्लाल) की आत्म छवि से काफी मेल खाता है। इसमें हल चलाकर अन्न पैदा करने वाले किसान को सर्वश्रेष्ठ दर्जा दिया गया है और उसे संसार के समस्त जीवों का आधार माना गया है। अन्य समकक्ष जातियों (भील, बैगा, कोल आदि) को उसके सहायक या अनुज के रूप में दर्शाया गया है। यहाँ तक कि राजा को भी गौण्ड समाज की ही एक शाखा माना गया है। यह विचारधारा सुदूर दक्षिण के वेल्लाल समाज के चरित्र से काफी मेल खाती है।

कोंड व सांवरा (उड़ीसा)

एक दिन सभी देवता भगवान के दरबार में एकत्रित हुए और उन्होंने वहाँ विश्व की उत्पत्ति के विषय में चर्चा की कि किस प्रकार विश्व की उत्पत्ति की जाए। सृष्टि के मूल तत्व के रूप में सर्वत्र जल ही जल प्रहले से ही व्याप्त था। भगवान ने सभी देवताओं से कहा कि, ‘‘सब लोग अपने-अपने शरीर से थोड़ा-थोड़ा रक्त निकालें,’’ और उन लोगों ने वैसा ही किया। तब उन्होंने कहा, ‘‘सब लोग अपने अपने शरीर से थोड़ा-थोड़ा मैल निकालें,’’ उन्होंने भगवान की आज्ञा का पालन किया। उस सम्पूर्ण रक्त और मैल से एक विशाल चपाती बनाई गई। उस चपाती को उन्होंने जल पर फेंक दिया और इस तरह विश्व (पृथ्वी) का निर्माण हुआ।

मनुष्य सृष्टि के आरम्भ में अत्यन्त बौने थे कि उन्हें बैंगन तोड़ने के लिए भी सीढ़ियाँ लगानी पड़ती थी। उन दिनों आकाश पृथ्वी के बहुत समीप था। एक दिन जब एक स्त्री अपने आंगन को बुहार रही थी तब उसकी पीठ बादलों से रगड़ रही थी। उस

स्त्री ने क्रोधित होते हुए उसे मारा और आकाश ऊपर चला गया और बीच से हट गया। तब मनुष्य की लम्बाई बढ़ने लगी क्योंकि अब उनके बढ़ने के लिए पर्याप्त स्थान बन गया था।

भील

भीलों की उत्पत्ति के बारे में यह मिथक-किंदवंती प्रसिद्ध है कि एक धोबी नदी के किनारे बैठा हुआ आकाश की ओर देख रहा था तभी एक मछली पानी के प्रवाह में उल्टी तैरती हुई किनारे तक आई और बोली कि धोबी भाई तुमने मुझे व मेरे परिवार के हजारों सदस्यों को आटा की गोलियां खिलाई हैं। तुम्हारे उपकार को में कभी नहीं भूल सकती। तुम हमारे ही वंश के अंश हो मै तुम्हें महत्वपूर्ण सूचना देना चाहती हूँ वह यह कि एक दिन बाद अर्थात परसों प्रलय होगी और संसार के सब जीव पानी में डूब कर समाप्त हो जायेंगे। तुम बड़े सन्दूक में बैठकर छिप जाना और मैं तुम्हारी रक्षा में अपने आप को बलिदान कर दूँगी। घर जाकर परिजन व सम्बन्धियों को समझाना और हिम्मत से प्रलय काल में अपने आपको सम्भालकर रखना।

धोबी ने मछली की बातें सुनी और सीधा घर दौड़ा। एक सन्दूक में उसने अपनी बहिन व एक मुर्गे को बन्द किया और खाने के लिए कुछ सामान भी रखा और अच्छे कपड़े पहनकर वह उसमें खुद भी घुस गया। तीसरे दिन मछली के द्वारा की गई भविष्यवाणी के अनुसार प्रलयकाल आरम्भ हुआ। सर्वप्रथम तेज हवाएं चलीं जो भयंकर चक्रवात में बदलती चली गईं। उसके बाद धारासार बारिश आरम्भ हो गई। सारी सृष्टि जल में मग्न होकर समाप्त हो गई। सर्वत्र व्याप्त जल की हिलोरों की बीच एक सन्दूक तैरता हुआ दिखाई दिया। भगवान ने सब जगह अपने दूत भेजे और यह पता लगाया कि प्रलय के बावजूद कोई प्राणी बचा हुआ तो नहीं है। जब दूत किसी जीवित प्राणी की खोज कर रहे थे तभी मुर्गे की बांग सुनाई दी। दूत जिस बक्से में से आवाज आ रही थी उस बक्से को लेकर भगवान के दरबार में गये। ईश्वर के सामने सन्दूक खोला तो धोबी व उसकी बहिन निकली। ईश्वर के पूछने पर उसने वह सारी कहानी बता दी। धोबी ने डर के मारे पहले तो उस स्त्री को अपनी बहिन के रूप में बताया व दक्षिण दिशा की ओर मुंह करके उसे अपनी पत्नी होने का संकेत दिया। प्रलय के विरुद्ध मछली की चालाकी के लिए भगवान ने उस प्रजाति की मछलियों की जीभ कटवा दी और जब सृष्टि की पुनः रचना हुई तो उस प्रजाति की मछलियां जीभविहीन दिखाई दीं। भगवान के कहने पर धोबी ने अपनी बहिन के साथ विवाह किया, जिससे उनके चौदह संतानें हुईं—सात पुत्र व सात पुत्रियां। भगवान ने पहले पुत्र को एक सुन्दर घोड़ा दिया। उस लड़के को घुड़सवारी नहीं आती थी इसलिये उसे

जंगल में खुला छोड़ दिया। धोबी की सन्तानों से पैदा होने वाले वंश को भील आदिवासी लोग अपना आदिपुरुष मानते हैं।

एक मिथकीय कथा के अनुसार पाँच व्यक्ति भगवान शिव के पास गये। पार्वती ने उन्हें देखकर भगवान शिव से कहा, "ये मेरे पाँच भाई हैं जो आपके पास वधू-मूल्य मांगने आये है। आपने मुझ से विवाह किया है आपको समाज की प्रथा अनुसार दहेज देना ही चाहिए। भगवान शिव ने कहा कि मेरे पास नंदी व कमण्डल के अलावा कुछ नहीं है। वे पांचों निराश होकर वापस चले गये। उनके वापस जाने पर भगवान शिव को दया आई और उन्होने पाँचों भाइयों के मार्ग में चांदी की एक चौकी रखवा दी, लेकिन संयोगवश किसी भी भाई की नजर उस चौकी पर नहीं पड़ी। यह देखकर पार्वती भाइयों के पास गई और कहा कि 'सचमुच तुम अंधे हो, रास्ते में रखी हुई चांदी की चौकी तुम्हारे लिए थी लेकिन तुम उसे देख नहीं पाये। तुम कभी भी सुखी नहीं रह पाओगे। अब मैं तुम्हें सुखी रखने के लिए यह नंदी देती हूँ। इसकी कुबड़ में रत्न भरे हैं। इसे कभी मत सताना और अच्छी तरह प्रेम से रखना।"

नंदी को लेकर वे पांचों भाई घर आये। लालच के वशीभूत होकर उन्होंने नंदी की कुबड़ में से रत्नों को निकालने के आशय से उसे सताकर मार डाला। कुबड़ चीरकर देखा तो उसमें कुछ नहीं निकला। वे पांचों भाई अपना माथा पीटकर रोने लगे। तभी पार्वती प्रकट होकर बोलने लगी कि "मूर्खों तुमने मेरी बात पर विश्वास नहीं किया। मैंने तो तुम्हें वह नंदी खेती करने के लिए दी थी ताकि कृषि फल उपजाकर तुम समृद्ध हो सको और सुख से जीवन व्यतीत कर सको। अब याद रखो इस पाप के प्रायश्चितस्वरूप जंगलों में कष्टमय जीवन बिताओगे।" भील समाज में यह कथा इस रूप में प्रचलित है कि उन्होंने नंदी की हत्या की थी। इसलिए भगवान शिव व पार्वती नाराज हैं। इसलिए वे फटे-हाल जंगलों में जीवन गुजार रहे हैं।

एक अन्य कथा के अनुसार बैचेन दशा में एक वृक्ष की छाया में भगवान शिव बैठे थे। इतने में ही वहां एक सुन्दरी प्रकट हुई। भगवान शिव उसकी तरफ आकर्षित हुए। उन दोनों के सहवास से एक पुत्र की उत्पत्ति हुई जो क्रोधी स्वभाव का था। एक दिन गुस्से में आकर उसने भगवान शिव के वाहन नंदी को पीट-पीटकर मार डाला। नाराज होकर भगवान शिव ने शाप दिया कि वह अनंतकाल तक जंगलो में भटकता रहेगा और कभी भी जीवन सुख से नहीं जी सकेगा।

कुल मिलाकर भीलों की उत्पत्ति की सारी किंवदन्तियां भगवान शिव के मिथक से जुड़ी हुई दिखाई देती हैं। भारत का सम्पूर्ण भील समुदाय भगवान शिव को आदि देव के रूप में पूज्य मानता है। समस्त भील अंचल में शिवजी के पूजा स्थल यहाँ-वहां दिखायी देते हैं।

सहरिया

सृष्टि की उत्पत्ति सम्बन्धी किंवदन्ती यह है कि सृष्टिकर्ता ने संसार की रचना के समय मनुष्य की विभिन्न प्रजातियों व समुदायों के लिए अलग-अलग स्थान निश्चित किये। सबसे पहले सहरिया की रचना की और उसे नियत स्थान अर्थात् पत्थर के पाटे पर बीचों-बीच बैठा दिया। उसके बाद अन्य मनुष्यों का निर्माण किया। उन्हें खाली स्थान पर बैठाया, मगर वे एक के बाद एक सहरिया को एक ओर खिसकाने लगे। सहरिया के बजाय अन्य सभी लोग चतुर व चालाक थे। खिसकते-खिसकते सहरिया पाटे के सिरे तक पहुंच गया। ईश्वर ने सबका निर्माण करने के बाद जब सहरिया से यह सवाल किया कि "तुझको जब बीच में बैठाया था तो तू बगल में क्यों खिसकता गया?" सहरिया ने कोई जवाब नहीं दिया। ईश्वर नाराज हुआ और उसने सहरिया को शाप दिया कि "तू अन्य मनुष्यों के साथ रहने लायक नहीं है और हमेशा जंगलों में अलग-थलग बसेगा।"

खूंटिया नामक एक मिथक कथा यह पाई जाती है कि भगवान ने पृथ्वी की रचना के बाद पहला गांव बसाया। उस गांव का खूंटा (चिह्नित करना) जिस आदमी ने गाड़ा वह सहरिया आदिवासियों का आदि पुरुष खूंटिया पटेल कहलाया।

तुलनात्मक दृष्टि से आधिकारिक प्रतीत होने वाली कथा इस प्रकार है कि पृथ्वी की रचना के बाद ईश्वर ने जल, वायु, अग्नि और वनस्पतियों की रचना की। सृष्टि रचयिता ने यह सोचा कि इन चीजों का उपयोग क्या है, तब उसने आदमी की उत्पत्ति की। आदमी एकल पुरुष था। उसने कहा कि 'मुझे कोई साथी चाहिए।' उसके आग्रह पर भगवान ने स्त्री की सृष्टि की। इसके बाद अन्य मानव समुदायों की रचना की। इस कथा में पूर्वोक्त किंवदन्ती के अनुरूप अन्य मनुष्यों द्वारा सहरिया जोड़ा को मुख्य स्थान से एक कोने में खिसकाने की बात दोहराई गई है। कथा आगे इस प्रकार बढ़ती है कि ईश्वर ने तत्पश्चात् सभी मनुष्यों में काम करने के लिए वस्तुओं का वितरण किया। किसी को हल दिया, किसी को पोथी, किसी को अन्य औजार आदि। सबमें वस्तुओं का बंटवारा करने के पश्चात् ईश्वर सन्तुष्ट होकर बैठा ही था कि उसकी दृष्टि सहरिया जोड़े पर पड़ी जो चुपचाप एक कोने में सिमटा हुआ बैठा था। ईश्वर ने सोचा कि ऐसा सुस्त आदमी जीवनयापन कैसे करेगा। उसने सहरिया की परीक्षा लेने के आशय से कहा कि यह लम्बा चौड़ा जंगल है इसमें से कुछ भी खोजकर लाओ। सहरिया जंगल में से *कन्दुरी* नामक बेल के फल को ढूंढ़ लाया। ईश्वर ने उस फल को चखा जो उसे अच्छा लगा। ईश्वर ने सहरिया को कहा कि तू कुछ नहीं कर पायेगा और जंगली कंद-मूल खाकर ही जीवन गुजारेगा। सहरिया मनुष्यों में प्रथम रचना थी। जंगल को सहरा भी कहा जाता है। इसलिए उसका नाम सहरिया पड़ा।

सवर, संवरा, सओर, सहरा, सौंर तथा सहरियाओं में प्रचलित एक मिथक कथा के अनुसार सृष्टि के प्रारम्भ में महादेव ने धरती पर अन्न उपजाना चाहा। इसके लिए उन्होंने एक हल बनाया और अपने बैल नन्दी को उसमें जोता, परन्तु धरती पर घना जंगल था। इसलिए धरती जोती नहीं जा सकी और अन्न नहीं उपजा। फिर महादेव ने मनुष्य की रचना की जिसका नाम सवर रखा। (रसेल व हीरालाल ने अपनी कृति में 'सहरिया' संज्ञा का प्रयोग नहीं किया है, लेकिन उनके द्वारा वर्णित बहुत सारी बातें सहरिया-किंवदन्तियों से मेल खाती हैं।) यही मनुष्य सवर, सवरा, सओर, सहरा, सौंर या सहरिया के नाम से जाना गया। महादेव ने इस मनुष्य से जंगल साफ करवाया। जंगल साफ करने में जो मेहनत हुई, उसके बाद उसे भूख लगी। खाने को कुछ नहीं था तो उसने नन्दी को मारकर खा लिया। जब महादेव लौटे तो जंगल को साफ देखकर वे प्रसन्न हुए और सहरिया को जड़ी-बूटियों और अन्य कन्द-मूल आदि का ज्ञान दिया। लेकिन नन्दी को मरा हुआ देखकर उन्हें क्रोध आया। नन्दी को तो उन्होंने अभिमन्त्रित जल छिड़ककर जीवित कर दिया लेकिन सहरिया को शाप दिया कि "तू और तेरे वंशज हमेशा इसी तरह असभ्य बने रहेंगे और जंगलों में भोजन के अभाव में जीवन बिताओगे।"

पूर्वोक्त मिथक कथाओं से यह प्रमाणित होता है कि सवर, सवरा, सओर, सहरा, सौंर तथा सहरिया आदिवासी एक प्राचीन मानव समाज है जिसका गहरा सम्बन्ध जंगलों, जड़ी-बूटियों और सामूहिक जीवन शैली से रहा है।

बैगा

ईश्वर ने सर्वप्रथम एक पुरुष व स्त्री की सृष्टि की। इनकी रचना भगवान ने अपने शरीर के मैल से की जो उनके शरीर पर बारह वर्ष की तपस्या करने से जम गया था। पुरुष व स्त्री के नाम क्रमशः नागबैगा व नागबैगिन रखे गये। संसार के मध्यलोक में रहने की उन्होंने इच्छा जाहिर की, जहाँ केवल चट्टान और जल था। मध्यलोक में उपजाऊ पृथ्वी लाने के लिए भगवान ने चार प्राणी देवों को भेजा। पाताल लोक में जाने के लिए उन प्राणी देवों को बहुत सारी कठिनाइयों का सामना करना पड़ा। आखिर में वे 'धरतिया माता' से मिले। धरतिया माता ने स्वयं की पूजा करने की शर्त पर उनके साथ जाना स्वीकार किया। लेकिन पाताल लोक के नाग राजा ने धरतिया माता को उन प्राणी देवों से वापस छुड़ा लिया और प्राणी देवों को वापस जाने की आज्ञा दी। धरतिया माता का एक टुकड़ा प्राणी देवों के पास रह गया था। उस टुकड़े को महुआ वृक्ष की मदिरा में मिला दिया गया। जिससे पृथ्वी का वह टुकड़ा फैल गया और मध्यलोक में छा गया। धरती वापस पाताल लोक में नहीं चली जाये इसके लिए

उन प्राणी देवों ने नाग बैगा को बुलाया जो जल के भीतर नग्न अवस्था में था। प्राणी देवों ने एक लम्बा वस्त्र उसे दिया जिस से शरीर को ढककर नाग बैगा बाहर आया। नाग बैगा को देखकर पृथ्वी के अंश ने समस्त पृथ्वी के रूप में मध्य लोक में रहकर पर्याप्त मात्रा में फसलें एवं वनस्पतियाँ देना स्वीकार किया। नागबैगा व नागबैगिन के दो पुत्रों एवं दो पुत्रियों से अन्य मनुष्यों की उत्पत्ति हुई। बड़े पुत्र व पुत्री से बैगा तथा छोटे पुत्र व पुत्री से गोण्ड आदिवासी वंशों का विस्तार हुआ।

ईश्वर ने बैगा व गोण्ड के आदि-पुरुषों से पृथ्वी पर राज करने के लिए सहमति मांगी। बैगा आदि-पुरुष ने गोण्ड आदि-पुरुष के राजा बनने की इच्छा जाहिर की। ईश्वर ने गोण्ड आदि-पुरुष को राजा बना दिया, लेकिन बैगा आदि-पुरुष के इस त्याग के बदले में उसे यह वरदान दिया कि संसार में सारे राजवंशों के नष्ट हो जाने के बाद भी बैगा पृथ्वी का भौमिया अर्थात मालिक रहेगा जो अपने वंश का लालन पालन पृथ्वी से पैदा होने वाले कंद-मूल-फलों से करेगा। ईश्वर ने यह भी हिदायत दी कि ''ऐसा कुछ करना पर्याप्त होगा, इसलिए हल जोतकर पृथ्वी की देह को मत फाड़ना। अगर तुम्हें बीज उगाने हैं तो वृक्षों की सूखी हुई लकड़ियों को जलाकर पैदा होने वाली राख में उगाओगे।'' बैगा लोगों का अभी भी यह विश्वास है कि जंगल व जमीन जीवन यापन के लिए पर्याप्त है, पृथ्वी के साथ अन्य कोई छेड़खानी करना ईश्वर की इच्छा के विरुद्ध होगा।

मुण्डा

मिथकों के स्तर पर मौखिक परम्परा में यह कहावत प्रचलित है कि मुण्डाओं के परमेश्वर *सिंग बोंगा* जिसे सूर्य देव भी कहा गया है, ने एक युवक व युवती का सृजन किया जिन्होंने आपस में शादी की और उनके पुत्र व पुत्रियों के रूप में बारह संतानें पैदा हुईं। उन बारह संतानों में से *सिंग बोंगा* ने जोड़े बनाये और उनके समक्ष नाना प्रकार की खाद्य सामग्री रखी। खाद्य सामग्री के चयन के आधार पर मुण्डा कुल परम्परा विकसित हुई। जिन जोड़ों ने शाकाहार का सेवन किया वे समाज के उच्च वर्ण अर्थात ब्राह्मणों के जनक व जननी बने और जिन्होंने मांसाहार स्वीकार किया वे समाज के अन्य वर्णो के जनक व जननी बने।

पश्चिमी भारत

मीणा

प्राप्त जानकारी के अनुसार मीणा आदिवासियों के बीच सृष्टि की उत्पत्ति सम्बन्धी किंवदन्तियां एवं मिथक कथाएं प्रत्यक्ष रूप से नहीं पायी जाती। यह मान्यता प्रायः रही

है कि वे स्वयं को विष्णु के मत्स्य अवतार से जोड़ते हैं। मीणा लोक में प्रचलित कथानुसार बदरीका आश्रम में एक बार वैवस्वत मनु के घोर तप करते समय चारिणी नदी में स्नानोपरान्त एक छोटी मछली ने निवेदन किया कि "हे भगवन मुझे इन बड़े-बड़े मच्छों से बचाइये अन्यथा ये मुझे खा जायेंगे। आपके इस उपकार का मैं कभी अवश्य बदला चुकाऊंगी।" मछली के निवेदन पर मनु को दया आ गई और उन्होंने उस मछली को एक चन्द्र-धवल घड़े में डाल दिया। मनु की परवरिश में मछली बड़ी होने लगी। बड़ी होने पर मछली का उस घड़े में रहना मुश्किल होने लगा। तत्पश्चात् मछली ने मनु से पुनः निवेदन किया कि "मुझे किसी बड़ी जगह पर रखने का कष्ट करें।" इस बार मनु ने उसे दो योजन लम्बे तथा एक योजन चौड़े एक जलाशय में रख दिया। कुछ समय पश्चात मछली ने एक भारी मच्छ का रूप ले लिया। इस पर मछली ने फिर मनु से प्रार्थना की कि "मुझे इस जलाशय में भी हिलने-डुलने में कठिनाई होती है; अतः मुझे समुद्र की पत्नी गंगा में छोड़ दें।" मनु ने उसके कहे अनुसार ही किया किन्तु कुछ दिनों पश्चात उसका गंगा में रहना भी मुश्किल हो गया। उसने एक बार फिर मनु से कहा कि "यहाँ भी मेरे लिए स्वच्छन्द विचरण करना कठिन हो रहा है; अतः मुझे समुद्र में डाल दिया जाये।" मनु ने जब उसे समुद्र में डालने के लिए उठाया तो वह मच्छ इतना हल्का हो गया कि मनु ने उसे आसानी से उठा लिया।

वैदिक परम्परा विशेष रूप से वैष्णव अवधारणा के अनुरूप उक्त मिथक कथा मीणा आदिवासियों में प्रचलित रही है लेकिन यह निर्विवाद रूप से सिद्ध है कि मीणा आदिवासी हैं और जब वे आदिवासी हैं तो वैदिक अर्थात आर्य मान्यताओं से उनका मूलतः कोई सम्बन्ध नहीं हो सकता। यह वैसा ही आत्मसातीकरण है जैसा कि प्रायः समाज के तथाकथित वर्गों या जातियों द्वारा अपनी उत्पत्ति के सूत्र तथाकथित उच्च वर्ण में प्रचलित सिद्धान्तों में तलाशना। स्पष्ट है कि जो आदिवासी हैं वे आर्य नहीं हो सकते। अतः मीणा आदिवासियों का विष्णु के मत्स्यावतार से कोई लेना-देना नहीं। यह ऐतिहासिक तथ्य है कि प्राचीन काल में मीणा आदिवासियों का शासन वर्तमान राजस्थान के कई क्षेत्रों में था जिनमें वर्तमान जयपुर का तत्कालीन ढुंढाड़ राज्य भी शामिल है। मीणा राजाओं ने पूर्व मध्यकाल तक शासन किया। तत्पश्चात् बाहर से आये राजपूतों से उनका संघर्ष हुआ और वे अन्ततः सत्ताच्युत हुए। सम्भव है उथल-पुथल के उस दौर में संस्कृति व धर्म के स्तर पर वे बाहर से प्रभावित हुए हों, चूंकि मध्यकाल से पहले उनकी धार्मिक आस्थाएं लोक देवताओं के साथ-साथ शिव व शक्ति से जुड़ी हुई तो प्रमाणित होती हैं लेकिन वैष्णव धर्म से नहीं। जहाँ तक मत्स्य या मीन से मीणा आदिवासियों का सम्बन्ध है तो इस सम्बन्ध में यह स्वीकार करना उचित होगा कि मत्स्य या मीन इन आदिवासियों का गणचिह्न रहा है जैसा कि वैदिक ग्रंथों में

प्राप्त सन्दर्भों यथा मत्स्य गणराज्य तथा *मोहनजोदड़ो* में प्राप्त अवशेषों यथा मिट्टी की मुद्राओं पर मछली के चिह्न। आदिवासियों के गणचिह्नों के बारे में यह सच्चाई है कि जिस आदिवासी घटक का जो गणचिह्न होगा उसे वह घटक संरक्षित भी करेगा और साथ-साथ उसका उपयोग या उपभोग भी करेगा। जैसे भीलों का गणचिह्न महुआ, नागों का नाग आदि।

रावत सारस्वत द्वारा रचित 'मीणा इतिहास' में लेखक ने निम्न तथ्य उजागर किये हैं–

1. मीणा लोग सिन्धु सभ्यता के प्रोटो द्रविड़ लोग हैं जिनका गण चिह्न मीन (मछली) है।
2. ये लोग आर्यो से पहले ही भारत में बसे हुए थे और इनकी संस्कृति-सभ्यता काफी बढ़ी-चढ़ी थी। रक्षा के लिए ये दुर्गों का उपयोग करते थे।
3. धीरे-धीरे आर्यों तथा बाद की अन्य जातियों से खदेड़े जाने पर ये सिन्धु घाटी से हटकर 'आडावळा' (अरावली) पर्वत-शृंखलाओं में जा बसे, जहां इनके थोक आज भी हैं।
4. संस्कृत में 'मीन' शब्द की व्युत्पत्ति संदिग्ध होने के कारण इन्हें 'मीन' के संस्कृत पर्याय 'मत्स्य' से संबोधित किया जाने लगा, जबकि ये स्वयं अपने आपको 'मीना' ही कहते रहे।
5. आर्यों से भी प्राचीनतर समझी जाने वाली तमिल संस्कृति में 'मीन' शब्द मछली के लिए ही प्रयुक्त हुआ है, जिससे इन लोगों का तमिल साम्राज्य के समय में होना सिद्ध होता है।
6. सिंधु-घाटी सभ्यता के नाश तथा वेदों के संकलन के बीच का समय निश्चित नहीं होने के कारण ऐसा सम्भव हो सकता है कि पर्याप्त समय बीत जाने पर 'मीनों' को वैदिक साहित्य में आर्य मान लिया गया हो।
7. मत्स्यों का जो प्रदेश वेदों, ब्राह्मणों तथा अन्यान्य भारतीय ग्रन्थों में बताया गया है वही आज की मीणा जाति का प्रमुख स्थान होने के कारण आधुनिक मीणा ही प्राचीन मत्स्य रहे होंगे।
8. सीथियन, शक, क्षत्रप, हूण आदि के वंशज न होकर ये लोग आदिवासी ही हैं, जो भले ही कभी बाहर से आकर बसे हों, ठीक उसी तरह जिस तरह आर्य बाहर से आकर बसे हुए बताये जाते हैं, यहाँ तक कि अण्डमान के अति प्राचीन जारवा व सेंटेनली आदिवासी।
9. स्वभाव से ही युद्धप्रिय होने और दुर्गम स्थलों में निवास करने के कारण यह जाति भूमि का स्वामित्व भोगनेवाले शासक वर्ग में ही रही है।

दक्षिणी भारत

कोया

कोया मिथकों के अनुसार इस समुदाय के आदि-पुरुष की उत्पत्ति जल से हुई। सृष्टि के चौदह समुद्रों के जल की राशि के मिश्रण से कीचड़, मेंढक, मछली एवं सन्तों की उत्पति हुई। अंतिम संत ईश्वर के रूप में जन्मा जिसने *'तुनि के रघु फल'* उत्पन्न किये।

चेचूँ

भगवान शिव के रूप भगवान मलिंगार्जुन चेचूँ लड़की से प्रेम करने लगे जो बाद में चेचूँ लक्ष्मी कहलाई और उसने भगवान मलिंगार्जुन से शादी की। मिथकीय कहावत यह है कि स्वयं भगवान शिव ने मलिंगार्जुन के रूप में अपने एकाकी मन को दूर करने के लिए कल्पना के स्तर पर एक युवती की छवि घड़ी। इस छवि से ही उन्होंने अपनी सृजन शक्ति से उस स्वप्निल नायिका को मूर्त्त रूप दिया।

कोटा, टोडा व कुरम्बा

तमिलनाडु के नीलगिरि जिले के पहाड़ी क्षेत्र में रहने वाले कोटा आदिवासियों में जो मिथक प्रचलित हैं उनके अनुसार पहाड़ से इनकी उत्पत्ति का सम्बन्ध है जो अन्य आदिवासी समुदाय टोडा वंश-परम्परा में भी माने जाते रहे हैं। जेम्स विलकिन्सन ब्रिक्स के अध्ययन निष्कर्षों में यह बात सामने आई है कि कोटा, टोडा व कुरम्बा सगे भाई थे तथा ये तीनों समुदाय नीलगिरि पहाड़ियों के अति प्राचीन निवासी हैं जो ईश्वर के पसीने की तीन बूंदों से पैदा हुये। जब ईश्वर ने तीनों से अपनी-अपनी इच्छा के बारे में पूछा तो उन तीन में से एक ने कहा कि 'मुझे कला की प्रतिभा दो' और पूछने वाला वह आदिवासी पुरुष कोटा के रूप में जाना गया जिसका वंश कोटा आदिवासी समुदाय बना। ये लोग बाद में लुहारगिरी, संगीत, आखेट, मृदभांड, रस्सी, छाता आदि की कलाओं में पारंगत होते गये। दूसरे भाई ने ईश्वर से वरदान मांगा कि 'मुझे भैंस दीजिये जो मेरा मित्र व सम्बन्धी बन सके' और वह व्यक्ति टोडा बन गया जो भैंसों का चरवाहा के रूप में जाना जाने लगा। तीसरे भाई ने ईश्वर को अपनी इच्छा बताते हुए कहा कि 'जो लोग मुझे पसन्द नहीं हैं मैं उन्हें नष्ट कर सकूं, ऐसी शक्ति मुझे दीजिए।' ऐसा वरदान प्राप्त करने वाला व्यक्ति कुरम्बा बना जो काले जादू की कला में प्रवीण हुआ।

एक अन्य मिथक जिसका जिक्र रिवर्स ने किया है उसके अनुसार *कम्बातारया* ईश्वर ने प्रत्येक आदिवासी कौम को एक बर्तन दिया। टोडा के बर्तन में गाय का मांस था जिसका जीवन गौ-मांस भक्षण पर आधारित रहा। कुरम्बा के बर्तन में भैंसा का मांस था इसलिए उनकी परम्परा में ऐसा मांस खाना शामिल हुआ। कोटा आदिवासी

के बर्तन में भैंस (मादा) का मांस था, जिसका कोटा लोग सेवन करते हैं। इस मिथक के अनुसार इन तीनों आदिवासियों के खान-पान की परम्परा का जिक्र मिलता है।

कोटा आदिवासियों से जुड़ी हुई एक अन्य कहावत के अनुसार अति प्राचीन काल से ये लोग नीलगिरि की पहाड़ियों में रहते थे। जब मैसूर के टीपू सुल्तान के अत्याचारों से परेशान होकर बाडग (Badagas) समुदाय के लोग शरण लेने के लिए नीलगिरि की पहाड़ियों में आये तब कोटा लोगों ने पहाड़ी के कुछ स्थल उनको दिये।

टोडा आदिवासी-जन अपनी वंश परम्परा को लंका के राजा-रावण से जोड़ते हैं लेकिन साथ ही यह भी विश्वास रहा है कि वे पाण्डवों के वंशज हैं। यद्यपि रावण वंशी होने पर बहुसंख्यक टोडा आदिवासियों का विश्वास है।

ईरूला

नीलगिरि अंचल के ईरूला आदिवासियों के आवास स्थल का केन्द्र रंगास्वामी चोटी को माना जाता है। उनका मिथकीय विश्वास है कि भगवान रंगास्वामी कोयम्बटूर व मेट्टूपलायम मैदानों के मध्य करईमडाई नामक स्थान पर रहते थे। पत्नी से झगड़ा होने के कारण वे अकेले इस चोटी पर आकर रहने लगे। यह जगह अराकोड गांव के पास है जहां धार्मिक आस्था के अनुसार एक शिला पर भगवान रंगास्वामी के पदचिन्ह बताये जाते हैं। रंगास्वामी भगवान का पुजारी ईरूला आदिवासी पुरुष होता है। रंगास्वामी भगवान कृष्ण का ही रूप बताया जाता है जिसको ईरूला के साथ बाडग व कुरम्बा भी पूजते हैं। रंगास्वामी भगवान से ईरूला अपनी उत्पत्ति मानते हैं। सम्भव है रंगास्वामी मौलिक रूप में इस आदिवासी समुदाय का आदि-लोकदेव रहा हो जिसे बाद में वैष्णव भक्ति आन्दोलन के दौरान विष्णु व कृष्ण से जोड़ दिया गया।

जब किसी मिथक के बनने की प्रक्रिया को समझना होता है तो उसके यथार्थ तक जाना होता है जो कोई दृश्य, पात्र, स्थिति, मानसिकता आदि की वास्तविकता हो सकता है। इस प्रकार मिथक की जड़ तक पहुँचने के लिए मिथक को डि-कोड करना होता है। आदिवासी समाज में पाये जाने वाले उपरोक्त मिथकों के विश्लेषण से सामने आने वाली प्रमुख विशिष्टताओं की पहचान निम्नानुसार की जा सकती है

1. सृष्टि सम्बंधी मिथकों में समान कारक प्रायः यह पाया जाता है कि सृष्टि की उत्पत्ति के मूल में कोई जल तत्व प्रमुख रूप से पाया जाता है चाहे वह जल के अतिरिक्त बादल, हिम, कीचड़, अण्डा आदि हो। पूर्वोत्तर भारत के अधिकांश आदिवासी ऐसा ही मानते है।
2. इसी प्रकार सृष्टि-कर्ता ईश्वर के रूप में शिव या आदिवासी समुदाय विशेष के लोकदेव को अपनाया गया है। जहाँ कहीं शिव के अलावा ब्रह्मा या विष्णु अथवा

अन्य विधाता सामने आता है तो वह वैष्णव भक्ति आन्दोलन या अन्य ऐसी ही किसी लहर का प्रभाव हो सकता है जैसे दक्षिण भारत के नीलगिरि के ईरूला आदिवासियों से सम्बंधित रंगास्वामी भगवान।

3. आदिवासियों में अमूर्त्त ईश्वर की अवधारणा की जगह लोकदेव, प्रेतात्मा जैसे विश्वासों की परम्परा पायी जाती है। आस्था के केन्द्र वस्तुतः वास्तविक मनुष्यों (पुरखों) के रूप में जीवन जीने वाले प्राणी रहे थे।
4. मिथकों में देव व मानव के बराबर ही आदर व स्थान मानवेतर प्राणियों व अन्य प्रकृति तत्वों को दिया जाता रहा है जिनका आदिवासी जीवन से सह-अस्तित्व की भावना के साथ वर्तमान तक गहरा रिश्ता बना हुआ है।
5. भारत के संदर्भ में किसी भी अंचल का आदिवासी समुदाय हो, मिथकीय स्तर पर मूल तत्वों व अवधारणाओं में समानता पायी जाती है जिसका प्रमुख कारण प्राकृतिक, स्वाभाविक व आदिम मानसिकता के साथ जीवन को जीते रहने की परम्परा है।
6. सृष्टि के आरम्भ या मूल तत्व के रूप में अदृश्य सत्ता और जल के बाद जो सृजन होता है वह जल-प्राणियों के रूप में होता है चाहे जल-जीव आरम्भिक भूमिका निभाते दिखते हों। इससे यह स्पष्ट है कि जीवन के वैज्ञानिक सिद्धान्तों की ही तरह आदिवासी मिथकों में भी सजीव जगत में जलचर सर्वप्रथम पैदा हुए। आदिवासियों की परम्परा में वैज्ञानिक शोध किस रूप में रहता आया, यह पृथक से अध्ययन का विषय है।
7. अति महत्वपूर्ण सूत्र इन आदिवासी मिथकों के विश्लेषण से मिलता है वह है कि किसी अदृश्य शक्ति यथा ईश्वर से सृष्टि की उत्पत्ति ना होकर भौतिक पदार्थों के मिश्रण से हुई और निर्जीव व सजीव रचनाएं इसी का विकासात्मक स्वरूप हैं।

भाग-2

स्वतन्त्रता संग्राम में आदिवासी योगदान

जब हम भारतीय स्वतंत्रता संग्राम की बात करते हैं तो निश्चित रूप से अंग्रेजों के विरुद्ध लड़ी गई लड़ाई की चर्चा होती है। लेकिन इस लड़ाई की शुरुआत भारतीय राष्ट्रीय कांग्रेस की उत्पत्ति से मानते हैं, चाहे उस संगठन की उत्पत्ति वर्ष 1885 में एक अंग्रेज ए. ओ. ह्यूम ने भारतीय जन मानस और ब्रिटिश सत्ता के बीच 'सेफ्टी वाल्व' के रूप में की थी ताकि ब्रिटिश सत्ता बरकरार रहे और सुधारवादी दृष्टिकोण अपनाकर भारतीय जन मानस में पैदा होने वाली ब्रिटिश विरोधी भावनाओं पर नियंत्रण किया जा सके। इस प्रक्रिया का दूसरा दौर बाल गंगाधर तिलक, लाला लाजपत राय व विपिन चन्द्र पाल के नेतृत्व में 20 वीं सदी के आरम्भ में उभरे ब्रिटिश विरोधी प्रतिरोध के रूप में सामने आया। तीसरे व अंतिम दौर में जो स्वतंत्रता संग्राम लड़ा गया उसका श्रेय महात्मा गांधी को दिया जाता है। इस सम्पूर्ण प्रक्रिया में महान संग्रामी भगत सिंह जैसों को प्रकारान्तर से हाशिये पर रखने का प्रयास किया गया। इसकी वजह थी कि महात्मा गांधी का नायकत्व सभी के ऊपर भारी मान लिया गया था। हम यहाँ इस विमर्श में आगे नहीं बढ़ना चाहते।

यहाँ प्रमुख विषय है कि जिसे स्वतंत्रता संग्राम माना गया है, क्या वह अंग्रेजों के विरुद्ध भारत के स्तर पर लड़ी गई एकमात्र लड़ाई थी? क्या इससे इतर विभिन्न अंचलों में अपने-अपने स्तर पर जन समुदायों द्वारा लड़ी गई वे लड़ाईयां भी शामिल नहीं थीं जो सन् 1885 से बहुत पहले और बहु आयामी ब्रिटिश सत्ता के दमन के विरुद्ध लड़ी गईं? क्या भारत के आदिवासी अंचलों में जिस दिन अंग्रेजों ने इस धरती पर पैर रखे तभी से प्रतिरोध, संघर्ष व बलिदान की जो घटनाएं सामने आयी हैं, चाहे वे स्वतंत्रता संग्राम की मुख्य धारा की लड़ाई में किसी कारणवश शामिल हुईं या नहीं हो पायीं, वे भी स्वतंत्रता संग्राम की श्रेणी में नहीं आतीं? इस दृष्टि और आशय से यहाँ यह प्रयास किया गया है कि आजादी की लड़ाई में आदिवासी समाज का क्या योगदान रहा, उसकी खोज की जाये।

अंग्रेजों और उनके अधीनस्थ सामन्ती व्यवस्था के विरुद्ध आदिवासियों ने जो लड़ाई लड़ी, प्रथम तो वे भारत के सभी करीब-करीब भू-क्षेत्रों में लड़ी गई थी। द्वितीय, वे लड़ाइयां अंग्रेजों के आगमन के साथ ही अर्थात सन् 1770-71 (पलामू विद्रोह) से शुरू हो गई थीं। तृतीय, वे विशुद्ध रूप से आदिवासी नेतृत्व और आदिवासी जनता द्वारा लड़ी गई लड़ाइयां थीं।

ब्रिटिश विरोधी संघर्ष की घटनाएं अनगिनत हैं और इन घटनाओं से संबंधित जो लड़ाइयां लड़ी गईं उनके नायक भी अनगिनत। इसलिये इस विषय पर स्वतंत्र रूप से शोध कार्य आवश्यक है। यहाँ सिर्फ कुछ चुनिन्दा घटनाओं का संक्षिप्त विवरण दिया जा रहा है ताकि एक दृश्य सामने आ सके और आदिवासियों के स्वतंत्रता संग्राम में दिये गये योगदान के बारे में प्रारम्भिक जानकारी मिल सके।

पूर्वोत्तर भारत

खासी विद्रोह

खासी आदिवासी अंचल प्रमुखतः सिलहट के आसपास की पहाड़ी पर करीब 3500 वर्ग मील क्षेत्र में फैले पहाड़ी इलाके में था। खासी पहाड़ियों में अंग्रेजों के आने से पहले खासी आदिवासियों के करीब 30 राज्य थे, जो गणतंत्र पद्धति के आधार पर शासित किये जाते थे। विभिन्न गणतंत्रों के मध्य अच्छा तालमेल था। अंग्रेजों ने असम के नीचे के हिस्से में सर्वप्रथम कब्जा किया। यहाँ से उनकी दृष्टि खासी क्षेत्र पर गयी। उत्तर-पूर्व सीमा प्रान्त के गर्वनर जनरल के एजेन्ट डेविड स्कॉट ने खासी पहाड़ियों से होकर असम के निचले क्षेत्र तथा सीलहट के बीच सुदृढ़ मार्ग तैयार किया, ताकि अंग्रेजी फौजों को आवागमन की सुविधा मिल सके और खासी मुखियाओं पर नियन्त्रण किया जा सके। अंग्रेजों की यह कार्यवाई 19 वीं शताब्दी के आरम्भ में हुई। मार्ग बनाने से पूर्व प्रस्ताव पर चेर्रा के मुखिया दिवान सिंह तथा नुंगक्ला के मुखिया छत्र सिंह ने अपनी सहमति दे दी लेकिन खिरेम के मुखिया ने इसका विरोध किया।

सन् 1826 में छत्र सिंह की मृत्यु के बाद तीरथ सिंह मुखिया बना जिसने उक्त मार्ग के मुद्दे को लेकर अंग्रेजों के साथ विद्रोह किया। 4 अप्रेल, 1829 को उसने मिलियम के मुखिया का सहयोग लेकर अंग्रेजों पर पहला हमला किया। नुंगक्ला के तहसीलदार महीधर बरूआ सहित कुछ कर्मचारियों को खासी विद्रोहियों ने पकड़ लिया। इस लड़ाई में कैप्टेन बोडिंग फिल्ड तथा बर्लटन को मौत के घाट उतार दिया गया और सरकारी बंगले में आग लगा दी तथा अंग्रेजी कैदखाने को मुक्त कर दिया। तीरथ सिंह ने ईस्ट इण्डिया कम्पनी के विरुद्ध अन्य गणराज्यों के मुखियाओं को सन्देश भेजा।

संघर्ष के लिए आदिवासी एकजुट होने लगे। विद्रोह की खबर पहाड़ी इलाके में आग की तरह फैली। विद्रोह को दबाने के लिए कैप्टेन लिस्टर के नेतृत्व में फौज भेजी गई। तीरथ सिंह की गिरफ्तारी के लिए 1000/-रुपये का ईनाम घोषित किया गया। इस संघर्ष में तीरथ सिंह के साथ उसके साथी वनमोर व मानसिंह मुख्य रूप से थे। विद्रोह को दबाने की अंग्रेजी फौजों की काफी कोशिशों के बावजूद भी विद्रोह बढ़ता गया। पोलिटिकल एजेन्ट टी.सी. राबर्टशन स्वयं काफी तादाद में फौज लेकर वहां पहुंच गया। उसने यह सन्देश भिजवाया कि यदि तीरथ सिंह आत्म-समर्पण कर दे तो फौजी कार्यवाई टाली जा सकती है। उसने तीरथ सिंह के वर्चस्व वाले इलाके को अन्य इलाकों से अलग-थलग करने में कामयाबी हासिल कर ली जिससे तीरथ सिंह को अन्य जिलों से मदद मिलने में बाधा उत्पन्न हो गई। चौतरफा दबाव और कम होती जा रही लड़ाई की क्षमता के रहते अपने साथी की सलाह पर तीरथ सिंह ने परिजनों सहित आत्म-समर्पण के लिए सहमति दे दी। शर्त यह रखी गई कि उसे एवं उसके परिवारवालों को किसी तरह का कोई कष्ट नहीं पहुंचाया जायेगा और न कोई मुकदमा चलाया जायेगा। 26 जनवरी, 1833 के दिन तीरथ सिंह ने आत्म-समर्पण किया। अंग्रेज धोखेबाज थे। उन्होंने तीरथ सिंह के साथियों को गुवाहाटी भेज दिया और उस पर फौजदारी मुकदमा चला दिया गया। झूठे-सच्चे मुकदमों में उसे दोषी करार दिया गया और कलकत्ता कौंसिल के आदेश से ढाका जेल में भेज दिया जहां सन् 1841 में उसका स्वर्गवास हो गया।

फूकन और बरूआ का विद्रोह

सन् 1830 के प्रारम्भ में पियालियर वरगोहाई के नेतृत्व में असम के एक अभिजन वर्ग ने ईस्ट इण्डिया कम्पनी के आधिपत्य के विरुद्ध विद्रोह किया। इससे पूर्व सन् 1828 में अंग्रेजों के विरुद्ध पहला विद्रोह हुआ जिसका नेतृत्व वहां के राज परिवार के गोंगधार कुँवर ने किया था। सन् 1830 को यह संयुक्त विद्रोह की कार्यवाई बन गयी थी। क्रान्तिकारियों ने 400 सशस्त्र लोगों को इकट्ठा कर रंगपुर की ओर कूच किया और अंग्रेजों के कैम्प पर पहरा देने वाले सुरक्षा कर्मियों को मार दिया और रंगपुर पर कब्जा करने की व्यापक योजना बनायी। पियालियर वरगोहाई तथा पियाली बरफूकन ने खामती, नगा, माओमारिया, मारो तथा खासी आदिवासियों के नेताओं को पत्र लिखकर संघर्ष में शामिल होने का न्योता दिया। उनका सहयोग मिलने पर 25 मार्च, 1830 की रात्रि को आक्रमण के लिए चुना।

इसी बीच एक दुखदः घटना घटित हुई। विद्रोहियों ने अपनी योजना में सहयोग देने के लिए हरनाथ के हाथ दो पत्र खामती मुखिया सादिया खोवा गोहाई के नाम भेजे थे लेकिन गोहाई ने दगा किया और हरनाथ को पकड़वा दिया तथा 20 फरवरी, 1830

को पोलिटिकल एजेन्ट को वे दोनों पत्र सौंप दिये। अंग्रेज सावधान हो गये और उन्होंने आक्रमण से बचने के लिए फौजी तैयारियां समय पर कर लीं। योजना के मुताबिक क्रान्तिकारियों ने अंग्रेजी शस्त्रागार पर आक्रमण कर दिया वहां पहले से असम लाईट इन्फेन्ट्री की एक टुकड़ी तैनात कर दी जिसने विद्रोहियों के आक्रमण के साथ उन पर प्रति-आक्रमण कर दिया। विद्रोह में इस सहसा हुए आक्रमण से भगदड़ मच गई। अंग्रेजी फौज ने विद्रोहियों को काफी संख्या में पकड़ लिया और उनके अस्त्र-शस्त्र छीन लिए। विद्रोहियों का प्रमुख नेता पियालियर बरगोहाई अपने पुत्र के साथ पहाड़ियों में छिपने में कामयाब रहा। गिरफ्तार किये गये आदिवासियों के खिलाफ शिवसागर न्यायालय में राज-द्रोह का मुकदमा चलाया गया और उन्हें मृत्यु दण्ड दिया गया। चेरापूंजी के कमिश्नर के न्यायालय में पियाली बरफूकन और जीवराम दुलिया बरूआ को फांसी की सजा सुनाई। अगस्त 1830 के अन्तिम सप्ताह में दोनों को फांसी पर लटका दिया। मुखिया की सम्पत्ति को जब्त कर ईस्ट इण्डिया कम्पनी को सौंप दिया।

नगा संग्राम

नगा क्षेत्र में प्रवेश करना अंग्रेजों के लिये मुश्किल काम था फिर भी उन्होंने वहां अपने पैर पसारे। अंग्रेजों का नगा योद्धाओं ने भीषण मुकाबला किया। 22 नवम्बर, 1879 के दिन लड़े गये इस युद्ध को 'आंग्लो-खोनामा' युद्ध के नाम से जाना जाता है। आधुनिकतम हथियारों से लैस अंग्रेजी फौज का नगा क्रांतिकारियों ने पूरे पाँच माह मुकाबला किया। इस क्षेत्र में आक्रमण करने अंग्रेजी फौज के करीब 300 सिपाही पहुँचे और मस्केट, तीन पाउन्ड वाली बन्दूकों और मोर्टारों से उन्होंने नगा क्षेत्र पर हमला किया। खोनामा गांव पर उन्होंने कब्जा कर लिया। बराबरी के मुकाबले के लिए विकसित हथियार न होने के कारण नगा योद्धा सीधी लड़ाई छोड़कर इधर उधर चले गये। नगा योद्धाओं ने खोनामा के किले पर अपना मोर्चा संभाला। इस लड़ाई में अंग्रेजी फौज के 50 सैनिक मारे गये। अंग्रेजी सेनापति दामन्ट भी इस लड़ाई में मारा गया। यह नगा योद्धाओं की पहली जीत थी। इससे उत्साहित होकर उन्होंने कोहिमा की सैनिक छावनी पर हमला बोल दिया। अंग्रेजों को भी हमले की आशंका थी। नगाओं ने अत्यन्त साहस और शौर्य का परिचय दिया जिससे अंग्रेजो को हार माननी पड़ी। अंग्रेज अधिकारी इस बात पर राजी हो गये कि छावनी नगाओं के हवाले कर दी जायेगी लेकिन उन्हें चेमुकेडिमा तक आने जाने का रास्ता नगाओं द्वारा दे दिया जायेगा। यह संधि होने ही वाली थी कि तभी इम्फाल से कर्नल जॉन्सटन दो हजार सैनिकों के साथ वहां पहुँच गया। इतनी बड़ी फौज को देखकर खोनामा के आदिवासी वहां से तितर बितर हो गये। उनकी तैयारी अंग्रेजों के मुकाबले बहुत कम थी साथ ही

साथ शिलांग से जनरल नेशन भी एक हजार बन्दूकधारी फौजियों के साथ चेमुकेडिमा पहुँच गया।

खोनामा से बाहर जाने वाले रास्तों की अंग्रेजों द्वारा घेराबंदी कर ली गई। जोटसोमी मेजोमा और सेशुमा गांव के विकल्प मार्गों को भी अंग्रेजों द्वारा बन्द कर दिया गया।

अंग्रेजों ने योजनाबद्ध तरीके से 22 नवम्बर 1879 को खोनोमा पर पुनः आक्रमण कर दिया। इस लड़ाई में सेमोपा और ओनोमा खांप के आदिवासी भी शामिल थे। भीषण लड़ाई हुई जिसमें कुल 9 में से 4 अंग्रेज अफसर मारे गये।

ब्रिटिश दस्तावेजों में इस युद्ध को 'नगा पहाड़ियों पर लड़ा गया भीषण युद्ध' कहा गया है। खोनोमा के अलावा मरहूमा व शेवोमा गांवों पर भी अंग्रेजों ने हमला किया था। अंग्रेजी फौज़ की तैयारी उच्च दर्जे की थी इसलिये नगा लड़ाकुओं को पीछे हटना पड़ा। इस युद्ध में ब्रिटिश सेना के करीब 500 अधिकारी व सैनिक मारे गये जबकि नगा योद्धाओं के 19 ही शहीद हुए थे। धीरे धीरे अंग्रेजी सेना ने शिकंजा कसना चालू किया। अतिरिक्त फौजी दस्ते बुलाये गये और 27 मार्च; 1880 को बेजोमा में अंग्रेज अधिकारी और नगा मुखियाओं के बीच शांति संधि पर हस्ताक्षर हुए जिसमें कुछ शर्तों के साथ ब्रिटिश आधिपत्य स्वीकार कर लिया गया।

नगा रानी गाइदिल्ल्यू

स्वतंत्रता-सेनानी महिलाओं में सबसे लम्बी जेल सजा भुगतने वाली नगालैण्ड की रानी गाइदिल्ल्यू ने मात्र 17 वर्ष की उम्र में अंग्रेजों के विरुद्ध सन 1932 में लड़ाई शुरू की थी। जब 1937 में प्रांतीय स्वशासन लागू हुआ और देश के सभी प्रमुख नेता जेलों से छूटकर बाहर आये तब पंडित जवाहर लाल नेहरू ने जेल में गाईदिल्ल्यू से भेंट की थी और उनकी रिहाई के भरसक प्रयास किये थे मगर उसे छोड़ा नहीं। अंग्रेजों के लिये वह एक खतरनाक क्रांतिकारी थीं। स्वयं नेहरू ने उसके बारे में लिखा है कि "उस नन्हीं बहादुर लड़की ने अपनी देशभक्ति के जोश में एक विशाल साम्राज्य को चुनौती दी थी मगर उसे कितनी यातना और कितनी घुटन सहनी पड़ रही है। पहाड़ की ताजी खुशनुमा हवाओं में अब वह कभी नहीं गा सकेगी। पहाड़ की ढलानों और जंगली कुंजों में अब वह कभी आजादी से नहीं घूम सकेगी। यह छोटी-सी उन्मुक्त रानी चुपचाप बैठी रहती होगी। अँधेरे में कैद। छोटी-सी कोठरी में अकेले, बिल्कुल अकेले। अपने विद्रोह और अपनी यंत्रणा को चुपचाप झेलते हुए। अफसोस यह है कि हिन्दुस्तान अपनी इस बहादुर बिटिया के बारे में जानता तक नहीं। भारत की यह बहादुर बेटी नगा पहाड़ियों की वह पवित्र संतान है, जिसकी सांस में पहाड़ी हवाओं की आजादी बसी हुई है। उसके प्रदेश के लोग उसे प्यार, इज्जत और दुख से याद करते हैं। एक

दिन आएगा जब सारा हिन्दुस्तान उसे याद करेगा, उसे इज्जत बख्शेगा और कैदखाने के दरवाजे खोलकर उसे बाहर ले आएगा।''

रानी गाइदिल्ल्यू का जन्म 26 जनवरी 1915 को नगालैण्ड के घने जंगलों के बीच एक सुदूर अंचल लांगकाओ में हुआ। उसके पिता नगाओं के पुरोहित थे। रांगमेई आदिम जाति के प्रतापी पामेई कबीले की वह एकमात्र लड़की थी जिसने विद्यालय में शिक्षा पाई। 1931 में जब वह नवीं कक्षा में पढ़ रही थी तब उसके छोटे भाई 13 वर्षीय जादोनांग ने स्वयं को नगा दल का नेता घोषित कर अंग्रेजों के विरुद्ध स्वतंत्रता का बिगुल बजाया। एक अंग्रेज अधिकारी को मारने के अपराध में उसे फांसी दे दी गई। भाई के शहीद होने के बाद गाइदिल्ल्यू कबीले की मुखिया बनी और उसने भाई के संग्राम को आगे बढ़ाने का काम किया। उसके पास गुरिल्ला युद्ध के कुशल चार हजार नगा क्रांतिकारी थे। अंग्रेजों की फौज असम राईफल्स की उसके दल से कई बार मुठभेड़ हुई। गाइदिल्ल्यू ने यह संकल्प लिया कि या तो अंग्रेज मरेंगे या मैं।

17 अक्टूबर 1932 की सुबह अंग्रेजी फौज ने रानी के दल पर अचानक हमला बोला और उसे पकड़ लिया। स्वयं गाइदिल्ल्यू के शब्दों में ''मैं उनके लिये जंगली जानवर के समान थी। इसलिए एक मजबूत रस्सी मेरी कमर में बांधी गई। दूसरे दिन कोहिमा में मेरी व मेरे दूसरे छोटे भाई ख्युसीनांग की क्रूरता से पिटाई की गई? कड़कती ठण्ड में हमारे कपड़े छीन हमें रात भर ठिठुरने के लिए छोड़ दिया गया। अन्य अनेक यातनाएं भी दी गयीं पर मैंने धीरज नहीं खोया।'' इम्फाल जेल में बन्दी बनाकर गाइदिल्ल्यू पर मुकदमा चलाया गया और उन्हें 17 अक्टूबर, 1932 के दिन अंग्रेजों के पेलिटिकल एजेंट हिग्गिन्स ने आजीवन कारावास की सजा दी।

हिन्दुस्तान की आजादी के बाद इस महान स्वतंत्रता संग्रामी को 1947 में जेल से मुक्ति मिली। रानी जीवनभर नगा आदिवासियों के हितों की रक्षा के लिये सक्रिय रहीं। उनके द्वारा बनाया गया संगठन जिलियांगरांग हेराका अभी भी सक्रिय है।

भूटिया-लेप्चा विद्रोह

पश्चिम बंगाल के दार्जीलिंग के जलापाईगुड़ी क्षेत्र में चाय बागानों में भूटिया और लेप्चा आदिवासी लोग श्रमिक का कार्य करते थे। इस क्षेत्र का प्रशासन ब्रिटिश सरकार के हाथ में था जिसका प्रतिनिधि एक डिप्टी कमिश्नर था। कमिश्नर के हाथ में आम जनता पर अत्याचार करने के कई प्रकार के विशेषाधिकार थे। चाय-बागानों के अंग्रेज मालिक स्वयं को नवाब से कम नहीं समझते थे। आए दिन मजदूरों पर इनके नुमाइंदे अत्याचार करते थे और क्षमता से अधिक मेहनत कराते थे। इसी पृष्ठभूमि पर चाय-बागान मजदूरों में असंतोष पैदा हुआ।

प्रथम विश्व युद्ध के दौरान बाघा जतिन और विपिन गांगुली इन आदिवासी समुदायों के नायक बने। रडा कम्पनी की अंग्रेज छावनी में से कुछ हथियार इन क्रांतिकारियों ने गायब कर दिये जिसमें रडा कम्पनी में कार्यरत श्रीश बाबू नामक व्यक्ति की अहम भूमिका रही। इस घटना के बाद क्षेत्र में विद्रोह शुरू हो गया। श्रीश बाबू रंगपुर के क्रांतिकारी डॉ. वर्धन के पास जा पहुँचे जो तराई क्षेत्र में अंग्रेजों के विरुद्ध लड़ाई लड़ रहे थे। श्रीश बाबू को तराई के राभा आदिवासियों ने जीवनभर अपने पास छिपाये रखा और अंग्रेज लाख कोशिश के बावजूद उस तक नहीं पहुंच पाये।

1924 में दार्जीलिंग में देशभक्त चितरंजन दास की मृत्यु होने पर उनकी शवयात्रा में हजारों आदिवासी चाय मजदूर शामिल हुए थे। इन आदिवासियों के नेता बलबहादुर गिरी थे जिन्होंने 1920 से 1931 तक की अवधि में चले कानून तोड़ो आन्दोलन में जमकर हिस्सा लिया। हूदि-क्षत्रिय आदिवासियों के नायक जानबू पाथर और दुबराज मायर ने 1931 में बालुर-घाट, ललिताबाड़ी क्षेत्र से अंग्रेजों के विरुद्ध हथियारबंद संघर्ष किया था। अंग्रेज उन्हें अन्त तक नहीं पकड़ सके थे। 1942 में भारत छोड़ो आन्दोलन के दौरान गिरफ्तार किये गये नेताओं को छोड़ने के लिये 27 सितम्बर को इस क्षेत्र के हजारों आदिवासियों ने धनुष-बाणों सहित वहां की पुलिस चौकी पर हमला किया था। मैमनसिंह के उत्तरी इलाके में आदिवासियों ने अपने स्व-शासन की स्थापना कर दी थी।

मध्य भारत

पलामू विद्रोह

वर्तमान झारखंड के पलामू क्षेत्र के आदिवासी जीवन में ईस्ट इंडिया कम्पनी ने बाकायदा घुसपैठ आरम्भ की। 12 अगस्त, 1765 में मुगल बादशाह शाह आलम द्वितीय ने ईस्ट इंडिया कम्पनी को बंगाल, बिहार व उड़ीसा अंचलों में दीवानी अधिकार दे दिये। प्राकृतिक सम्पदा से समृद्ध इस सम्पूर्ण इलाके पर दोहन की गिद्ध दृष्टि कम्पनी के अधिकारियों की पड़ी। इन क्षेत्रों में दीवानी अधिकार मिलने के बाद पड़ोसी क्षेत्र पलामू पर भी कम्पनी की नजर थी। यद्यपि इस क्षेत्र के लिये दीवानी अधिकार कम्पनी को मुगल सत्ता द्वारा नहीं दिये गये थे।

उन दिनों पलामू में राजनैतिक अस्थिरता चल रही थी। पलामू के राजा जयकृष्ण राय की वर्ष 1770 में हत्या से यह अस्थिरता आरम्भ हुई। अब चित्रजीत पलामू के नये राजा बने। पूर्व राजा जयकृष्ण राय के पोते गोपाल राय ने अपने दादा की हत्या का बदला लेने के लिये पटना जाकर अंग्रजों से मदद मांगी। ईस्ट इंडिया कम्पनी को क्षेत्र में हस्तक्षेप का अवसर मिला। कम्पनी की पटना कौंसिल ने राजा के पास संदेश भेजा

कि पलामू किला अंग्रेजों के सुपुर्द करें। समय पर राजा का जवाब नहीं आने पर 19 जनवरी, 1771 को कम्पनी की ओर से पलामू के लिये सेना भेजी गई। गोपाल राय कम्पनी के साथ था। 28 जनवरी, 1771 को किले की घेराबंदी कर दी गई व अन्ततः 21 मार्च को पलामू किले पर अंग्रेजी सेना ने कब्जा कर लिया। राजा चित्रजीत अपने सहयोगी जयनाथ के साथ किले से निकलकर रामगढ़ चले गये। कम्पनी ने पलामू के सिंहासन पर गोपाल राय को बिठा दिया। दीवान जयनाथ ने राजा के साथ मिलकर पलामू को मुक्त करने की योजना बनाई। 400 सैनिकों के साथ वे पहले उदयपुर पहुंचे और लड़ाई आरम्भ हुई जिसमें सार्जेन्ट पेलविन मारा गया। खबर मिलते ही पटना में ले. जान बेटमैन के साथ अंग्रेजी सेना भेजी गई। यद्यपि किले पर पुनः कब्जा नहीं किया जा सका लेकिन वहां के चेरों आदिवासी पीढ़ियों तक अंग्रेजों के विरुद्ध साहसिक विद्रोह करते रहे।

तिलका मांझी

संथाल परगना के सुल्तानगंज थाना के अन्तर्गत तिलकपुर गांव में 11 फरवरी 1750 को जन्मे तिलका मांझी ने 1781 में अंग्रेजों के विरुद्ध विद्रोह की शुरुआत की। विद्रोह की आग सम्पूर्ण संथाल परगना, भागलपुर व आसपास के इलाके में फैल गई। अंग्रेजों की घुसपैठ से पूर्व संथाल परगना पर पहाड़िया आदिवासियों का शासन था। तिलका मांझी द्वारा किये गये विद्रोह में एक तरफ धनुष-बाण थे तो दूसरी तरफ अंग्रेजों की बन्दूक व तोपें थीं। आदिवासियों के इस मुक्ति-संग्राम में 388 आदिवासी वीर शहीद हुए थे। तिलका मांझी के बाण से ईस्ट इंडिया कंपनी का एक सेनानायक आगस्टस क्लीवलैंड मारा गया।

उस समय मुर्शिदाबाद और आस-पास के इलाके में मुगल शासन था। सन 1742 में राजमहल पर मराठों का कब्जा हुआ। सन 1758 में ईस्ट इंडिया कम्पनी ने मीर जाफर को मुर्शिदाबाद का नवाब घोषित किया। इस तरह संथाल के इस क्षेत्र में शासन मुगलों का न होकर अंग्रेजों का था। सन् 1770 से पूर्व पहाड़िया आदिवासियों ने खेतउरी जागीरदारों को सकरागढ़ क्षेत्र से मार भगाया था। उन दिनों भयंकर अकाल पड़ा था। पहाड़िया लोग सरकारी खजाने को लूटने के लिये विवश हुए। सन 1772 में जनरल ब्रुक ने भारी तादाद में सेना के सहयोग से इस क्षेत्र के टिउर दुर्ग को जीत लिया था।

पहाड़िया विद्रोह शांत नहीं हुआ। सन् 1774 से 1778 के बीच जेम्स ब्राउन को जंगल तराई का सैनिक गवर्नर नियुक्त किया गया। इसी दौरान राजमहल के मजिस्ट्रेट क्लीवलैंड ने चालाकी से पहाड़िया सरदारों को विश्वास में लिया। अंग्रेजों

ने एक और चाल चली जिसके तहत पहाड़िया क्षेत्र में संथाली आदिवासियों को बसाना शुरू किया और दोनों समुदायों में विरोध पैदा किया जिससे वे आपस में लड़ने लग गये।

तिलका मांझी ने अंग्रजों की कूटनीति व चालबाजी को समझ लिया। उसने क्षेत्र के हिन्दू व मुसलमानों को एकत्रित किया और अंग्रेजों के विरुद्ध संघर्ष किया। अंग्रेजों ने तिलका मांझी के विरुद्ध कुछ पहाड़िया आदिवासियों को अपने पक्ष में करने में कामयाबी हासिल जरूर की थी लेकिन तिलका मांझी ने अंग्रेजों की नाक में दम कर दिया। इसी लड़ाई में क्लीवलैंड मारा गया। अंग्रेजों ने भारी संख्या में सेना एकत्रित की। तिलका मांझी को अन्ततः अंग्रेजों द्वारा फांसी की सजा दे दी गई। तिलका मांझी को प्रथम स्वतंत्रता सेनानी माना जाता है व उसके नाम पर भागलपुर के तिलका मांझी चौक में उसकी प्रतिमा भी स्थापित की हुई है।

संथाल क्रांति

यूं तो तिलका मांझी ने संथाल परगना और तरडीहा गांव में जन्मे भगीरथ बाबा (भगीरथ हांसदा) ने 'खरवाड़ आंदोलन' किया जिसे अंग्रेजी सत्ता ने दबा दिया और भगीरथ बाबा को कैद में डाल दिया जहां उनकी मृत्यु हो गई लेकिन इनके द्वारा चलाये गये आंदोलन से गुरू (नायक) परम्परा आरम्भ हुई जो आगे चलकर 'साफा होड़' (सुधारवादी संथाल) आंदोलन के रूप में विस्तरित हुई जिसमें जसईराम बाबा काफी चर्चित नाम रहा। वर्ष 1880 में यह आंदोलन पुनः 'दुनिया बाबा' के नेतृत्व में आरम्भ हुआ जो उतार चढ़ाव के साथ 19वीं सदी के अन्त तक चला। दुनिया बाबा का नारा था कि 'संथाल की मिट्टी काली है इसलिये यह हम काले खरखरों (संथालों) की है, गोरे अंग्रेजों की नहीं'। बाद में महात्मा गांधी का प्रभाव क्षेत्र में हुआ जिसे अवतारी पुरुष के रूप में माना गया।

सबसे बड़ा संथाल विद्रोह 1855-56 में हुआ जिसका नेतृत्व महान संथाल क्रांतिकारी भाइयों सिदो, कान्हू, चांद और भैरों ने किया। बाद में यह किंवदंती जुड़ गई कि 'माराडबुरू' (संथालों के आदि देवता महादेव) ने इन चारों भाईयों को यह संदेश दिया कि देश की आजादी के लिये लड़ाई आरम्भ करो। 30 जून, 1856 के दिन करीब दस हजार संथाल आदिवासी धनुष-बाण, तलवार व कुठार आदि से लैस होकर भगनाडीह में एकत्रित हुए और उन्होंने सिदो-कान्हू के नेतृत्व में घोषणा कर दी कि इन दोनों को सर्वसम्मति से नेता चुन लिया गया है। उस सम्मेलन में यह निर्णय भी लिया गया कि "अब हमारे ऊपर कोई सरकार नहीं है, थानेदार नहीं है, हाकिम नहीं है। संथाल राज्य स्थापित हो गया है। अब हम भैंसों के हल के पीछे चार आना तथा बैलों

के हल के पीछे दो आना मालगुजारी अपने मुखिया को देंगे। कर्ज का ब्याज भी रुपये में सिर्फ एक पैसा सालाना देना पड़ेगा। यही 'ठाकुर' (भगवान) का आदेश है। दामिन-इ-कोह की पूजा पर भी हम आदिवासियों का अपना अधिकार है।''

इस महान संथाल क्रांति की शुरुआत एक घटना से हुई जो इस प्रकार थी कि दीघी नामक स्थान में ईस्ट इंडिया कम्पनी का थानेदार व तहसीलदार रहते थे। उन्होंने दो संथाल आदिवासियों को महाजन के प्रभाव में आकर गिरफ्तार कर लिया जबकि उनका कोई दोष नहीं था। इसकी सूचना सिदोव कान्हू को मिली। उन्होंने आदिवासियों को एकत्रित किया और दोनों गिरफ्तारशुदा व्यक्तियों को छुड़ाने का प्रयास किया। इस दौरान टकराव में महाजन व थानेदार को मार डाला गया।

यही टकराव संथाल विद्रोह में बदल गया जो लगातार फैलता गया। पैलापुर में अंग्रेजों की छावनी थी जहां पर संथाल क्रांतिकारियों ने हमला किया। उस लड़ाई में कई संथाल क्रांतिकारी मारे गये जिनमें उनके मुखिया सिदू-कान्हू भी शामिल थे। विदोह को कुचलने के लिये क्रांतिकारियों को खोज-खोजकर पकड़ा जाने लगा। 15 जुलाई, 1856 को पुनः दोनों पक्षों में भीषण मुठभेड़ हुई। यहाँ पुनः कई क्रांति नायक शहीद हुए और काफी गिरफ्तार कर लिये गये लेकिन विद्रोह भड़कता गया। समूचे संथाल परगना में तीस हजार आदिवासी लड़ाई लड़ रहे थे। अंग्रेजी हुकूमत को हारकर यह घोषणा करनी पड़ी कि ''संथाल लोग पथभ्रान्त हो चुकने पर भी हाकिमों और अधिकारियों के पास दस दिनों के अन्दर आत्मसमर्पण कर दें तो जांच के बाद नेताओं के सिवा अन्य लोगों को क्षमा प्रदान की जाएगी। अगर इस घोषणा के बाद भी कोई सरकार के विरुद्ध खड़ा होगा तो उसे अविलम्ब कड़ी सजा दी जाएगी।''

संथालों पर इस चेतावनी का कोई असर नहीं हुआ। अंग्रेजी हुकूमत ने इस विद्रोह को दबाने के लिये करीब चौदह हजार की तादाद में सेना भेजी जिन्हें संथाल क्रांति को कुचलने का जिम्मा सौंपा गया। इस लड़ाई में कुल मिलाकर 10 हजार संथाल शहीद हुए।

जगदलपुर (बस्तर) विद्रोह

सन 1857 की क्रांति को पूरी तरह अंग्रेजों द्वारा दबा दिया गया था। इसके बावजूद मध्य भारत के बस्तर इलाके में आदिवासी असंतोष अंग्रेजों के विरुद्ध संभावित विद्रोह की तैयारी कर रहा था। वहां के आदिवासी लोग सूदखोरों, जमींदारों और सरकारी हाकिमों को अंग्रेजी सत्ता के समर्थक मानते थे और उन्हें शोषक के रूप में देखते थे। उन्हें सबसे बड़ी चिन्ता थी इनसे छुटकारा कैसे पाया जाये। आम की हरी शाखा और लाल मिर्च अर्थात उनकी आदिवासी भाषा में 'डारा और मीरो' के माध्यम से बस्तर

विद्रोह की शुरुआत हुई थी। यह प्रतीक बस्ती-बस्ती, घर-घर में पहुंचाये गये थे और आदिवासियों को एकजुट किया गया। बात सन 1910 की है जब भारत के इस सबसे बड़े जनपद बस्तर में अल्पवयस्क महाराजा रूद्रप्रताव देव का शासन था। वास्तव में शासन सत्ता की लगाम अंग्रेजों द्वारा नियुक्त दीवान रायबहादुर पण्ड्या बैजनाथ के माध्यम से ब्रिटिश पोलिटिकल एजेंट के हाथ में थी। करीब एक लाख से अधिक आदिवासी क्रांतिकारी जगदलपुर के भीतर और बाहर एकत्रित हो गये थे। सरकारी इमारतों में आग लगा दी गई और ड्यूटी कर रहे पुलिस व अन्य राजकर्मियों की हत्या कर दी गई। गुस्साये आदिवासियों ने जो कुछ सामने आया उसी को नेस्तनाबूद किया।

कर्नल गेयर के नेतृत्व में विद्रोह को दबाने के लिये फौजी दस्ता भेजा गया। यह दस्ता इन्द्रावती नदी के तट पर पहुँचा। कर्नल गेयर इस आदिवासी विद्रोह से भयभीत था। उसने एक चाल चली। आदिवासियों में प्रचलित सबसे बड़ी कसम माटी की कसम (माटी किरिया) का नाटक रचकर शांति के संदेश आदिवासी मुखियाओं के पास भेजा। इससे आदिवासी मुखिया उसके झांसे में आ गये। इन्द्रावती नदी इस बहाने सेना ने पार कर ली। नदी पार करने के बाद कर्नल गेयर ने फिर कसम खाई और आदिवासी मुखियाओं को विश्वास में ले लिया। आदिवासी मुखिया इसके व्यवहार पर विश्वास कर ढीले पड़ गये। कर्नल गेयर ने मौका देखकर आधी रात के समय आदिवासियों के पड़ाव को घेरा और असावधान आदिवासियों को गोलियों से भून डाला। इधर उधर बच रहे आदिवासियों को गले में रस्सी से बाधंकर जगदलपुर के सदर बाजार में पेड़ों पर लटकाकर फांसी दे दी गई। इसके बाद गांव में लूट, मारपीट व स्त्रियों के साथ बलात्कार किया गया। इस बर्बर नरसंहार में एक हजार की तादाद में आदिवासी शहीद हुए।

ताना भगत

अंग्रेजों के विरुद्ध असहयोग आन्दोलन को केवल महात्मा गांधी से जोड़कर देखा जाता रहा है। जबकि महात्मा गांधी से पूर्व सन 1914 में वर्तमान झारखंड क्षेत्र में ऊराँव आदिवासी आन्दोलनकारियों ने जात्रा उराँव के नेतृत्व में ताना भगत आन्दोलन के नाम से इसकी शुरुआत की थी। उन्होंने आदिवासियों को अंग्रेजों के विरुद्ध एकत्रित करने के लिये इस माध्यम को अपनाया कि उनके धर्मेश अर्थात धार्मिक राजा ईश्वर ने स्वप्न में दर्शन दिये हैं और यह कहा है कि समाज में फैली बुराइयों को दूर करो तथा अंग्रेजों से मुक्ति की लड़ाई शुरू करो। जात्रा उराँव के नेतृत्व में आदिवासी आन्दोलनकारियों ने भूत-पूजा, जादू-टोना, बलि-प्रथा तथा मांस-मदिरा के सेवन आदि कर्मकाण्ड व बुराइयों को खत्म करने के लिये मुहिम छेड़ी।

अंग्रेज अधिकारियों तथा उनके अधीन सामन्ती सत्ता के प्रतिनिधि जमींदारों के विरुद्ध इन आन्दोलनकारियों ने मोर्चा खोला और यह तय किया कि वे कोई सरकारी काम नहीं करेंगे, कोई मालगुजारी नहीं देंगे, जमींदारों के खेतों में काम नहीं करेंगे, अपने इलाके में कोई सरकारी गतिविधियां नहीं चलने देंगे तथा सरकार के प्रतिनिधि कर्मचारियों को किसी प्रकार का सहयोग नहीं देंगे। इस असहयोग आन्दोलन की शुरुआत रांची के निकट धोबी टोली गांव से की गई जबकि आदिवासी श्रमिकों ने एक सरकारी भवन के निर्माण में कार्य करने से मना कर दिया। इस घटना से क्रोधित होकर अंग्रेजी शासन ने जात्रा उराँव सहित सात आन्दोलनकारियों को गिरफ्तार किया लेकिन इनके पक्ष में आन्दोलन भड़कने की संभावनाओं को देखते हुए चेतावनी देकर छोड़ दिया।

'सरकार की खिंचाई करो', आन्दोलनकारियों का मूल मंत्र था। खिंचाई को स्थानीय भाषा में 'ताना' कहते हैं। उन्होंने गीत के माध्यम से इसे प्रकट किया जो निम्नप्रकार था :

"ताना बाबा ताना तान,
तुन ताना गोल से लेन
ताना बे लेन
ताना हुकुम, मान ताना
ताना थनानन ताना पुलिसाना ताना"

अर्थात् खींचो भाई खींचो, सरकार को खींचो, जमींदार को खींचो, व्यवस्था को खींचो, कानून को खींचो, पुलिस को खींचो। हे भगवान! हमें अपने अधिकार दो, हम स्वयं शासन करेंगे। हमें ज्ञान दो, हमें नियम दो, हमें लिखने की शक्ति दो, हमें पढ़ने की शक्ति दो।

इसी आधार पर इस आन्दोलन का नाम 'ताना भगत' आन्दोलन चला।

सन 1921 में गांधी जी रांची आए तब उन्हें इस आन्दोलन का पता चला। उन्होंने ताना भक्तों से आग्रह किया कि वे कांग्रेस में शामिल हों। अधिकांश ताना भगत कांग्रेस के नेतृत्व में चल रहे असहयोग आन्दोलन में शामिल हो गये। ताना भगतों ने 1930 के असहयोग आन्दोलन में काफी संख्या में इन भगतों हिस्सा लिया था तब से उन्होंने गांधी टोपी धारण करना तथा तिरंगा झण्डा फहराना शुरू किया।

1941 में बिशनपुर के दो सौ ताना भगतों ने मुकला भगत के नेतृत्व में कोलनीन्द्रगढ़ में 168 घंटे तक लगातार चरखा चलाने का अभियान सफलतापूर्वक संपन्न किया। द्वितीय महायुद्ध में जब ब्रिटिश सरकार के कहने से भारतीय नेताओं ने युद्ध में अंग्रेजों की मदद करने के लिये धन एकत्रित करना शुरू किया तो ताना भगतों

ने इसका विरोध किया और यह एलान किया कि अंग्रेज देश के दुश्मन हैं इसलिये इन्हें किसी प्रकार की मदद देना पाप है। ताना भगत आज भी खादी पहनते हैं।

सिंहभूम का विद्रोह

अंग्रेजों के विरुद्ध सिंहभूम विद्रोह की पृष्ठभूमि का इतिहास यह था कि मीर कासिम ने बंगाल की गद्दी के एवज में मेदिनीपुर का क्षेत्र ईस्ट इंडिया कम्पनी को दे दिया था। छोटा नागपुर उन दिनों मेदनीपुर का हिस्सा था। यह क्षेत्र प्राकृतिक सम्पदा से समृद्ध था जिस पर अंग्रेजों की गिद्ध-दृष्टि लगी हुई थी। यह सम्पूर्ण क्षेत्र आदिवासियों का था और इस पर उन्हीं का परम्परागत शासन कायम था। अंग्रेजी अफसर फरग्युसन के नेतृत्व में फौज की टुकड़ी रवाना हुई और सन् 1813 तक सिंहभूम जिला को छोड़कर समस्त छोटा नागपुर क्षेत्र अंग्रेजों के अधीन हो चुका था।

सिंहभूम क्षेत्र को अंग्रेजों ने अपने कब्जे में लेने की ठानी। यह बात सन् 1818 की है। सिंहभूम के राजा ने सन् 1820 में अंग्रेजों के दबाव में आकर एक समझौता किया। खरसवान के ठाकुर चेतन सिंह और सेराईकेला के युवराज विक्रम सिंह इस समझौते के विरोध में थे। इन दोनों के नेतृत्व में आदिवासियों ने विद्रोह कर दिया। अंग्रेजों को राजा की सहायता के नाम पर विद्रोह को दबाने का बहाना मिल गया। आदिवासियों पर इल्जाम यह लगाया कि ये लोग आये दिन हत्या, लूट, मारपीट करते रहते हैं। इस आक्रमण का एक बड़ा कारण इस क्षेत्र को अपने कब्जे में लेने के लिए और बंगाल को मद्रास से जोड़ने के लिए जंक्शन रोड का निर्माण करना था, जिसे आदिवासी किसी भी सूरत में स्वीकार नहीं करते थे। यह उनके क्षेत्रों में खुला अतिक्रमण था।

मेजर रफसेज के नेतृत्व में इस इलाके में फौज भेजी गई। अंग्रेज सेना जब चाईबासा पहुँची तो उस क्षेत्र के आदिवासियों में रोष भड़क उठा। फौज को आदिवासियों ने घेर लिया। अंग्रेजों से मिल चुके छोटा नागपुर व सिंहभूम के राजाओं को आदिवासियों ने इलाका छोड़ने के लिए विवश कर दिया। मेजर रफसेज की सहायता के लिए लेफ्टीनेंट मेलर्ड अतिरिक्त फौज लेकर पहुँचा। उसे 'हो' आदिवासियों के एक दल ने बीच में रोक लिया। इस दौरान भीषण मुठभेड़ हुई। विद्रोही पहाड़ियों में सुरक्षित स्थानों पर चले गये तथा अंग्रेजी फौज ने आदिवासी गाँवों को जलाकर आंतक पैदा किया। यद्यपि अंग्रेजों ने गुमला, अदेजानदिया, जयन्तगढ़, बंशवीर आदि स्थानों को अपने कब्जे में ले लिया, लेकिन इसके बदले उनके काफी सैनिक हताहत हुए। 6 अप्रेल 1820 को गमदिया क्षेत्र में 'हो' आदिवासियों से बड़ी मुठभेड़ हुई जिसमें मेजर रफसेज को अपने दल सहित इलाका छोड़ना पड़ा।

विद्रोह अन्यन्त्र भी फैल रहा था। अंग्रेजी प्रतिनिधियों और बरकानदीप के सूबेदार ने आदिवासियों के मुखिया घासी सिंह को कैद कर लिया। एक अन्य विद्रोही आदिवासी मुखिया कोडो पेन्टर की लड़की के साथ बरकान के सूबेदार के आदमियों ने बलात्कार किया। इन दोनों घटनाओं ने आदिवासी विद्रोह को भड़काने में आग में घी का काम किया। आदिवासी अब अंग्रेजों को अपने क्षेत्र से हटाने का संकल्प ले चुके थे। वे 31 जनवरी 1821 को पुरूलिया में एकत्रित हुए और बरकान दीप के सूबेदार के ठिकानों पर हमला कर दिया। इस लड़ाई में सूबेदार सहित उसके 15 आदमी मारे गये। पोरहाट के राजा के 20 घुड़सवार सहित दो मंत्री आदिवासियों के हाथों मारे गये।

इसके बाद 'हो' आदिवासियों ने 6 फरवरी, 1821 को सिनेपुर किले पर आक्रमण किया और क्षेत्र के सभी रास्तों पर नाकाबन्दी कर दी ताकि और अंग्रेजी फौजी टुकड़ी विद्रोह को दबाने नहीं आ सके। निपुर का किला अंग्रेजों ने ठाकुर रतन सिंह के लिए सहायता करने की एवज में दान में दिया था। उसके इस किले को भी आदिवासियों ने हथिया लिया। अन्त में अंग्रेजों को हारकर 'हो' आदिवासी मुखिया से सन्धि करनी पड़ी। बाद में अंग्रेजों ने फिर आदिवासियों के साथ दगा किया, जिससे विद्रोह पुनः भड़क उठा।

फरवरी, 1830 में पुनः आदिवासी विद्रोह इस क्षेत्र में फैला जिसमें करीब 1200 'हो' आदिवासियों ने जयन्तगढ़ पर आक्रमण किया। जयन्तगढ़ में नियुक्त ईस्ट इण्डिया कम्पनी का एजेन्ट वहां से भाग गया। जयन्तगढ़ के किला को आदिवासियों ने पूरी तरह नष्ट कर दिया। अंग्रेजों को विवश होकर आदिवासी नायकों से सन्धि करनी पड़ी, जिसमें 'हो' आदिवासियों के साथ मुण्डा व मानकिया आदिवासी मुखियाओं को भी शामिल किया। सन्धि की प्रमुख शर्त यह थी कि राजस्व की वसूली आठ आना प्रति खेत से अधिक नहीं की जायेगी। सन्धि के बावजूद स्थानीय आदिवासी चाहते थे कि उनके क्षेत्र में अंग्रेजों की घुसपैठ बिल्कुल बन्द हो। इसलिए विद्रोह पुनः भड़क गया। संघर्ष में आदिवासियों ने रणनीति के तहत तीर भेजने की प्रथा से लोगों को संगठित किया। विद्रोही जिस बस्ती की ओर तीर फेंकते वहां से अगर कोई जवाबी तीर वापस नहीं आता तो यह माना जाता कि उस बस्ती के आदिवासी भी विद्रोह में शामिल होने के लिए सहमत हैं। सिंहभूम विद्रोह सन् 1837 तक लगातार चला।

कोल संग्राम

छोटा नागपुर इलाके के 'लरका हो' आदिवासियों के गांव में जमींदारों के आए दिन जुल्म हो रहे थे और उनकी सांठगांठ ईस्ट इंडिया कम्पनी से थी। ईस्ट इंडिया कम्पनी इन जमींदारों के मार्फत इस क्षेत्र में अपना प्रभाव फैला रही थी। परेशान होकर

आदिवासियों ने 11 दिसम्बर, 1831 को कुमांग के जमींदार पर हमला कर दिया। इसके अतिरिक्त 29 दिसम्बर, 1831 को फिर एक बड़ा धावा बोला जिसमें जमींदारों के महलों को नष्ट कर दिया। यही विद्रोह आगे चलकर विख्यात 'कोल विद्रोह' के नाम से इतिहास में जाना गया।

छोटा नागपुर और जंगल महाल का सम्पूर्ण इलाका ईस्ट इंडिया कम्पनी के कब्जे में आ चुका था। बाहर से लाये गये मुसलमान जमींदारों को स्थानीय प्रतिनिधियों के रूप में कम्पनी ने बिठा दिया था।

संघर्ष का अगला चरण 25 दिसम्बर 1831 को क्रिसमस के दिन शुरू हुआ। लगभग 300 आदिवासियों ने गासू के जमींदार काले खां और रांची के सैफुल्लाह खां के गांवों पर हमला किया और उनके मकानों को तोड़ दिया और महलों को आग के हवाले कर दिया। इस संघर्ष में काले खां मारा गया और इसके एक सप्ताह बाद ही करीब 1000 आदिवासियों ने इकठ्ठा होकर कुमांग और पड़ोसी गांव कोरूबरू के जमींदारों पर हमला किया तथा 3 जनवरी को गांगिरा पर आक्रमण किया। वहां के जमींदार याजर अली को मौत के घाट उतार दिया जो एक कोल महिला को जबरदस्ती अपनी रखैल बनाये बैठा था। संघर्ष नायकों ने यह प्रण ले रखा था कि इस क्षेत्र के किसी भी जमींदार का जिन्दा नहीं छोड़ेंगे। इसी क्रम में करीब 4000 आदिवासियों ने गोविन्दपुर पर आक्रमण किया। वहां के शासक को अपनी जान बचाकर परिवार सहित भागना पड़ा। उस समय तक बेलकुद्रा परगना पूरी तरह से आदिवासियों ने मुक्त करा लिया।

इस घटना के बाद अंग्रेज बुरी तरह से बौखला गये। पटना के आयुक्त लैम्बर्ट के आदेश पर कुथबर्ट के नेतृत्व में अंग्रेजी पलटन रामगढ़ व हजारीबाग से बरकागढ़ परगना पहुंचाई गई। गोविन्दपुर थाना, बरकागढ़ परगना और सोनपुर के उत्तर पश्चिम में स्थित अंग्रेजों के सभी थाने विद्रोहियों ने जला दिये थे। 26 जनवरी 1832 तक आदिवासियों ने पालकोट के थोड़े के दक्षिण क्षेत्र को छोड़कर छोटा नागपुर स्वतंत्र करा लिया था। कम्पनी के विरुद्ध 'हो' आदिवासियों के संघर्ष की आग तेजी से फैल गई थी। विद्रोह को दबाने के लिये कलकत्ता व पटना से अतिरिक्त फौजी दस्ते भेजे गये। मार्च के अन्त तक कई जगह हुए कड़े मुकाबलों के बाद अंग्रेजी फौजों ने पुनः इलाके पर कब्जा करना शुरू कर दिया। कर्नल बोबेन के नेतृत्व वाली पलटन ने आदिवासी गावों में कत्लेआम शुरू कर आंतक पैदा किया। एक तरफ राईफल और तोपखाना थे और दूसरी तरफ तीर व कुल्हाड़े। क्रांतिकारियों के रसद पहुँचने के सारे रास्ते रोक दिये गये थे। इनके निर्दोष परिजनों को फौज ने बुरी तरह परेशान करना आरम्भ कर दिया था। ईस्ट इंडिया कम्पनी की तरफ से यह घोषणा की गई कि कोलों के पूर्ण उन्मूलन

के बिना कानूनप्रिय नागरिक सुरक्षित और शान्ति महसूस नहीं कर सकते। फौजी बल के द्वारा यह विद्रोह नहीं दबाया जा सका। अन्ततः ईस्ट इंडिया कम्पनी ने कुछ रियायतें छोटा नागपुर को दीं और इस विद्रोह को शांत किया।

स्वतंत्रता संग्रामी बिरसा मुंडा

बिरसा मुंडा का जन्म 15 नवम्बर सन् 1875 को हुआ। वर्तमान झारखंड राज्य के चालकाड़ के निकट उलिहातु और बम्बा, दोनों गाँव बिरसा के जन्म स्थान होने का दावा करते हैं। किशोरावस्था में सुगना मुंडा का वह बेटा बिरसा बहुत मोहक बाँसुरी बजाया करता था, लेकिन बाँसुरी से पेट नहीं भरता। माँ-बाप स्वयं का पेट भरने की स्थिति में नहीं थे, यह बिरसा की मौसी जानती थी। मौसी बिरसा से विशेष स्नेह रखती थी। एक दिन मौसी सुगना के घर आयी और बिरसा की ठीक-सी परवरिश करने के उद्‌देश्य से बिरसा को अपने गाँव खटंगा ले गयी। मौसी ने बकरियाँ चराने का जिम्मा बिरसा को सौंपा। बिरसा बाँसुरी बजाने में मस्त रहता। बकरियाँ इधर उधर चली जातीं। कुछेक बकरियों को भेड़िया खा गये। मौसी का नाराज होना स्वाभाविक था। बिरसा वहाँ से वापस अपने गाँव आ गया।

भटकता रहा बिरसा रोटी की तलाश में और किशोरावस्था से युवावस्था में पहुँचते-पहुँचते खोजता रहा दरिद्रता की वजह और उसका निराकरण। उसने वजह तलाश ली भूख की। वजह थी वनोपज पर आदिवासियों के पुश्तैनी अधिकारों पर पाबंदी, कृषि भूमि के उत्पाद पर लगान और अन्य प्रकार के टैक्स। और इन सबके पीछे गोरे साहब और उनके देशी कारिन्दे-सामंत, जागीरदार, ठेकेदार। ये सब आदिवासियों के लिए 'दिकू' (शोषक) थे। ''अगर दिकू को घोड़ा चाहिए तो दाम कौन देगा? आदिवासी। अगर दिकू को पालकी पर चढ़ना है तो पालकी कौन उठायेगा? आदिवासी। अगर दिकू के गाने-बजाने वालों को बख्शीश, उसकी दुधारु गाय को चारा, उसके पान-तम्बाकू का खर्चा कौन देगा? आदिवासी। यदि किसी आदिवासी के घर कोई मरा तो घरवालों पर टैक्स लगाया जायेगा। यदि कोई बच्चा पैदा हुआ तो उस पर भी टैक्स लगाया जायेगा। शादी या पूजा हुई तो फिर टैक्स। यदि किसी ठेकेदार को कचहरी ने अपराधी घोषित किया और उसे जुर्माना भरना पड़ा तो जुर्माना कौन देगा? आदिवासी।''

बिरसा समझ गया शोषणकारी बाहरी इन्सान होता है और जब तक उसे नहीं भगाया जायेगा तब तक दुःखों से मुक्ति नहीं। इसी बीच दरिद्रता ने बिरसा के पिता को ईसाई बनने के लिए विवश किया। बिरसा को भी सब्ज बाग दिखाये गये। वह भी पादरी के झाँसे में आ गया। उसे चाईबासा के लूथरन मिशन में भेजा गया जहाँ उसने

जाना कि गोरे मिशनरी और शासक अंग्रेज एक जैसे हैं। बिरसा ने अब मुक्ति-संग्राम की ठान ली और एलान कर दिया 'अबुआ राज ऐते जना, महारानी राज टुण्डु जना' अर्थात् 'हमारा राज आयेगा, महारानी का राज खत्म होगा।' चाहे मुण्डा हो, उराँव हों, हो हों, कोल हों, कोई भी आदिवासी खाँप हो, बिरसा मुण्डारी अंचल के सभी आदिवासियों का सर्वमान्य नायक बन गया। ब्रिटिश सत्ता केन्द्रों में खबर पहुँची कि 'बिरसा नाम का युवक स्वयं को चमत्कारी संत बताकर हुकूमत के खिलाफ आदिवासियों को बहका रहा है।'

8 अगस्त 1895 के दिन पुलिस का एक दल बिरसा को पकड़ने चालकाड़ गाँव आया। करीब हजार-आठ सौ अनुयायियों के विरोध के कारण पुलिस बिरसा को छू तक नहीं सकी। अब तक बिरसा अहिंसक आंदोलन के लिए लोगों को संगठित कर रहा था। इस घटना के बाद वह आक्रोश से भर गया। अंग्रेज अफसरों ने 23 अगस्त को एक विशेष बैठक में निर्णय लिया कि 'बिरसा विद्रोह' को सख्ती से कुचला जाय। इसका जिम्मा दिया जिला सुररिटेण्डेंट जी.आर.के. मीयर्स को। मीयर्स, पादरी लस्टी और जमींदार जगमोहन सिंह हाथियों पर सवार होकर विशेष पुलिस दस्ते के साथ चालकाड़ पहुँचे। बिरसा निश्चिंत सोया हुआ था। उसे दबोच लिया और चुपचाप रातों-रात राँची की जेल में डाल दिया। प्रचार किया गया कि बिरसा चमत्कारी संत नहीं होकर एक अपराधी चरित्र का व्यक्ति है। उसके अपराधों के मुकदमों की खुली सुनवाई होगी, लोग देखने आयें। अंग्रेज अफसरों ने सोचा ऐसा करने से बिरसा के प्रति लोगों का मोह भंग हो जायेगा। बिरसा को दो वर्ष की सजा सुनायी। आदिवासियों ने इसका विरोध किया। मजबूरन सरकार को सजा से पूर्व बिरसा को छोड़ना पड़ा।

अब बिरसा ने आंदोलन को अधिक उग्र कर दिया। फरवरी 1898 के दिन चालकाड़ के निकट डुम्बारी पहाड़ियों में आदिवासियों की पंचायत बुलाई। वहीं बिरसा ने आदिवासी सेना का गठन किया। एटके गाँव के गया मुण्डा को प्रधान सेनापति नियुक्त किया। स्थान-स्थान पर सभाएं की गईं। बिरसा ने खूँटी, राँची, चक्रधरपुर, बुण्डू, मताड़, कर्रा, तोरपा, बसिया, सिसई, बुस, बाड़ी, रूईटोला, पोजे, कोटा, गाड़ा, कुआदा तथा जेईसा आदि जगहों पर क्रांतिकारी दल गठित किये। क्रांतिकारियों का मुख्य केन्द्र खूँटी को बनाया गया। सन् 1899 के 'बड़ा दिन' तिथि को आक्रमण का दिन निश्चित किया। पुलिस थानों, जागीरदारों व अंग्रेजों के ठिकानों को निशाना बनाना तय किया गया। अलग अलग टुकड़ियों ने दर्जनभर ठिकानों पर सफल हमले किये। स्वयं बिरसा ने तीन सौ आदिवासियों के धनुर्धर लड़ाकुओं के साथ खूँटी थाना पर आक्रमण किया। अत्याचारी दरोगा व उसके एक सहयोगी को मार दिया गया। संघर्ष में बिरसा का एक अनुयायी भी शहीद हुआ। गया मुंडा सैकड़ों आदिवासियों के

साथ संघर्ष करता हुआ राँची की ओर बढने लगा। बिरसा के आंदोलन से अंग्रेज अफसर आतंकित हो गये। राँची के कमिश्नर फीवर्श और डिप्टी कमिश्नर जून फील्ड ने आंदोलन को दबाने का जिम्मा लिया। बड़ी तादाद में फौज लेकर वे खूँटी की ओर रवाना हुए। डम्बारी गाँव के निकट आदिवासी लड़ाकुओं व अंग्रेज फौज के बीच लड़ाई हुई। आदिवासियों के पास धनुष-बाण व गो-फन थे और अंग्रेजों के पास बंदूकें। बंदूकों की गोलियों के सामने आदिवासियों ने खूब लोहा लिया। देश की खातिर लड़ते हुए करीब दो सौ आदिवासी शहीद हुए। बिरसा व गया को गिरफ्तार करने की खूब कोशिश की मगर दोनों नायक पकड़े नहीं गये। कुछ अन्य आदिवासियों को गिरफ्तार कर लिया गया।

वर्तमान झारखंड के अधिकांश इलाकों में 'बिरसा क्रांति' फैल चुकी थी। उन इलाकों के लिए ब्रिटिश सत्ता के सामने बिरसा की गिरफ्तारी एकमात्र चुनौती व प्राथमिकता बन चुकी थी। जब तक देश में आजादी की लड़ाई ने पाँव नहीं रखे, तब तक बिरसा अपना महाभारत लड़ चुका था। अंततः बिरसा को धोखे से गिरफ्तार कर लिया गया। अंग्रेजों के पास तथाकथित मुकदमों की सुनवाई का वक्त भी नहीं था। दिनांक 9 जून 1900 को उन्होंने राँची की जेल में बिरसा को जहर देकर मार दिया और प्रचार किया कि वह हैजा की बीमारी से मर गया। बिरसा की लाश को चुपचाप रात में राँची की जेल के पिछवाड़े में जला दिया गया। बिरसा आजादी की लड़ाई में अपने प्राणों की आहुति दे गया। इसके बावजूद उसका आंदोलन थमा नहीं। और उग्र होता गया। जब तक चलता गया तब तक देश आजाद नहीं हुआ। आदिवासी बिरसा को आज भी धरती का 'आबा' (भगवान) मानते हैं और आज भी उस महान विभूति से प्रेरणा लेते हैं।

टंट्या मामा का विद्रोह

यह तिथि थी 25 मार्च सन् 1884 की। 24 मार्च की शाम टंट्या के दल ने मेलघाट के एक जमींदार के घर धावा बोलकर बदला लिया था। मेलघाट इलाके में अंग्रेज व होल्कर राज की संयुक्त पुलिस के दल के अफसर व जवान टंट्या की गिरफ्तारी के लिए जाल की तरह फैले हुए थे। टंट्या ऐलानिया बदला लेने वाला संघर्ष नायक था। पुलिस की जानकारी के बावजूद उसने जमींदार के घर पर हमला किया। पुलिस ने टंट्या के दल को घेर लिया। भीषण मुठभेड़ हुई। इस मुठभेड़ में टंट्या का एक साथी लछमन पुलिस की गोली से घायल हो गया जिसे पुलिस के सिपाही उठाकर थाने ले गये। यह सुनते ही टंट्या के दल ने हमला तेज कर दिया। इस हमले में पुलिस का एक बड़ा अधिकारी मारा गया।

मेलघाट की मुठभेड़ के बाद टंट्या की गिरफ्तारी का अभियान तेज कर दिया गया। यद्यपि इससे कुछ अर्सा पूर्व टंट्या के लिए 'टंट्या पुलिस' के नाम से अंग्रेजों व होल्कर स्टेट द्वारा संयुक्त पुलिस दल बना दिया गया था, लेकिन उसे अपेक्षित सफलता नहीं मिल पायी। मेलघाट की घटना राज के लिए चुनौती थी, चूँकि पुलिस का एक बड़ा अधिकारी मारा जा चुका था जिससे पुलिस का मनोबल काफी हद तक टूट गया था। यह स्थिति देखकर होल्कर महाराज ने छांटकर कप्तान महमूद खां को टंट्या से निपटने का जिम्मा सौंपा। कुछ ही महीनों बाद एक अन्य मुठभेड़ में पुलिस का एक सिपाही गोली से मारा गया।

कुछ दिनों बाद टंट्या का एक साथी दौलिया पकड़ा गया। इसके प्रतिरोध स्वरूप टंट्या ने हमले और तेज कर दिये। उसके निशानों पर अत्याचारी जमींदार, जागीरदार, शोषणकारी लगान वसूलने वाले, सूदखोर साहूकार व राज के अन्य अनाचारी कारिन्दे होते थे। टंट्या की ओर से एक के बाद एक हमले किये और आदिवासियों की बुरी हालत करने वालों से चुन-चुनकर बदला लिया। इसी दौरान पुलिस ने टंट्या के दो साथी भौलिया व औलिया को गिरफ्तार कर लिया। इस गिरफ्तारी में सुगन बन्जारी नामक गाँव की चौकी पर तैनात सिपाही बापूमंग की चतुराई की अह्म भूमिका रही थी। ऐसे व्यक्ति को चाहे वह मुखबिर हो या राज का कर्मचारी, टंट्या छोड़ने वाला नहीं था। वह दल-बल सहित सुगन बन्जारी पहुँच गया और सिपाही बापूमंग को पकड़ कर तलवार से उसकी नाक काटकर उसे छोड़ दिया। आग की तरह इस खबर को फैलना ही था।

इस घटना से तंग आकर होल्कर महाराज ने पुलिस विभाग में काफी परिवर्तन किये। अनेक अधिकारी-कर्मचारी हटाये गये। उनकी जगह बाहर से अधिकारी-कर्मचारी बुलाये गये। होल्कर महाराज ने अंग्रेज सरकार से भी अधिकाधिक मदद की गुहार की। आखिर में यह तय हुआ कि मध्य प्रांत के एजेंट सर लैपेल ग्रिफिन को टंट्या की गिरफ्तारी का जिम्मा सौंपा जाये। यही किया गया। मेजर ईश्वरी प्रसाद को उसका सहायक बनाया गया।

उधर टंट्या की लोकप्रियता आंधी की तरह फैल रही थी। कोई उसकी मुखबिरी करने को तैयार नहीं होता था, उल्टे उसे शरण देकर छिपाने में लोग गर्व महसूस करते थे कि ''हमने हमारे वीर व चमत्कारी पुरुष टंट्या मामा की सेवा की।''

अन्ततः 'टंट्या-पुलिस' और मालवा भील कोरपूस, भोपाल पलटन की सम्मिलित कार्यवाई प्रारम्भ हुई। उस समय शिवाजी राव होल्कर स्टेट का शासक था। उसने पुलिस कार्रवाई तेज करने का विशेष आदेश जारी किया। सूचना देने वालों को नाना प्रकार का इनाम-प्रलोभन देने का एलान किया। टंट्या मामा की आयु सैंतालीस पार कर चुकी थी।

उम्र भी अपना असर दिखाती ही है। आखिर बनेट गाँव के गणपत राजपूत ने धोखे से टंट्या को गिरफ्तार करवा दिया। यह घटना है 11 अगस्त, 1889 की।

टंट्या मामा से खौफ खायी सत्ता ने जल्दबाजी में टंट्या पर झूठे-सच्चे मुकदमे चलाये और 19 अक्टूम्बर, 1889 को जबलपुर के सेशन कोर्ट ने फाँसी की सजा सुनायी। 4 दिसम्बर, 1889 को जबलपुर सेन्ट्रल जेल में टंट्या को फाँसी की सजा दे दी गयी। इसके बाद चाहे टंट्या मामा के दल के अन्य सदस्य छिन्न भिन्न हो गये हों, कुछ गिरफ्तार हो गये हों, कुछ को आजीवन या फाँसी की सजा मिल गयी हो- यह सब अपनी तरह होना था, लेकिन टंट्या मामा को जो भूमिका निभानी थी, वह उसने निभा दी आदिवासियों के हकों की जो लड़ाई उसने शुरू की उसे बहादुरी व हिम्मत से लड़ा। टंट्या मामा का नाम अमर हो गया।

टंट्या के जीवन काल में ही अंग्रेजों ने उसे जो नाम दिया वह था—'द इण्डियन रॉबिन हुड'।

पश्चिम भारत

जोरिया भगत

सीमावर्ती गुजरात के रेवाकाँठा एवं पंचमहाल के जंगलों में नायकदास खांप के आदिवासी रहते थे। इसी आदिवासी कुल में जन्मे जोरिया नायकदास का जन्म जम्बूगोड़ा के निकट बड़ेक गाँव में हुआ था। वह जहाँ भी जाता आदिवासियों से बस ये ही सवाल पूछता था कि "किसी के अधीन न रहने वाले हम आदिवासी भाई फिरंगियों के मातहत रियासती राजाओं की बेगार क्यों करते हैं? जंगलाती पैदावार पर हमारा परंपरागत हक हम से क्यों छीना जा रहा है?" इन सवालों का वह एक ही जबाब देता था कि 'हम एकजुट होकर विरोध नहीं कर रहे हैं।' इस आधार पर जोरिया ने उस इलाके के आदिवासियों को संगठित कर लिया था। लोगों ने जोरिया के मकसद और तरीकों को आत्मसात कर लिया। उसे मुक्तिदाता की तरह माना जाने लगा। जोरिया का धार्मिक संदेश यह था कि "हमारे जिन पूर्वजों ने बड़ा काम किया वे भगवान के अंश हैं और भगवान के अंश भगवान के पक्के 'भगत' होते हैं। इस सन्देश का असर यह हुआ कि आदिवासी लोग जोरिया को भगवान के प्रति समर्पित 'भगत' मानने लगे और उनका लोकप्रिय नाम 'जोरिया भगत' पड़ गया। उनका एक सहकर्मी था रूपा नायकदास।"

सन् 1818 से 1848 के बीच में अंग्रेजों व रियासतों के बीच हुई संधियों की वजह से गुजराज रियासती इलाके अप्रत्यक्ष रूप से अंग्रेजों के अधीन हो गये थे। रियासतों में रेजीडेंट कमिश्नर तैनात कर दिये गये थे जो रियासती हलकों पर पूरी निगरानी रखते थे

और सारी सूचना ईस्ट इन्डिया कम्पनी के कलकत्ता स्थित दफ्तर तक पहुँचाते थे। सन् 1857 के विद्रोह के बाद यह सब सीधे ब्रिटिश सरकार के अधीन हो गया था। एक प्रकार से जोरिया भगत का आन्दोलन ब्रिटिश सरकार के लिए चुनौती बन गया था, चूँकि सारे इलाके पर ब्रिटिश प्रभुत्व कायम हो चुका था। जोहिया व रूपा के मन में अपनी मातृभूमि को मुक्त कराने की आग धधक रही थी। दोनों ने कृषि-कर देने से मना करने का एलान इलाके में कर दिया। सब लोग जानते थे कि लगान की वसूली रियासती कारिंदे करते थे और उसका बड़ा हिस्सा अंग्रेज सरकार को जाता था, एवज में अंग्रेज हुकूमत आदिवासियों की लगान-विरोधी गतिविधियों को दबाने के लिए रियासतों को फौजी मदद देती थी।

रियासती बेगार व लगान विरोधी आदिवासी-आन्दोलन को कुचलने के लिए जब सरकारी मुहिम तेज कर दी, तो जोरिया व रूपा के नेतृत्व में आदिवासी समाज ने भी मोर्चा संभाल लिया।

जोरिया के नेतृत्व में उभरने वाले आदिवासी विद्रोह को दबाने के लिए जो भी फौजी कार्यवाई होती उसका केन्द्र था राजगढ़ पुलिस थाना। जोरिया के नेतृत्व में आदिवासियों ने फैसला किया कि क्यों न राजगढ़ थाने पर धावा बोला जाय! एक दिन थाना के सामने हजारों आदिवासियों की भीड़ जमा हो गयी। थाना के दरवाजे पर खड़े वर्दीधारी एक पुलिस वाले ने आदिवासियों के अगुवा नेताओं से पूछा, ''आखिर ऐसी कौन-सी ताकत है जोरिया में, जो तुम सब लोग उसके पीछे हो?'' जोरिया भी वहीं आगे खड़ा था। पुलिस अफसर उसे नहीं पहचानता था। जोरिया तो कुछ नहीं बोला। एक अन्य आदिवासी नायक गललिया ने आव देखा ने ताव और अपनी तलवार से उस पुलिस वाले की गर्दन काट दी। थाने के अन्य अफसरों व उनके सिपाहियों को जैसे ही यह पता लगा, वे सब इधर-उधर के रास्तों से छिपकर भाग लिये। राजगढ़ थाने पर आदिवासियों का कब्जा हो गया। वहां से आदिवासियों का जत्था जम्बूगोड़ा की ओर रवाना हुआ। रास्ते में पुलिस से उनकी मुठभेड़ हुई। आदिवासियों ने उनको खदेड़ दिया।

यह समाचार अंग्रेज सरकार के पास पहुँचा। सरकार तिलमिला गयी। विद्रोह को कुचलने के लिए हथियारबन्द फौज भेजी गयी। जम्बूगोड़ा के आसपास के जंगलों में धनुषबाण, तलवार, बल्लम, भाले जैसे परंपरागत हथियारों से लैस आदिवासियों ने बड़ी बहादुरी से फौजों से लोहा लिया। लेकिन बंदूकों व मशीनगनों से तड़ातड़ निकलने वाली गोलियों के सामने मुकाबला कहाँ तक संभव हो पाता। जोरिया भगत ने यही उचित समझा कि आमने-सामने की लड़ाई को टाला जाय। इस संघर्ष में कई आदिवासी वीर शहीद हो चुके थे। जोरिया ने अपने साथियों को बड़ेक गाँव की ओर

लौटने का आदेश दिया। अंग्रेज सैनिकों ने उनका पीछा किया। पीछे हटते आदिवासी अंग्रेज फौजों का मुकाबला भी करते जा रहे थे और किसी सुरक्षित वन-पर्वती स्थल की खोज में भी थे। वे एक ऐसे स्थान पर पहुँच गये जहाँ पानी भरा हुआ था। आदिवासी इस विकट स्थिति में फंस गये और उन्हें अंग्रेज सैनिकों ने घेर लिया। इस अवसर का लाभ उठाकर आदिवासियों पर अंधाधुंध गोलियां बरसायी गयीं। सैकड़ों आदिवासी मारे गये। कुछ जंगल में इधर-उधर भाग निकले। जोरिया भगत, रूपा तथा गललिया को अंग्रेजी फौजें पकड़ने में नाकामयाब रही।

अंग्रेज सरकार यह भली-भाँति जानती थी कि इन तीनों खासकर जोरिया भगत को जब तक गिरफ्तार नहीं किया जायेगा, आदिवासी विद्रोह को खत्म करना मुश्किल होगा। इसी को एकमात्र लक्ष्य बनाकर उनकी तलाश जारी रखी। उनके छिपने के संभावित ठिकानों की तलाश में इलाके के आदिवासियों पर अनेक जुल्म किये गये। लोगों को मारा-पीटा, हिरासत में लेकर यातनाएँ दी गयी, नाना प्रकार के लोभ-लालच देकर मुखबिरी हासिल करने की कोशिशें की गयीं।

तीनों आदिवासी नायक किसी भी सूरत में अपना इलाका छोड़ना नहीं चाहते थे। जिस जमीन की मुक्ति के लिए संघर्ष का बिगुल उन्होंने बजाया वे उस भौम से पलायन कैसे कर सकते थे। अंततः तीनों को गिरफ्तार कर लिया गया। उन पर राजद्रोह का मुकदमा चलाया गया। मुकदमा तो बहाना था। अंत में तीनों को फाँसी दे दी गयी।

पालचित्तरिया

महान् क्रांन्तिकारी नायक-मोतीलाल तेजावत जी का जन्म 8 जुलाई, 1887 में उदयपुर स्टेट के कोलियारा ग्राम में एक ओसवाल परिवार में हुआ था। उन्हें हिन्दी, ऊर्दू एवं गुजराती भाषा का व्यावहारिक ज्ञान प्राप्त था। उन्होंने झाड़ोल ठिकाने में आठ वर्षों तक कामदार की हैसियत से कार्य किया। ठिकाने की सेवादारी के दौरान उसे आदिवासियों की दयनीय दशा का अनुभव हुआ। आदिवासियों को उनके दुखोंः के विरुद्ध जागृत करने के लिए उसने 'एकी आन्दोलन' की शुरुआत की। तेजावत जी ने घर-घर जाकर आदिवासियों के दुखः-दर्द को सुना, उनमें प्रचलित कुरीतियों यथा मद्यपान, गौ-वध, कन्या-विक्रय, जादू-टोना आदि को छोड़ने को प्रेरित किया। शिक्षा, सभ्य जीवन और अत्याचारों का विरोध आदिवासी जागृति के मूलमन्त्र थे, जिनका उसने क्षेत्र में व्यापक प्रचार किया।

वर्ष 1921 के आरम्भ में तेजावत जी ने 'मेवाड़ पुकार' के नाम से आदिवासियों की समस्याओं को लेकर 21 सूत्रीय मांग-पत्र तैयार किया। इस मांग-पत्र की खबर जैसे ही राज के कारिदों को मिली तो उन्होंने मोतीलाल जी के बारे में भ्रामक प्रचार किया

और महाराणा उदयपुर को उसकी गलत तस्वीर पेश की। तब तक तेजावत जी मेवाड़ राज के लिए, विशेष रूप से भोमट क्षेत्र में चुनौती बनते जा रहे थे। महाराणा ने उसे प्रतिनिधियों के साथ बुलाया और स्वंय मांग-पत्र पर समझौता करने को बाध्य हुआ। इक्कीस मांगों में से अधिकांश मान ली गईं। तीन प्रमुख मांगें अस्वीकार कर दी गईं जो वनोपज, बैठ बेगार एवं सूअरों से सम्बन्धित थीं। किसी भी आशंका से निडर होकर तेजावत जी ने महाराणा के सामने घोषणा की कि अस्वीकार की गई मांगों के सम्बन्ध में उनका संगठन राज्यादेशों का पालन नहीं करेगा। यह कहकर वह वार्ता-स्थल (उदयपुर का जगदीश मन्दिर) से चल दिया। किसी की हिम्मत नहीं हुई जो उस शख्स को रोकता। भोमट, खालसा और मादड़पट्टी के आदिवासियों ने तेजावत जी के कहे अनुसार राज्यादेशों का विरोध किया। इस समस्त क्षेत्र के आदिवासियों ने जागीरदारों को कर देना बंद कर दिया। जुलाई 1921 में महाराणा को इस आशंका से बेगार समाप्ति एवं भूमि कर में रियायत देने के आदेश प्रसारित करने पड़े कि आदिवासी आंदोलन उग्र रूप धारण न कर ले। इसके बावजूद तेजावत जी का आन्दोलन ठण्डा पड़ने की बजाय तेज होता गया। 31 दिसम्बर, 1921 को महाराणा ने एक आदेश जारी कर भोमट के कोटड़ा और खेरवाड़ा क्षेत्रों में पचास से अधिक आदिवासियों के एकत्रित होने पर रोक लगा दी और घोषणा की कि जो भी मोतीलाल तेजावत को गिरफ्तार करवाने में सहायता करेगा उसे 500 रुपये पुरस्कार के रूप में दिये जायेंगे।

जनवरी 1922 में तेजावत जी ने गिरफ्तारी की आशंका से उदयपुर स्टेट छोड़कर अपनी आंदोलनात्मक गतिविधियां सिरोही रियासत में जाकर फैलाना आरम्भ कर दिया। उदयपुर के साथ-साथ सिरोही राज्य में भी तेजावत जी की गिरफ्तारी के आदेश प्रसारित होने पर वह वहाँ से निकल गया। तेजावत जी असानी से पकड़ में आने वाले क्रांतिकारी नहीं थे। जंगली रास्तों की उसे अच्छी जानकारी थी और उसे शरण देने वालों की कमी इसलिए नहीं थी क्योंकि अब वह आदिवासियों का चिर-परिचित नायक बन चुका था।

मोतीलाल तेजावत के नेतृत्व में विजयनगर रियासत के उस स्थल पर आठ से दस हजार आदिवासी एकत्रित हुए थे। मेवाड़ भील कोर के तत्कालीन कमांडेंट मेजर एच. जी. शटन की अगुवाई में ब्रिटिश एवं रियासती हथियारबंद फौजों ने उन्हें घेर लिया और बन्दूकों व मशीनगनों से अंधाधुंध गोलियां दागीं। आदिवासियों में भगदड़ मच गयी। वे मोर्चा भी नहीं संभाल पाये।' यह घटना 7 मार्च, सन् 1922 की थी जिसमें हजार-बारह सौ आदिवासी शहीद हुए। दरअसल घटना स्थल पर बलिदान हुए आदिवासियों की संख्या उतनी नहीं थी जितनी कि घायल होने वाले और बाद में इलाज के अभाव में सेप्टिक होकर मरने वालों की थी।

घटना-स्थल पर निर्मित स्मारक के प्रस्तर-पट्ट की इबारत इस प्रकार है–

''1922 में ब्रिटिश सम्राज्यवाद के विरुद्ध अपने हक की लड़ाई में जलियांवाला कांड से ज्यादा बड़ा कांड यहाँ हुआ जिसमें 1200 आदिवासी शहीद हुए। इस स्मारक का 22 मार्च, 2003 में गुजरात के मुख्यमंत्री नरेन्द्र मोदी ने उद्घाटन किया। आदिवासी अभर रहें।''

मानगढ़ बलिदान

20 दिसम्बर, सन् 1858 में डूँगरपुर रियासत के बांसिया गाँव के एक बनजारा परिवार में गोविन्द गुरू का जन्म हुआ था। बचपन में गाँव के पुजारी से लिखना-पढ़ना सीखा। साधु-संतो की संगत में धार्मिक संस्कार पले। बाबा राजगिरी-गोसाई से दीक्षा ग्रहण की और गोविन्द गिरी कहलाये। आदिवासियों में चेतना पैदा की और गोविंद गुरू कहलाये। सन् 1913 की मार्गशीर्ष पूणिमा के दिन मानगढ़ की पहाड़ी पर मेला आयोजित किया जाने लगा। हवन, उत्सव, मेले आदि ऐसे आयोजन रहे हैं जिनके माध्यम से लोगों को एकत्रित किया जाये और अपनी बात उन तक पहुँचाई जाये। इसी तिथि को सालाना मेले के रूप में आयोजित किया जाने लगा। उन दिनों इस अंचल में खासकर सूंथ, ईडर, बाँसवाड़ा, डूँगरगढ़ व कुशलगढ़ रियासतों में गोविंद गुरू आदिवासियों के बीच धार्मिक-सामाजिक-राजनैतिक-आर्थिक चेतना फैला रहे थे। उन्होंने इस जागरण अभियान को सुनियोजित व सांगठनिक रूप देने के लिए 'संप सभा' का गठन सन् 1983 में कर दिया। सामाजिक कुरीतियों, धार्मिक अंधविश्वासों के प्रति सचेत करते हुए अंततः राजनीतिक-आर्थिक शोषण के विरुद्ध आदिवासियों को मोर्चाबंद करना उनका अहम् मकसद था।

गोविन्द गुरू आदिवासी समुदाय को संबोधित करते हुए कहते थे कि–

''शराब मत पियो। मांस मत खाओ। चोरी, डाका, लूटपाट मत करो। मेहनत से काम करो। खेती, मजदूरी करके अपना व परिवार का जीवन गुजारो। गाँव-गाँव में पाठशाला खोलकर बच्चों व बड़ों में ज्ञान का प्रकाश फैलाओ। भगवान में आस्था रखो। रोज स्नान करो। अपने बच्चों को संस्कारित करो। अदालतों में मत जाओ और अपने गाँव के झगड़ों को गाँव की पंचायत में ही निबटाओ। स्वदेशी का उपयोग करो। देश से बाहर बनी किसी भी वस्तु का इस्तेमाल मत करो...।''

मेवाड़ भील कोर (खेरवाड़ा) के कार्यवाहक कमांडेंट आई. पी. स्टोक्ले थे। उन्होंने इस बटालियन का चार्ज 9 नवंबर सन् 1912 को कर्नल हटन डावसन से लिया था। पहला और अहम् काम आदिवासियों की इकजुटता को कुचलना और सम्भावित विद्रोह की आशंका को समाप्त करना था। वे अपनी तैयारी किये जा रहे थे। 30 अक्टूम्बर,

सन् 1913 को थानेदार ने दो सिपाहियों को यह देखने के लिए कि वहाँ क्या हो रहा है, मानगढ़ भेजा। अत्याचार और शोषण की पीड़ा से अघाये आदिवासियों के एक समूह ने उन दोनों को पकड़ लिया। क्रोध के वशीभूत ही दोनों के साथ मारपीट कर दी। एक सिपाही मारा गया व दूसरा बंदी बना लिया गया। वह घटना अनायास ही घटी, यह सोचकर कि पुलिस ही रियासती और अंग्रेजी गठजोड़ी सत्ता का मूर्त्तरूप है। इस घटना के कुछ दिन बाद आदिवासियों ने प्रतापगढ़ रियासत के सूंथ किले पर आक्रमण किया, किन्तु वे असफल हो लौट आये। आदिवासियों की उक्त कार्यवाई से सूंथ, बाँसवाड़ा, डूँगरपुर, संतरामपुर और ईडर रियासतें सावधान हो गई। इन रियासतों के राजा-जागीदारों ने गवर्नर जनरल के सहायक (ए.जी.जी) से प्रार्थना की कि गोविंद गुरू को गिरफ्तार किया जाये और आदिवासियों की एकजुटता और विद्रोह को कुचला जाये।

इससे पहले अप्रैल, 1913 में गोविन्द गुरू को डूँगरपुर राज पुलिस द्वारा एक बार गिरफ्तार किया जा चुका था। तीन दिन बाद इस शर्त पर रिहा किया था कि वे डूँगरपुर राज सीमा में प्रवेश नहीं करेंगे। किन्तु वह जन-संग्रामी कहाँ रूकने वाला था।''

आदिवासी दूर दूर से आये थे। गोविन्द गुरू के नाम का नगाड़ा बजा कि वे डूँगरियों, तलहटियों, खेतों, बस्तियों, एकाकी टापरियों (झोपड़ी) से ऐसे खिंचते चले आये जैसे नगाड़े की आवाज का सम्मोहन उन पर अनंत काल से छाया हो। तड़के से ही मानगढ़ पहाड़ पर चारों ओर से आदिवासी मर्दों के जत्थे कंधे पर तीन धनुष लटकाये हाथों में श्रीफल संभाले चढ़े आने लगे। औरतों के सिर पर पोटलियाँ थीं। बच्चे खेलते-कूदते साथ थे। सूरज माथे पर आ चुका था। सर्द हवा चल रही थी, धूप और धूणी की तपिश जिसे सुहानी किये दे रही थी।

उस दिन आदिवासीजन मानगढ़ धूणी स्थल पर वार्षिक मेले के रूप में एकत्रित हुए थे। गोविन्द गुरू उन्हें उनकी तकलीफों, तकलीफों की वजह और निजात पाने के लिए संगठित होकर प्रतिरोध करने की सीख दे रहे थे। गोविन्द गुरू को तत्काल हिंसक विद्रोह करने का एलान वहाँ नहीं करना था। अभी तो उन्हें रियासती शोषण और अत्याचारों के विरुद्ध प्रतिरोध करने की भावी रणनीति अवश्य तय करनी थी, वैसे ही जैसे किसी बड़ी जन पंचायत में फैसले लिए जाते हैं।

उधर आम्बादरा गांव में रियासती व फिरंगी फौजों का अमला एकत्रित हो रहा था। विशेष रूप से डूंगरपुर के महारावल विजय सिंह ने यह प्रचार कर रखा था कि गोविन्द गुरू के नेतृत्व में जो आदिवासी आन्दोलन चल रहा है उसे और अधिक तेज व उग्र बनाने के लिए तथा जगह-जगह रियासतों के विरुद्ध उपद्रव पैदा करने के मकसद से मानगढ़ पर मार्गशीर्ष की पूर्णिमा को विशाल मेला आयोजित होगा जिसमें गोविन्द गुरू पृथक से 'आदिवासी स्टेट' की घोषणा करेगा। अगर ऐसा होता है तो डूंगरपुर ही

नहीं प्रत्युत् बांसवाड़ा, उदयपुर, प्रतापगढ़, कुशलगढ़, ईडर व संतरामपुर रियासतों के आदिवासी राज की प्रजा के रूप में हाथ से निकल जायेंगे और जगह-जगह उत्पात शुरू हो जायेंगे जिन्हें नियंत्रित करना कठिन ही नहीं बल्कि असंभव हो जायेगा। इसके लिए सभी रियासतों के शासकों ने ब्रिटिश अधिकारियों से सम्पर्क किया और फौजी मदद की गुहार की। परिणामस्वरूप देशी व अंग्रेजी सत्ता ने विशेष रणनीति बनाई और संयुक्त रूप से फौजें मानगढ़ के लिए रवाना कीं जिनमें मेवाड़ भील कोर (खेरवाड़ा) की दो कम्पनियां कमाण्डेन्ट कैप्टीन जे.पी. स्टॉक्ले के नेतृत्व में तथा अन्य फौजी दस्तों में सातवीं जाट, नवीं राजपूत रेजिमेन्ट, वेल्सलेज रायफल्स की टुकड़ियां और सभी देशी रियासतों के फौजी दस्ते शामिल थे। यह तारीख 17 नवम्बर, सन् 1913 का दिन था। गुप्त रणनीति के अन्तर्गत देशी व फिरंगी फौजें चुपचाप पृथक-पृथक जंगली-पहाड़ी रास्तों से मानगढ़ पर्वत पर चढ़ती गईं।

कमाडेंट आई. पी. स्टोक्ले की अगुवाई में मेवाड़ भील कोर की दो, राजपूत रेजीमेंट व जाट रेजीमेंट की एक-एक कम्पनियों की फौज ने पहाड़ के दक्षिणी उठान पर चुपचाप चढ़कर बिना किसी चेतावनी के आदिवासियों पर बंदूकों और मशीनगनों से हमला बोल दिया। आदिवासियों ने भी अपने परम्परागत हथियारों से जमकर लोहा लिया लेकिन फौज के विकसित शस्त्रास्त्रों से वे कहां तक लड़ते!

घड़ीभर में लाशों का ढेर लग गया। लहू लथपथ तड़फती देह। भोले-भोले औरत-मर्द और मासूम बच्चे इधर उधर भागते दिखे। लुढ़कने लगे पठार पर और घाटी की गहराइयों में। खून से लथपथ अंचल के पत्थर, मिट्टी और हरियाली।

कुछ अरसा पहले गोविन्द गुरू के सहयोगी पूँजा धीरा ने जंगल में गडरा गाँव के दुराचारी व अत्याचारी थानेदार को मार दिया था। उस थानेदार की हत्या के जुर्म में गोविन्द गुरू पर झूठा मुकदमा चलाया गया और उन्हें फाँसी की सजा दे दी। आदिवासी विद्रोह की आशंका को देखते हुए फाँसी की सजा को बीस बरस की कैद में बदल दिया गया था। कुछ समय बाद इसे भी कम कर के अंततः 12 जुलाई सन् 1923 को उन्हें संतरामपुर जेल से रिहा कर दिया। कुशलगढ़, बांसवाड़ा, डूँगरपुर और संतरामपुर रियासतों में उनके प्रवेश पर पाबंदी लगा दी। फिर भी वे भील सेवा सदन झालोद के माध्यम से आदिवासी संघर्ष का बिगुल बजाते रहे। आखिर, 30 अक्टूबर, सन् 1931 को लीमड़ी (गुजरात) के निकट कम्बोई गाँव में उनका देहान्त हो गया।

भूला-बिलोरिया विद्रोह

मोतीलाल बनिया (तेजावत) ने 'एक्या' का ऐलान किया। मुख्य मुद्दा लगान का था। सरकार ने हर परिवार से पाँच माणें (20 सेर) मक्का या सवा रूपया माँगा।

आदिवासियों के लिए यह लगान चुकाना सम्भव नहीं था। मोतीलाल ने गाँव-गाँव में लोगों को इकट्ठा किया और एक्या (एकता) करने का आह्वान किया। लोग उनके 'एक्यी' आन्दोलन से जुड़ते गये।

तारीख 5 मई, 1922 को सुबह से लीलूड़ी-बड़ली की तलाई पर चारों तरफ के आदिवासी इकट्ठे होने लगे। सुबह दस बजे एकदम फौजें आयीं। उनके पास बन्दूकें थीं। तड़ातड़ गोलियाँ दागीं। मोतीलाल ने शुरू में कहा कि "डरो मत, बन्दूकों की नली में से गोली नहीं निकलेगी, वरन् पानी निकलेगा।" लोग डटे रहे। जब देखा आसपास आदमी हताहत होने लगे, चिल्लाने लगे तब भगदड़ मच गयी। मोतीलाल भी पहाड़ों में भाग गया।

दूरदराज से जो लोग आये थे और बच गये, वे तो भाग गये। आसपास के गाँव भूला बिलोरिया, मोरस, कम्बोई, कूकावास, माँडवा, बाखर व निचला गढ़ क्षेत्र के आदिवासी अपने गाँवों में लौटे। दोपहर बाद भूला व बिलोरिया गाँवों में फौजियों ने आग लगा दी। झोपड़ियाँ, सामान, अन्न, चारा, मवेशियाँ व अन्दर मौजूद छुपे औरतें, मरद व बच्चों में से काफी जलकर राख हो गये। कुछ अधजले शरीर नाले के गड्ढों में भरे पानी में जान बचाने के लिए कूदे। उनमें से भी कई मर गये थे। अगले दस-पन्द्रह दिनों तक बचे हुए आदिवासी लोग पहाड़ियों पर रहे। पाँच मई की रातभर फौजें लोगों को ढूँढ़ती रहीं। जो पकड़ में आया, उसे पीट-पीटकर अधमरा करती रहीं। कई लोग मारपीट से भी मरे थे। तारीख छह को भी फौजें इलाके में डेरा डाले रहीं।

फौजें, ऊँट, घोड़ों, बैलगाड़ियों में आयी थीं। छह मई को पंचायत स्थल, भूला-बिलोरिया गाँव और निकटवर्ती पहाड़ियों से लाशों को इकट्ठा कर बैलगाड़ियों में लाद-लादकर आसपास जहाँ भी रास्ते थे उन पर घुमाया गया। आतंक पैदा करने के लिए ऐसा भी किया गया, जिसने इतिहास के क्रूरतम जघन्य हत्याकांडों को भी पीछे छोड़ दिया।

इस फौजी कार्यवाई का नेतृत्व राजपूताना के ए.जी.जी. (गर्वनर जनरल के एजेंट) के सेक्रेटरी मेजर प्रिचर्ड ने किया था। मोतीलाल तेजावत के 'एकी आन्दोलन' के तहत हुई पंचायत में आसपास के भील व गरासिया आदिवासियों के अलावा उदयपुर, डूंगरपुर, बांसवाड़ा एवं सीमावर्ती गुजरात के आदिवासी भी शामिल हुए थे।

मोतीलाल तेजावत के साथ जो भील नेता थे, उनमें मोतीरा भील और लाडूरा भील प्रमुख थे। ये दोनों गाँव कूकावास के रहने वाले थे, जो उदयपुर की तहसील कोटड़ा में है। कूकावास भूला से करीब तीस कि.मी. दूर है। इस अंचल में उन दिनों का एक गीत (उन दोनों भील संघर्षनायकों को केन्द्र में रखकर) अभी भी गाया जाता है :

"ऐला टोपियो आयो रे
ऐला बंदूक लायो रे
मरद लुगायाँ टाबरा घेरया रे
डरज्यो मती, मोतीरो आयो रे
लाडूरो आयो रे..."

अर्थात "सिर पर टोप पहने हुए फिरंगी आ रहे हैं। वे बन्दूकों से लैस हैं। औरत-मरद-बालकों को घेर लिया है। इस सबसे मोर्चा लेने के लिए मोतीरा और लाडूरा आ रहे हैं। इसलिए कोई डरना मत।"

इस हत्याकांड की पृष्ठभूमि में आदिवासियों के अनेक दुख-दर्द थे, जिनमें अकाल, रियासत व जागीरदारों के द्वारा ली जाने वाली बेगार, वन सम्पदा के उपयोग पर सत्ता की पाबन्दी, भारी लगान, छोटे-ठिकानेदारों, उनके मातहत अफसरों व कर्मचारियों द्वारा अन्य प्रकार के शोषण, जिनमें आदिवासी महिलाओं का दैहिक शोषण आदि प्रमुख थे।

उन दिनों सिरोही रियासत के शासक महाराव सरूप रामसिंह थे। यह हत्याकांड रियासती एवं ब्रिटिश सत्ता की संयुक्त कार्यवाई थी।

5 और 6 मई को आदिवासियों का सामूहिक संहार किया, घर-झोंपड़े जला दिये, मवेशी, अन्न, चारा सब कुछ भस्म कर दिया। लूटकर ले जाने लायक जो सामान था उसे लूट लिया। लाशों का जुलूस निकाला गया। इस सबके बावजूद एकी आन्दोलन नहीं टूटा।

जहाँ तक इस संदर्भ में क्राँतिचेता व नायक श्री मोतीलाल तेजावत का सवाल है, वे उदयपुर जिले के जागीरी गाँव कोल्यारी में एक ओसवाल परिवार में 8 जुलाई सन् 1887 में जन्मे थे। जन्म से ही आदिवासियों के दुख दर्द देखे और उसी धारा में संस्कारित होते गये। अन्ततः आदिवासी चेतना और संघर्ष की राह पर चल पड़े। महात्मा गाँधी तेजावत की विद्रोह की शैली का विरोध करते थे। उन्हीं के कहने से सन् 1929 में तेजावत ने ईडर रियासत में आत्मसमर्पण कर दिया। इसके ठीक पहले सात वर्ष तक वे अज्ञातवास में रहे। आत्मसमर्पण और तज्जन्य गिरफ्तारी की सुनकर वहाँ करीब एक हजार आदिवासी तुरत-फुरत एकत्रित हो गये थे, जिन्हें बड़ी मुश्किल से समझाकर वापस गाँवों में भेजा गया था। राजद्रोह का मुकदमा और लम्बी कैद। 1936 में इस शर्त के साथ रिहा किये गये कि बिना अनुमति के आदिवासी क्षेत्र में नहीं जायेंगे। वह चुप बैठने वाला कहाँ था। आदिवासी क्षेत्रों में भी गया, सत्याग्रह में भी कूदा, अगस्त 1942 की क्रान्ति में भी शामिल रहा। 5 दिसम्बर 1963 को उनका देहान्त हो गया।

दक्षिण भारत

वीर योद्धा - पझसी राजा

वर्तमान केरल प्रांत के वायनाड जिले में कोट्टायम वंश के राजा केरल वर्मा राज्य करते थे वे पझसी महल में रहते थे। इस राज्य में उत्तरी मालाबार के इरीबानाड वायनाड व कुरूम्बरानाड के क्षेत्र थे। ड्यूक ऑफ वेलिंग्टन जनरल वेलजली ने पझसी राजा के बारे में कहा था कि 'पझसी राजा गुरिल्ला युद्ध के अद्वितीय पारंगत योद्धा हैं।'

श्री रंगपट्टनम का युद्व ईस्ट इण्डिया कम्पनी द्वारा भारत में लड़ा गया अन्तिम युद्ध था। टीपू सुल्तान के समर्पण के बाद अंग्रेज निश्चिंत हो गये थे कि अब उन्हें कोई चुनौती नहीं है, लेकिन पझसी राजा ने अंग्रेजों के विरुद्ध संघर्ष का बिगुल बजा दिया। इसकी पृष्ठभूमि में सन 1793 में इस क्षेत्र में अंग्रेजों द्वारा राजस्व वसूलना था। पझसी राजा के नेतृत्व में आदिवासियों ने विरोध किया। पझसी राजा के प्रतिरोध की प्रक्रियास्वरूप ईस्ट इण्डिया कम्पनी की सेना ने दुर्ग पर हमला किया। पझसी राजा को समय रहते ही इसकी सूचना मिल गई थी तो उसने दुर्ग छोड़कर जंगलो में जाकर अपनी लोंगो को संगठित किया। ये कुरूचियाँ आदिवासी थे जिनका मुखिया तलक्कर चन्दु और उसकी सहयोगी नीली थी। नीली ने पृथक से महिला सेना संगठित की। 18 मार्च 1797 के दिन पझसी राजा के नेतृत्व में आदिवासियों ने मेजर केमरॉन के अंग्रेजी फौजी दस्ते पर सुनियोजित ढंग से आक्रमण किया और सेना को छिन्न-भिन्न किया जिसमें काफी अंग्रेजी सेनिक हताहत हुये। ले. कर्नल पैट्रिक ने कम्पनी मुख्यालय को यह खबर भेजी कि 'जब तक पझसी राजा जिन्दा है तब तक हम मे से किसी का जीवन सुरक्षित नहीं है'। इस युद्ध में अन्य कण्णवत शंकरयन नम्बियार, कुगन नायर आदिवासी नायक थे।

ईस्ट इण्डिया कम्पनी द्वारा कर्नल वेलेजली को अंग्रेजी सेना की कमान सौंपी। पझसी राजा के पास ना तो पर्याप्त मात्रा में कोष था, ना सैनिक और ना ही अस्त्र-शस्त्र। फिर भी आदिवासी आम लोगों को उसने संगठित किया। अंग्रेजों के संघर्ष में अंग्रेजी सेना अधिकारी कैप्टेन बोमन, मेजर कैनेवन, कैप्टेन डिकिन्सन, ले. मिलिन चैम्प आदि मारे गये। पझसी राजा के साथ उनकी पत्नी और दो किशोर भतीजे भी इस लड़ाई में शामिल थे। अंग्रेजों द्वारा पझसी राजा के सहोयोगी चट्टपन नम्बियार, कन्नम्पेटी नम्बियार, को सरेआम फांसी दी गई। बाद में गिरफ्तार करने वाले आदिवासियों में चन्दू रहमान, कल्लुचमा, कुण्प्पन आदि प्रमुख थे जिन्हें पकड़कर फांसी पर लटका दिया। सन् 1801 में कलेक्टर मेजर मैक्लोड ने सम्पूर्ण क्षेत्र को शस्त्र विहीन करने के आदेश दिये। पझसी राजा के प्रमुख सहयोगियों के शहीद होने के बावजूद भी उसने संघर्ष जारी रखा। इससे निजात पाने के लिए ईस्ट इण्डिया कम्पनी

ने 1200 फौजीयों का नया दस्ता इस लक्ष्य की प्राप्ति के लिए भेजा। पझसी राजा से अंग्रेजों द्वारा लड़ी जाने वाली यह सबसे लम्बी लड़ाई थी। पझसी राजा का प्रमुख नारा था 'अपनी महान परम्परा और आस्था का संरक्षण करो, उसे बचाओ।'

1805 में अंग्रेजों द्वारा पझसी राजा को गिरफ्तार करने के लिए 3000 पगोड़ा (तत्कालीन मुद्रा) का ईनाम घोषित किया। 30 नवम्बर 1805 को पझसी राजा जब कांकेर नदी के तट पर थोड़ा आराम कर रहे थे तभी अंग्रेजी सेना ने उन्हें चारों ओर से घेर लिया। पझसी राजा ने काफी संघर्ष किया और अन्ततः वीर गति को प्राप्त हुए।

केरल के आदिवासी किसानों की क्रान्ति

सन् 1812 में वायनाड के कुरूचिया और कुरूमाओं ने पुनः विद्रोह किया इस संघर्ष के दौरान मानटोडी और सुल्तान छावनी (कालीकट) स्थित अंग्रेजी छावनी पर कब्जा कर लिया गया। इस विद्रोह का प्रमुख कारण आदिवासियों की पुश्तैनी भूमि से और वनोपज से बेदखल करना था। अंग्रेज अधिकारियों तथा उनके अधीनस्थ अन्य कर्मचारियों द्वारा आदिवासियों से बेगार आदि ली जाने लगी और उनका अन्य प्रकार से शोषण आरम्भ किया। कुछ नायरों और तिय्यरों के नेतृत्व में कुरूचिया व कुरूमाओं ने अंग्रेजों से निर्णायक युद्ध की तैयारी की। उन्होंने तीरों की नोंक बनाने के लिए रेल पुलों की रेंलिग का लोहा उखाड़कर काम में लिया। उनके जो लोग पुलिस व राजस्व विभाग में कर्मचारी थे, उन्हें भी शामिल करने में वे सफल हुए। इतिहासकार बेवर ने इस संघर्ष के बारे में लिखा है कि यदि एक माह और विद्रोही गतिविधियां कायम रख पाते तो निश्चित रूप से उस क्षेत्र में अंग्रेजी सत्ता को पराजित करने में कामयाब हो जाते। 25 मार्च 1812 को यह विद्रोह आरम्भ हुआ था। वायनाड की रक्षक देवी वीर कुलपल्ली मुरीकन्नार के नाम पर यह लड़ाई लड़ी गई। विद्रोह को दबाने के लिए अंग्रेजों को मालाबार और कामरा से सेना बुलानी पड़ी क्योकि जेम्स टग्ग के सैनिक दस्ता विद्रोह को कुचलने में असफल हो गये थे। मैसूर के ब्रिटिश रेजीडेंट ने दो हजार सैनिक, मेजर जनरल वेदरोल ने श्रीरंगपट्टनम से एक कम्पनी तथा कन्नौर से एक बटालियन सहायता के लिए भेजी। यद्यपि 08 मई 1812 को वायनाड का विद्रोह कुचल दिया गया था लेकिन करीब 50 आदिवासी आखिरी दम तक लड़ाई लड़ते रहे जिन्होंने मरते दम तक लड़ाई लड़ी। अनेक अंग्रेज अधिकारी वायनाड की लड़ाई में मारे गये थे।

क्रान्तिकारी अल्लूरि सीताराज राजू

वर्तमान आन्ध्र प्रदेश गोदावरी अंचल में अवस्थित भद्राचलम् क्षेत्र में क्रान्तिकारी अल्लूरि सीताराज राजू अंग्रेजों के विरुद्ध सक्रिय हुए थे। अल्लूरि सीताराम राजू को

अंग्रेज रम्पा फितूरो कहते थे। यह स्वतंत्रता संग्रामी गुरिल्ला युद्ध नीति की अच्छी जानकारी रखते थे और अपने क्षेत्र के नदी-नाले, वन-पर्वतों व अन्य दुर्गम स्थलों से अच्छी तरह परिचित थे। आज भी इस वीर को वहां के आदिवासी मुक्तिदाता व देवता के रूप में याद करते हैं।

इस क्रांतिकारी ने सन 1924 में अंग्रेजों के विरुद्ध मोर्चा खोला था। इस मोर्चे के पीछे आदिवासियों की वे ही समस्याएं एवं शोषण था जो कि भारत के अन्य हिस्सों में उन्होंने भोगा। आरम्भ में राजू वीर कांग्रेस व महात्मा गांधी के प्रभाव में पड़कर शांति प्रिय तरीके से अपनी बात कहना या मनवाना चाहते थे लेकिन अंग्रेजों की दमन कार्य नीति के कारण यह रास्ता छोड़ा और विद्रोह का रास्ता अपना लिया। एक बार गदर पार्टी के बाबा पृथ्वीसिंह को दक्षिण भारत के राजमहेन्द्री जेल में से छुड़ाने का प्रयास भी किया था। तेलुगु भाषा में 'कांग्रेस' नामक साप्ताहिक पत्र के संपादक मदूरि अन्नपूर्णया ने सीताराम राजू के बारे में लिखा था कि ''आन्ध्र के नवजवानों में अगर किसी व्यक्ति के निर्देशन में अंग्रेजों से लड़ाई जारी रखी तो वह सीताराम राजू ही था और आन्ध्र के इतिहास में वह प्रथम संग्रामी था।'' अंग्रेजों के बारे में राजू का यह विख्यात कथन था कि ''यही तो हमें गुलाम बनाये हुए हैं। देश को लूट रहे हैं।'' महात्मा गांधी ने उनके बारे में कहा ''उस वीरात्मा का त्याग-बलिदान, मुसीबतों-भरा जीवन, सच्चाई, सेवा-भावना, लगन, निष्ठा और अदम्य हिम्मत हमारे लिए प्रेरणाप्रद है।''

राजू के पिता अल्लूरि वेंकट रामराजू आन्ध्र के पश्चिम गोदावरी जनपद के माग्गलू ग्राम में रहते थे। यहीं सन् 1897 की 4 जुलाई को इस क्रांतिकारी का जन्म हुआ। राजू के क्रांतिकारी साथियों में प्रमुख वीरैयादोरा थे। इन्होनें सन 1918 के आसपास क्षेत्र के आदिवासियों का एक संगठन बनाया और उस संगठन के माध्यम से अंग्रेजों के खिलाफ मुहिम छेड़ी। वीरैयादोरा को अंग्रेजों ने गिरफ्तार कर लिया था और उसे फांसी देना चाहते थे लेकिन जब तक राजू का व्यक्तित्व अत्यन्त प्रभावशाली और लोकप्रिय हो चुका था। राजू के नेतृत्व में हमले की आशंका को देखते हुए वीरैया को फांसी नहीं दी गई। राजू ने यह ऐलान किया कि ''मैं वीरैया को जबरन मुक्त कराऊँगा और किसी में दम हो तो रोक ले'' और जो उसने कहा वह राजू ने कर दिखाया। जब वीरैया को हथकड़ी व बेड़ी लगाकर पुलिस दल अदालत ले जा रहा था तो रास्ते में राजू के दल ने उन पर हमला किया। दोनों तरफ से गोलियां चली और राजू का दल वीरैया को छुड़ाने में सफल रहा।

12 अक्टूबर, 1922 के दिन नल्लई-मल्लई पहाड़ियों में मालाबार पुलिस से राजू व वीरैया के दल की भीषण मुठभेड़ हुई। पुलिस इन क्रांतिकारियों का कुछ नहीं कर सकी और अन्ततः उन्हें मुंह की खानी पड़ी। अंग्रेजों ने नियोजित तरीके से राजू व वीरैया को

गिरफ्तार करने या मुठभेड़ में मारने के लिये प्रयास किये। दिसम्बर 1922 की एक रात राजू अपने साथियों के साथ पेद्दागुडा झील के पास एक घाटी में सो रहे थे। सघन अंधकार था। अंग्रेज अफसरों ने 60-70 की तादाद में पुलिसकर्मी लेकर उन्हें घेर लिया। घंटों तक यह मुठभेड़ चली। इस मुठभेड़ में दो अंग्रेज अफसर व उनके कई सिपाही घायल हुए। राजू के दल के भी गठन्ना दोरा व पडालू सहित 7-8 लड़ाकू शहीद हुए। राजू वहां से आगे बढ़ा तो उन्हें दूसरे पुलिस दल ने घेर लिया फिर भी राजू को पुलिस नहीं पकड़ सकी। राजू ने इसके बाद राजमहेन्द्री जेल पर हमला करने की योजना बनाई जिसमें बाबा पृथ्वी सिंह कैद थे। राजू के हमले के डर से अंग्रेज ने बाबा पृथ्वीसिंह को राजमहेन्द्री जेल से नागपुर सेंट्रल जेल भेजा। रास्ते में ट्रेन से कूदकर बाबा पृथ्वी सिंह फरार हो गये थे। अन्ततः 7 मई 1924 में राजू को पुलिस ने पकड़ लिया और उसे गोली चलाकर मार दिया लेकिन उनके अनुयायी आदिवासियों का अभी भी मानना है कि रम्पा अर्थात राजू अभी भी जिन्दा हैं।

नासिक विद्रोह

सन् 1818 के वर्तमान महाराष्ट्र के नासिक जिले के आदिवासी क्षेत्र अपकाई व ठपकाई किलों पर अंग्रेजों ने अधिकार कर लिया, उनकी नजर इन आदिवासी इलाकों की वन व खनिज सम्पदा पर थी। ईस्ट इंडिया कम्पनी ने सभी पूर्व जोनल क्षेत्र के महादेव कोली आदिवासियों के परम्परागत अधिकारों पर पाबन्दी लगा दी। ईस्ट इंडिया कम्पनी की इस कार्यवाई से भील आदिवासियों में असन्तोष भड़का और विद्रोह की शुरुआत हो गयी। अकोला व पण्डवगले क्षेत्र के भील भी इस विद्रोह में शामिल हो गये। अंग्रेजों ने विद्रोह को दबाने के लिए आदिवासियों की गिरफ्तारी के लिए पुरस्कार घोषित करना शुरू कर दिया।

सन् 1818 से आरम्भ हुआ महोदव कोली व भील आदिवासियों का यह विद्रोह सन् 1857 तक चला था। 1857 में जो संघर्ष चला था उस संघर्ष का नेतृत्व भागोजी नाईक ने किया। भागोजी की गिरफ्तारी के लिए जे.डब्ल्यू. हेण्ड्री नामक अंग्रेज अफसर करीब 50 पुलिसकर्मियों के दस्ते के साथ निकला। भागोजी के नेतृत्व में आदिवासियों की अंग्रेज पुलिस से मुठभेड़ हुई। इस मुठभेड़ में एक अंग्रेज अफसर हैण्ड्री मारा गया और सभी पुलिसकर्मी डर के मारे भाग गये।

भागोजी के हाथों जे.डब्ल्यू. हेण्ड्री की मृत्यु और पुलिस की हार का समाचार सभी जगह फैल गया। आदिवासियों का उत्साह और बढ़ा। पूर्थाजी नाईक ने स्वयं के नेतृत्व में अलग दल बनाया और अंग्रेजों के विरुद्ध विद्रोह का बिगुल बजा दिया लेकिन वह अंग्रेजी फौजों से पराजित हो गया। पूरथाजी की हार का भागोजी के दल पर कोई

असर नहीं हुआ। 18 अक्टूबर 1857 को रामेशपुर के पास भागोजी के दल और अंग्रेजी फौज के बीच जमकर संघर्ष हुआ जिसमें कर्नल केईमन, लेफ्टिनेंट ग्राहम व मैजर चेपमेन आदि पुलिस अंग्रेज अफसर मारे गये।

विद्रोह को दबाने के लिए केप्टन न्यूटाल के नेतृत्व में करीब 150 सैनिकों व 50 घुड़सवारों का दस्ता भेजा गया। अंग्रेज आदिवासी विद्रोहियों तक नहीं पहुंच सके। उन्होंने आतंक फैलाने के लिए अनेक निर्दोष आदिवासियों को पकड़-पकड़ कर फाँसी पर लटका दिया। इससे आदिवासियों में और अधिक रोष व्याप्त हुआ। उन्होंने त्रिम्भकेश्वर व हर्षूल के अंग्रेजी ठिकानों पर हमला किया। खजाना लूट लिया। न्यूटाल के नेतृत्व में अंग्रेजी फौज उन तक पहुँचे उससे पहले क्रांतिकारी आदिवासी धर्मपुर की ओर बढ़ गये। एक अन्य अंग्रेज और केप्टन ग्लासपूल फौजी दस्ता लेकर पेरमट पहुँचा और निर्दोष लोगों को मारना, पीटना, घर जलाना, आंतक फैलाना आदि करने लगा। इसका समाचार सुनकर वहां के महादेव कोली और नया कोंकण के आदिवासी पीड़ित लोगों की सहायता के लिए आ गये। अंग्रेज अधिकारियों ने इस सारे बगावत की जिम्मेदारी मेठमहाल के राजा भगवतराव भावुराजा के जिम्मे ठहरायी और उसे राजद्रोह का अपराधी मानकर बिना किसी मुकदमे की कार्यवाई के फाँसी पर लटका दिया। कैप्टन न्यूटाल की अंग्रेजी फौज दक्षिण की ओर बढ़ी और वहां उसका संघर्ष आदिवासियों से हुआ, इस संघर्ष के लिए आदिवासियों का मोर्चा भगवत राव के भाई महीपति ने सम्भाला। इस लड़ाई में महीपति का निशाना चूक जाने से अंग्रेजी अफसर बच गया, घोड़ा नहीं बच सका। भगवतराव का भाई शहीद हो गया।

भागोजी का संघर्ष जारी था। उसे पकड़ने के लिए अंग्रेज मेजर फ्रंसाचा को विशेष रूप से नियुक्त किया और अनेक गुप्तचर उस क्षेत्र में फैलाये गये। अंग्रेज अफसर को यह गुप्त सूचना मिली कि भागोजी व उसके साथी सिनट की माठ-साखर पहाड़ियों में हैं। मेजर फ्रांसाचा ने इन पहाड़ियों को चारों ओर से घेरा और भागोजी के दल पर अचानक हमला किया। भागोजी दल ने कड़ा मुकाबला किया जिसमें 45 क्रांतिकारी शहीद हो गये, जिसमें भागोजी शामिल थे। अंग्रेजों ने उसके सम्पूर्ण परिवार का कत्ल कर दिया। नादूर सिगारि से एक किलोमीटर की दूरी पर भागोजी की समाधि अवस्थित है जो महान क्रांतकारियों की शहादत को आज भी याद कराती है।

वीर राघोजी

महाराष्ट्र के पुणे, नासिक तथा ठाणा जिलों के आदिवासी क्षेत्रों में महादेव कोली तथा भील आदिवासी अंग्रेजों के विरुद्ध संगठित होने लगे। संघर्ष की प्रथम चिंगारी जुन्नर क्षेत्र में भड़की और शीघ्र ही अहमदनगर, नासिक, ठाणा में फैली। जुन्नर में हुए अंग्रेजों

के विरोध का नेतृत्व सन 1930 में भाऊ खरे, चिमनजी, दरबारे तथा जाधव ने किया। उनका स्पष्ट नारा था कि 'हमारा संघर्ष कम्पनी सरकार के विरुद्ध है जो लगातार हमारे क्षेत्र में किसी न किसी बहाने घुसपैठ कर रही है। संघर्ष के इस प्रथम चरण में 54 क्रांतिकारी अंग्रेजी फौज से लड़ते हुए शहीद हुए। यह लड़ाई सन 1838 में सीधी मुठभेड़ के रूप में हुई थी यद्यपि छिट-पुट विद्रोह सन 1830 से आरम्भ हो गये थे। इन सबके नायक राघो जी थे जो अंग्रेजों की पकड़ से बाहर रहे और आन्दोलन को चलाते रहे।

दूसरे चरण का संघर्ष इसके तुरन्त बाद आरम्भ हुआ जो नासिक, संगमनेर व अकोला क्षेत्र में हुआ। संघर्ष के दौरान कई जगह सरकारी खजाने लूटे गये और किलेदारों को मारकर भगा दिया। अतिरिक्त फौजी दस्ता भेजकर अंग्रेजों ने इस विद्रोह को दबाने की कोशिश की। इस लड़ाई में करीब 100 आदिवासी शहीद हुए थे। अंग्रेजों की कार्रवाई से विद्रोह जगह-जगह भड़कने लगा और आदिवासियों ने छापामार लड़ाई को प्राथमिकता दी। राघोजी के प्रमुख सहयोगी बापू मांगरे को धोखे से अंग्रेजों ने मार दिया। राघो जी अभी भी अंग्रेजों की पकड़ से बाहर थे। उनको गिरफ्तार कराने व सहायता देने के लिये 5000 रु. का ईनाम घोषित किया। अलग-थलग पड़ गये। उनके प्रमुख साथी या तो गिरफ्तार हो चुके थे या शहीद हो गये थे तथा संगठित विद्रोह खत्म हो रहा था। वे कोंकण क्षेत्र में चले गये। अन्ततः अंग्रेजों ने उन्हें भी गिरफ्तार कर लिया गया और 2 मई 1848 को ठाणा जेल में फांसी पर लटका दिया।

अण्डमान द्वीप समूह - अबेर्दीन की लड़ाई

अण्डमान व निकोबार द्वीप समूह पर अंग्रेजी हुकूमत का कब्जा सन् 1789 में हुआ था। लेकिन प्राकृतिक आपदाओं के चलते उन्होंने इस द्वीप समूह को अपने अधिकार क्षेत्र से सन् 1796 में छोड़ दिया था। निकोबार द्वीप समूह में निकोबारी व शोम्पेन आदिवासी रहते आये हैं तथा अण्डमान द्वीप समूह में जारवा, ओंगी सेन्टीनेली और ग्रेट अण्डमानी आदिवासी समुदाय।

सन् 1857 के स्वतंत्रता संग्राम के बाद अंग्रेजों ने इस द्वीप समूह पर पुनः अधिकार किया। उपनिवेश के रूप में यहाँ अपनी फौजी छावनियां स्थापित कीं। सन् 1857 के हिन्दुस्तानी लड़ाकाओं को बतौर सजा यहाँ की कुख्यात सेल्यूलर जेल में रखा गया। फाँसीयाफ्ता संग्रामियों को वाइपर द्वीप में फाँसी घर बनाकर मौत की सजा दी गई। पोर्ट ब्लेयर में तभी सेल्यूलर जेल की स्थापना की थी, जहां आजादी की लड़ाई में शामिल स्वतंत्रता संग्रामियों तथा अन्य अपराधियों को बतौर सजा इसमें रखा जाने लगा। 'कालापानी' की सजा काटने वाले इन लोगों से दिन-रात कड़ी मेहनत करवाई

गई ताकि फिरंगी अफसर, फौजियों व ब्रिटिश राज से जुड़े अन्य अधिकारियों और कर्मचारियों के लिए सुविधाजनक परिस्थितियां उपलब्ध करवाई जा सकें। इसी दौरान वहाँ रहने वाले आदिवासियों से भी कड़ी मेहनत करवाई गई एवं श्रम का शोषण किया जाने लगा। आदिवासियों के लिए अंग्रेजी घुसपैठ एवं उनका शोषण असहनीय था। सुन्दर प्राकृतिक द्वीपों में रहने वाले आदिवासी यहाँ पैदा हुई इन परिस्थितियों को किसी रूप में स्वीकार करने की मानसिकता में नहीं थे।

17 मई 1859 के दिन आदिवासियों ने उग्र होकर सेल्यूलर जेल एवं पोर्ट ब्लेयर के बाजार पर हमला कर दिया। इस लड़ाई में प्रमुख रूप से ग्रेट अण्डमानी आदिवासी शामिल हुए थे, जिनके पास तीर-कमान, भाला जैसे परम्परागत हथियार थे। ब्रिटिश फौज आधुनिक बन्दूकों एवं अन्य शस्त्रास्त्रों से सुसज्जित थी एवं भली-भांति प्रशिक्षित भी। पोर्ट ब्लेयर के प्रमुख बाजार में यह संघर्ष हुआ था जिसे अबेर्दीन का बाजार कहा जाता था, इसलिए इसे अबेर्दीन की लड़ाई के नाम से जाना जाता है। इस लड़ाई में हजारों आदिवासी शामिल हुए थे, लेकिन सशस्त्र ब्रिटिश सेना से अंत में उनकी हार हुई। काफी संख्या में आदिवासी लड़ाकू शहीद हुए। सैकड़ों की तादाद में उन्हें गिरफ्तार किया गया। जो आदिवासी बच गये वह घने जंगलों में जाकर रहने को विवश हो गये।

17 मई 2009 को अबेर्दीन के संघर्ष की 150 वीं वर्षगांठ मनाई गई, जिसमें अण्डमान निकोबार द्वीप समूह के उप राज्यपाल एवं ले. जनरल (सेवानिवृत्त) भूपेन्द्र सिंह की अगुवाई में शहीदों को श्रद्धांजली दी गई।

आजादी की लड़ाई में आदिवासियों के योगदान से सम्बन्धित इन समसत घटनाओं का विश्लेषण किया जाये तो कुछ निष्कर्ष निकलते हैं जिन पर यहाँ बात किया जाना आवश्यक है। सबसे पहले भारत के किसी भी भू-भाग में ब्रिटिश व देशी सामन्तों के गठजोड़ के विरुद्ध आदिवासियों ने जो लड़ाई लड़ी उन सभी की पृष्ठभूमि में एक जैसे भौतिक व सांस्कृतिक कारण थे। इन कारणों में प्रमुख रूप से आदिवासी अंचलों में अवस्थित अकूत प्राकृतिक सम्पदा पर अंग्रेजों व सामंती सत्ता की गिद्ध दृष्टि थी जिसके कारण इन क्षेत्रों में सत्ता की ओर से घुसपैठ की गई ताकि इन संसाधनों का दोहन किया जा सके चाहे वे खनिज उत्पाद थे या वनोपज। प्रमुख रूप से आदिवासियों का जीवन परंपरागत रूप से वनोपज और उन अचंलों में यहाँ वहां उपलब्ध कृषि योग्य भूमि पर आधारित था। अंग्रेजों के आने से पहले इन अंचलों में इस कदर घुसपैठ कभी नहीं हुई, चाहे राजसत्ता किन्हीं भी लोगों के हाथ में रही हो। इतिहास का बारीकी से विश्लेषण किया जाये तो मुगलकाल के अंत तक इस तरह की घुसपैठ सामने नहीं आती, यदा-कदा छोटी-मोटी घटनाओं की बात अलग है। जैसे ही ब्रिटिश ईस्ट इंडिया

कम्पनी भारत में प्रवेश करती है तब से यह घुसपैठ आरम्भ होती है जिसमें देशी सामन्त व जागीदार भी शामिल होते जाते हैं। निश्चित रूप से देशी सामन्तों की घुसपैठ अंग्रेजों के दबाव या अंग्रेजों से की गई संधियों के कारण हुई। इससे पहले उनका दृष्टिकोण इस कदर नहीं पाया जाता है। जो आदिवासी अपने अंचलों में सदियों से स्वतंत्र रूप से स्वायत्त जीवन जी रहे थे उसमें इस कदर हुई घुसपैठ से व्यवधान पड़ा और यह व्यवधान आदिवासियों के प्रतिरोध व संघर्ष का कारण बना।

उक्त पृष्ठभूमि में जो कारण समान रूप से सामने आते हैं उनमें खनिज सम्पदा का दोहन, वनोपज पर आदिवासियों के परम्परागत अधिकारों का हनन, बिना मजदूरी के बेगार करवाना, सरकारी सत्ता के हाकिमों व अन्य मुलाजिमान द्वारा आये दिन किये जाने वाले दुर्व्यवहार, अत्याचार व शोषण, ठेकेदारी पर आधारित नई आबकारी नीति, कृषि भूमि पर लगान और कुल मिलाकर उनके सांस्कृतिक व मानसिक परिवेश में खलल डालकर अन्ततः उनके स्वायत्त व स्वतंत्र जीवन को प्रभावित करना रहा। दूसरी यह बात सामने आई कि जिन अंचलों में आदिवासियों ने सत्ता के विरुद्ध संघर्ष किया, वहां वहां संघर्ष की रणनीति एक जैसी दिखाई पड़ी, चाहे पूर्वोत्तर के खासी या नगा क्रांतिकारी हों या मध्य भारत के बिरसा मुण्डा, ताना भक्त, गोविन्द गुरू, टण्ट्या मामा या दक्षिण के पझसी राजा, वीर राघोजी या अन्य क्षेत्र के अन्य आदिवासी क्रांतिचेता। सभी लड़ाकों ने अपने परम्परागत हथियारों यथा धनुष-बाण, कुल्हाड़ी, तलवार, भाला, गोफन आदि को ही प्रमुख रूप से इस्तेमाल किया। संघर्ष के लिये जागृति व संगठन पैदा करने के लिये कोई न कोई प्रतीक का इस्तेमाल किया गया जो मुख्यतः प्रकृति तत्व था चाहे वह सकुआ पेड़ की टहनी हो या कोई गणचिन्ह या कोई निशान। उदाहरणार्थ कई जगह सफेद व लाल कपड़े का झण्डा इस्तेमाल किया गया जो क्रमशः चांद व सूरज के रूप में प्रकृति तत्व थे। संघर्ष के लिये आम आदिवासी को एकत्रित करने के लिये ढोल की आवाज को विशेषकर माध्यम बनाया गया। संदेश पहुंचाने के लिये किसी पशु-पक्षी की आवाज की भाषा का प्रयोग किया गया। जहां सीधी लड़ाई लड़ना मुश्किल था वहां छापामार युद्ध प्रणाली को काम में लिया गया।

इन सबके बावजूद एक महत्वपूर्ण बात सामने आई जो यह थी कि ब्रिटिश या उनके सहयोगी देशी सामन्तों की फौज ने या उनके सेनापतियों ने कितने भी धोखे या विश्वासघात किये लेकिन आदिवासी लड़ाकों ने कभी भी इन छल-छद्मों से भरी रणनीति को अपनी लड़ाई का हिस्सा नहीं बनने दिया। उनकी लड़ाई केवल अपने अंचलों में होने वाली घुसपैठ, उनके सहज जीवन में पड़ने वाली बाधाओं और अनेक प्रकार से किये जाने वाले शोषण के विरुद्ध थी।

यह आश्चर्यजनक बात है कि जिन भी आदिवासी अंचलों में किसी भी आदिवासी समुदाय ने यह लड़ाई लड़ी, वह जितनी उनकी स्वतंत्रता की अपनी-अपनी लड़ाइयां थीं उतनी ही वह देश से विदेशी ताकत और उनके चमचों को मार भगाने के मकसद से लड़ी गई लड़ाइयां थीं और सबसे ऊपर यह कि विभिन्न अंचलों के मध्य और उन अंचलों में संघर्ष करने वाले नायकों के बीच परस्पर कोई संचार सुविधा नहीं होने के बावजूद संघर्ष की रणनीति और भावनाएं एक जैसी थीं लेकिन गहराई से विचार किया जाये तो यह आश्चर्य की बात इसलिये नहीं है कि स्वतंत्रता के लिये लड़ी गई लड़ाइयों के कारण सभी आदिवासी अंचलों में एक जैसे थे। आदिवासी अंचल ही क्यों, सम्पूर्ण भारत के परिप्रेक्ष्य में भारत की गुलामी की पृष्ठिभूमि में 'शोषण' प्रमुख तत्व था जिससे मुक्ति पाना एक तरह से स्वतत्रंता की प्राप्ति थी।

भाग-3

ज्वलंत मुद्दे

आदिवासी संस्कृति

आदिवासी संस्कृति को समझने के लिए 'प्रकृति' व 'संस्कृति' के अन्तर व सम्बन्धों पर विचार करते हुए बात की शुरुआत की जा सकती है। प्रकृति दृश्यमान खगोलीय व भौगोलिक तत्त्वों की सृष्टि है जो नैसर्गिक है। इसका स्वरूप मौलिक भी है और परिवर्तनशील भी। सुविधा के लिए कहा जा सकता है कि यह प्राणी जगत से पृथक परिवेश है जिसमें प्रकृति के जड़ व चेतन दोनों तत्त्वों का अस्तित्त्व होता है। मानवेतर प्राणियों की संस्कृति को वृत्ति (instinct) मूलक व्यवहार कहना उचित होगा जिसमें परिवेश विशेष व प्रशिक्षण से ही परिवर्तन संभव हो सकता है। इस सबसे परे संस्कृति का सीधा सम्बन्ध मानव समाज से है जिसकी निर्मिति और विकास अर्जित संस्कारों पर निर्भर होता है। ये संस्कार वंशानुगत, सामाजिक व विभिन्न मानव-समुदायों के परस्पर सम्पर्क से पैदा होते हैं। सकारात्मक अर्थ में संस्कृति के प्रमुख तत्त्व सौन्दर्य बोध व तज्जन्य आनंद और कल्याण की कला है। इसकी प्रत्यक्ष अनुभूति कलाभिव्यक्तियों व लोकाचार के स्तर पर होती है। सभ्यता व भौतिक विकास के अनुरूप संस्कृति अपना स्वरूप ग्रहण करती चलती है। इस रूप में संस्कृति मानव निर्मित होती है लेकिन मनुष्य का जीवन अंततः प्रकृति पर निर्भर होता है। इसलिए प्रकृति तत्त्वों से संस्कृति का जुड़ाव अनिवार्य होना चाहिए। प्रकृति से लगाव और मानव सृजित होने की स्थिति के कारण संस्कृति का स्थान प्रकृति एवं कृत्रिमता के मध्य कहीं होता है। जिन मानव-समुदायों की संस्कृति प्रकृति से निकट का सम्बन्ध बनाकर विकसित होती है वे अधिक सौन्दर्यबोधी, आनन्ददायक व कल्याणकारी होती है और जो संस्कृति प्रकृति से दूर हटती जाती है वह शास्त्रीय, वैयाकरणीय, औपचारिक, प्रतिमान आधारित, सजावटी तथा नीरस बनती चली जाती है। लोक व भद्र समाज की संस्कृतियों का अंतर यहाँ स्पष्ट होने

लगता है। निस्संदेह, लोक-संस्कृति आदिम समुदायों की संस्कृति पर मूलतः आधारित रहती आयी है। इस पृष्ठभूमि में आदिवासी संस्कृति को ठीक प्रकार से समझा जा सकता है।

विभिन्न संस्कृतियों के परस्पर सम्पर्क से पैदा होने वाला प्रभाव आदान-प्रदान की स्थिति लाता है। इस प्रक्रिया में एक-दूजे द्वारा सीखने का नजरिया संस्कृति को उन्नत करता है। इसके विपरीत वर्चस्व, दबाव व टकराव की स्थितियाँ पैदा होने से संस्कृतिजन्य परम्परागत मानवीय मूल्यों का क्षरण ही होगा। यह प्रवृत्ति आदिम व तथाकथित मुख्यधारा की संस्कृतियों के मध्य होने वाले अंतर्क्रियात्मक सम्बन्धों में देखी जा सकती है।

मानसेंदू कुण्डु ने अपने एक लेख में बताया है कि मध्य भारत के गौण्ड लोगों के कुछ परिवारों ने स्थानीय हिन्दू धर्म के प्रभाव स्वरूप समाज सुधार (?) आन्दोलन की शुरुआत की जिसमें स्त्री-पुरुषों द्वारा एक साथ मद्यपान व नृत्य आदि करने पर रोक लगायी। इससे पुरुष व स्त्रियों की सामूहिकता पर विपरीत प्रभाव पड़ा। महिलाएँ पर्दानशीन हुईं, बच्चों का विवाह बाल्यावस्था में किया जाने लगा व मूल धारा के हिन्दुओं को 'मॉडल' माना जाने लगा और वे आदिवासी जनहीन भावना से ग्रसित होने लगे। उन तथाकथित समाज सुधारकों की धारणा थी कि इससे गौण्ड समाज हिन्दुओं द्वारा सम्मान पा सकेगा जो सर्वथा गलत साबित हुआ। कुण्डु का ही विचार है कि चाहे ईसाई या हिन्दू या मुसलमान बनाये जायें, धर्मान्तरण की वजह से अखण्डता एवं सामूहिकता की भावना पर आधारित आदिवासी बस्ती में फूट पैदा होने लग गयी। उस बस्ती के लोगों का एक-सा धर्म-विश्वास व सामाजिक-सांस्कृतिक चेतना हुआ करती थी उसे नष्ट किया। अब उस बस्ती में एक मोहल्ला परंपरा पर आधारित आदिवासियों का और दूसरा धर्मान्तरित आदिवासियों का बन गया।

ब्रिटेन के प्रसिद्ध नृतत्व-वैज्ञानिक वेरियर एल्विन (जिन्होंने बाद में भारतीय नागरिकता ग्रहण कर ली थी) बताते हैं कि "मिशनरियों की आदिवासियों के प्रति असहिष्णुता की वजह से बहुत सारे अच्छे सामाजिक रीति-रिवाज तो खत्म हुए ही, यहाँ तक कि नृत्य, गीत तथा ताँत बुनायी जैसे उन्नत सांस्कृतिक-आर्थिक क्रिया-कलाप भी ध्वस्त हो गये।"

वन संरक्षण अधिनियम के तहत मध्यप्रदेश के एक वनांचल को संरक्षित क्षेत्र घोषित करके किसी भी प्रकार के पेड़ या अन्य वनस्पति को काटने पर रोक लगायी गयी। वहाँ के आदिवासियों ने यह तर्क देकर सीमित विरोध जताया कि उस जंगल में पैदा होने वाली 'महाल' नाम की बेल, जिससे वे लोग रस्सी बनाकर जीवनयापन करते हैं, यदि उसे समय-समय पर नहीं काटा गया तो उनकी आर्थिक दशा पर तो विपरीत

प्रभाव पड़ेगा ही, साथ ही अन्य पेड़-पौधों को भी नुकसान होगा, चूँकि महाल अधिक फैल जाने से अन्य पेड़-पौधों को जकड़ लेती है जिससे उनकी वृद्धि रुक जाती है। जंगली पेड़-पौधों के संरक्षण-सम्वर्द्धन के लिए अनिवार्य है कि कुछ अवधि के अंतराल से महाल की कटाई की जाये। यहाँ महत्वपूर्ण है कि एक ओर आदिवासियों की आजीविका की तो परवाह नहीं की गई, साथ ही जंगल सम्बन्धी उनके पुश्तैनी ज्ञान से जितना लाभान्वित हुआ जा सकता था, उसे भी दरकिनार किया गया।

ध्यान देने की बात यह है कि अनुभवजन्य ज्ञान की तुलना में आधुनिक वन-विशेषज्ञों का बोध अपूर्ण है। आदिवासी संस्कृति एवं अनुभव-दृष्टि के बारे में जानकारी का ऐसा अभाव सरकारी नीतियों में रहने वाली खामियों को भी दर्शाता है।

यहाँ प्रख्यात विद्वान निर्मल कुमार बोस की ये पंक्तियाँ उद्धृत करना समीचीन होगा—''औद्योगिक समाज की सभ्यताओं को समझना आसान है, उसकी तुलना में उसके पूर्व की सभ्यताओं को समझना अत्यन्त कठिन है। इन प्राक्-आधुनिक सभ्यताओं को समझना आराम कुर्सी पर बैठे-बैठे सोच में लगे विद्वानों के बस की बात नहीं। यह उनका काम है जो स्वतन्त्र चिन्तन के साथ-साथ फील्ड वर्क के अथक परिश्रम और धरातली लोगों के जीवन के निरन्तर निरीक्षण को अपने सम्पूर्ण जीवन के लक्ष्य के रूप में स्वीकार करने के लिए तैयार हैं।''

'जनसत्ता' अखबार में दिनांक 02.11.2009 को 'आदिवासियों ने कहा-हम भर सकते हैं धरती का घाव' शीर्षक से छपी खबर इस प्रकार है—देश के आदिवासियों का कहना है कि जलवायु परिवर्तन के दुष्प्रभावों से निपटने के लिए अगर उन्हें पूरी छूट दी जाए तो अपने परंपरागत ज्ञान और दक्षता से वे धरती को बचा सकते हैं।

हाल में देश भर के आदिवासी समूहों ने एक घोषणा पत्र जारी किया जिसमें उन्होंने जलवायु परिवर्तन के दुष्प्रभावों से निपटने के लिए समाधान सुझाए हैं जो उनके परंपरागत ज्ञान और पारिस्थितिकी से करीबी संबंधों पर आधारित हैं। इन समूहों में कृषि, वानिकी, चारागाह और मत्स्य क्षेत्र से जुड़े आदिवासी शामिल थे। बैठक में एकमत से चेतावनी दी गई कि जलवायु परिवर्तन से निपटने के नाम पर परंपरागत ज्ञान और प्राचीन विधियों को हटाकर नई प्रौद्योगिकियां अपनाने से हालात केवल बिगड़ेंगे, सुधार नहीं होगा।

नगालैंड के थेत्सुमी से बैठक में हिस्सा लेने के लिए आए एक आदिवासी वेचितियु (35) ने कहा—''हमारा समुदाय जलवायु परिवर्तन के संकट के लिए जिम्मेदार नहीं है। लेकिन हमारे पास इस भूल को दूर कर धरती का घाव भरने के लिए परंपरागत ज्ञान और दक्षता की कमी नहीं है। हम ऐसा करने के लिए पूरी छूट चाहते हैं और हमें अवांछित नीतियों के माध्यम से कोई हस्तक्षेप भी नहीं चाहिए।''

पश्चिम बंगाल के सुंदरवन से आई तनुश्री ने बताया—"हमारी परंपरागत जल प्रबंधन प्रणाली हमारे जल स्रोतों को स्वच्छ बनाए रखती है। इस संसाधन का हम चतुराई से इस्तेमाल करते हैं जिससे भूजल पर कोई दबाव नहीं पड़ता। यही वजह है कि हमें सूखे और जल संकट के दौरान समस्या नहीं होती।

मन्नार की खाड़ी से आई एक मछुआरिन सेल्वी ने कहा कि विकास के नाम पर प्राकृतिक संसाधनों का जरूरत से ज्यादा दोहन किया जा रहा है। ये संसाधन प्रदूषित हो रहे हैं और कुछ मामलों में नष्ट भी हो चुके हैं। इससे हमारे सामने संकट उत्पन्न हो गया है। सेल्वी ने कहा—"हमारे पास परंपरागत सुरक्षा के लिए बालू के टीले हैं, समुद्री तट हैं, मेनग्रोव्स और कोरल रीफ भी हैं। यह सब कुछ पीढ़ियों की विरासत है। हम इन संसाधनों के संरक्षण का महत्व केवल सह-अस्तित्व के लिए ही जरूरी नहीं समझते बल्कि मौसम के तीखे मिजाजों से बचाव के लिए दीर्घकालिक उपायों के तौर पर भी इनकी जरूरत है।"

अब तक हुए ज्यादातर अध्ययनों में कहा गया है कि जलवायु परिवर्तन के दुष्प्रभावों का सबसे बड़ा खतरा आदिवासियों और गरीबों को ही है। बाढ़ और अन्य जलवायु संबंधी खतरों से ये लोग सबसे ज्यादा प्रभावित होंगे। समुद्र के स्तर में वृद्धि से देश में कई तटीय और निचले इलाकों के डूबने का खतरा है। इससे बड़े पैमाने पर लोग विस्थापित होंगे। वन्य जीवों की प्राकृतिक रिहायश समाप्त हो जाएगी और कृषि के लिए खेत भी नहीं बचेंगे। इन सबका कारण ग्रीन हाउस गैसों के उत्सर्जन के कारण पृथ्वी के तापमान में वृद्धि होना है। हिमालय क्षेत्र में ऊंचाई पर पिघलने वाले ग्लेशियरों से करोड़ों ग्रामीण प्रभावित होंगे जो पानी के मौसमी बहाव पर निर्भर हैं।

इन सभी खतरों को देखते हुए हाल ही में जारी घोषणा पत्र में कुछ मांगें की गई हैं। इन मांगों को भारत सरकार के अलावा दिसंबर में कोपेनहेगन में जलवायु परिवर्तन पर होने जा रहे संयुक्त राष्ट्र के सम्मेलन में अंतरराष्ट्रीय समुदाय के समक्ष पेश किया जाएगा। घोषणापत्र में पांच मुख्य मांगें पेश करते हुए झारखण्ड के कलाश्वर ने बताया कि वनों की अंधाधुंध कटाई और वनीकरण पर वैश्विक चर्चा के दौरान स्थानीय पौधों की प्रजातियों पर खास ध्यान देना होगा, क्योंकि ये प्रजातियां स्थानीय भूमि, स्थानीय संस्कृति और पारिस्थितिकी के अनुकूल होती हैं। छत्तीसगढ़ के बैगाचक गांव से आए शिकारी ने कृषि और जलवायु के अनुकूल फसलों के बारे में मांग की कि परंपरागत बीजों पर अधिक ध्यान देना चाहिए जिन्हें सदियों से बोया जा रहा है। इन बीजों को विकास के लिए कम पानी की जरूरत पड़ती है और तेज गर्मी में भी ये नष्ट नहीं होते।"

मध्यप्रदेश के झाबुआ और राजस्थान के उदयपुर-पाली अरावली पर्वतांचल के क्रमशः मामाभील व गरासियों में एक परम्परा है जिसे 'भगोरिया' कहते हैं। पारम्परिक मेलों के अवसर पर जो आदिवासी इकट्ठा होते हैं, उनमें अविवाहित युवक-युवतियों

की संख्या काफी होती है। मेले के उत्सव-उमंग, नाच-गान व मौज-मस्ती में वे उल्लास के साथ भाग लेते हैं। इस दौरान जान-पहचान व दोस्ती होती है। विपरीत लिंगाकर्षण से उत्पन्न स्वाभाविक प्रीति भी पनपती है। जो युगल शादी करने का मानस बना लेते हैं वे मेला स्थल से भाग कर ऊँची पहाड़ियों पर चढ़ जाते हैं और वहाँ से अपने 'एक हो जाने' का एलान करते हैं। सम्बन्धित युवक-युवतियों के परिवार व सम्बन्धियों में बुजुर्ग लोगों को यह पता चलता है तो वे गोत आदि व पृष्ठभूमि की कोई वैमनस्यता की बाधा न होने पर शादी की स्वीकृति दे देते हैं तो वे युगल वापस मेले में आ जाते हैं और वहीं सगाई की रस्म निभा दी जाती है। यदि बुजुर्ग किसी कारणवश शादी से इन्कार कर देते हैं तो वे युवक-युवतियों के जोड़े दूर भाग जाते हैं और ब्याह रचाकर घर बसा लेते हैं। दोनों की स्थितियों में मेला स्थल से भाग जाने की वजह से इस परम्परा को 'भगोरिया' नाम दिया गया है।

छत्तीसगढ़ के मुड़िया और झारखण्ड के मुण्डा व अन्य आदिवासियों में 'घोटुल' की प्रथा को बाकायदा परम्परागत मान्यता दी हुई है। 'घोटुल' अर्थात् सामूहिक वास-स्थल। इस प्रथा का लक्ष्य सामूहिक जीवन शैली के संस्कार विकसित करना रहा है। इस बहुआयामी गतिविधि का एक पक्ष यह भी है कि स्थानीय आदिवासी युवक युवतियाँ अपनी मनपसंद और सहमति के आधार पर 'घोटुल' में यौन-सम्बन्ध बनाते हैं और इसके बाद मनपसंद जोड़े बनाकर शादी के लिए सहमति देते हैं जिसे अन्यथा कोई कारण सामने न आये तो समाज स्वीकार करता है।

मनपसन्दगी से प्रेम और विवाह की 'भगोरिया' व 'घोटुल' जैसी परम्पराएँ उदात्त सांस्कृतिक जीवन के उदाहरण हैं जिन्हें तथाकथित सभ्य समाज उल्टे नजरिये से देखता है। उस तथाकथित सभ्य समाज के भीतर कितनी यौन विकृतियाँ एवं अपराध पनपते हैं, यह नहीं देखा जाता। यही वजह है कि मुख्य धारा के समाज में पैदा हुए नारी मुक्ति आंदोलन स्वतन्त्रता के नाम पर उच्छश्रृंखलता पैदा करते हैं जबकि आदिवासी परम्परा में स्त्री को सकारात्मक स्वतन्त्रता भोगने का अवसर मिलता है और स्त्री व पुरुष के मध्य असमानता की भावना नहीं दिखती।

जिन लोगों को 'भगोरिया' एवं 'घोटुल' जैसी आदिवासी प्रथाओं का बोध नहीं वे इन प्रथाओं को अपनी संकुचित मानसिकता से देखते हैं। 'भगोरिया' को संस्थागत समाज के नियमों के विरुद्ध मानेंगे। मुख्य धारा से जुड़ी लड़की के घरवाले लड़के के विरुद्ध अपहरण का मुकदमा दर्ज कराकर लड़की की बरामदगी के लिए पुलिस पर दबाव डालेगें चाहे लड़की बालिग ही हो और अपनी सहमति से गयी हो। आदिवासी समाज विवाह की स्वीकृति देगा, यदि उनकी परम्परा के हिसाब से अन्यथा कोई कारण अड़चन के रूप में सामने न आयें। यहाँ जवान लड़की की इच्छा भी उतना ही सम्मान

पाती है जितनी लड़के की इच्छा। 'घोटुल' को तथाकथित मुख्य धारा का आदमी सामूहिक व्यभिचार के रूप में 'अनैतिकता' की संज्ञा देगा। उसके समाज में व्यभिचार पनप रहा हो, उस पर खुलकर चर्चा नहीं करना चाहेगा। प्रश्न उठता है कि 'घोटुल' कहां तक अनैतिक एवं समाज विरोधी कृत्य है? इस प्रश्न का उत्तर तलाशने के लिए इस परम्परा की गहराई में जाने की आवश्यकता है।

यहाँ मुझे यूनान के महान दार्शनिक प्लेटो के दर्शन की वह व्यवस्था याद आ रही है जब वे आदर्श शासन व्यवस्था संचालित करने के लिए 'दार्शनिक राजा' की अवधारणा पर चर्चा करते हैं और साथ ही उसके शासक वर्ग की जिसमें प्रत्येक विभाग के दायित्व को संभालने के लिए हृष्ट-पुष्ट, सुन्दर एवं क्षमतावान कर्मियों का समूह हो। ऐसा समूह कैसे पैदा किया जाये? यह प्लेटो की समस्या थी। उसने समाधान खोजा। नगर-राज्य (city state) में उपलब्ध स्वस्थ एवं सुन्दर युवक-युवतियों का चयन किया जाये और उन्हें नियत सामूहिक आवास (घोटुल जैसे) में रहने दें। खूब खिलाया-पिलाया जाय। खेल-कूद व अन्य शारीरिक अभ्यास कराया जाये और मुक्त यौन सम्बंध स्थापित करने की छूट दी जाये। प्लेटो का समाधान था युवतियाँ गर्भवती हों और यह न जान सकें कि किस युवक का बच्चा किस युवती की कोख में पनप रहा है। प्रसवोपरांत शिशुओं का लालन-पालन भी सामूहिक हो। मां भी अपने बालक की पहचान न कर सके। प्लेटो को आशा थी कि ऐसा करने से एक तो श्रेष्ठ शरीर एवं मस्तिष्क वाले व्यक्ति मिलेंगे जिन्हें बाल्यावस्था से ही शासन संचालन एवं युद्ध-कौशल की शिक्षा दी जायेगी ताकि उनकी मनसा के मुताबिक शासन एवं सेना के नायक उपलब्ध हो सकें। दूसरे, यह विशिष्ट व्यक्ति-समूह वंश के आधार पर भेदभाव नहीं करेगा। चूँकि वे तो मां बाप को भी नहीं जानते-पहचानते, वंश-कुल की बात तो दूर। यह अवधारणा प्लेटो के 'आदिम साम्यवाद' का हिस्सा थी। 'अच्छे आदमी की खोज' प्लेटो की मूल समस्या थी। 'नगर-राज्य' व्यवस्था का आदर्श संचालन उनका एकमात्र लक्ष्य था।

उक्तानुसार समाधान भी प्लेटो ने जटिल ही ढूँढ़ा। साधारण बुद्धि वाले व्यक्ति के गले यह समाधान आसानी से नहीं उतरता। इसलिए व्यंगात्मक लहजे में प्लेटो को 'अफलातून' की संज्ञा दी जाती है।

अब आदिवासी 'भगोरिया' व 'घोटुल' पर आ जाइये। प्लेटो के यहाँ श्रेष्ठ संतानोत्पत्ति की बात दर्शन में थी जहाँ निश्चित रूप से संतानोत्पत्ति केन्द्र में थी। 'भगोरिया' व 'घोटुल' में यौन सम्बन्ध बाद की बात है। पहले मिलन, परिचय, प्रेम हैं। परस्पर समझना महत्वपूर्ण है। आशय यह है कि परस्पर समझ के आधार पर जीवन भर साथ निभाने की संभावनाएँ कहाँ तक बनती हैं। इसलिए साथ रहने या रखे जाने की सुविधा प्रदान करने की प्रथा को सामाजिक स्वीकृति दी गयी। प्रेम-सम्बन्धों की

परिणति प्रायः यौन-सम्बन्धों में होती रही है। आरम्भ यौनाचार न हो कर परिचय, समझ और प्रेम होने तक की प्रक्रिया है जो किस मिलन-क्षण पैदा हुई, वह सम्बन्धित युवक-युवती ही जान सकते हैं या कोई उनके पीछे लगा चितेरा। 'भगोरिया' एवं 'घोटुल' की सुविधाजनक प्रथा थी। प्रथानुकूल सुविधा से उत्पन्न वैवाहिक जीवन भी आदिवासियों में स्थायी नहीं। अगर बात नहीं बनीं, जीवन-पथ के किसी मोड़ पर अनबन हो गयी और किसी कारण-वश साथ रहना संभव नहीं, तो सम्बन्ध विच्छेद होने का विकल्प है जिसकी एक व्यवस्था है। स्त्री स्वेच्छा से अन्य पुरुष का वरण कर सकती है। आदिवासी संस्कृति के इस पक्ष को सही रूप में देखा परखा जाये और अंगीकार किया जाये तो शेष समाज में व्याप्त अन्य किस्म की पारिवारिक-सामाजिक विकृतियों से बचा जा सकता है। आदिवासी समाज की तुलना में नारी उत्पीड़न की दर्ज या गैर-दर्ज घटनाओं की संख्या तथाकथित मुख्य धारा के समाज में कई गुणा हैं। इस विषय पर गम्भीरता से सोचा जाना चाहिए।

मुझे क्रोधाविष्ट हँसी की प्रतिक्रिया हुई जब मैंने एक जगह पढ़ा कि शराब पीकर जब आदिवासी पुरुष अपनी औरत को पीटता है तो वह औरत आनन्द की अनुभूति करती है। प्रताड़ना आनन्द का स्रोत किसी भी प्राणी के लिए नहीं हो सकता। यह उस लेखक की अज्ञानता और विकृत मानसिकता से उत्पन्न कल्पना थी। हकीकत तो यह है कि आदिवासी स्त्री पर उसका पति हाथ उठायेगा तो वह भी ईंट का जवाब पत्थर से देती है। यूँ अपवादों की हकीकत से सहमत हुआ जा सकता है।

आदिवासी समाज में संस्कृति एक सहज व सतत प्रवाहित धारा है, किसी आंदोलन या अभियान का विषय नहीं। डॉ. श्याम सुंदर दुबे के ये शब्द मुझे सटीक लगते हैं—"आदिवासी (सांस्कृतिक) परंपरा सतत विकसित मूल्यबोध है। पीढ़ी दर पीढ़ी इसमें कुछ नया जुड़ता रहता है।"

आदिवासी सतत सांस्कृतिक परंपरा में 'नया जुड़ना' एक सहज प्रक्रिया है। आदिवासी लोकगीत परंपरा में विषय-वस्तु (content) के स्तर पर वनोपज, कृषि-कर्म, श्रम, पालतू पशु-पक्षी, पर्व-उत्सव, शादी-ब्याह, जन्म-मृत्यु, पनघट, घरेलू औजार-पाती, पुरखे, मिथक, गणचिन्ह, प्रकृति, ऋतुएँ, मानवतेर अन्य प्राणी-जगत, प्रेम-प्रसंग, आत्म सम्मान के लिए विरोध-संघर्ष-बलिदान आदि तो रहते आये ही हैं, जमाने के बदलाव के साथ नयी बातें भी जुड़ती गयीं। आजादी के बाद प्रजातान्त्रिक व्यवस्था लागू हुई। वोट देना नयी बात आयी जो पहले नहीं थी। मीणा आदिवासी समाज की स्त्रियों ने इसे गीत में शामिल निम्न प्रकार किया—

"वोट देवा चालेंगा
जोड़ा सू जूती खोलेंगा..."

शिक्षा का प्रसार हुआ। जैसा पहले संदर्भ दिया कि हिन्दुत्व के प्रभाव से बाल-विवाह जैसी बुराइयों ने जन्म लिया। मीणा लड़की का बाल विवाह हो जाता है। पति पढ़ रहा है। अभी साथ रहने का समय नहीं है। लड़की भी पढ़ना चाहती है। साथ रहने का भाव प्रबल है। लोकगीत रचा जाता है—

"नयो बण्यो इस्कूल जे को सीदो रसतो (रास्ता)
पढबा में भी चालूँ सायब थारो लेऽऽ बसतो (स्कूल बैग)..."

अब गीतों में ट्रेक्टर, कूलर, टी.वी., मारुति कार, मोबाइल भी आने लगे हैं। कम्प्यूटर भी आयेगा। ग्लोबलाइजेशन के बारे में जितनी सतही जानकारी आदिवासियों को मिलेगी, वे अपनी सांस्कृतिक अभिव्यक्ति में उसे शामिल करते रहेंगे, लेकिन मुख्य प्रश्न यह है कि ग्लोबलाइजेशन के लाभ (अगर आमजन के लिए हैं तो) उनके जीवन का हिस्सा कब बनेंगे?

परम्परागत आदिवासी संस्कृति के संरक्षण का प्रश्न उठाया जाता है। यह भी कहा जाता है कि प्रगति व विकास की धारा में मौलिक संस्कृति में परिवर्तन होना अनिवार्य है। लोग यह भी कहते हैं कि मौलिकता को बचाने के चक्कर में विकास अवरुद्ध होता है। यहाँ ये सारी बातें अहम नहीं। अहम मुद्दा मौलिक संस्कृति के संरक्षण का नहीं। ऐसा सोचना जड़ता का आभास देता है। आदिवासी जीवन दर्शन में निरन्तरता एवं गत्यात्मकता (dynamism) रही है। यही वजह है कि इस संस्कृति के शास्त्रीय प्रतिमान नहीं बनाये जा सकते। परम्परा की धारा में कौन, क्या जोड़ता जा रहा है, यह अज्ञात रहता है। सृजनकर्ता पहचान के पीछे नहीं भागता। रचना सामूहिकता में रम जाती है। व्यक्तिवाद को यहाँ स्थान नहीं। शास्त्रीय प्रतिमानों की स्थापनाएँ प्रवहमान परम्परा की यात्रा में स्थगन पैदा करती हैं। आदिवासी संस्कृति इतनी खुली रही है कि विकास के सुखदायक पहलुओं को आत्मसात् करती हुई समृद्ध होती जायेगी। इसलिए विकास के साथ इसका विरोध हो ही नहीं सकता। प्रश्न यह है कि विकास का मॉडल कैसा हो जो आदिवासी संस्कृति से तालमेल बिठाता अग्रसर हो?

शिक्षा को लेकर अत्यल्प बात की जा सकती है चूंकि शिक्षा संस्कृति का सृजन-उत्प्रेरक भी है और संवाहक भी। आदिवासी को जब आप-हम विकास की मुख्यधारा में लाने का प्रयास करेंगे तो सांस्कृतिक संतरण की लहरों पर से गुजरना होगा। इस स्थिति के बावजूद संस्कृति का गत्यात्मक अग्रसरण सम्भव है यदि विकसित हो रही आदिवासी पीढ़ी को उसकी मातृभाषा (बोली?) के साथ लोकप्रिय माध्यम की भाषा में शिक्षित किया जाये। यह लोकप्रिय माध्यम हिन्दी और अन्य तकनीक की दृष्टि से अंग्रेजी (ग्लोबल संदर्भ में) हो सकती है। यहाँ भाषा का कोई विरोध नहीं। आदिवासी पुश्तैनी ज्ञान एवं संस्कृति से सम्बन्धित जो भी जिस रूप में (लिखित या मौखिक)

उपलब्ध है उसे लोकप्रिय माध्यम (भाषेतर मीडिया भी) में अनूदित पुनर्सज्जित कर शिक्षा की पाठ्य-वस्तु में शामिल किया जाना चाहिये ताकि आदिवासी गल्प, मुहावरे, उपमाएं, प्रतीक, मिथक, पहेलियां, संकेत, बिम्ब, आस्थाएं, मान्यताएं, स्मृतियां, स्वप्न, आकांक्षाएं, विश्वास—कुल मिलाकर अदृश्य मनोविज्ञान और दृश्य व्यवहार की जानकारी आदिवासी नयी पीढ़ी और साथ ही गैर-आदिवासी ग्लोबल जेनरेशन को मिल सके। अगर ऐसा होता है तो साइबर एज की डिजीटल शब्द गूंज के साथ आदिवासी संस्कृति के मांदल बांसुरी नाद-सौंदर्य की जुगलबंदी सम्भव हो सकेगी।

धर्म संस्कृति को लेकर एक अन्य संदर्भ। अप्रैल 2003 में आयोजित अखिल भारतीय आदिवासी साहित्यकारों के सम्मेलन के दौरान रांची में लक्ष्मण गायकवाड़ एवं वाहरू सोनवणे के साथ ऐसे ही मुद्दों पर चर्चा हो रही थी। वाहरू ने एक किस्सा सुनाया। महाराष्ट्र-गुजरात सीमा पर स्थानीय आदिवासियों की *याहा मोगी* देवी का मंदिर है। वहाँ अच्छा खासा वार्षिक मेला लगता है। यह गुजरात दंगों के बाद का समय था। तथाकथित मुख्यधारा से जुड़े धर्म के कुछ ठेकेदार वहां पहुंचे और आदिवासी मुखियाओं के सामने प्रस्ताव रखा कि *याहा मोगी* जगदंबा माँ का ही रूप है अतः वैदिक पद्धति से इसकी पूजा अर्चना की जाये और पुजारी के रूप में अच्छे पंडित को बिठाया जाये। हम भी जुड़ जायेंगे और भव्य मंदिर बनवायेंगे ताकि देवी की ख्याति दूर-दूर तक पहुंच सके। समझदार आदिवासी मुखियाओं ने जवाब दिया कि जब याहा मोगी जगदंबा का ही रूप है तो बजाय ऐसा करने के भारत के सभी जगदंबा मंदिरों की पूजा पद्धति याहा योगी जैसी आदिवासियों की-सी क्यों न कर दी जाये।

इस परिप्रेक्ष्य में तीन बातों पर ध्यान दिया जाना चाहिए। वे हैं देव-देवी, देवालय, और पूजा-पद्धति। आदिवासी या तो प्रकृति तत्व के रूप में उनके गणचिन्हों (totem) की पूजा करते हैं या लोक देवी-देवताओं के रूप में उनके महान पुरखों की। ये दोनों आकाशीय एवं अमूर्त्त तत्व न होकर उनके निकटस्थ तत्व रहे हैं। उनके देवालय साधारण से स्थल यथा पहाड़ी चोटी, पेड़ का उभरा हुआ जड़-स्थल या देवला (चबूतरा) होते हैं। और पूजा विधि अत्यंत सरल व सहज। सोलह श्रृंगारी मूल्यवान प्रतिमाएं, भव्य मंदिर, और जटिल कर्मकांडों को वहां स्थान नहीं। उनके धर्मस्थल व्यावसायिक केन्द्र नहीं बनते। जैसा वे खाते हैं, पीते हैं वैसा ही चढ़ावा देव-देवी के सामने अर्पित किया जाता है। दिखावटीपन कहीं नहीं होता। ऐसा सहज धर्म उनकी संस्कृति को समृद्ध बनाता है। न धर्म उन पर हावी होता है और न वे धर्म के ठेकेदार बनते हैं। यही खास वजह है कि आदिवासी धर्म साम्प्रदायिकता का जहर नहीं फैलाता। ऐसी धार्मिक मान्यताएं यह सीख देती हैं कि जो धर्म उन्माद फैलाकर मनुष्य विरोधी बन जाता है उसे तत्काल त्याग देना चाहिए।

जवाहर लाल नेहरू ने कहा है "आदिवासियों में मुझे कई ऐसे गुण दिखाई दिये जो भारत के मैदानी इलाकों, शहरों और अन्य भागों में रहने वालों में नहीं हैं। इन्हीं गुणों के कारण मैं आकृष्ट हुआ। आदिवासियों के प्रति हमारा रवैया आदानशील होना चाहिए। इन लोगों में बहुत अनुशासन है और वे भारत में अधिकांश लोगों की तुलना में क़हीं अधिक लोकतांत्रिक हैं।"

आदिवासी जन में ऐसे मूल्य कहां से विकसित हुए? इस प्रश्न का उत्तर फ्रेडरिक एंगेल्स ने बहुत पहले यह कह कर दिया था कि "आदिवासी समाज का वैभव और बंधन इसी बात में था कि उसमें कोई शासक और शासित नहीं था।" डॉ. डी.पी. चट्टोपाध्याय ने प्रसिद्ध ग्रंथ 'लोकायत' में स्पष्ट किया है कि "...गण, प्रांत, संघ, पुग, श्रेणी ये सभी शब्द एक दूसरे के पर्याय थे। मानव समाज व्यवस्था के संदर्भ में इनसे जिस सामूहिकता का संकेत मिलता है उसका सीधा-सा अर्थ था आदिवासी सामूहिकता।"

समानता एवं सामूहिकता के जिन गुणों पर पं नेहरू, एंगेल्स, एवं चट्टोपाध्याय ने जोर दिया, उसी क्रम में श्रम की महत्ता आदिवासी संस्कृति का एक स्तम्भ रहा है। "भद्र समाज के पास ये गुण नहीं थे और अपनी श्रेष्ठता स्थापित करनी थी, इसलिए शारीरिक श्रम की तुलना बुद्धि वैभव से की गई और उसी काल खण्ड (वह आर्य विजेताओं का अनार्य-जन पर सांस्कृतिक वर्चस्व स्थापित करने का समय था।) में जिस श्रम प्रक्रिया का समायोजन मानव मस्तिष्क ने किया था, उसी को वह दूसरों से करवाना चाहता था और स्वयं उस श्रम से बचना चाहता था। ...परवर्ती काल में भी पातंजलि व भट्टोजि जैसे विद्वानों ने अपने आसपास के आदिवासी जीवन को केवल घृणा और तिरस्कार की दृष्टि से ही देखा।" (वही)

इस उत्तर आधुनिक दौर में विकास के जिस भू-मण्डलीकृत मॉडल का जो ढोल पीटा जा रहा है वहां पूंजी केन्द्र में है और पूंजी उग्र व्यक्तिवाद से पनपती है। ऐसा व्यक्तिवाद स्वार्थ केन्द्रित होता है चाहे वह व्यक्ति विशेष हो या बहुराष्ट्रिक कम्पनी। जिस ग्लोबल विलेज की अवधारणा को आदर्श के रूप में हमारे सामने प्रचारित किया जा रहा है वह ऐसा विकसित आदिवासी गांव नहीं होगा जहां जंगल, प्रकृति व मानवेतर प्राणीजगत का सह अस्तित्व एवं भावनात्मक संबंध दिखे। ग्लोबल विलेज अपनी तरह का होगा जिसमें बहुमंजिला इमारतें, अत्याधुनिक संचार सुविधाएं, उच्च तकनीकी, यातायात के साधन, विज्ञापनों से भरे बाजार, शेयर मार्केट की स्क्रीन व केप्शन, नितांत व्यावसायिक मीडिया, अंग्रेजीदां पीढ़ी, मल्टीप्लेक्स सिनेमा, डिस्को-बार और सब कुछ होगा, जिसके मॉडल होंगे पेरिस, न्यूयार्क, टोकियो, सिंगापुर, बैंकाक, मुम्बई, दिल्ली। ऐसे विलेज से आम आदमी का निष्कासन होगा और प्रवेश वर्जित। आदिवासी तो अछूत ही बन जायेगा।

पूंजी का व्यक्तिवाद के संदर्भ में सम्पत्ति को लेकर यह सर्वमान्य तर्क दिया जाता है कि अमुक सम्पत्ति मेरी इसलिए है कि यह वंशानुगत है या मेरे द्वारा क्रय की हुई या अर्जित (खरीद के अलावा अन्यान्य तरीके भी हैं सम्पत्ति अर्जन के जो सब घोटालों की श्रेणी में आने चाहिए लेकिन नहीं आते) की हुई। आदिवासियों के संदर्भ में यही तर्क क्यों नहीं लागू किया जाता? क्यों नहीं कहा जाता कि जल, जंगल, जमीन पर उनका पुश्तैनी और सामूहिक हक रहा है, इसलिए यह सम्पदा उनके खाते में दर्ज की जानी चाहिए। अगर व्यवस्थापकों का ऐसा दृष्टिकोण और योजनाएं और उनके क्रियान्वन का संकल्प हो तो सम्पूर्ण समाज की बस्तियां ऐसी बस्तियां होतीं जहां समस्त अत्याधुनिक सुविधाओं के साथ साथ मनुष्य और प्रकृति के समस्त सरोकार सार्थक रुप में अस्तित्व में रहते और सहजता, सातत्यता, गत्यात्मकता, सामूह्किता तथा सर्वहितकारी भाव संरक्षित रहता। किसी भी तरह के भेद-भाव विहीन समृद्ध संस्कृति की विकासमयी धरोहर जीवन की भावी यात्रा के लिए ऊर्जा के रुप में हमें मिलती रहती। यह सब तब संभव है जब बुश व बिल गेट्सों को मॉडल मानने वाले राज नायकों, तकनीशियनों, समाज अभियंताओं, प्रबंधकों, की जगह योजनाएं बनाने वाले नायक वैज्ञानिक, इतिहासकार, अर्थशास्त्री, समाज वैज्ञानिक, संस्कृतिकर्मी एवं अन्य बुद्धिजीवी हों जो जानते हों कि मानव समाज की परम्परा का ठोस आधार और लोक-चेतना की नींव आदिवासी जीवन-दर्शन में है जो मूलभूत आदिम (आदमी अर्थात् इन्सान के अर्थ में) सरोकारों से भरपूर है। यहाँ मुद्दा सार्वभौमिक, सार्वजनिक और सार्वकालिक मूल्यों का है जो आदिवासी संस्कृति के गुण हैं। इसलिए सांस्कृतिक अभिव्यक्तियों में परिवर्तन अनिवार्य होगा। वह नहीं रूक सकता और उसे रोकना भी नहीं चाहिए। कंटेन्ट भी बदलेगा एवं अभिव्यक्ति के तौर-तरीके भी। संस्कृति केवल अभिव्यक्त होने वाली विधा ही नहीं है, वह जीवन-शैली है और अंततः जीवन-दर्शन। इसलिए ध्यान देना चाहिए कि जब आदिवासी संस्कृति के संरक्षण की बात चलती है तो आदिवासी संस्कृति को 'स्थायी म्यूजियम' नहीं बनना प्रत्युत उसमें समाहित *यूनीवर्सल वेल्यूज* को संरक्षित और आत्मसात करना महत्वपूर्ण है।

भौतिक समृद्धि सर्वजनहितायः और सार्थक तभी सम्भव हो सकती है जब संवेदनशील और मूल्याधारित संस्कृति के ढांचे पर खड़ी हो। बेहद परिश्रम और गहन विचार मंथन के बाद निर्मित भारतीय संविधान की दृष्टि से देखा जाये तो भारतीय समाज का एक शानदार और जानदार चित्रण हमें मिलता है। आरक्षण के प्रावधानों पर चर्चा के बाद संविधान निर्माताओं के मध्य जो सहमति बनी थी और जिसे अंतिम रूप दिया गया, तब परम्परागत रूप से वर्चस्वकारी, सुविधाभोगी, एवं भौतिक दृष्टि से समृद्ध वर्ग को अलग माना गया। इसमें से जो सामाजिक तबके पिछड़ेपन के शिकार

रहे उन्हें अन्य पिछड़ा वर्ग मानकर आरक्षण की सीमित (आर्थिक स्तर पर) सुविधाओं की खिड़कियां खुली छोड़ी गयीं जिनकी क्रियान्विति मंडल आयोग के बाद हुई। इन दोनों श्रेणियों को क्लास (वर्ग) की संज्ञा दी गई। सामाजिक-आर्थिक स्तर पर निम्न स्तर का जीवन जीने को बाध्य की जाती रही जातियों को अनुसूचित जाति (बेंजम) की अवधारणा के रूप में चिन्हित किया गया। आदिवासी केवल आदिवासी (tribe) रहा। क्षमा करें, ट्राइब का हिन्दी अनुवाद 'जनजाति' गलत है क्योंकि आदिवासी समाज में जाति की कोई अवधारणा नहीं रही। आदिवासियों के भिन्न-भिन्न नाम या संज्ञाएं उनके अंचल, गणचिह्न, गोत्र, वंश, प्रजाति आदि पर आधारित रहे हैं। यह एकमात्र समाज है जो वर्ग व जाति की अवधारणा को अपने यहाँ स्थान नहीं देता। अगर वर्ग व जातिविहीन समाज के इस उपलब्ध सूत्र को पहचानकर अंगीकार कर लिया जाता है तो राष्ट्रीय एकीकरण और तनावविहीन समाज के लिए इस से बढ़िया कोई विकल्प आज हमारे सामने नहीं है। इसलिए सामूहिकता और सह-अस्तित्व आदिवासी संस्कृति का सबसे महत्वपूर्ण पक्ष है। इस पक्ष का एक अन्य उपांग है। वह यह कि धर्म के नाम पर आदिवासी समाज में किसी प्रकार के समुदाय का नहीं होना। आतंकवाद देश की अखण्डता के लिए सबसे बड़ा खतरा एवं चुनौती है। आतंकवाद जिस जमीन पर पैदा होता है, भारतीय सन्दर्भ में वह जमीन जाति, वर्ग और सम्प्रदाय की है। आतंकवाद के जनक इन तीनों कारकों को नष्ट करने के लिए आदिवासी संस्कृति की उपरोक्त विशिष्टता को सार्वजनिक स्तर पर अंगीकार किया जाना आज नितांत अनिवार्य है।

आज भारत ही नहीं, सम्पूर्ण विश्व के सामने दूसरी बड़ी समस्या कोई है तो वह है पर्यावरण संतुलन की। भारतीय संस्कृति ही क्या, विश्व की प्राचीन संस्कृतियों में पर्यावरण संतुलन के सूत्र खोजे जा सकते हैं। ऐसे सूत्रों के होने का आधारभूत कारण उन संस्कृतियों के आदिम सरोकार हैं जो आदिवासियों का प्रकृति के प्रति दृष्टिकोण का ही प्रमाण हैं। देखने वाली बात यह है कि ऐसी संस्कृतियों को महान और गौरवशाली माननेवालों के मन में पर्यावरण संतुलन के प्रति चेतना कितनी है। अगर वह अपेक्षित स्तरीय होती तो हमें इस समस्या का सामना नहीं करना पड़ता। आदिवासी समाज में आज भी वह चेतना जीवित है। भारतीय संदर्भ में, भौतिक दृष्टि से सर्वाधिक पिछड़े और आदिम शैली का जीवन जीने वाले अण्डमान के आदिवासियों का दृष्टांत हम देख सकते हैं। *जारवा* और *सेंटेनली* जैसी दो प्रजातियाँ हैं वहाँ। अलग-थलग जंगलों में रहते हैं इन प्रजातियों के लोग। गैर-आदिवासियों को वे शत्रु मानते है क्योंकि उन्होंने बहुत सताया इतिहास में इन आदिवासियों को। सन् 1859 की अबेर्दीन की लड़ाई ताजा ऐतिहासिक वास्तविकता है। वे आदिवासी अभी भी पका हुआ खाना नहीं खाते, कपड़े नहीं पहनते, कृषि या बागवानी या कोई और कुटीर

उद्योग-उत्पादन नहीं करते, झोंपड़ी नहीं बनाते, सम्पत्ति की अवधारणा से कोसों दूर हैं। लेकिन जो बहुतायत में प्रकृति से उपलब्ध है उसे इस्तेमाल करते हैं और जो कमतर हो उसका संरक्षण। उदाहरणार्थ, हिरण कम हैं तो उनमें मृतक बुजुर्गों की आत्मा का वास मानते हैं। सुअर अधिक हैं तो उन्हें खाते हैं। हरियल (हरा कबूतर) कम हैं। उनमें पैदा होने वाले शिशुओं की आत्मा का वास मानते हैं। इसलिए पवित्र दृष्टि से देखते हैं। तीतर-बटेर खूब हैं। उनका शिकार करते हैं। नीले रंग की *स्टार फिश* विरली हैं। उनमें आदि मां परी का रूप देखते हैं। एक प्रकार से पूजनीय मानते हैं उन्हें। अन्य रंग (भूरे, मटमैले) की *स्टार फिश* उनका भोजन है। जब सूनामी आया था तो चौबीस घण्टा पहले समुद्र के भीतर की हलचल को भाँपकर पहाड़ियों पर चढ़ गये थे वे आदिवासी और अण्डमानी टापुओं में मृतकों की संख्या कम थी। निकोबार में जरूर बहुतायत में लोग मरे थे। वजह थी पहाड़ियों की ऊँचाई कम होना। प्रकृति के संकेतों का पूर्वाभास उन आदिवासियों को हो जाता है। प्रकृति के सगे हैं वे। इसलिए पर्यावरणीय चेतना उनके भीतर है। यह भी आदिवासी समाज से सीखा जा सकता है। और भी बहुतेरी विशेषताएं हैं उस संस्कृति में, मगर कोई अध्ययन तो करे।

प्रगतिशील विकास की प्रक्रिया के साथ आदिवासी शेष समाज के सम्पर्क में आयेगा। उसका कुछ अपना छूटेगा कुछ नया आत्मसात होगा। सांस्कृतिक यात्रा में अन्तर्क्रियात्मकता एवं परस्पर प्रभाव एक स्वाभाविक परिघटना है। दिशा अगर सकारात्मक है तो यह आदान-प्रदान सुखद होगा अन्यथा अपसंस्कृति का जनक। यहाँ सतर्कता व सावधानी काम नहीं आती, मूल्यबोध महत्वपूर्ण सिद्ध होगा। मूल्यबोध से तात्पर्य-बौद्धिक सजगता नहीं, प्रत्युत वातावरण व मनोदशा से है जहां संस्कृति की सुखद और स्वतःस्फूर्त मौलिकता बची रह सके। इस वैचारिक विश्लेषण को वास्तविक दृष्टांतों से समझा जा सकता है।

संस्कृति की आकर्षक एवं मनोरंजक अभिव्यक्ति गीत, नृत्यों और अन्य कला-कृतियों में देखी जा सकती है। राजस्थान-गुजरात के 'गवरी' व 'गेर' जैसे आदिवासी संगीत नृत्यों का उदाहरण लें। इस विधा के रूपों की एक अभिव्यक्ति परंपरागत है जहां प्रकृति के खुले आंगन और नियत पर्वावधियों में ये नृत्य होते रहे हैं। प्रस्तुति स्वतःस्फूर्त मिलेगी। उत्साह-उमंग-उल्लास सहज भावाभिव्यक्ति के रूप में कलाकारों और दर्शकों को बांधने में सफल होगा। दूसरी प्रस्तुति प्रायोजित हो सकती है। हेरीटेज होटलों और सरकारी व गैर-सरकारी पर्यटन, मेला-उत्सवों में ऐसे आयोजन किये जाते हैं तब परायों के सामने उनका मनोरंजन एकमात्र लक्ष्य होता है ताकि आयोजन का व्यावसायीकरण करके आमदनी की जा सके। भव्य व्यवस्थाओं और मजेदार खान-पान के बीच होने वाले ऐसे आयोजनों में कलाकार सजगता, बन्धन और

दबाव के बीच अपनी कला के प्रदर्शन के लिए या दो पैसा कमाने की जुगाड़ की विवशता की मानसिकता में होगा। वह अपनी कला का सफल प्रदर्शन करने का प्रयास करेगा लेकिन कृत्रिम और पराये माहौल में वह भीतर से पूरी तरह स्वयं को अभिव्यक्त करने की स्थिति में हो ही नहीं सकता। कला की अभिव्यक्ति उसके जीवन का हिस्सा नहीं रहकर अन्य के मनोरंजन के लिए प्रस्तुत की जा रही है। स्वार्जित कला की अभिव्यक्ति और अन्य हेतु उसकी प्रस्तुति में बहुत अंतर होगा। प्रस्तुति पराये दर्शकों के लिए विलक्षण, अचरजभरी व मनोरंजक हो सकती है लेकिन वे दर्शक कलाकार के अपने लोग नहीं होते हैं और न ही वातावरण व परिवेश उसका अपना होता है। जब तक वह अपनी धरती, परिवेश, वातावरण, मनोदशा और अपने जैसे लोगों के बीच महसूस नहीं करेगा तब तक खुलकर अपनी कलाभिव्यक्ति कर पाने की स्थिति में नहीं होगा। हमें यह समझना चाहिए कि कलाकार भोग, उपभोग का सामान न होकर गरिमामय मनुष्य होता है। आयोजन के दौरान मजे लेना और मनोरंजित होना अलग बात है तथा भाव-विभोर होकर एकमेक हो जाना सर्वथा पृथक। इस विमर्श से आदिवासी संस्कृति के भद्रीकरण की विरूपित स्थिति स्पष्ट होती है।

यहाँ विरोध सांस्कृतिक आयोजन स्थलों का भी नहीं, विरोध है नजरिये का। सांस्कृतिक प्रस्तुतियों को वैभव व विलास की दृष्टि से नहीं देखकर सांस्कृतिक मूल्यों (जिनकी चर्चा पहले की गई) के सम्मान और आत्मसात करने के दृष्टिकोण और ध्येय को ध्यान में रखकर देखना चाहिए तभी ऐसी संस्कृति मानव-चित्त में रमेगी व बसेगी और संरक्षित रहेगी। ध्यातव्य यह है कि सांस्कृतिक आयोजन सांस्कषतिक मूल्यों के संवाही होते हैं। अगर सांस्कृतिक मूल्य जीवन का आधार, प्रेरणा, व उर्जा नहीं बनते तो आयोजनों की कोई उपयोगिता नहीं। सांस्कृतिक कार्यक्रम मात्र मनोरंजन के 'एपीसोड' नहीं बल्कि सार्थक जीवन-यात्रा के छोटे-छोटे पड़ाव हैं- सतत अग्रगामी प्रवाह के परस्पर जुड़े हुए अंश।

जिन मानव-समुदायों का लम्बा अतीत होता है उनकी स्वतंत्र संस्कृतियां होती हैं। ये सभी संस्कृतियां मिलकर किसी राष्ट्र या बड़े समाज की समग्र संस्कृति बनाती हैं। किसी संस्कृति को आदर्श ढांचे के रूप में स्वीकार करना बहुत मुश्किल होता है। आदर्श ढांचों का दावा मूल्यपरक (सापेक्ष) होता है वस्तुनिष्ठ (निरपेक्ष) कभी नहीं। इसलिए किसी संस्कृति को 'मॉडल' मान लेना तर्क की विसंगति कहा जायेगा। आदिवासियों के संदर्भ में जब वे किसी बाहरी संस्कृति को मॉडल मानकर चलेंगे तो हीन भावना की मनःस्थिति स्वतः ही पैदा होगी क्योंकि तब वे किसी अन्य के पिछलग्गू बन रहे होते हैं। ऐसा करना या होना उनकी मानव गरिमा को ठेस पहुँचायेगा। अगर यह प्रक्रिया गरिमा-केन्द्रित है तो इसका स्वागत किया जाना चाहिए। विकास की धारा

से जुड़ने की स्थिति में सांस्कृतिक परिवर्तन अनिवार्य होगा। कुछ छूटेगा और कुछ कमोबेश जुड़ेगा।

सहज, परंपरागत और वंशानुगत प्रजातीय वृत्ति (recial instinct) से निर्मित संस्कृति चाहे कितनी भी गत्यात्मक हो उसकी अपनी सीमाएं होती हैं। ये सीमाएं समाज (वृहत्तर अर्थ में) और भौगोलिकता दोनों स्तर की होती हैं। संस्कृति के स्तर पर आदिवासी कितने भी गहरे हों, क्षितिजीय विस्तार का अभाव रहेगा। जैसे उनके निजी परिवेश के जल, जंगल, जमीन व जानवरों के स्वभाव की जानकारी उन्हें गहन हो सकती है, लेकिन बाहर देश दुनिया में क्या कुछ हो रहा है, इससे वे अनभिज्ञ रहेंगे। विवेक (intellect) मनुष्य को आगे ले जाता है। विवेक जिज्ञासा का जनक भी है और परिणाम भी। नन्हें शिशु से बालक बनने की प्रक्रिया पर जरा विचार करें। मां की छाती से चिपका शिशु पालने पर लेटता है। फिर वह अपने पैरों पर खड़ा होकर लड़खड़ाता चलता है। इसके बाद जैसे ही वह घर के बाहर का दृश्य देखता है तो बार-बार जिद करता है कि कोई उसे बाहर गलियों या सड़कों पर घुमाये। वह आनन्दित तो होता ही है, बार-बार नयी चीज या दृश्य के बारे में जिज्ञासापूर्वक पूछता है। यह प्रक्रिया है ज्ञानार्जन की। मानव विवेक (human intellect) के माध्यम से ज्ञान (knowledge) प्राप्त करने की जिज्ञासा। ज्ञान ही मनुष्य को स्वभावगत या थोपी गयी सीमाओं से मुक्ति दिलाता है और ऐसी ही मुक्ति मनुष्य को गरिमामय बनाती है। मनुष्य को गरिमा और मुक्ति चाहिए अर्थात् गरिमामय स्वतंत्रता, जो दूसरे की गरिमा की भी रक्षा करे।

मानव जीवन का कोई भी क्षेत्र स्वयं में परिपूर्ण व स्वतन्त्र नहीं। वह अन्य क्षेत्रों का पूरक है। इसलिए संस्कृति और विकास के संदर्भ में बात करेंगे तो आदिवासियों की प्रगति के लिए उनकी संस्कृति और जीवन के अन्य पक्षों की सीमाओं से परे उन्हें जाना होगा तथा ले जाना होगा। इस प्रक्रिया में वैकासिक संस्कृति भी बनेगी जो आदिवासी संस्कृति के परंपरागत मॉडल में संशोधन करेगी। यह संशोधन ऐसे होगा जैसे मेरा घर अब झोंपड़ी न होकर पक्का मकान होगा। भौतिक दशा के अनुरूप उस घर में एकाधिक कमरे होंगे यथा शयन-कक्ष, बैठक, अतिथि-कक्ष, अध्ययन-कक्ष, स्नानागार, बरामदा, रसोई वगैरह-वगैरह। मैं इन कक्षों में मेरी रुचि अनुसार मेरी संस्कृति का प्रतिनिधित्व करने वाली कला कृतियां मांडूंगा और मनमर्जी के पेड़-पौधे लगाऊंगा। और भी कई किस्म की सजावट करूंगा। मगर यह सब निर्भर करेगा मेरी प्राथमिकताओं पर। यह तो झोंपड़ी से पक्के मकान का मुद्दा है। हो सकता है मैं उस मकान में यह सब न करूं। मैं अब उन्नत हो गया। उन्नति का मॉडल मुझे किसी अन्य संस्कृति का भाता है। वह ईसाई, इस्लाम या हिन्दू हो सकता है। मैं वैसा कर सकता हूँ। विवेक इस्तेमाल करने के बाद मैं (विकास के कारण) भौतिक दृष्टि से समृद्ध हो

गया। अंततः मैं ग्लोबल एज के विज्ञापनों से प्रभावित होकर वैसी संस्कृति अपना सकता हूँ। अब मुझे कोई दोयम दर्जे का इन्सान नहीं समझता। मैं गरिमामय स्वतन्त्र मनुष्य हूँ। मैं अपनी रुचि से जी सकता हूँ। यहाँ आदिवासी संस्कृति और विकास के मध्य का तथाकथित टकराव स्वतः समाप्त हो जायेगा। प्रश्न यह है कि आप आदिवासी संस्कृति और संस्कृति-वाहक आदिवासियों का कटघरेनुमा म्यूजियम बनाना चाहते हैं या आदिवासियों का भौतिक विकास? विकसित आदिवासी जैसी चाहेगा वैसी संस्कृति अपनायेगा। यह उस पर छोड़ देने में क्या हर्ज है?

लम्बी संस्कृति की परम्परा कोई भी हो उसमें कुरीतियां, कुप्रथाएँ, अपनी किस्म के कर्मकाण्ड, अंधविश्वास पनपते हैं। आदिवासी समाज भी इनसे मुक्त नहीं है। इन बुराइयों को दूर करने के लिए समय-समय पर सुधार आन्दोलन उस समाज के भीतर चलते रहे और चलेंगे और चलने चाहिए ताकि 'सार सार को गहि रहें, थोथा देई उड़ाय।' निष्कर्षतः आदिवासी संस्कृति का 'सार' क्या है, इसके लिए आदिवासी संस्कृति की कुछ विशिष्टताओं को भद्र संस्कृति से तुलना करते हुए निम्न बिन्दुओं में समाहित किया जा सकता है—

- आदिम मूल्यों का संरक्षण आदिवासी संस्कृति का मुख्य ध्येय है जबकि भद्र संस्कृति का रूझान उत्तरोत्तर आधुनिकता की ओर रहता है। चाहे वह आधुनिकता भारत जैसे देशों के लिए पश्चिमी संस्कृति का अंधानुकरण ही क्यों न हो।
- सामूहिकता आदिवासी संस्कृति का एक अत्यंत महत्वपूर्ण गुण है। भद्र संस्कृति में अंततः व्यक्तिवाद हावी रहता है।
- आदिवासी संस्कृति में जहां सामुदायिक सहयोग एक मुख्य तत्व के रूप में दिखता है वहीं भद्र संस्कृति में व्यक्तिगत स्वार्थ दिखाई देता है।
- आदिवासी संस्कृति में व्यावसायिकता नहीं होती है, पारिश्रमिक की बात बिल्कुल अलग है। भद्र संस्कृति में अधिकाधिक लाभ की प्रवृत्ति खुले रूप में सामने आती है।
- आदिवासी जीवन में संस्कृति की अभिव्यक्ति सहज, नैसर्गिक व स्वतःस्फूर्त होती है जबकि भद्र संस्कृति में बनावटीपन नजर आता है।
- आदिवासी संस्कृति का गहरा संबंध जीवन से होता है। भद्रजन की संस्कृति फैशन व दिखावे के रूप में प्रस्तुत होती है। जीवन का अंग होना और सजावटी होने में जमीन आसमान का अंतर है।
- आदिवासी संस्कृति प्रकृति से निकटता से जुड़ी रहती है। इसके विपरीत आभिजात्य संस्कृति का अधिकांश कृत्रिमता लिए होता है।
- आदिवासी जीवन में प्रतिमान गढ़कर या शास्त्र रचकर संस्कृति को जड़ नहीं बनाया जाता जबकि कुलीन संस्कृति को व्याकरण में बांधकर जड़ बनाया जाता

है जिससे वह जटिल व दुरूह होती रही है। लोक नृत्य और शास्त्रीय नृत्यों के भेद से इसे आसानी से समझा जा सकता है।

- आदिवासी संस्कृति का गहरा जुड़ाव श्रम से है। उदाहरणार्थ, फसलों की बुआई-निराई-कटाई से संबंधित नृत्य-गीत सहज रूप में रचित-सृजित होते हैं। इससे भिन्न कुलीन संस्कृति फुरसत की उपज है। फुरसत आलस्य का ही दूसरा नाम है जो मनुष्य की सृजनशीलता का विरोध या कहें नकार है। फुर्सत की निर्मिति एकाकी घटना-क्रम होता है न कि सहज-सृजन।
- दोनों संस्कृतियों में एक बड़ा अंतर जो दिखाई देता है वह है अनौपचारिकता एवं औपचारिकता का। अनावश्यक औपचारिकता को भद्र संस्कृति के लिए अनिवार्य माना गया है। उठना-बैठना, खाना-पीना, कपड़े पहनना, यहाँ तक कि चलना, हंसना, सब कुछ औपचारिक और नपा-तुला। सांस्कृतिक आयोजनों के दौरान बैठने का क्रम तय करना भी औपचारिकता है, आदिवासी संस्कृति में सब कुछ सहज, भोला, मासूम, ईमानदार दिखता है।
- आदिवासी परंपरा में सांस्कृतिक अवदान अर्थात् किसने क्या जोड़ा या घटाया, यह गुमनाम-अनाम रहता है, जबकि भद्र संस्कृति में सांस्कृतिक अवदाता के नाम की पहचान व ख्याति का आग्रह है। कुछ के अलावा कोई नहीं जानता कि आदिवासी परंपरा के लोकगीत, नृत्य, नौटंकी और भी बहुत कुछ किसने कब रचे। भद्र परंपरा में सांस्कृतिक सृजन का अधिकांश नामजद होता है। भद्र समाज में सांस्कृतिक विकास प्रेरणा के स्रोतों पर मुख्यतः निर्भर होता है यथा गुरू, ग्रंथ व अन्य अगुवा व्यक्ति और अब मीडिया भी। आदिवासी संस्कृति वास्तविक जीवन पर आधारित होती है। आदर्शों का आग्रह भद्र संस्कृति में होता है जबकि आदिवासी संस्कृति यथार्थ केन्द्रित रहती आयी है। आदिवासी संस्कृति में अधिकांश जन की भागीदारी सृजन में होती है। साधारण-सा व्यक्ति कुछ न कुछ रच सकने की क्षमता रखता है, जबकि भद्र परंपरा में संस्कृति के प्रेरक तत्वों की विशिष्ट श्रेणी रहती आयी है जिसकी हमें अलग से पहचान दिखती है।
- आदिवासी सांस्कृतिक संसार में प्रकृति-प्रेम, आदिम सौंदर्य-बोध, नृत्य-गीत, कलात्मकता, उत्सव-पर्व-मेले, धार्मिक आस्थाएँ, सामाजिक संस्कार, मिथक, गणचिह्न, कथा-कहावत-पहेली-मुहावरे, खेल-कूद, एवं मनोरंजन की अन्य क्रियाएँ भद्र संस्कृति की तरह फुरसत के क्षणों को भरने वाली चीजें न होकर सम्पूर्ण जीवन, यथा मनोविज्ञान, आचरण, सिद्धांत एवं परंपरा, सृजनात्मकता, मूल्य-व्यवस्था से गहरा संबंध रखने वाली क्रियाशील प्रयोजनधर्मी सहज एवं आत्मीय अभिव्यक्तियाँ हैं।

इस परिप्रेक्ष्य में कार्ल मार्क्स ने महत्वपूर्ण बात यह कही है कि "संस्कृति के सबसे मूल्यवान तत्व वे हैं जो शोषक वर्ग के हितों का विरोध करते हैं और शोषित वर्ग के हितों की रक्षा में सहायक होते हैं। ये तत्व शोषित वर्ग को धरोहर के रूप में बहुधा वर्गहीन आदिम समाजों से प्राप्त होते हैं।" ('मार्क्स और पिछड़े हुए समाज' पृ. 41)

कुलीन वर्ग का समस्त दर्शन उसकी परजीविता के सैद्धान्तिक-समर्थन का रहा है और इसीलिए शोषणकारी होने के बावजूद उसने अपना स्थान समाज, धर्म, न्याय, मूल्य, शील, आदर्श तथा अमूर्त्त अलौकिकता तक के स्तर पर ऊँचा रखने का प्रयास किया है और उसके पग तले रूँदे-खुँदे शोषित वर्ग को नीचा सिद्ध करने का और इसीलिए उसके विरोध की संस्कृति को उसने हेय दृष्टि से देखा है।

लेकिन प्रति-प्रश्न खड़ा होता है कि विकास की धारा से जुड़ने वाला ऐसा आदिवासी सांस्कृतिक व्यवहार के स्तर पर परम्परागत मौलिकता के अर्थ में क्या अपनी आदिवासी छवि को खो देगा? बहुत सारे उदाहरण हमारे सामने हैं जो यह स्पष्ट करते हैं कि प्रशासनिक सेवाओं में भर्ती हुए कई व्यक्तियों ने गैर-आदिवासी महिलाओं से शादी की। कुछ मामलों में अपनी आदिवासी पत्नियों का परित्याग कर अन्य समाजों में विवाह किया। ऐसा अन्य के मामलों में भी होता रहा है। चर्चा का विषय आदिवासी है इसलिए विचार यह करना है कि ऐसा होने पर आदिवासी संस्कृति उस परिवार में किस रूप में बचेगी। इस प्रवृत्ति का नकार निसस्देह, विवेक सम्मत आचरण का विरोध होगा। चयन की स्वतंत्रता अपनी जगह महत्त्वपूर्ण होती है। इस उलझन का समाधान एकमात्र इस बात पर आधारित हो सकता है कि कोई भी व्यक्ति आदिवासी संस्कृति के अनुकरणीय पक्ष का कितना सम्मान और संरक्षण करता है। सकल समाज के हित में संस्कृतियों की मौलिकता (अभिव्यक्त स्वरूप) से महत्त्वपूर्ण उनके मूल्य होते हैं। मौलिकता का आग्रह इतिहास के लिए महत्त्वपूर्ण हो सकता है, मनुष्य का बेहतर भविष्य तो मानवीय मूल्यों पर ही निर्भर करेगा। इसी तरह प्रादर्श (exibition) संग्रहालय के लिए उपयोगी होते हैं, मनुष्य, मानवेतर प्राणी जगत एवं प्रकृति के सुरक्षित सह-अस्तित्व के लिए तो आदर्श ही अनिवार्य होंगे और इस संदर्भ में ऐसे आदर्शों की सीख आदिवासी संस्कृति से ली और दी जा सकती है। विज्ञान-तकनीकी, वैश्वीकरण, प्रदूषण व पूँजी के वर्चस्व के इस दौर में सार्वभौमिक मूल्य बचे रहेंगे तो सब कुछ सुरक्षित रहेगा अन्यथा बहुमुखी संकटों की संभावना सामने होगी।

आदिवासी धर्म एवं साम्प्रदायिकता

सम्पूर्ण विश्व में मानव समाज के स्तर पर धर्म की अवधारणा को स्वीकार किया गया है। धर्म को अतिमानवीय, अलौकिक, आध्यात्मिक, पराभौतिक, परलोक या ईश्वर के अनेकानेक अर्थो में समझने का प्रयास किया गया है। सरलीकृत रूप में यह कहा जा सकता है कि किसी अलौकिक सत्ता के प्रति आस्था या विश्वास की मानसिकता को धर्म कहा जा सकता है, जिसमें साकार या निराकार दैवीय तत्व को किसी न किसी रूप में शामिल माना जा सकता है। लूसी मेयर ने धर्म में विश्वास व कर्म दोनों का समावेश स्वीकार किया। आर.एच. लोवी ने धर्म को परिभाषित करते हुए लिखा है कि ''अति मानवीय प्रकार की जीव-आत्मा की सत्ता में विश्वास का प्रचलन पूरे विश्व में पाया जाता है।'' 'अलौकिक शक्तियों में विश्वास' पर आर.आर. मैरेट ने जोर दिया है।

भारत के आदिवासियों के संदर्भ में धर्म की व्याख्या प्रमुखतः जीववाद के रूप में की गई है। इसके साथ-साथ प्रकृतिवाद, गणचिह्नवाद, जादूवाद, पितृपूजावाद, अनेकेश्वरवाद, मानववाद जैसी अवधारणाओं में भी विश्वास पाया जाता है। कई ऐसे आदिवासी समुदाय हैं, जिनकी धार्मिक मान्यताओं में प्रकृति तत्वों एवं पूर्वजों को दैवीय शक्ति के रूप में पूजा जाता है। इसी प्रकार मानवेतर प्राणी जगत को भी आस्था का केन्द्र माना गया है। गणचिह्न, प्रचलित प्रकृति तत्व व मानवेतर प्राणी जगत के आधार पर विकसित हुए। ये गणचिह्न भी आस्था के केन्द्र के रूप में आदिवासी मानस पटल पर छाए रहे, आदिवासी धर्म को आदिवासी मौखिक परम्पराओं में प्रचलित मिथकों के आधार पर भी समझा जा सकता है।

आदिवासी लोगों के जीवन में अनेक ऐसी परिस्थितियाँ और समस्याएँ उठ खड़ी होती रही हैं, जिनका हल वे अपनी बुद्धि व कौशल पर नहीं कर पाते और जिन्हें वे धर्म व जादू से पूरा करते हैं। आदिवासी और जादूवाद के संबंधों पर चर्चा करते हुए मैलिनोवस्की ने कुछ ऐसा ही माना है।

आदि धर्म का मुद्दा आदिवासियों की अस्मिता और पहचान से जुड़ा हुआ है। जनगणना के दौरान उन्हें हिन्दू, मुसलमान, ईसाई या अन्य में डाल दिया जाता है। प्रथमतः, यह 'अन्य' क्या है? जो आदिवासी धर्मान्तरित नहीं होकर उनके मौलिक धर्म को मान रहे हैं, जिन्हें सरना, सारि, संसारी, जाहेर, इत्यादि कई नाम से पहचाना जाता रहा है उन्हें आदि धरम की श्रेणी में क्यों नहीं रखा जाता? और जो धर्मान्तरित हैं वे भी पूरी तरह अपनी मौलिकता को नहीं छोड़ते। अगर वे परिवर्तित धर्म की तुलना में अपने मूल धार्मिक विश्वासों, आस्थाओं व अनुष्ठानों को मानते हैं, तो क्यों न उन्हें भी 'आदि धरम' की श्रेणी में माना जाए?

जब धर्म की चर्चा की जाती है तो धर्म के दो स्तर ध्यान में आते हैं। पहला, धर्म का आदिम रूप जिसे हम आदि धर्म की संज्ञा देते हैं एवं दूसरा धर्म का संस्थागत स्वरूप। आदि धर्म की श्रेणी में प्रमुखतः लोक में प्रचलित धार्मिक आस्थाएं आती हैं जिनके केन्द्र में कोई अमूर्त्त या अवतरित ईश्वर न होकर लोक-देवता होते हैं जो वास्तव में मनुष्य रूप में जन्म लेते हैं और महान कार्यो के कारण देवता के रूप में स्थापित हो जाते हैं। ऐसे 'महापुरुष-परिवर्तित-लोक देवता' वास्तव में धार्मिक मिथकों के रूप में मान्यता प्राप्त करते रहे हैं। जब उनसे जुड़ी तिथि या अवसर विशेष धार्मिक उत्सव या मेलों के रूप में मान्यता पाने लगते हैं तो ऐसे अवसर संस्थागत रूप ग्रहण करते हैं। आदिधर्म इन लोक धार्मिक आस्थाओं से पूर्व के कालखण्ड का प्रतिनिधित्व करता है जो मूलतः प्रकृति तत्वों पर आधारित रहता आया है और जिसके मौलिक स्वरूप में अधिक संशोधन नहीं पाया जाता। यद्यपि विभिन्न अवसरों को मनाये जाने की परम्परा अवश्य विकसित होती रही है लेकिन वह प्रकृति तत्वों या ऋतुओं के आवागमन या फसल आदि से संबंधित ही पायी जायेगी।

आदि धर्म का अस्तित्व एक और रूप में चिन्हित किया जा सकता है। वह यह कि जो आदिवासी जन अपने मौलिक धर्म को छोड़कर किसी अन्य धर्म को अंगीकार कर चुके और चाहे हिन्दू, ईसाई, मुसलमान, बौद्ध या अन्य कोई भी बन गये, उसके बावजूद वे अपने मौलिक आदिम धर्म से जुड़ी कई आस्थाओं, मान्यताओं, विश्वासों एवं मिथकों को मानते चले जा रहे हैं। आस्थाओं की लम्बी परम्परा के कारण ऐसा होता है। विशेष रूप से धर्म का जो लोक स्वरूप दिखाई देता है उससे जुड़े तत्व मिलकर आदिधर्म के इस पक्ष को जिन्दा रखते हैं।

मुझे ध्यान आता है कि एक बार दिल्ली महानगर के खान मार्केट इलाके में धर्मान्तरित कुछ आदिवासियों ने अपना चर्च बनाया और उसे चर्च के स्थापत्य प्रतिमानों के अनुरूप ना बनाकर अपने आदिम लोक देवताओं के देवालयों की कुछ विशिष्टताओं को उसमें मिश्रित कर दिया। इस पर चर्च के पादरी ने एतराज किया और इस मुद्दे पर विवाद भी पैदा हुआ बताया। जब आदिधर्म पर विमर्श किया जाता है तो आदिधर्म के ऐसे जाने-अनजाने संरक्षित पक्ष को भी नजर-अन्दाज नहीं किया जाना चाहिए।

बाकायदा धार्मिक नायक या ग्रंथ के स्तर पर जब किसी धर्म की स्थापना की जाती है या अनुयायियों द्वारा कर दी जाती है तथा धर्म का संस्थागत ढांचा विकसित होता है यथा यहूदी, ईसाई, इस्लाम, बौद्ध, जैन आदि तो सभी धर्म किसी धर्म-नायक, पैगम्बर या ईश्वर पुत्र द्वारा स्थापित किये हुए माने जाते हैं, चाहे धर्म के आदि पुरुषों द्वारा बाकायदा धर्म की घोषणा की गई हो या उनके अनुयायियों द्वारा बाद में कर दी

गई हो। इसी श्रेणी में वैदिक धर्म आता है जो आगे चलकर हिन्दू धर्म के रूप में विस्तार पाता है। इस संदर्भ में वैदिक ग्रंथ अर्थात वेद, धर्म के आधार बनते हैं एवं पश्चातवर्ती धर्मनायकों यथा शंकर आदि द्वारा धर्मनायकों की भूमिका निभाई जाती है।

'आदि धरम' नामक रामदयाल मुण्डा की एक पुस्तक कुछ अरसा पूर्व प्रकाशित हुई है। पुस्तक की भूमिका में लेखक रामदयाल मुण्डा जी ने ठीक कहा है कि ''तथाकथित मुख्यधारा का आकर्षण भ्रांतिपूर्ण है। आदिवासी के लिए उसके अन्दर जाना अनंत काल के लिए गुलामी स्वीकार करना है।''

पुस्तक के आरम्भ में 'आदि धरम दर्शन' शीर्षक में शामिल सामग्री तथा आदिधर्म के बारे में मन्तव्य स्पष्ट किया हुआ है। पुस्तक दो भागों में विभाजित है। सामूहिक अनुष्ठान खण्ड में सार्वजनिक स्तर पर किये जाने वाले अनुष्ठानों तथा पर्वोत्सवों की जानकारी दी गई है। दूसरे खण्ड में व्यक्ति केन्द्रित अनुष्ठानों को शामिल किया गया है जिसमें गर्भ स्थिरीकरण, जन्म, नामकरण, कर्ण-बेध, विवाह, मृत्यु आदि से जुड़े संस्कारों की जानकारी दी गई है। पुस्तक के अन्त में लेखक ने डॉ. पौलूस कुल्लू की टिप्पणी दी है जिसमें डॉ. राम दयाल मुण्डा द्वारा पूर्व में लिखी 'आदि धरम' नामक पुस्तिका का जिक्र है। आधार-ग्रंथ सूची अर्थात सन्दर्भिका में कुछ महत्वपूर्ण पुस्तकों की जानकारी दी गई है जो आदिधर्म के विषय को समझने में काफी उपयोगी हो सकती हैं।

पुस्तक के अन्तिम कवर पृष्ठ पर 'आदि धरम' की प्रमुख विशेषताओं का जिक्र किया है जो आदिधर्म को समझने के लिये उल्लेखनीय है यथा :

- 'परमेश्वर (सिङबोंगा, चांदोबोंगा, धर्मेस इत्यादि) का सामाजीकृत स्वरूप (पिता, पितामह) अपेक्षाकृत अधिक महत्वपूर्ण है। आदिवासियों के बीच 'आजा-नाती' का संबंध सबसे मधुर माना जाता है। परमेश्वर मनुष्य के साथ इसी नातेदारी में बंधा है।
- प्रकृति के विशिष्ट अवयवों (पहाड़, नदी, जंगल इत्यादि) को ही परमेश्वर के प्रतीकात्मक सर्वश्रेष्ठ 'घर' के रूप में स्वीकार करना। कृत्रिम संरचनाएं-मंदिर, मस्जिद, गिरजा इत्यादि आवश्यक नहीं।
- मनुष्य के अमरत्व में विश्वास करना। यहाँ प्रतीकात्मक अमरत्व प्रतिबिंबित हुआ है मृतक की आत्मा की छायारूप में घर वापसी के अनुष्ठान में, जो कि थोड़े-बहुत अंतर के साथ सभी आदिवासी समुदायों में संपन्न होता है।
- आदि धरम व्यवस्था में मुनष्य पाप-पुण्य और स्वर्ग-नरक की अवधारणाओं से अपेक्षाकृत कम ग्रसित है। समाज सम्मत काम ही पुण्य है और समाज विरोधी काम पाप। आदमी स्वर्ग, नरक या अन्यत्र कहीं नहीं जाता। सामाजिकता ही स्वर्ग है, असामाजिकता नरक।

- बिना किसी मध्यस्थता (पंडित, मौलवी, पादरी इत्यादि) के परमेश्वर से सीधे जुड़ने की अपेक्षाकृत अधिक स्वतंत्रता। आदिवासी के सभी अनुष्ठान न्यूनतम कर्मकांड से संपन्न होते हैं।
- सृष्टि के अन्य अवदानों (सजीव, निर्जीव) के साथ समानता और पारस्परिक सम्मानबोध के आधार पर सहअस्तित्व। मनुष्य को सारी सृष्टि में सर्वश्रेष्ठ मानने की धृष्टता नहीं।
- आदि धरम सृष्टि के साथ ही स्वतःस्फूर्त है, कालातीत है। किसी अवतार, मसीहा या पैगम्बर पर आश्रित नहीं।'

विश्व के सामने आज ग्लोबल वार्मिंग एवं आंतकवाद सबसे बड़ी चुनौतियां हैं। इस पुस्तक में इन समस्याओं के प्रति चिंता और आदि धरम के माध्यम से इनका समाधान सुझाया गया है।

इस पुस्तक में मुण्डा जी ने पर्यावरण-संतुलन को लेकर एक उदाहरण दिया है, जो असुर आदिवासियों के औद्योगीकरण (शस्त्र निर्माण) और फलतः पर्यावरण संतुलन गड़बड़ा जाने और ईश्वर (सिंगबोंगा) द्वारा दिन-रात के समय-चक्र का महत्व बताकर उन्हें रोकने से सम्बन्धित है।

इस किंवदन्ती में शस्त्र-निर्माण स्थलों पर रात-दिन काम करने से तापमान में वृद्धि और विश्राम न करने से मनुष्यों की खोयी ऊर्जा की पुनःप्राप्ति न होने की समस्या का समाधान रात के महत्व को समझाकर किया गया है।

एक रोचक कथा दिन-रात की रचना से सम्बन्धित है। कथा इस प्रकार है कि आदिवासी किसान द्वारा जंगली इलाके में झाड़-झंखाड़ उखाड़कर कृषि हेतु खेत तैयार किये जाते हैं। ईश्वर ने उससे खेत के बारे में पूछा और संवाद इस तरह चला—

"यह खेत कब तैयार किया?"

"आज ही," मनुष्य ने कहा।

"और यह?" दूसरे खेत की ओर इशारा करते हुए परमेश्वर ने पूछा।

"वह भी आज ही," आदमी ने जवाब दिया।

"और वो वाला?" एक दूर खेत की ओर परमेश्वर इशारा कर रहा था।

"वह भी आज ही," आदमी ने जवाब दिया।

"तो तुमने ये सारे खेत आज ही बनाए?"

"जी।"

ईश्वर ने सोचा मैंने केवल दिनों की ही रचना की है। मनुष्य विश्राम कब करेगा एवं इसी तरह अन्य प्राणी भी। यह दशा देखकर ईश्वर ने विश्राम के लिए रात की रचना की।

आदिवासियों का प्रकृति पर आधारित धर्म है और प्रकृति तत्व सारी पृथ्वी के लिए जीवनदायनी तत्व है। यहाँ कोई साम्प्रदायिक कट्टरता को स्थान नहीं। यह धर्म सभी मनुष्यों की धार्मिक आस्थाओं का आधार या केन्द्रीय तत्व बनने की क्षमता रखता है। इसको स्वीकार करने या इसकी ताकत को पहचानने से अन्य धर्मों में कट्टर होने के जो सम्भावित तत्व हैं उन्हें समाप्त किया जा सकेगा जो साम्प्रदायिकता से गुजरकर अन्ततः आंतकवाद को जन्म देते हैं।

धर्म की इस अवधारणा के अनुसार मृत्यु के बाद मनुष्य किसी परलोकी स्वर्ग-नरक में न जाकर अपने ही घर में वापस आता है और अमूर्त्त शक्ति के रूप में घरवालों को प्रेरणा देता रहता है। अगर वह महान कर्म करने वाला व्यक्ति रहा होता है तो लोक देवता के रूप में प्रतिष्ठित हो जाता है।

इसके अनुष्ठान बहुत सरल हैं। पुजारी उनका अपना होता है। उसे हिन्दू वेद-मन्त्रों को सीखने की आवश्यकता नहीं। आनुष्ठानिक सामग्री घर-गाँव में उपजी या बनी होती है। सारे धार्मिक आयोजन सामूहिक भागीदारी पर आधारित होते हैं। समानता की भावना महत्वपूर्ण होती है। सारे धार्मिक अवसर सांस्कृतिक रूप लिए हुए होते हैं।

भारत में संथाल आदिवासी जनसंख्या की दृष्टि से सर्वाधिक हैं जो झारखण्ड व बिहार में रहते हैं। लेखक ने विस्तार से संथाल सहित अंचल में रहने वाले अन्य आदिवासियों यथा मुण्डा, हो आदि के धार्मिक पक्षों के बारे में बताया है। उनके प्रमुख पर्वों में सरहुल है जिसे उनका बसंतोत्सव (प्रकृति पर्व) कहा जा सकता है। दूसरा बड़ा त्यौहार करमा है जो कृषि पर्व के रूप में मनाया जाता है। मवेशी पर्व के रूप में सोहराई और वर्ष के अंत में आखेट पर्व जिसे फागुन मास की पूर्णिमा को मनाया जाता है। पर्व के दौरान किये जाने वाले सामूहिक शिकार का बंटवारा सारे गाँव में किया जाता है। जिन परिवारों में पुरुष या शारीरिक दृष्टि से सक्षम सदस्य नहीं होते उन घरों में भी शिकार को बाँटा किया जाता है।

भेलवा पूजन खरीफ की फसल की बुआई के बाद अगस्त-सितम्बर में होता है जिसमें भेलवा वृक्ष की टहनियों को धान के खेत में बीच-बीच गाड़ा जाता है। वैज्ञानिक शोध से निष्कर्ष निकले हैं कि भेलवा पेड़ में कीटनाशक तत्वों का जबर्दस्त समावेश होता है जो फसल के लिए हितकारी है। आयुर्वेद में भेलवा का तेल एक शक्तिशाली कीटनाशक के रूप में जाना जाता है।

झारखण्ड-आदिवासियों के धर्म को सरना, छत्तीसगढ़ के गोंड धर्म को गौण्डी, राजस्थान-गुजरात-मध्यप्रदेश के भीलों के धर्म को भीली कहा जाता है। इन धर्मों का हिन्दू या किसी अन्य धर्म से कोई वास्ता नहीं। आदिवासी समुदायों के सभी धर्म मिलकर आदिवासी धर्म अर्थात, आदि धरम बनते हैं।

भारत के प्रमुख धर्मावलम्बियों में हिन्दू व मुसलमानों के बाद तीसरा स्थान जनसंख्या की दृष्टि से आदिवासियों (दस करोड़) का आता है। फिर भी इस आदि धरम को पृथक धर्म की मान्यता नहीं दी गयी है। यह असन्तोष आदिवासी समाज के भीतर व्याप्त है।

30 जुलाई, 2009 के दिन आदिवासी धर्म परिषद के तत्वाधान में संसद भवन के समक्ष आदिवासी समाज के प्रतिनिधियों ने धरना दिया। यह एक दिवसीय धरना पूर्व मंत्री तथा आदिवासी धरम परिषद के सहसंयोजक देव कुमार धान की अध्यक्षता में सम्पन्न किया गया। यह बात जोर देकर उठायी गयी कि आदि धरम को मान्यता न मिलने के कारण आदिवासी समाज अपनी धार्मिक पहचान खो रहा है। निर्णय लेते हुए आदि धरम कोड और 2011 की जनगणना में धर्म सम्बन्धी कॉलम में आदि धरम को शामिल करने की मांग की गई। यह भी ऐलान किया गया कि यदि ऐसा न किया गया तो फरवरी 2011 में संसद का घेराव किया जाएगा और देशभर में आन्दोलन चलाया जाएगा। धरने के उपरांत केन्द्रीय गृहमंत्री पी. चिदम्बरम को ज्ञापन दिया गया। इस धरने में देश के आदिवासियों के विभिन्न संगठनों एवं कई गैर-सरकारी संगठनों ने हिस्सा लिया।

समाज का जो भी तबका किसी भी तरह वंचित रहा, अल्पसंख्यक रहा, वर्चस्ववादी व्यवस्था से पृथक रहा उसके लिए अपनी पहचान व अस्मिता का संकट हमेशा रहा है। लेकिन अलग-अलग रहने या जागृति के अभाव में स्वयं की पहचान एवं अस्मिता या कहें स्वत्व या मान (esteem) का अहसास नहीं कर पाया, वह अनेक प्रकार के भौतिक एवं भावनात्मक दबावों और तज्जनित समझ की वजह से चेतने लगा है। आज अगर दलित अपना मौलिक धर्म (जैसे धर्मवीर के 'आजीवक') तलाशने का प्रयत्न करता है, या स्त्री अपनी मौलिकता सृजन की महत्ता में खोजने लगी है और अन्य पिछड़े सामाजिक घटक भी अपनी पहचान के लिए कुछ न कुछ 'मौलिक' ढूँढ़ने का प्रयत्न करने लगे हैं तो आदिवासियों के 'आदि धरम' की ही तरह इन सभी तबकों की संस्कृति, भाषा, साहित्य, अतीत का वर्चस्व आदि से जुड़े सवाल उठेंगे। ये सारे सवाल इन घटकों की पहचान और अस्मिता से ही अतंतः जुड़े सिद्ध होंगे। जब आदिवासी धर्म, संस्कृति या धरोहर की बात चलती है तो यही पहचान और अस्मिता केन्द्र में दिखेगी और इस वैश्विक वर्चस्ववादी दौर में ऐसे सारे मुद्दे जोर-शोर से उठने शुरू होंगे, जो कि हो रहे हैं।

"...ये लो—आदिवासी सड़कों पर उतर आये। उनके गाँवों में परचे बाँटे गये हैं। वे अपने सीधे-सादे परम्परागत हथियारों से लैस लूट में शामिल हो गये। ...अचानक इन आंदिवासियों को क्या हो गया? बरसों से आस पास के गाँव में रह रहे हैं। सुबह

होते ही झुंड के झुंड मजदूरी की तलाश में सड़कों पर नजर आते हैं। गाँवों में रोजगार कहाँ? न इनके पास खेत है न जंगल पर अधिकार। राजनैतिक उपेक्षा, सरकारी उदासीनता और ठेकेदारों के दुष्चक्र ने इन्हें उपेक्षित, असंगठित मजदूर बना दिया है। इनका कोई सार्थक संगठन नहीं है और न कोई प्रवक्ता। कोंकणी और धोरिया भाषा का ऐसा संकर रूप बोलते हैं कि बड़ी कठिनाई से समझ में आती है। परम्परागत रूप से शांत, अपनी ही दुनिया में मस्त और गरीबी की निम्नतम रेखा पर जीवित इन अनपढ़ आदिवासियों के ये आक्रामक तेवर! क्या इन्हें इसलिए आगे किया गया है कि इनके पीछे छिपकर वार करनेवाला नजर न आये? (लता शर्मा, जनसत्ता, 7 अप्रेल, 2002)

"अहमदाबाद, 11 मार्च, गुजरात के बड़ोदरा जिले के क्वांट तालुका के गाँव पानवाड़ में सोमवार को हमला करने आये करीब पाँच सौ आदिवासियों को काबू में करने को पुलिस को गोलियां चलानी पड़ी, लेकिन कोई हताहत नहीं हुआ।" (दैनिक भास्कर, ता. 12 मार्च, 2002)

ऐसी अनेक खबरें प्रकाशित हुईं।

सरकारी सूचनाओं के अनुसार गुजरात में गोधरा काण्ड (27 फरवरी, 2002) और उसके बाद हुआ साम्प्रदायिक नरसंहार एक हजार के ग्राफ की ओर तेजी से बढ़ता गया। इस भीषण रक्तपात, आगजनी और लूटपाट पर बड़े-बड़े लोगों द्वारा बड़े-बड़े बयान जारी किये गये। इस संबंध में बहुत लोगों को बहुत जानकारी थी और हो रही थी। जन प्रतिनिधि, राष्ट्रीय मानवाधिकार आयोग, राष्ट्रीय अल्पसंख्यक आयोग, अन्य गैर-सरकारी संगठन, मीडिया और सरकारी जाँच आयोग आदि ने इन दंगों को, दंगों के असर को, दंगों की रोकथाम के मुद्दों को अपने-अपने ढंग से देखा। पर, इन दंगों पर लता शर्मा के लंबे आँखों देखे हाल की पूर्वोक्त पंक्तियां एवं अखबार में छपी उक्त खबर आदिवासियों से संबंधित है, जो कुछ सवाल खड़े करती है :

- क्या मौका देखकर आदिवासियों ने लूटपाट और जरूरत पड़ी तो आगजनी, मारपीट व हत्याएँ कीं? अगर ऐसा, तो क्या पीड़ित पक्ष केवल मुसलमान ही रहा?
- क्या स्वभावतः आदिवासियों के मन में मुस्लिम विरोध की गहरी पृष्ठभूमि रही है?
- समाज की मुख्य धारा से अलग-थलग पड़े रहने वाले आदिवासीजन को क्या किसी नियोजित षड्यंत्र के तहत इस कदर हिंसक बनाने की तैयारियां की गई?

सब कुछ लुट-छिन जाने की दशा में नंगे-भूखे आदिवासी समूहों द्वारा गाँव-कस्बों, मेलों पर धावा बोलने के कतिपय उदाहरण मिल जायेंगे, जिन्हें इस समुदाय की आपराधिक प्रवृति न मानकर जीने के लिए विकल्पहीन विवशता मानना चाहिए। जहाँ तक जानकारी है, गुजरात में हुई मनुष्य विरोधी घटनाओं के दौरान आदिवासियों ने

हिन्दू घर-परिवारों पर हमले नहीं किये। प्रथम प्रश्न का सही उत्तर इतना-सा ही है। जहाँ तक दूसरे सवाल के जवाब की बात है, वह निस्संदेह नकारात्मक है। मुद्दा कहीं न कहीं तीसरे सवाल पर जाकर टिकता है।

'उद्भावना' (जनवरी, 2002) के साथ छपी पुस्तिका ('संघ परिवार की लपेट में आदिवासी') में हरीश रायजादा का एक महत्वपूर्ण लेख है। इस लेख की शुरुआत इस तरह हुई है—

''पिछले कुछ समय से गुजरात के आदिवासी क्षेत्रों में राष्ट्रीय स्वयं सेवक संघ ने अपने संगठन के आधार को मजबूत और व्यापक किया है और आदिवासियों के मन में धर्म और आध्यात्म के बहाने हिन्दू धर्म की मान्यताओं और हिन्दू धर्म के मूल्यों को बिठाने का प्रयास किया है। अपने घोषित उद्देश्य 'आदिवासियों का कल्याण करना' के मूल में संघ पूजापाठ, भजन-कीर्तन और धार्मिक प्रवचनों के माध्यम से आदिवासियों को अविकसित और पिछड़े रखने का कार्य ही कर रहा है। आदिवासी क्षेत्रों में उनकी अज्ञानता और अशिक्षा का लाभ उठाकर उनमें हिन्दूवादी विचारों का प्रचार करना संघ का मूल दर्शन है।''

22 जनवरी, 1999 की रात ग्राहम स्टेंस को उसके दो बच्चों के साथ जलाकर मार देने के नृशंस कांड में आदिवासी बाहुल्य मयूरभंज (उड़ीसा) इलाके में बजरंगी दारा सिंह एण्ड कम्पनी ने आदिवासियों का इस्तेमाल किया था। भाजपा के आदिवासी(?) सांसद दिलीप सिंह जूदेव ने क्रूर दारासिंह का मुकदमा लड़ने का खुला ऐलान किया था। ('उद्भावना' वही अंक)

'भोपाल, 16 जनवरी, 2002-झाबुआ में गुरूवार को हिन्दू संगम शुरू हो गया है। राष्ट्रीय स्वयं सेवक संघ, सेवा भारती एवं अन्य हिन्दू संगठनों द्वारा आयोजित इस कार्यक्रम में ढाई से तीन लाख लोगों के शामिल होने का अनुमान है। भोजन व्यवस्था की जिम्मेदारी इन्दौर को सौंपी गयी है। वहाँ से भोजन झाबुआ भेजा जायेगा। ...सेवा भारती के करीब तीस हजार कार्यकर्त्ताओं ने यह जिम्मेदारी ली कि वे गाँव-गाँव जाकर आदिवासियों को हिन्दू धर्म के प्रति जागृत करेंगे। ...संघ के दावों पर यकीन किया जाये तो झाबुआ जिले में खत्म हुए धर्म जागरण अभियान में 2485 गाँवों के सवा तीन लाख घरों में देवालयों की स्थापना हुई। 28 लाख लोगों ने हनुमान जी के लॉकेट पहने। ...पाँच वर्ष पहले सेवा भारती द्वारा एकलव्य विद्यालय योजना शुरू की गई। आज झाबुआ, धार जिलों में 342 एकलव्य विद्यालय चल रहे हैं। अगली कड़ी में तीन साल पहले श्रद्धा जागरण के लिए गाँव-गाँव से कांवड़ यात्रा निकाली गई। इसमें 1600 स्थानों पर गणेश स्थापना की गई। 'लंबी कार्य योजना के तहत' यह तय किया गया कि हर गाँव में एक कार्यकर्त्ता 5 से 7 दिन का समय देकर गाँव के हर परिवार में

जाकर परिवारजन से हिन्दू धर्म के बारे में चर्चा कर देवालय की स्थापना करेगा। साथ ही उस घर पर एक भगवा पताका, द्वार पर हिन्दू प्रतीक चिन्ह और परिवार के हरेक सदस्य के गले में 'पवित्र' लॉकेट पहनाएगा। इस अभियान में लगे संघ के लोगों ने पाया कि क्षेत्र में 1.25 लाख परिवार ऐसे भी हैं जहाँ आज तक किसी भगवान का चित्र नहीं था जबकि दो लाख परिवारों में कुछ भगवानों के चित्र तो थे, किन्तु वहाँ पूजा नहीं होती थी, जो इस अभियान के बाद शुरू हो गयी है।'' (जनसत्ता, 17 जनवरी, 2002)

(25 मार्च 2002) गंगापुर सिटी (राजस्थान) में ताजियों के जुलूस के रास्ते में हिन्दू संगठनों द्वारा यज्ञ-हवन शुरू कर बाधा पैदा करने की दशा में बाधकों को हटाने के प्रयास में पुलिस को गोली चलानी पड़ी। परिणामतः तीन हिन्दू मारे गये। इनमें आदिवासी कोई न था। चार गाँवों में दूसरे समुदाय के धर्म स्थलों/कब्रों में तोड़फोड़ की घटनाएँ हुई।

सिक्के का दूसरा पहलू भी है जो उसकी 'टेल' नहीं वरन् 'हैड' है, जिस पर बाल नहीं, सीधे खड़े प्रश्न हैं, जैसे आदिवासियों की आदिम-परम्परागत धार्मिक मान्यताएँ, विश्वास, आस्थाएँ, श्रद्धा-प्रतीक, मिथक, प्रेरणा स्रोत आदि कहाँ तक हिंदू धर्म से मेल खाते है? मेल भी खाते हैं या नहीं? आदिवासियों के लोक देवता व पूजनीय पुरखों के बारे में सनातन हिंदू धर्म के आधार-ग्रंथों यथा वेद, पुराण, उपनिषद, गीता आदि में क्या कोई जिक्र है? 'महान' ऋषि-मुनिजन परपंरा में क्या उनकी गाथाएँ हैं? सैकड़ों तीर्थ स्थलों और चार धामों (मठों) के परिसरों में क्या उनका कोई स्थान है? प्राचीन काल, मध्य काल, ब्रिटिश काल एवं इस आधुनिक काल में भारतीय मुख्य समाज के हाशिए में और इस मुख्य धारा से अलग-थलग जंगलों या डेराबंदी शैली में जीवन जीते रहने वाले आदिवासी समूहों पर कौन-कौन-से बाहरी दबाव पड़े और उनका आदिवासी समाज पर क्या असर पड़ा, विशेष रूप से धर्म और संस्कृति के परिप्रेक्ष्य में? ईसाई मिशनरियों की होड़ में हिन्दू संगठनों के प्रयासों से किस प्रकार के परिणाम सामने आये और इन परिणामों का आदिवासी समाज के उत्थान से क्या कोई वास्ता रहा? अगर प्रक्रिया या प्रचार के स्तर पर इन प्रयासों का आदिवासी-हित से कोई वास्ता रहा तो वह कितना सार्थक सिद्ध हुआ?

ये ऐसे सवाल हैं जो गहन शोध की माँग करते हैं। विडम्बना यह है कि आदिवासियों को लेकर अब तक जितना कुछ समझा व लिखा गया उसका अधिकांश खारिज़ करने लायक है। तभी तो अंग्रेजों और देशी शोषकों (दिकुओं) के विरुद्ध लड़ने वाले बिरसा मुंडा (1875-1900) जैसे आदिवासी महानायकों को स्वतन्त्रता संग्राम के नायकों की श्रेणी में नहीं रखा जाता, मानगढ़ में डेढ़ हजार आदिवासियों की महान शहादत (1913) को भारतीय इतिहास में नहीं पढ़ाया जाता और किशोरावस्था से

अंग्रेजों के छक्के छुड़ा देने वाली नागारानी गाईदिल्ल्यू (1932-47) को आदिवासी विशेषज्ञों द्वारा विश्व हिन्दू परिषद की सलाहकार साबित कर दिया जाता है।

इन सवालों पर गंभीरता से विचार किया जाये तो बात बहुत दूर-अतीत के तहखानों की सुरंग दर सुरंग मिथकैतिहास के उन काल-खंडों को भेदती उतरती चली जायेगी जहाँ भयंकर उथल-पुथल हुई थी। हजारों सालों से पंचनद प्रदेश, गंगा-जमुनी, सरस्वती मैदानों, मध्य भारत व सागरों से सुरक्षित सदूर दक्षिणांचल तक यहाँ-वहाँ आदिम अवस्था में बसती-विचरती इस महादेश की मूल मानवता। बाहरी आक्रांता आते हैं—उस जमाने के हिसाब से आधुनिक-विकसित साजो-सामान से लैस, तुलनात्मक दृष्टि से अधिक तेज-तर्रार, चतुर-चालाक। मूल वाशिदों में जो मारे गये वे खत्म हुए, जो पकड़े गये वे दास-दलित बना दिये गये और जिन्हें खदेड़ते-रगेदते वन-पर्वतों में धंसा दिया गया, उन्हें विद्रोही-आतंकी-दैत्य-दानव-असुर-राक्षस...न जाने क्या-क्या बना दिया और इन संज्ञाओं की मनगढ़ंत अवधारणाएँ आरोपित कर तद्नुरूप उनकी आकृतियां, आचरण, संस्कार, सभ्यता, संस्कृति गढ़ी गयी।

सामान्यीकृत दृष्टिकोण से दो तरह की मानव प्रजातियों के मध्य यह युद्ध क्रम था, दो सभ्यताओं के बीच का संघर्ष, जो लंबे अर्से तक चला संग्राम व संधियों के दौर के साथ अनेकानेक चरणों में। इसे नाम दिया सुरासुर संग्राम, देव-दानव युद्ध, धर्म व अधर्म के बीच की लड़ाई वगैरह...। युगों युगों चले इस दीर्घ संघर्ष में जो मूलवासी अपनी आदिम पहचान के साथ दुर्गम वन-पर्वत-घाटियों में अब तक बचे हुए हैं, वे ही निस्संदेह आज के आदिवासी हैं।

यह सब सोचते हुए बीच-बीच में एक सवाल मेरे दिमाग में उठता है—वे सुर या देवता यदि पृथ्वी से अलग किसी सर्व सुखसम्पन्न स्वर्गलोक में मजे करते थे तो उन्हें इस मृत्युलोक में रहने वाले उन आततायी असुरों, पापी राक्षसों व दुष्ट दैत्य-दानवों से लड़ने के लिए बार-बार क्यों आना पड़ा था? क्या था आखिर इस भवसागर-मृत्युलोक-पृथ्वी पर जिससे मुक्त होने के लिए वे ही ईश्वर, देवता व उनके प्रति आस्थावान ऋषि-मुनि-आचार्य-पंडित-पुरोहित लगातार सीख देते रहे?

यह पृष्ठभूमि उस प्रश्न के उत्तर के सूत्र खोजने के लिए देनी आवश्यक समझी गई जिसमें हमें आदिवासियों की धार्मिक परम्परा को समझना है।

आदिवासियों की अपनी परंपरागत धार्मिक मान्यताएँ रही हैं। उनके अपने लोक देवता हैं (क्षमा करें, देवता शब्द के अलावा इस सन्दर्भ में दूसरा कोई नाम मुझे याद नहीं आ रहा हैं) जो पृथ्वी लोक से परे किन्हीं अदृश्य (काल्पनिक) स्वर्गों या बैकुंठों के वासी न होकर उनके इर्द-गिर्द खेतों की मेंड़, दरख्तों के तले, नदी-नाले-तालाबों के किनारे, डूँगरियों-टेकरियों-टीलों पर रहते आये हैं। ये देवता आलीशान धर्मस्थलों में

साज-शृंगार के साथ नहीं दिखते और न ही इन्हें छप्पन भोग परोसा जाता है। ये तो इन्हीं आदिवासियों—'अधमानुष जंगली-जाहिल-गंवार' लोगों जैसे हैं। इन देवताओं में अधिकांश तो आदिवासियों के पितर-पुरखे ही होते हैं। दुख-दर्द व खुशी के मौकों पर अपने जैसे इन्हीं देवताओं को भजते-पूजते आये हैं ये आदिवासी। इन देवताओं से आदिवासीजन किसी पारलौकिक अमूर्त्त मोक्ष की कामना नहीं करते। बस, रोटी-कपड़ा-झोंपड़ी का जुगाड़ होता रहे—इतनी ही मनौती करते हैं। बेतरतीब चबूतरों-देवलों में माथा दिये आदिवासियों के इन देवताओं को किस सनातन हिन्दू धर्म-दर्शन-शास्त्र-संस्कृति की 'महान' परम्परा में माना जाये, जिसके निकट ये उजड्ड आदिवासी जाएँ तो यह 'महान' परम्परा अपवित्र होती है? वेद-पुराण, उपनिषद-गीता वगैरह का ये आदिवासी लोग नाम तक नहीं जानते। अलग-अलग समूहों में बंटे रहने के बावजूद आदिवासियों में वर्ण-व्यवस्था का विचार नहीं है।

उपरोक्त तथ्यात्मक स्थिति को देखते हुए यह कहा जा सकता है कि आदिवासी धर्म-परम्परा का सनातन हिन्दू धर्म परम्परा से कोई सम्बन्ध नहीं रहा है। इसके विपरीत प्राचीन काल में एक-दूसरे के विरोध में ये दोनों परम्पराएँ रही हैं। लंबी संघर्ष प्रक्रिया में जो आदिम समूह वर्णाश्रमी समाज के अधीन होते गये और पिछड़े व दलित श्रेणी में आते गये उनका हिंदूकरण हुआ, चूँकि वे अपने सोच, संस्कृति, धर्म, जीवन शैली, परम्परा में स्वतन्त्र नहीं रह सके। जो आदिवासी समूह अब तक मुख्य समाज से कटे हुए हैं वे अपनी धार्मिक परम्परा का निर्वहन करते आ रहे है। उनका इस हिन्दू धर्म परम्परा से कोई वास्ता नहीं रहा, इसलिए उनके हिन्दूकरण की प्रक्रिया को विभिन्न हिन्दू संगठन तेज किए जा रहे है।

धर्म के क्षेत्र में (हिन्दू धर्म के संदर्भ में) आदिवासियों के हिन्दू-संविलयन एवं स्वतन्त्र आदिम परम्परा का विश्लेषण करते हुए विख्यात समाजशास्त्री डॉ. घुर्ये का मत है कि धार्मिक दृष्टि से आदिवासियों को तीन श्रेणियों में बाँटा जा सकता है—''पहली वे, जिन्होंने लड़कर हिन्दू समाज में उच्च स्थान जीत लिया है जैसे राजगौण्ड। दूसरे वे जिनका आंशिक रूप से हिन्दूकरण हो चुका है तथा वे हिन्दू समाज के नजदीक आ चुके हैं और तीसरी श्रेणी उनकी जो अब भी गहन जंगलों व पहाड़ों तक सीमित हैं और बाहरी संस्कृति के प्रति जिनमें जबरदस्त प्रतिरोध है।''

डॉ. घुर्ये के मत से सहमति रखते हुए प्रथम व द्वितीय श्रेणी में निस्संदेह राजगौण्ड, मीणा, उराँव समुदायों को शामिल किया जा सकता है। तीसरी श्रेणी का बेहतरीन उदाहरण हमारे सामने झाबुआ के मामा भील एवं अण्डमान के जारवा एवं सेंटेनली आदिवासी हैं। मगर डॉ. घुर्ये का यह कहना सही नहीं लगता कि पहली श्रेणी के आदिवासियों ने 'लड़कर हिन्दू समाज में उच्च स्थान जीत लिया है।' प्रथम व द्वितीय

श्रेणी के आदिवासियों के हिन्दूकरण को आदिवासी धर्म के विकल्प के रूप में नहीं मानकर हिन्दू समाज की मुख्य धारा में शामिल होने की आकांक्षा के रूप में देखना होगा। मगर इस प्रक्रिया में हिन्दू समाज में इन आदिवासियों का स्तर निम्नतर ही दिखायी देता है। इस उलझन से बचने के लिये डॉ. घुर्ये आखिर में इन आदिवासी समूहों को 'पिछड़े हिन्दुओं की श्रेणी' में ही रखते हैं। साथ ही यह मानना पड़ता है कि 'वे हिन्दू नहीं हैं', बल्कि हिन्दुओं के सम्पर्क में आते जा रहे हैं और उनके इस संक्रमण के साथ बहुत-सी सामाजिक वर्ण-व्यवस्था व आर्थिक शोषण की त्रासदियां जुड़ी हुई हैं।'

डॉ. घुर्ये जब यह कहते हैं कि राजगौंड जैसी जनजातियों ने लड़कर हिन्दू समाज में उच्च स्थान जीत लिया है तो वे भूल जाते हैं कि हिन्दू परम्परा में वर्णाश्रमी व्यवस्था की जड़ता इतनी जबरदस्त है कि हिन्दू समाज के क्षत्रिय व वैश्य भी ब्राह्मणों के स्तर पर नहीं पहुँच सकते, राजगौड या अन्य 'बाहरी' घटक की क्या औकात जो 'लड़कर उच्च स्थान जीत' ले।

शैलेन्द्र शैली ने अपने एक लेख में यह सवाल उठाया है कि "हिन्दुओं के सम्पर्क में आने और उन्हें योजनाबद्ध ढंग से हिन्दू या किसी और धर्म से जोड़ने के बीच क्या फर्क है?" प्रो. हेमेन्डोर्फ का उल्लेख करते हुए वे लिखते हैं कि "19वीं सदी के पहले तक हिन्दू वर्ण समाज और आदिवासी समुदायों के बीच कमोबेश टकराव रहित सह अस्तित्व-सा चला आ रहा था। लेकिन 19 वीं सदी के बाद से रेलों व सड़कों के विस्तार के साथ विभिन्न समुदायों के भौतिक अलगाव टूटने लगे, जनसंख्या में तेजी से बढ़ोतरी हुई और जमीन के भूखे हिन्दू किसानों, साहूकारों और व्यापारियों ने आदिवासी इलाकों में बड़े पैमाने पर घुसपैठ शुरू कर दी। उन्होंने आदिवासियों का शोषण ही नहीं किया, बल्कि उन्हें अपनी संस्कृति और मूल्य छोड़ने को भी प्रेरित किया।" (उद्‌भावना, अंक जनवरी, 2002)

19 वीं सदी से पूर्व 'कमोबेश टकराव रहित सह अस्तित्व' के सिद्धान्त (प्रो. हेमेन्डोर्फ) से उठने वाले कड़े एतराज का समाधान करने का प्रयास शैलेन्द्र शैली ने यह कहकर करना चाहा कि "इसका यह कतई मतलब नहीं कि 19वीं सदी से पहले हिन्दू वर्णाश्रमवाद आदिवासियों के प्रति सहिष्णु था और आदिवासियों के क्रमिक अधिग्रहण की प्रक्रिया तब जारी नहीं थी।" पर यह कहने से ऐतिहासिक सच्चाई सामने नहीं आती। सही तो यह है कि प्राचीन काल में सवर्ण हिन्दुओं के पुरखों अर्थात् आर्यों ने आदिवासियों को समतलों से खदेड़ा और मध्यकाल, ब्रिटिशकाल एवं इस दौर में उन्हें वन-पर्वतों में भी परेशान किया जाता रहा है। मुस्लिम आक्रमण के दौर में विशेष रूप से मुगल काल खंड में आदिवासियों की पारम्परिक शासन व्यवस्थाओं को ध्वस्त किया गया। राजस्थान के मीणा राज्यों व भील शासित प्रदेशों यथा ढूंढाड़ (आमेर) अलवर,

मांची, कोटा, न्हाण, बूंदी, डूंगरपुर, बांसवाड़ा आदि इसके उदाहरण हैं। यह सारा अंचल अरावली पर्वत शृंखला में आता है। ब्रिटिश काल में यही काम अंग्रेजों व रियासती रजवाड़ों ने मिलकर वन-पर्वतों के आदिवासी अंचलों में खुली घुसपैठ करके किया। यही काम अब स्वतन्त्र भारत के शासक देशी-विदेशी निजी कंपनियों से मिलकर कर रहे हैं। ऐसा लगता है जैसे आदिवासियों को खदेड़ते-मारते रहने का क्रम अतीत से अब तक कभी टूटा ही नहीं।

धर्मांतरण की दृष्टि से प्राचीन काल में आदिवासियों का जितना हिन्दूकरण हुआ, उससे ये लोग निम्नस्तरीय हिन्दू बने। इतने निम्नस्तरीय कि मन्दिरों में उनका प्रवेश वर्जित रहा। अब इसे उनका हिन्दूकरण कहां तक कहा जाये? ब्रिटिश काल में ईसाई मिशनरियों ने धर्मांतरण का काम किया। उत्तर-पूर्वी राज्यों को छोड़कर (जहां भी आदिवासी परम्परा जीवित है) शेष भारत में 2 से 5 प्रतिशत आदिवासी भी ईसाई नहीं बन पाये। खूब लालच-लुभावों के बावजूद भी धर्मांतरण की यह स्थिति सिद्ध करती है कि आदिवासीजन अपनी मूल धार्मिक परम्परा को छोड़कर अन्य को अपनाने से अंततः गुरेज ही करते रहे। चाहे हिन्दू हो या ईसाई, धर्म एवं संस्कृति के सन्दर्भ में आदिवासियों के संक्रमण व संविलयन की इस उलझन के बावजूद आदिवासी समाज अपनी मूलभूत मान्यताओं, धारणाओं, आस्थाओं की परम्परा का निर्वहन करता आ रहा है। आदिवासियों में घुमंतू समुदाय अलग से हैं जो अब तक किसी धर्म की पकड़ में नहीं आ सके। वे इधर से उधर घूमते ही रहते हैं। इस आदिवासी घटक की तो जनगणना भी नहीं होती है। अनुमान है कि इनकी जनसंख्या करीब दो करोड़ है। इनकी आदिम धार्मिक मान्यताओं पर कोई बाहरी असर नहीं हुआ है।

हिन्दूवादी दृष्टिकोण यह स्थापित करना चाहता है कि "जब आदिवासियों की आदिम धार्मिक परम्परा ईसाई, मुस्लिम, बौद्ध, जैन, सिख आदि में से किसी से मेल नहीं खाती, इसलिए वे हिन्दू धर्म के निकट ही नहीं, बल्कि हिन्दू ही हैं और जब वे हिन्दू हैं तो हिन्दुओं की तरह व्यवहार करें।" इसे धमकी व सलाह दोनों माना जा सकता है।

मीणा आदिवासी बाहुल्य जिला सवाईमाधोपुर (राजस्थान) में कुछ अर्सा पूर्व (2001) उमा (काल्पनिक नाम) अपहरण काण्ड हुआ था। बनियों की एक लड़की को एक मुस्लिम युवक भगाकर(?) ले गया। लड़की वालों ने अपनी जाति की बैठक बुलायी। पार न पड़ी तो वे मुस्लिम समुदाय के विरुद्ध उकसाने के लिए मीणाओं के पंच-पटेलों के पास पहुंचे। मीणा लोग उनकी 'इस्तेमाली चालाकी' को समझ गये। 'मामला एक लड़के व लड़की का है किन्हीं समुदायों का नहीं' कहकर उन्हें लौटा दिया। दंगें नहीं भड़के। इसी इलाके के एक गाँव में जमीन को लेकर ऐसे ही दो परिवारों का झगड़ा था। चालाक लोगों ने तूल देकर फसाद कराने का प्रयास किया। मीणा बाहुल्य

गाँवों के लोगों ने दंगा नहीं होने दिया। सलाह-सूत कर मसला सुलझा लिया गया। ऐसे अनेक उदाहरण हैं—जाल में फंसने वाली घटनाओं से अधिक जाल से बचने की घटनाओं के। देखें—गुजरात के दंगों के दौरान "करीब 40 मुसलमानों का समूह जान बचाता कुदरा गाँव पहुँचा। वहां के नाईका आदिवासियों ने इस समूह को डेढ़ दिन दंगाईयों से बचाकर अपने पास रखा। वहां से उन्हें आगे जाना था। गाँव के दो आदिवासी उन्हें छापड़वाड़ गाँव तक सुरक्षित छोड़ आये..." (दैनिक हिन्दुस्तान, 19 मार्च, 2002)

अपने हितों के लिए हजारों सालों से संघर्षरत बहादुर आदिवासी इस दौर में हाथ से निकलते अपने भौतिक संसाधनों के विरुद्ध मोर्चा खोलने की सम्भावना रखने वाले आदिवासी अब क्या तथाकथित धर्मयद्ध के लिए रणभूमि में उतरेंगे? विस्थापन व पलायन के विरुद्ध इकजुट होकर लड़ने की सम्भावना रखने वाले आदिवासी क्या अपनी अस्मिता व अस्तित्व की लड़ाई की राह छोड़कर अपने ही जैसे लोगों के घरों में लूटपाट-आगजनी-हत्याएँ करने को आमादा होंगे? अपने में व्याप्त भूत-प्रेत, डायन, ओझा-झाड़ा फूँकी, जैसे अंधविश्वासों को दूर करने की बजाय उनसे भी जटिल कर्मकांड, अंधविश्वास, साम्प्रदायिक वैमनस्य, तर्कहीनता का प्रचार करने वाले षड्यंत्रों को क्या आदिवासी नहीं समझेंगे?

इसी 5 मई सन् 2002 को आई.ए.एन.एस (न्यूज एजेंसीं) ने एक खबर साया की, जिसके अनुसार "विशेषज्ञों का कहना है कि अपने दिल में घृणा नहीं बल्कि पेट की सुलगती आग की वजह से गुजरात के गरीब आदिवासी पिछले महीने साम्प्रदायिक दंगों में कूदने को विवश हुए। गुजरात में 27 फरवरी से जारी साम्प्रदायिक हिंसा के दौरान लूटपाट और आगजनी की घटनाओं में आदिवासियों के लिप्त होने से प्रशासनिक अधिकारी और विश्लेषक दोनों स्तब्ध हैं क्योंकि गरीब और सामाजिक रूप से पिछड़े होने के बावजूद आदिवासी पहले कभी साम्प्रदायिक हिंसा में लिप्त नहीं हुए थे। आदिवासी हिंसा पर नजर रखने वाले विश्लेषक तथा इस हिंसा से निबटने वाले पुलिस अधिकारियों का मानना है कि साम्प्रदायिक हिंसा में आदिवासियों के कूदने का कारण साम्प्रदायिक नहीं था। आदिवासी खाद्य पदार्थो के अभाव और गरीबी की वजह से दंगों में कूदने को विवश हुए। आदिवासी मुख्य रूप से गुजरात के डांग, सूरत, पंचमहल, बड़ोदरा, साबरकांठा, बनासकांठा जिलों में रहते हैं। अधिकतर आदिवासी काफी गरीब हैं और मजदूरी करते हैं। आदिवासियों को मजदूरी करने के लिए जगह-जगह भटकना पड़ता है। गुजरात में जारी साम्प्रदायिक हिंसा के दौरान सिर्फ पंचमहल जिले के पनवाड़ गांव में आदिवासियों ने 9 मुस्लिमों की कथित रूप से हत्या की। इस घटना को छोड़कर आदिवासी बहुल इलाकों में पिछले कुछ सप्ताहों के दौरान सिर्फ लूट

पाट की घटनाएँ हुई हैं। इन घटनाओं से बड़ोदरा जिला सबसे अधिक प्रभावित हुआ है। आदिवासियों ने बड़ोदरा जिले के उदयपुर शहर में हिंसा के पीड़ितों के लिए चलाये जा रहे राहत शिविर पर दो बार हमला करने का प्रयास किया। इन हमलों के दौरान आदिवासियों को पुलिस का मुकाबला करना पड़ा। आदिवासी मामलों के विशेषज्ञों का कहना है कि अशांति का मुख्य कारण खाद्यान्न का अभाव था, क्योंकि पिछले तीन वर्षों से आदिवासी बहुल इलाकों में सूखे जैसी स्थिति बनी हुई है। गुजरात के आदिवासियों पर कई वृतचित्र बनाने वाले मनीषी जानी के अनुसार आदिवासी घुमंतू मजूदर होते हैं और वे अन्य गुजरातियों की तरह अनाज इकट्ठा नहीं करते।'' (दैनिक भास्कर, 6 मई, 2002)

इस खबर से इस प्रस्थापना को बल मिलता है कि आदिवासी परम्परागत रूप से हिंसक व साम्प्रदायिक नहीं, मगर उन्हें अफवाह फैलाकर भड़काया जा सकता है, चूंकि वे स्वभावतः भोले होते हैं। दुनियादारी के दांवपेच नहीं समझते। इसकी भी वजह यह है कि वे समाज की मुख्य धारा से अलग-थलग रहते आये हैं। निष्कर्षतः यह कहना उचित होगा कि (i) भूख की वजह से मजबूर होकर आदिवासी दंगों में शामिल हुए, (ii) उल्टी-सीधी बाते फैलाकर उन्हें दंगों के लिए भड़काया गया, अन्यथा उनका न साम्प्रदायिक हिन्दुओं से कोई लेना देना है और न मुसलमानों से।

उम्मीद है कि आदिवासीजन लाख अभावों के रहते साम्प्रदायिकता के खतरनाक चक्रव्यूह से स्वयं को बाहर ही नहीं रखेंगे, बल्कि इस चक्रव्यूह को तोड़ने के लिए आगे आयेंगे और अपनी अस्मिता व अस्तित्व की रक्षा के लिए प्रगतिशील मानसिकता को अपना कर अपनी पुश्तैनी धरोहर-जल, जंगल व जमीन पर अधिकार के लिए सतत् संघर्षरत रहेंगे...।

आदिवासी ही नहीं, बेहतर भविष्य में विश्वास रखने वाले हर इन्सान को प्लेखानोव का यह अमर वाक्य सदा याद रखना चाहिए कि—''जिन्दा आदमी जिन्दा सवालों पर सोचता है'' और हर इन्सान को बेहतर भविष्य गढ़ने के लिए सक्रिय होकर यह संकल्प लेना चाहिए कि ''सचमुच मैं हूँ साझीदार/पृथ्वी पर प्रकाश फैलाने में...।''

(पाब्लो नेरूदा)

आदिवासी शिक्षा

किसी भी व्यक्ति के विकास की प्रक्रिया में सबसे महत्वपूर्ण कारक शिक्षा है। राष्ट्रीय अनुसूचित जाति व जनजाति आयोग ने यह स्वीकार किया है कि जब तक शिक्षा के अभाव से पैदा होने वाले आदिवासियों के शोषण को नहीं रोका गया तब तक उनके कल्याण की बात नहीं बन सकती। सरकारी प्रतिवेदन यह दावा करते हैं कि आदिवासी

शिक्षा के लिये स्कूलों, छात्रवृत्ति और अन्य सुविधाओं की कोई कमी नहीं है। यहाँ प्रश्न इन सुविधाओं के अलावा दृष्टिकोण एवं शिक्षा के माध्यम का है जिस पर गहराई से विचार किया जाना चाहिये।

आदिवासी शिक्षा के मुद्दे की ऐतिहासिक पृष्ठभूमि में थोड़ा झांका जाये तो यह बात सामने आती है कि अंग्रेजों से पहले इस क्षेत्र में किसी प्रकार का कोई प्रयास नहीं हुआ और ना ही ऐसी उम्मीद की जा सकती थी। पहली बार अंग्रेजों द्वारा शिक्षा से संबंधित नीति तैयार की गई। ब्रिटिश सरकार की शिक्षा-नीति इस सिद्धान्त पर आधारित थी कि उपनिवेशवादी शासन प्रणाली किसी तरह स्थाई चलती रहे। वे देशी शिक्षा के पक्ष में कतई नहीं थे। उस काल में आम आदमी के लिये शिक्षा के जो भी प्रयास किये गये वे प्रमुखतः मिशनरियों के स्तर पर ही किये गये। इस प्रक्रिया का प्रारम्भिक प्रयास असम व बंगाल में दिखाई दिया गया।

वर्ष 1882-83 में ब्रिटिश सरकार के स्तर पर आदिवासी बालकों के लिये विशेष स्कूल तथा छात्रवृत्ति के प्रावधान रखे गये। व्यवस्थित रूप में यह सब 20वीं सदी के आरम्भ में ही सम्भव हो पाया। वर्ष 1901-02 में आदिवासी शिक्षा की दृष्टि से विद्यालयों में प्रवेश लेने वाले बालकों की संख्या तुलनात्मक दृष्टि से सर्वाधिक पाई गई। वर्ष 1920 में सर्वप्रथम यह महसूस किया गया कि आदिवासी बालकों को व्यवस्थित शिक्षा दिये जाने के प्रयास किये जायें। प्रारम्भिक शिक्षा के क्षेत्र में वर्ष 1921 एक मील का पत्थर साबित हुआ जब इस क्षेत्र में थोड़े बहुत प्रयास आरम्भ किये गये। गुजरात का संदर्भ ग्रहण किया जाये तो यह तथ्य सामने आया कि वर्ष 1921-47 की अवधि में दिन में चलाये जाने वाले विद्यालयों का प्रबन्धन व नियंत्रण शिक्षा विभाग तथा बाद में स्थानीय निकायों को सौंपा गया। आवासीय विद्यालयों का प्रबन्धन केवल स्थानीय निकायों के पास रखा गया तथा आश्रम विद्यालयों की व्यवस्था गांधी जी के प्रयास से विभिन्न संगठनों द्वारा की गई।

आदिवासियों के विशेष सन्दर्भ में यहाँ एक मोड़-बिन्दु (turning point) दिखायी देता है। वह यह कि गाँधी जी के अवतरण से पूर्व अंग्रेजी शिक्षा नीति उपनिवेशवादी हितों के संरक्षण की दृष्टि से बनायी गई थी जो आगे भी जारी रही। महात्मा गाँधी के हस्तक्षेप या कहें, अगुवाई की वजह से शिक्षा के प्रति एक स्वदेशी दृष्टिकोण प्रखरता से उभरकर सामने आया। प्रमुखतः मिशनरी और सरकारी स्तर पर स्थानीय निकायों के नियन्त्रण में चालू रखी गयी शिक्षा-व्यवस्था उपनिवेशवादी रही, जबकि गाँधी जी के प्रयासों से विभिन्न मानव सेवी संगठनों ने शिक्षा का जो बीड़ा उठाया वह स्वदेशी केन्द्रित अर्थात् उपनिवेशवाद विरोधी था। अखिल भारतीय पारधी (डि-नोटीफाइड ट्राइब) आदिवासी संगठन के अध्यक्ष लक्ष्मण गायकवाड़ ने मुझे एक

महत्वपूर्ण उदाहरण इस संदर्भ में दिया था। वह यह कि गाँधी जी ने अपने सेवाग्राम आश्रम में दो पारधी बालकों को आवासीय विद्यालय में दाखिल करवाया। यह अलग बात है कि उन बच्चों ने कुछ अर्सा बाद आश्रम छोड़ दिया।

चाहे बात अंग्रेजों की करें या महात्मा गाँधी की, उस दौर में आदिवासी शिक्षा के रास्ते में सबसे बड़ी बाधा भाषा के रूप में माध्यम की थी और उससे बड़ा व्यवधान आदिवासियों के सम्पूर्ण सांस्कृतिक परिवेश का रहा। इसीलिए अनेक दावों और आधे-अधूरे प्रयासों के बावजूद परिणाम के स्तर पर आदिवासी समाज के लिए शिक्षा जैसी चिड़िया नदारद ही रही। आदिवासियों की सांस्कृतिक पृष्ठभूमि अर्थात् लम्बी परम्परा और राष्ट्रीय मुख्यधारा के मध्य का विरोधाभास ही एक बड़ा कारण रहा जिसकी वजह से आदिवासी समाज में शिक्षा की स्थिति अभी भी दयनीय है।

अतीत में अनेक आदिवासी समूहों को वर्चस्वादी संस्कृतियों में मिश्रित होने के लिये बाध्य किया गया। भील, गोंड, संथाल, उरांव, मुंडा, खौड़, मिजो, नगा, खासी जैसे मुख्य आदिवासी समुदायों ने इस तरह के सांस्कृतिक परिवर्तन का प्रतिरोध किया और अपनी मौलिक संस्कृति और भाषा को संरक्षित रखने का प्रयास किया। कई लोग ऐसा सोचते हैं कि इस कदर उनके पृथकत्व के कारण राष्ट्रीय एकीकरण में बाधा पड़ी। ऐसा सोचना गलत और घातक है। मुख्य प्रश्न यह है कि अपनी सामाजिक, सांस्कृतिक व राजनैतिक प्रणालियों को सुरक्षित रखते हुए आदिवासी-जन राष्ट्रीय मुख्य धारा में कैसे आएं?

तुलनात्मक दृष्टि से आदिवासी साक्षरता की स्थिति निम्न चार्ट में दर्शायी गई है :

जनगणना वर्ष	*अनुसूचित जाति*	*अनुसूचित जनजाति*	*सामान्य वर्ग*
1961	10.27	8.53	27.86
1971	14.67	11.30	33.80
1981	21.38	16.35	41.30
1991	37.41	29.60	62.25

(ये आंकड़े मानव संसाधन मंत्रालय 1993 की रिपोर्ट पर आधारित हैं)

इसमें कोई शक नहीं कि संसदीय भवनों, पंचवर्षीय योजनाओं, वार्षिक बजटों और प्रशासनिक धोषणाओं में आदिवासी समाज के लिए शिक्षा सहित समग्र विकास की चिन्ताएँ अभिव्यक्त हुई हैं और कार्यक्रम भी खूब बने हैं, लेकिन खेद और विडम्बना इस बात की है कि इन सारे प्रयासों का मापदण्ड केवल बजट और लक्ष्य व उपलब्धि के आंकड़ों को माना गया, जबकि जमीनी हकीकत से इस सब का कहीं न कहीं कोई न कोई अन्तर रहा।

पिछड़े तबकों के लिए विशेष प्रावधान सरकारी स्तर पर इस आशय से बनाये जाते हैं ताकि वे उत्थान की यात्रा में जो चल रहा है उससे कहीं अधिक गति ग्रहण कर सकें। इसके साथ अग्रगामी की गति अवरूद्ध नहीं की जा सकती है। समतामूलक समाज तक पहुँचने के लिए यह एक तार्किक विसंगति है, इसे स्वीकार करना चाहिए। वरदान या अलादीन का चिराग हर किसी को नहीं मिल सकता। सोच-समझकर इस दिशा में काम किया जाये तो शायद बात कुछ ठीक तरह से बन सकती है।

वर्ष 1976-77 में श्री रामशरण जोशी द्वारा किये गये बस्तर के आदिवासियों में आधुनिक शिक्षा के अध्ययन के दौरान उन्होंने पाया कि प्रशासक से लेकर सवर्ण अध्यापक तक प्रायः इस विश्वास के थे कि आदिवासी लोग जाहिल, काहिल, जंगली होते हैं और कभी सभ्य नहीं बन सकते। इनकी शिक्षा पर सरकार जो खर्च कर रही है, वह सब व्यर्थ है, क्योंकि आदिवासी अपनी जंगली व्यवस्था से बाहर आना ही नहीं चाहते हैं। स्पष्ट शब्दों में, आधुनिक सभ्यता के प्रतिनिधि उन्हें निम्न कोटि का इंसान मानते रहे हैं और यह मानने को तैयार नहीं हैं कि जो कुछ आदिवासियों को पहले से पढ़ाया जा रहा है, अप्रासंगिक है। राष्ट्रीय मुख्यधारा में विलय के नाम पर छात्रावासों में रामायण एवं हनुमान चालीसा का पाठ अबोध आदिवासी छात्रों पर लाद दिया गया था, जो कि उनके लिए सर्वथा अप्रासंगिक था और उनकी परिस्थितिजन्य वास्तविकताओं से कतई मेल नहीं खाता था।

यहाँ श्री जोशी के स्तर पर एक और अनुभव सामने आया। बस्तर की दंतेवाड़ा तहसील की यात्रा के दौरान उन्होंने देखा कि "सरकार पौष्टिक आहार कार्यक्रम गांवों में चला रही है। एक शिविर में करीब 70-80 आदिवासी स्त्री-पुरुष जमा हैं। उनके सामने खड़े हैदराबाद, बंबई और भोपाल से आए पौष्टिक आहार के विशेषज्ञ मसाला-डोसा, इडली, आमलेट और इसी किस्म की अजनबी पौष्टिक वस्तुओं को स्टोव पर फ्राईपेन में बनाने की विधि समझा रहे हैं। स्वयं को अजनबी-सा महसूस करते हुए आदिवासी लोग पथराई आखों से स्टोव को देख रहे थे। सब कुछ उनके लिए अच्छा-खासा मनोरंजन था। यदि उनके महुआ या स्थानीय उपलब्ध वन-उत्पादों से पौष्टिक आहार तैयार करने की विधि समझाई जाती हो वह अधिक उपयोगी सिद्ध होती।" उन्होंने यह निष्कर्ष निकाला कि "आज से करीब चार दशक पूर्व प्रसिद्ध मानव-शास्त्री एलविन ने सुझाव दिया था कि इन उत्पीड़ित वन-संतानों की आधुनिक सभ्यता के कथित प्रतिनिधियों से सुरक्षा की दृष्टि से यह आवश्यक है कि शिक्षा और शालाओं को आदिवासी संस्कृति, परंपरा तथा अन्य सामाजिक संस्थाओं के साथ जोड़ा जाए। आज इन स्कूलों में हिंदू, मुसलमान और ईसाइयों के जो पर्वोत्सव मनाए जाते हैं, उन्हें रोका जाए। संक्षेप में, एलविन के समय में सवर्ण शिक्षक आदिवासियों को 'बर्बर'

और स्वयं को 'सभ्य एवं उच्च' मानते थे, आज भी गैर-आदिवासी शिक्षक का मूल निवासियों के प्रति वही तिरस्कार का रवैया है।''

उन्होंने अपनी पुस्तक 'आदिवासी समाज एवं शिक्षा' में लिखा है कि 'वास्तव में पूर्व ब्रिटिश काल, ब्रिटिश काल तथा स्वतंत्रता-पश्चात काल के दौरान शिक्षा तथा समाज में मौजूद सत्ताधारी वर्ण और वर्गों के बीच पारस्परिक रिश्तों में कोई बुनियादी परिवर्तन नहीं आया है। 19वीं सदी में गुरूकुल, पाठशाला, मदरसा, मकतब आदि हिंदुओं और मुसलमानों की औलादों की तालीम के केंद्र रहे थे और उत्पीड़ित खेतिहर श्रमिक जातियों को उनसे दूर रखा गया था। आज भी वही परंपरा जारी है।' उन्होंने पाओलो फ्रेरे का ब्राजील के एक नेता के संबंध में दिया गया उदाहरण प्रस्तुत किया है जो इस प्रकार है, ''तुम्हें सोचने की आवश्यकता नहीं, वह तुम्हारे लिए सोचेगा। तुम्हें देखने की आवश्यकता नहीं, वह तुम्हारे लिये देखेगा। तुम्हें बोलने की आवश्यकता नहीं, वह तुम्हारे लिए बोलेगा। तुम्हें कुछ करने की आवश्यकता नहीं, वह तुम्हारे लिए करेगा।''

आदिवासी समाज में शिक्षा के अभाव के कई कारण विभिन्न अध्ययन व शोधों से सामने आये है, इनमें कुछ प्रमुख कारण निम्न प्रकार रहे हैं–

1. आदिवासी छात्रों की सामाजिक व सांस्कृतिक पृष्ठभूमि अन्य की तुलना में अलग होती है। सामान्यतः अध्यापक गैर-आदिवासी होते हैं और आदिवासी छात्रों के बीच बेमन से कार्य करते हैं। भेदभाव संबंधी उनकी मानसिकता होती है और वे आदिवासी छात्रों को हेय दृष्टि से देखते हैं। उनका यह पूर्वाग्रह होता है कि आदिवासी बालक होशियार नहीं होते हैं। इस संबंध में आदिवासी मुद्दों को लेकर सक्रिय रहते आये श्री महिपाल भूरिया ने स्कूल संबंधी अपना एक अनुभव इस प्रकार बताया है कि 'जब मैं नागपुर से बी.ए. की पढ़ाई कर रहा था तो द्वितीय वर्ष के सामान्य अंग्रेजी विषय पर 'कितनी संस्कृतियां' नामक शीर्षक के एक निबन्ध पर लेखक ने भील आदिवासियों का संदर्भ दिया। व्याख्याता से एक छात्र ने भीलों के बारे में पूछा तो व्याख्याता ने उसकी जिज्ञासा शान्त करने के लिये कहा कि 'भील जंगली लोग होते हैं।' एक छात्र ने मेरी ओर इशारा करते हुए कहा कि 'क्या ऐसे जंगली?' इस पर अधिकांश छात्र जोर से हंसे। जब मैं इन्दौर यूनीवर्सिटी में समाजशास्त्र में एम.ए. कर रहा था तब भी इसी तरह का एक संदर्भ आया जिस पर मेरे पास बैठी एक छात्रा ने प्रतिक्रिया व्यक्त की कि 'एक 'जंगली हमारी क्लास में भी बैठा है'। जीवन भर मैं ऐसे कटु अनुभवों को नहीं भूल सकता एवं ऐसा अन्य के साथ भी कई बार हुआ होगा। अध्यापकों को यह ध्यान रखना चाहिये कि जंगल में रहने वाले लोगों और जंगलियों में अन्तर होता है।
2. शिक्षा कलेण्डर बनाते वक्त आदिवासी समाज के पर्व, उत्सव एवं अन्य अवसरों

का ध्यान नहीं रखा जाता जो उनकी सामाजिक, आर्थिक एवं सांस्कृतिक विरासत से गहरा संबंध रखते हैं।

3. शिक्षण संस्थानों के भवन आदिवासी सांस्कृतिक वातावरण एवं मानसिकता के अनुसार नहीं बनाये जाते जिससे सीखने का वातावरण नहीं बन पाता और आदिवासी छात्र ऐसे संस्थान को पराया मानकर चलते हैं।
4. शिक्षा पाठ्यक्रम में आदिवासी जीवन तथा सांस्कृतिक परम्पराओं को शामिल नहीं किया जाता है जिसकी वजह से पाठ्यक्रम का अधिकांश हिस्सा उनको अपना जैसा नहीं लगता। इसके कारण छात्रों की शिक्षा में रुचि कम पायी जाती है।
5. यह सबसे महत्वपूर्ण सवाल है कि शिक्षा देने की प्रक्रिया में किस भाषा को कितनी तवज्जो दी जाये। तृतीय भाषा के रूप में सामान्यतः आंचलिक भाषा को काम में लिया जाता है जो जरूरी नहीं कि आदिवासी भाषा ही हो। हिन्दी एवं तृतीय भाषा को काम में लेने की नीति में कहीं कुछ कमी रही है, विशेष रूप से सरकारी विद्यालयों के स्तर पर जो आदिवासी अंचलों में अवस्थित हैं। यह स्थिति आवासीय सुविधायुक्त शिक्षण संस्थानों में नहीं पाई जाती। वहां स्वतन्त्र रूप से शिक्षा का एक स्वच्छ वातावरण निर्मित होता है। ऐसा ही कुछ ईसाई मिशनरियों द्वारा संचालित शिक्षण संस्थाओं में पाया जाता है और यही वजह है कि वहां पढ़ने वाले आदिवासी छात्र अच्छी शिक्षा ग्रहण कर पाते हैं। भारतीय संविधान की धारा 350ए में स्पष्ट प्रावधान है कि राज्य का यह दायित्व है कि छात्रों को उनकी मातृभाषा में ही प्रारम्भिक शिक्षा दी जाये।
6. पाठ्यक्रम एवं प्रविधि के स्तर पर जिन संदभों, उदाहरणों एवं मुहावरों का इस्तेमाल किया जाता है वे सब राष्ट्रीय मुख्य धारा से गहरा संबंध रखते हैं। इसलिये यह सब कुछ आदिवासी छात्रों के लिये अपना-सा नहीं लगता। इस स्थिति से शिक्षण की प्रक्रिया बाधित होती है।

आदिवासी शिक्षा के मार्ग में आनेवाली उपरोक्त बाधाओं से निपटने के लिए भारत सरकार एवं संयुक्त राष्ट्रसंघ के अभिकरण यू.एन.डी.पी.,यूनीसेफ, यू.एन.एफ. पी.ए., यूनेस्को और आई.एल.ओ. के संयुक्त अभियान के तहत शिक्षा का 'जनशाला' नामक कार्यक्रम चलाया जिसके तहत भारत के नौ राज्यों के शिक्षा की दृष्टि से पिछड़े समुदायों को लक्ष्य बनाया गया। ये राज्य है आंध्रप्रदेश, बिहार, कर्नाटक, मध्यप्रदेश, महाराष्ट्र, उड़ीसा, राजस्थान, उत्तरप्रदेश व छत्तीसगढ़। इस जनशाला कार्यक्रम के आंकड़ों से यह तथ्य सामने आया कि आदिवासी छात्रों में अध्ययन के दौरान पढ़ाई छोड़ देने की प्रवृत्ति लगातार रही है। इसके प्रमुख कारणों में शिक्षा के माध्यम भाषा और अध्यापकों का गैर-आदिवासी होना सामने आये हैं।

शिक्षा की नई राष्ट्रीय नीति वर्ष 1986 में लागू की गई। आदिवासी शिक्षा को लेकर जो प्रावधान इस इस नीति में शामिल किये गये उनमें आदिवासी क्षेत्रों में प्राथमिक विद्यालयों को प्राथमिकता के आधार पर खोलना, पाठ्य सामग्री आदिवासी भाषा में उपलब्ध कराना, शिक्षित आदिवासी युवकों को अध्ययन कार्य से जोड़ना, आदिवासी क्षेत्रों में आश्रम/आवासीय विद्यालय खोलना, आदिवासी छात्रों की आवश्यकताओं को देखते हुए बालकों को प्रोत्साहित करने के लिये कदम उठाना आदि हैं।

दसवीं पंचवर्षीय योजना में आदिवासी शिक्षा को लेकर निम्न कदम उठाये गये :

1. जिन बालकों का रजिस्ट्रेशन किसी विद्यालय में नहीं हुआ या जिन्होंने बीच में पढ़ाई छोड़ दी, उनके लिए शिक्षा गारंटी योजना लागू करना।
2. संबंधित आदिवासी भाषा में पाठ्य-सामग्री तैयार करना।
3. गैर-आदिवासी अध्यापकों के लिये आदिवासी छात्रों में काम करने के लिये विशेष प्रशिक्षण की व्यवस्था एवं ऐसे अध्यापकों के लिये उनकी आवश्यकतानुसार विशेष सुविधाएं उपलब्ध कराना।
4. सामुदायिक अध्यापकों का पदस्थापन।
5. ऐसे अध्यापकों के लिये लिंक भाषा का उपयोग करना ताकि गैर-आदिवासी भाषा से वे आदिवासी भाषा माध्यम को अपना सकें।
6. स्थानीय पर्व, उत्सवों व विशेष अवसरों को ध्यान में रखते हुए शिक्षा कलेण्डर तैयार करना।
7. छात्रों को शिक्षा के प्रति आकर्षित करने के लिये आंगनबाड़ी व बालवाड़ी कार्यकर्ताओं का सहयोग लेना।
8. घुमन्तू आदिवासी समुदायों के बालकों के लिये विशेष योजना बनाना।
9. संबंधित आदिवासी समुदायों में से सामुदायिक कार्यकताओं का चयन व उपयोग तथा विद्यालय प्रबन्धन में उनकी सलाह लेना।
10. बालकों की उपस्थिति पर लगातार नजर रखना एवं अंचल विशेष में आवश्यकतानुसार आश्रम एवं छात्रावास व अन्य प्रोत्साहन की व्यवस्था।

वर्ष 1980 से पहले भारतीय आम जनसंख्या के लिये बनाये गये मापदण्डों को ही शिक्षा संस्थान खोलने का आधार माना जाता रहा था जिसे बाद में आदिवासी बालकों के लिये लचीला बनाया गया। यहाँ तक कि विद्यालय जाने वाले 20 छात्रों पर एक विद्यालय खोलने का प्रावधान किया गया। पूर्वोत्तर एवं जम्मू-कश्मीर के लिये 10 छात्रों पर एक विद्यालय की व्यवस्था की गई। यही कारण रहा कि 56 प्रतिशत आदिवासी बस्तियों में 78 प्रतिशत आदिवासी बालकों को प्रारम्भिक शिक्षा की सुविधा उपलब्ध कराई गई। यह तथ्य 1993 में किये गये छठे अखिल भारतीय शैक्षिक सर्वे में सामने आया।

विभिन्न अध्ययनों का यह निष्कर्ष निकला है कि पर्यावरण एवं सांस्कृतिक परिप्रेक्ष्य को ध्यान में रखा जाये तो आदिवासी अंचलों में शिक्षा संबंधी आवश्यकताएं भिन्न प्रकार की सामने आयेंगी। सीखने की क्षमता की दृष्टि से आदिवासी छात्र गैर-आदिवासी छात्रों की तुलना में किसी भी प्रकार कम क्षमता नहीं रखते। शिक्षा संबंधी कोई भी नीति अगर आदिवासी पर्यावरणीय (ecological), सांस्कृतिक व मनोवैज्ञानिक संदर्भों को ध्यान में रखकर नहीं बनाई जाती है तो उसकी कोई उपयोगिता नहीं। गैर-आदिवासी जनसंख्या के सांस्कृतिक मूल्यों को ध्यान में रखकर बनाई जाने वाली शिक्षा नीति आदिवासियों के लिये कम उपयोगी रही है। इसकी वजह यह रही कि आदिवासी जनसंख्या की जीवन शैली व उनकी आवश्यकताएं अन्य से भिन्न रही हैं। कोई भी शिक्षा असल जीवन से ताल्लुक नहीं रखती है तो उसके अपेक्षित परिणाम सामने नहीं आते। किसी भी विद्यालय में रुचि से अध्ययन करने के लिये अभिज्ञान (cognitive) और मनोवैज्ञानिक क्षमता आवश्यक है। आदिवासी बालकों में यह दोनों ही किस्म की क्षमता उपलब्ध है। रुचि के साथ उन्हें शिक्षा की ओर आकर्षित करने के लिए उनके समग्र सांस्कृतिक परिप्रेक्ष्य को ध्यान में रखना अनिवार्य है। अध्ययनों से यह निष्कर्ष सामने आया है कि समाज के अन्य वर्गों की अपेक्षा आखेटकों या वनोपज पर आश्रित मानव समूहों में दृश्य व वस्तुओं को पहचानने की उच्च स्तरीय क्षमता पायी गई। वस्तुओं के आकार व बनावट को समझने व उनके वर्गीकरण की क्षमता ऐसे समूहों में अधिक पाई जाती है जो विज्ञान, कला, संगीत, नृत्य, खेलकूद जैसे विषयों तथा बढ़ईगिरी, सिलाई, लकड़ी व पत्थर के काम (craft) जैसे व्यवसायों के लिये अनिवार्य माना गया है। ऐसे कौशल का उपयोग आदिवासी बालकों की शिक्षा के क्षेत्र में ही नहीं बल्कि उनके आर्थिक विकास में भी उपयोगी हो सकता है। शिक्षा प्रक्रिया में जिन छात्रों का बाहरी दुनिया से सम्पर्क बढ़ता जाता है उनमें गैर-आदिवासी बालकों की तरह संस्कृति व मनोवैज्ञानिक विशिष्टताएं विकसित होने लगती हैं तथा वे खुले जगत में होने वाली स्पर्धाओं या उपलब्धियों से स्वयं को जोड़ने में सक्षम हो जाते हैं। हालांकि यह तभी संभव है जब प्रारम्भिक शिक्षा की नीति उनके समग्र वातावरण को ध्यान में रखकर बनाई जाए।

चाहे नयी शिक्षा नीति हो या पंचवर्षीय योजनाओं के प्रावधान यदि हम घोषणाओं, मद-राशि या व्यय-राशि, विद्यालय, शिक्षकों का अनुपात, पंजीकृत छात्रों की सख्या या इस क्रम में अन्यान्य आंकड़ों के ही संदर्भों के आधार पर बात करें तो बात नहीं बनेगी। अहम् मुद्दा है जमीनी हकीकत का। विद्यालय भवनों की अवस्थिति व संधारण, अध्यापकों की रुचि, नीति-निर्धारकों की मंशा, जन-प्रतिनिधियों का दृष्टिकोण और आदिवासी समाज के प्रति उपजे पूर्वाग्रहों आदि सभी कारकों का गहन

विश्लेषण अनिवार्य है। शोध और नीति-निर्धारण के स्तर पर जो सही लगता है उस दृष्टिकोण पर सहमति और निर्णय के साथ-साथ क्रियान्वयन के स्तर पर क्या हो रहा है, इसकी परख और परख से उपजे सवालों के हल के बगैर-आदिवासी शिक्षा की समस्या का समाधान सम्भव नहीं।

आदिवासी भाषा

माह फरवरी 2010 के मध्य का एक त्रासद समाचार यह रहा कि अण्डमान में 85 वर्षीय एक महिला की मृत्यु के साथ दुनिया की एक भाषा हमेशा के लिये अस्तित्वहीन हो गई। इस महिला का नाम बोआ सीनियर था जो एकमात्र सदस्य थी इस भाषा को बोलने वाली। 'बो' के नाम से जानी जाती रही वह भाषा दुनिया की प्राचीनतम भाषा में एक थी। इस भाषा के बोलने वाले अण्डमान के आदिवासी अन्य आदिम समुदायों के साथ अफ्रीका महाद्वीप से करीब 70 हजार साल पहले अण्डमान के टापुओं में आकर बसे थे। बोआ जीवन के अन्तिम सोपान में स्वयं को बहुत अकेला महसूस करती थी क्योंकि उसकी संस्कारगत भाषा बो को बोलने वाला अन्य कोई मनुष्य उसके इर्द गिर्द ही क्या दुनिया के किसी कोने में शेष नहीं था।

जवाहरलाल नेहरू विश्वविद्यालय की भाषा वैज्ञानिक प्रोफेसर अन्विता अब्बी ने बोआ के निधन को भाषा विज्ञान के क्षेत्र में एक अपूरणीय क्षति बताया है। उन्होंने यह भी स्पष्ट किया कि अपने माँ-बाप की मौत के बाद पिछले 30-40 वर्षो से बो भाषा को बोलने वाली बोआ एकमात्र अन्तिम व्यक्ति थी। अन्य लोगों से बातचीत करने के लिये उन्हें अण्डमानी हिन्दी सीखनी पड़ी थी। प्रोफेसर अब्बी ने कहा कि चूंकि अण्डमानी भाषाओं को पाषाण युग से चली आ रही भाषाओं का अन्तिम अवशेष माना जाता है। बोआ के निधन से भाषाओं की गुत्थी का एक सिरा खो गया।

बो भाषा की तरह अन्य अधिकांश भाषाएँ अस्तित्व के संकट से जूझ रही हैं। अनेक भाषा नष्ट हो चुकी। 1961 की जनगणना में भारत में करीब साढे छह सौ भाषाएँ चिन्हित की गई थी। इनमें से वर्ष 2001 की जनगणना में करीब 40 प्रतिशत भाषाएँ विलुप्त पाई गई। इसकी प्रमुख वजह विकास के साथ मौलिक भाषाओं के स्थान पर वर्चस्व रखने वाली तथाकथित मुख्य समाज की भाषाओं के प्रति आकर्षण रहा। अतीत से जड़वत् जुड़े रहना अच्छी बात नहीं मानी जा सकती लेकिन अतीत की समृद्ध धरोहर का संरक्षण समझदार व्यक्तियों का सरोकार होना चाहिये। विलुप्त होती भाषाओं का मुद्दा भी इसी तरह का एक महत्वपूर्ण मुद्दा है जिस पर गम्भीरता से चिन्तन किया जाना चाहिये।

सुनीति चटर्जी ने आदिवासी भाषाओं के बारे में यह चिन्ता व्यक्त की है कि अधिकांश भाषाएँ धीरे-धीरे मर जायेंगी। आदिवासी भाषा के अस्तित्व का सवाल आदिवासी संस्कृति व परम्परा से जुड़ा हुआ है। तथाकथित विकास या कहे बाहरी दबाव के चलते आदिम जीवन शैली में परिवर्तन अवश्यंभावी है जिसका प्रभाव संस्कृति व परम्परा व अन्ततः भाषाओं पर पड़ना स्वाभाविक है। आदिवासी भाषाओं का संरक्षण तभी सम्भव होगा जब आदिवासी संस्कृति व परम्परा पर गर्व किया जाये और आदिवासी समाज में जो भी ज्ञान का परम्परागत संचयन है उसे आदिवासी भाषाओं में लिपिबद्ध कर संकलित किया जाये। इसके बाद अनुवाद का मुद्दा सामने आता है।

यूनेस्को की वर्ष 2009 की रिपोर्ट में विश्व की कुल 6000 भाषाओं में से गत 75 वर्षों में 200 भाषाओं के लुप्त हो जाने का तथ्य उजागर हुआ है साथ ही 2500 भाषाओं को खतरे में बताया गया है। इनमें से 196 भाषाएँ भारत की हैं जिनमें अधिकांश आदिवासी भाषाएँ हैं। आदिवासी भाषाओं के लुप्त होने का प्रमुख कारण आदिवासी भाषाओं को शिक्षा का माध्यम नहीं बनाना है। दूसरा प्रमुख कारण लिपियों का अभाव है। उदाहरणार्थ संथाली भाषा आंचलिक लिपियों को अपनाती है जो दूसरी भाषाओं से सम्बन्धित है अर्थात बंगाल में बांगला, उड़ीसा में उडिया, धर्मान्तरित संथालों में अंग्रेजी तथा बिहार, झारखण्ड में देवनागरी। विकसित संथाली लिपि 5वीं लिपि के रूप में सामने आती है।

भारतीय महाद्वीप में नृतत्व विज्ञान एवं समाजशास्त्रीय दृष्टिकोण से आर्य व अनार्य प्रजातियों के अनेकानेक मानव समुदाय रहते आये हैं। इनमें से जो मानव समुदाय सभ्यता के विकास के साथ परस्पर विकसित होने वाले अन्तःसंबंधों के कारण सामाजिक, आर्थिक, राजनैतिक, सांस्कृतिक स्तर पर भारत के मुख्य समाज का हिस्सा बन गये उनकी मौलिक भाषा व संस्कृति की खोज करना काफी दुष्कर कार्य है। इसके इतर जो मानव समुदाय अभी भी अपने अतीत से सामाजिक, आर्थिक, राजनैतिक, सांस्कृतिक स्तर पर जुड़े हुए हैं और परम्परागत मानसिकता एवं जीवन शैली को अपनाये हुए हैं वे मानव समुदाय आदिवासी समाज की श्रेणी में आते हैं। उनकी संस्कृति के विभिन्न पक्षों का विशलेषण भी उनके बीच जाकर उन्हें समझने के साथ संभव है। इस विषय पर निश्चित रूप से प्रमुख कार्य ब्रिटिश काल में हुआ। जब हम भारत के परिप्रेक्ष में आदिवासी भाषाओं की बात करते हैं तो इनका वर्गीकरण निम्न प्रकार किया जा सकता है :

इण्डो-आर्यन परिवार

अश्मी, वैजकी, बंजारी, बॅगला, भाटी, भील, झुग्गीया,चकया, धानकी, धोलिया, दूढाडी, गडियाडी, गमित/गावैती, गोजरी, गुर्जरी, गुजराती, हाजोम, हल्की, हाड़ोती, जोनसरी,

कच्छी, खोटा, किम्बुई, कोकडी, कोटवालिया, लुम्बनी, लारिया, मगात्डी, माहल, मराठी, मावती, न्यूनरी, नागपुरी, लैकरडी, निमारी, बोडिया, राठी, सरहोली, सिन्हा, वारन, बांगली, कराली।

तिब्बत-वर्मा परिवार

आदिआंशीग, आदिबोकर, आदिबोरी, आदिगेलांग, आदिकोमकार, आदिमिलंद, आदिम्योंग, आदिपदम आदिकारको, आदिमिलन्द, पईलिबो, आदिपांगी, आदिमोसी, आदिरामो, आदिसिमोंग, आदितंगम, एईमोल, अनाल, अंगामी, ऐवो, अपातानी, बाल्ती, बांगनी/दफला, बाम, भोटिया, बायते, बोडो, बुगुन, चाखे संग, चम्पा, चंग, चेरू, छोटे, चुंग, डालू, देवरी, दोपा, द्रोस्कात, दुहलियन-त्वांग, गेंग्क्टे, गारो, हैल्म, हूमर, हुशो/ आका, ह्वालंगो, काबूई, कचारी, कागती, कांक, बराक, खम्बा, खम्प, खिया- मांगन, कोच, कोईरेंग, कोन्याक, कुकी, लडाखी, लाहोली, लेई-हवल्ह, लोखेर, मारा, लालूम्ग, लामगेंग, लेप्चा, लिशु, लोडा, लुसई/मिजा, मोघ, माओ, मरम, मैरिंग मैम्बा, मिकिर, मिरि, मिशींग, मिस्मी, मोन्पा, मोयोन, ना, नगा, शेरदुख्पेन, निशि, नोक्टे, पैते, पांग, फोम, पोचुरी, राल्ते, रेंग्मा, रियांग, सजलोंग/मिजू, संगताम, शेमा, शेरपा, सिंग्फो, सुलुंग तागिन, तांग्सा, थाडो, तांकहुल, तिब्बती, टोटो, वैफेई, वांचो, यिम-चिुग्र, जखरिगं/मेयर, जेमी, जोउ।

द्रविड़ परिवार

धुर्वा, गडाबा, गोंडी, केडर, कन्नड, कोडागू, कोलामी, कोरगा, कोटा, कोया/कोई, कुई, कुरूख, कुवी, मलयालम, माल्ता, मरिया, नायकी, पारजी, पेंगो, तमिल, तेलगू, टोडा, तुलू, विर्नवन, पेरूकुला।

आस्ट्रो-एशियाटिक परिवार

असुरी, भूमिज, बिरहोर, बिरजिया, बोंडो, डिडे, गुतोब, हो, जुआंग, खड़िया, खासी, खेरवाड़ी, कार्कू, कोर्वा, कुर्मी, लोधा, मुंडारी, निकोबारी, संताली, सओरा/सेवरा, शोम्फेन, थार।

अंडामानी परिवार

अण्डमानी, जारवा, ओंग, सेंटेनली।

चीनी परिवार

खाम्पती

अवर्गीकृत समूह

मोन्चाट

प्रख्यात भाषा वैज्ञानिक डेविड हैरीशन और ग्रेग एण्डरसन ने विश्व की विलुप्त होती हुई भाषाओं का अध्ययन किया। एक अनुमान के अनुसार विश्व की कुल वर्तमान 7,000 भाषाओं में से अधिकांश संकट के कगार पर हैं। प्रत्येक माह में दो भाषाएं अस्तित्व खो रही हैं। इस वैश्वीकरण के दौर में यह रफ्तार और तेजी से बढ़ने लगी है, जबकि लोगों के सामने वैश्विक भाषा के रूप में अंग्रेजी भाषा दिखाई देती है। इस तरह विलुप्त होने वाली भाषाओं के साथ अपनी-अपनी एक परम्परा, अतीत, इतिहास और सोचने का अपना-अपना तरीका गायब होता जाता है। विशेष रूप से आदिम समुदायों की जो भाषा की समृद्ध परम्परा रही है और इन समुदायों की समग्र जीवन शैली को साथ लेकर चलती रही है जिसमें प्रकृति से उनके सामंजस्य और मानवेतर प्राणी जगत के साथ सह-अस्तित्व महत्वपूर्ण पक्ष रहते आये थे।

भाषा एक मानसिकता का प्रतिनिधित्व करती है और भाषा के विलुप्त होने के साथ उस मानसिकता, दृष्टिकोण एवं संस्कृति का नष्ट होना निश्चित है। पूर्वोक्त दोनों विद्वानों का यह निष्कर्ष है कि किसी मानव समुदाय को अपनी मौलिक भाषा के साथ नई अपनाई जाने वाली भाषा को सीखने में कोई बाधा नहीं आती और कोई भी व्यक्ति अपनी मूल भाषा के साथ नई भाषा में अपनी बात कह सकता है। इन भाषा वैज्ञानिकों ने 'दा लिंग्विष्ट एयरिंग' नामक शीर्षक से एक डोक्यूमेंट्री तैयार की। यह फिल्म यह सन्दर्भ देती है कि भू-मण्डलीकरण एक बड़ा छाता है, लेकिन हमें इसको तोड़ देना चाहिए। हैरीशन का कहना है कि वर्तमान में कई तरह की आर्थिक शक्तियां, विचारधारा और सामाजिक दृष्टिकोण जीवन को प्रभावित कर रहे हैं। यह भ्रांति फैलाई जाती है कि सफलता प्राप्त करने के लिए अपनी देशी भाषा का त्याग करना होगा और अंग्रेजी या स्पेनिश किस्म की वैश्विक भाषा को अपनाना होगा, लेकिन काफी लोग यह भी महसूस कर रहे हैं कि पहले द्वि-भाषी होकर एक भाषा की सीमा से आगे अधिक ज्ञान अर्जित किया जा सकता है। जैसे-जैसे हम अधिक शहरीकृत होते जाते हैं और वर्चस्व वाली भाषा को अपनाते जाते हैं वैसे-वैसे काफी लोग अपनी संस्कारगत मानसिकता तथा मौलिकता से लगाव के कारण वापस अपनी मूल भाषा की तरफ लौटने भी लगते हैं।

जटिल सवाल यह है कि प्रगति के लिए अनिवार्य राष्ट्रीय, सामाजिक या वैश्विक भाषा को अपनाने के साथ क्या हम अपनी परम्परागत मौलिक भाषा को संरक्षित नहीं कर सकते? यह वैसा ही है जैसे विभिन्न अभिलेखागारों या संग्रहालयों में नाना प्रकार की प्राचीन पाण्डुलीपियों के संग्रहण को अनिवार्य समझा जाता है, जबकि इन सबका सुरक्षित संग्रहण नई तकनीकी के माध्यम से स्केन या फोटोग्राफी और कम्प्यूटर में या बैकअप के रूप में सीडी/डीवीडी आदि में किया जा सकता है। जिस कदर पाण्डुलिपियों या अन्य वस्तुओं को संग्रहालयों या अभिलेखागारों में जिस प्रकार सुरक्षित रखा सकता

है वैसे तो भाषा को सुरक्षित नहीं रखा जा सकता, लेकिन नई तकनीकी के माध्यम से उसकी लिपिबद्ध व मौखिक धरोहर को सरंक्षित किया जा सकता है। इसके लिए हमें उन बंद समाजों तक जाना होगा जहां अतीतजीवी भाषाएं बोली जाती हैं और निश्चित रूप से ऐसे समाज आदिवासी जगत का ही हिस्सा दिखाई देंगे।

विलियम एच, जेकबसन (जूनियर) ने आदिवासी भाषाओं पर गहन अध्ययन किया है। उनका निष्कर्ष है कि कैलिफोर्निया क्षेत्र में करीब 100 किस्म की भाषाएं बोली जाती थी, जिनमें से अधिकांश भाषाएं विलुप्त हो चुकी हैं। भाषा अध्येता स्वेता सिन्हा ने उड़ीसा के छात्रों पर अध्ययन किया और यह निष्कर्ष निकाला कि उड़ीसा से अधिकतर मूल भाषाएं प्रायः समाप्त हो चुकी हैं। छात्र अपनी मूल भाषा को छोड़कर परिस्थितिवश उड़िया या अंग्रेजी को अपनाते हैं। उनका कथन है कि समाज के किसी भी तबके की सर्वप्रथम पहचान उसकी भाषा से होती है।

शिक्षा को आदिवासी भाषाओं के माध्यम के रूप में अपनाये जाने पर खूब बहस हुई है। एक साधारण व्यक्ति के स्तर पर ज्ञानवर्द्धन के लिए मौलिक भाषा जितनी प्रभावी होती है उतनी नई भाषा नहीं होती। माध्यम की भाषा अपना सम्पूर्ण मुहावरा और परिवेश लेकर चलती है। इसका संबंध वंशगत ज्ञान सम्पदा से होता है।

सामान्यतः कहा जाता है कि भाषा वह है जिसका व्याकरण और लिपि हो ताकि उसके प्रतिमान एवं संप्रेषण की प्रणाली की पहचान संभव हो सके। इससे पृथक बोली (dialect) के बारे में इन दोनों प्रमुख तत्वों का अभाव बताया जाता रहा है। भारतीय संदर्भ में संविधान की आठवीं अनुसूची में सम्मिलित भाषाओं के अलावा अन्य को भाषा का दर्जा न देना एक शासकीय मुद्दा है। आरम्भ में 15 भाषाओं से वर्तमान की 22 भाषाओं का सूचीबद्ध होना इसका प्रमाण है। आंचलिक दबावों के चलते भविष्य में भी अन्य कुछेक भाषाओं के इस अनुसूची में शामिल होने की संभावना से इन्कार नहीं किया जा सकता। इसलिए संविधान की इस अनुसूची को भाषा एवं बोली के अंतर को समझने के लिए प्रमाणिक आधार नहीं बनाया जा सकता। जिन्हें हम बोली कहते रहे हैं, उनका भी व्याकरण होता है चाहे वह परिपक्व या विकसित रूप में नहीं मिलता हो। लिपि भाषा की अभिव्यक्ति का माध्यम है। एकाधिक भाषाओं की समान लिपि संभव है। अतः ये दोनों तत्व भी इस रूप में भाषा के अनिवार्य तत्व नहीं माने जा सकते।

भाषा-शास्त्रियों के स्तर पर प्रायः यह माना जाता रहा है कि बोली का किसी भाषा के रूप में विकसित होने के पीछे उसका व्यवस्थित, विकसित व विस्तारित होना आवश्यक है। निश्चित रूप से यह व्यवस्थित और विकसित होना कहीं न कहीं कुछ ऐसे प्रतिमानों का आग्रह करता है जिसे अन्ततः व्याकरण ही कहना होगा। जहां तक विस्तार की बात है, तो उस बोली को भाषा के स्तर पर पहुँचने के लिए अपनी

स्थानीयता से बाहर निकलकर फैलना होगा जिसमें सम्प्रेषण व्यापक स्तर पर स्वीकार किये जाने की यात्रा अग्रसर होगी, यथा व्यापार, वाणिज्य व बाजार के स्तर पर उस बोली का प्रयोग, बस, रेल या हवाई यात्रा, दर्शनीय स्थलों का भ्रमण, शिक्षा अर्जन के लिये या फिर रोजगार के लिये।

लेकिन मैं इससे सहमत नहीं। बहुत झिझक लेकिन विश्वास के साथ मैं यह बात कह रहा हूँ।

जब मैं 'आदिवासी भाषाओं' के स्थान पर 'आदिवासी भाषा' फ्रेज का प्रयोग कर रहा हूँ तो इसके पीछे एक तर्कसम्मत प्रयोजन है। वह प्रयोजन यह है कि शब्द से परे संकेतों और स्वर के स्तर पर वे अपनी बात को सम्प्रेषित करने की क्षमता रखते हैं। यह सम्प्रेषण-माध्यम जिसमें शब्दों के साथ स्वर और संकेत भी शामिल हैं—कौन-सी भाषा है? इसका कौन-सा व्याकरण और कौन सी लिपि अपेक्षित है?

स्वर, संकेत और प्रतीकों की इस भाषा का प्रयोग बिरसा मुण्डा ने वर्तमान झारखण्ड में, गोविन्द गुरू ने राजस्थान में, जोरजी भगत ने गुजरात में किया और मैंने देखा अण्डमान के जारवा व संटेनली इस भाषा का इस्तेमाल करते रहे हैं। कौन-सी लिपि और व्याकरण और विस्तार इस भाषा को चाहिए अबोली या बोली से भाषा बनने के लिए जो अपनी बात कहने में पूर्णतः सक्षम रहती आयी है?

इसलिए प्रथमतः आदिवासी भाषाओं, जिन्हें बोलियों के नाम से जाना जाता है, को मैं 'आदिवासी भाषा' की संज्ञा देना चाहूँगा। द्वितीय, व्याकरण, लिपि और विस्तार को किसी भी बोली के भाषा बनने के आधार पर संदेह करना चाहूँगा। बिहार-झारखण्ड के एकाधिक आदिवासी समूहों की भाषा में अभिवादन के लिए 'जोहार' शब्द इस्तेमाल किया जाता है। राजस्थान में 'जुहार' या 'जुआरा' शब्द काम में लिया जाता है। तो स्वर व संकेतों के अलावा शब्दों के स्तर पर भी समानता दिखायी देगी अगर हम गहरायी में जायें। विडम्बना यह रही कि आदिवासी भाषा के मुद्दे पर फादर हॉफमैन जैसे लोगों के अलावा किसी ने काम नहीं किया। जिन्हें हम हिन्दी भाषा के विद्वान कहते हैं, किसी ने इस क्षेत्र में गम्भीर एवं अधिकारिक योगदान नहीं दिया।

इसकी एक बड़ी वजह यह रही कि आदिवासी समाज शेष समाज, जिसे मुख्य धारा का समाज कहा जाता है, से भौगोलिक स्तर पर अलग-थलग रहा और मध्यवर्गीय मानसिकता वाला शोधार्थी व अध्यार्थी उस तक नहीं पहुंच सका।

भारत में चिह्नित कुल करीब एक हजार (अनुसूचित जनजाति, अपरिगणित एवं घुमन्तू सब मिलाकर) किस्म के आदिवासियों की करीब 400 बोलियां हैं। इनमें भील, संथाल, गौण्ड, मुण्डा, खासी जनसंख्या की दृष्टि से महत्वपूर्ण हैं।

माह फरवरी, 2011 में मध्यप्रदेश के छत्तीसगढ़ आदिवासी अचंलों में जनगणना

के दौरान सरकारी कर्मचारियों ने आदिवासियों को यह कहा कि वे धर्म के खाने में हिन्दू व भाषा के खाने में हिन्दी लिखें। मध्यप्रदेश के जबलपुर, मण्डला तथा छत्तीसगढ़ के सरगूजा अंचल के गौंड आदिवासियों ने इसका विरोध किया। उन्होंने सरकारी कर्मचारियों पर यह भी आरोप लगाया कि हिन्दू व हिन्दी नहीं लिखने पर आदिवासियों को यह कहा जाता है कि अगर ऐसा नहीं किया गया तो उन्हें सरकारी योजनाओं का लाभ नहीं मिलेगा। गौंडवाना गणतन्त्र पार्टी की ओर से भारत के जनगणना आयुक्त एवं रजिस्ट्रार जनरल को इस सम्बन्ध में ज्ञापन दिया गया। गौंडवाना गणतन्त्र पार्टी के महासचिव हरीसिंह मरावी ने यह आरोप लगाया है कि सत्ताधारी भारतीय जनता पार्टी के इशारों पर जनगणना के दौरान यह गैर-कानूनी कृत्य किया जा रहा है। जनगणना के दौरान इस तरह की़ सूचना से हमेशा के लिए गलत आँकड़े संकलित होंगे जो भाषा एवं धर्म के स्तर पर आदिवासियों की अस्मिता के साथ खिलवाड़ होगा। भारत की आदिवासी भाषा एवं धर्म जो कि विशिष्ठ प्रकार के रहे हैं उनकी मान्यता के सवाल के साथ यह एक ऐतिहासिक भूल भी होगी और भविष्य के शोधकर्ताओं के लिए गलत निष्कर्ष निकालने के लिए बाध्य करेगी।

जब हम हिन्दी भाषा और आदिवासी भाषा के अतर्संम्बन्धों की बात करते हैं तो कुछ बिन्दु जहन में उतरकर सामने आते हैं। इनमें प्रमुख बिन्दु हैं :

- राष्ट्र के मुख्य समाज से पृथक रहने की वजह से आदिवासी समाज मुख्य समाज से अपेक्षित अन्तर्क्रिया नहीं कर सका। साथ ही हिन्दी की लोकप्रियता के लिए उसे अभियान के रूप में आदिवासियों के बीच नहीं लिया गया। यह इसलिए जरूरी था आदिवासी समुदाय ऐसे लोगों का बना हुआ है जहां उनकी दृष्टि से बाहरी कोई भी बात बड़ी मुश्किल से पहुंचती रही है।
- ईसाई मिशनरियों की भूमिका आंग्ल भाषा की दृष्टि से महत्वपूर्ण रही विशेष रूप से पूर्वोत्तर क्षेत्र में। इसकी वजह से वहां अंग्रेजी भाषा को अपनाया गया न कि हिन्दी को।
- हिन्दी साहित्य में आदिवासियों को अपेक्षित स्थान नहीं मिल पाया। आदिवासी मुद्दों को लेकर जो भी मौलिक कार्य हुआ वह अंग्रेजी भाषा में और विडम्बना यह कि वह भी विदेशी विद्वानों द्वारा, चाहे वे इतिहासकार थे, समाजशास्त्री थे, नृतत्व-वैज्ञानिक थे या अन्य कोई।
- आदिवासी भाषा के मौखिक एवं लिपिबद्ध साहित्य के हिन्दी अनुवाद की समस्या अपनी जगह महत्वपूर्ण है।
- आदिवासियों में हिन्दी के प्रति भावनात्मक लगाव का अभाव रहा है। यह वैसा ही है जैसा द्रविड़ भाषी लोगों की हिन्दी के प्रति झिझक।

- सकारात्मक एवं संभावनाभरा पक्ष यह है कि आदिवासी समाज में उनका मध्य वर्ग उभर रहा है और वैश्वीकरण के इस दौर में अंग्रेजी के समानांतर हिन्दी का संप्रेषण माध्यम के रूप में आदिवासियों द्वारा उपयोग का विस्तार हो रहा है। आशा है कि प्रक्रिया गति पकड़ेगी।

प्रख्यात चित्रकार एवं विचारक प्रभु जोशी ने 'पहल' पत्रिका के अंक-90 में लिखा है कि 'डेविड क्रिस्टल' एक शब्द की मृत्यु को एक व्यक्ति की मौत के समान मानते थे। अंग्रेज कवि ऑडेन बोली के शब्दों को इरादतन अपनी कविता में शामिल करते थे कि कहीं वे शब्द मर न जायें। महाकवि टी.एस. इलियट प्राचीन शब्द जो शब्दकोष में निश्चेष्ट पड़े रहते थे, को उठाकर समकालीन बनाते थे कि वे फिर से सांस लेकर हमारे साथ जीने लगें।

अंततः यह कहना समीचीन होगा कि आंचलिक, राष्ट्रीय और वैश्विक परिप्रेक्ष्य में माध्यम के लिए भाषाओं की आवश्यकता को देखते हुए दीग़र भाषिक परम्पराओं का जहाँ तक संरक्षण किया जा सके वह किया जाना चाहिए, यह मानते हुए कि भाषा की मौत मनुष्य की मृत्यु से कम नहीं।

विस्थापन की समस्या

विवेकानंद ने भारत के दलितों, गरीबों और आम जनता को झकझोरते हुए कहा था कि ये तथाकथित कुलीन लोग जिंदा लाशें हैं, अजगर हैं, देश और सभ्यता का बोझ हैं। वे अवाम पर जुल्म ढाने को ही सबसे बड़ा जीवन-धर्म समझते हैं। गांधी ने भी कहा था कि देश को राजनीतिक आजादी केवल गरीबों की क्रांतिधर्मिता से मिलेगी। ये पढ़े-लिखे लोग तो अंग्रेजी व्यवस्था के दलाल हैं।

यह नया सिद्धांत प्रचलित और लोकप्रिय है कि सामाजिक, राजनीतिक और आर्थिक विकास के लिए निर्णायक भूमिका बाजार को सौंप देनी चाहिए, सरकार को नहीं। वैश्वीकरण ने आदिवासी जीवन और वनों को अपना शिकार बनाया, वनों में उपलब्ध पारंपरिक और प्राकृतिक संसाधनों में छिपी हुई अकूत संभावनाओं को ध्यान में रख कर।

उद्योगों के नाम पर इन स्रोतों पर कब्जा कर लेने का अन्तर्राष्ट्रीय व्यापारिक षड्यंत्र रचा गया। निजी उद्योगपति बाजार की सत्ता के केंद्र में हैं, आदिवासी, दलित, गरीब और मध्यवर्ग परिधि पर, और मंत्रिपरिषदें, नौकरशाह और तथाकथित विशेषज्ञ, नवोन्मेषी बुद्धिजीवी त्रिज्या की भूमिका अदा करने लगे हैं।

जैसे-जैसे स्थानीय या देशज कंपनियों की खाल ओढ़े इन वन क्षेत्रों में प्राकृतिक संसाधनों पर अपनी गिद्ध दृष्टि गड़ाए वैश्वीकरण धंसता जा रहा है, आदिवासी को

इतिहास की स्मृति बनाने का यत्न भी शुरू हो गया है। खनिज, वनोपज, जल, भूमि आदि के साथ-साथ आदिवासी संस्कृति को भी उत्पाद समझकर व्यापार के योग्य बना दिया गया है। तर्क यह है कि आदिवासियों के रहन-सहन, बोलियों, जीवनयापन, संगीत, कलाओं आदि की समुच्चय-संस्कृति विश्व-बाजार की नई उपभोक्ता वस्तु बना दिए जाने से आदिवासी-संस्कृति तालाब के बदले समुद्र के विस्तार का पर्याय समझी जाएगी। वह एक तरह से विश्व की सार्वजनिक संपत्ति बनती जाएगी।

अपनी धरती से आदिवासी की जबरिया बेदखली जमीन के एक टुकड़े से एक परिवार के विस्थापन का पर्याय-भर नहीं है। यह समस्या पूरी दुनिया में आदिवासी झेल रहे हैं। एक ओर तो कल्याणकारी सरकारें बीच सड़क में बना दिए गए किसी धर्म-स्थान से घबराकर राष्ट्रीय राजमार्ग तक को मोड़ देती हैं। दूसरी ओर वही सरकारें बड़ी आसानी से विकास का मुखौटा ओढ़कर अंग्रेजी राज के भू-अर्जन अधिनियम, 1894 के हथियार से हजारों आदिवासियों को उनकी जमीनों से बेदखल कर देती है।

यह प्रक्रिया लंबे समय से चल रही है। पहले जमींदारों, औपनिवेशिक ताकतों और बड़े भू-स्वामियों की महत्वाकांक्षाओं के कारण, अब खनिज ठेकेदारों, वन-शोषकों और बड़े कारखानों वाले उद्योगपतियों के कारण और वैसे भी आदिवासियों के भूमि संबंधी पुश्तैनी अधिकारों का लेखा-जोखा सरकारों के पास नहीं रहा है।

अन्तर्राष्ट्रीय स्तर पर आदिवासियों के पक्षधर प्रख्यात विद्वान एवं चिन्तक लेवी स्ट्रॉस ऐसे समय दुनिया से विदा (28 नवम्बर, 2009) हुए जब भारत समेत धरती भर की जनजातियां 'सभ्यताओं' के परोपकार से बचने का रास्ता ढूंढ़ रही हैं। शायद आदिवासी अपने समय से पीछे नहीं, गैर-आदिवासी अपने समय से कुछ ज्यादा आगे (पर्यावरण के विनाश के मुहाने तक) चले गए हैं। अंतिम दिनों में लेवी स्ट्रॉस कुछ निराश थे। उन्हें लगने लगा था कि भूमंडलीकरण और सांस्कृतिक एकरूपीकरण का अजगर जल्द ही जनजातियों के छोटे-छोटे समुदायों को निगल जाएगा। (ईश्वर दोस्त, जनसत्ता, 29 नवम्बर, 2009)

भारतीय स्टील प्राधिकरण लिमिटेड (SAIL) के राउरकेला संयन्त्र की स्थापना के एवज में वहां के आदिवासियों से जो वादे किये थे, उन्हें अरसे तक अधरझूल में लटकाये रखा। इसकी प्रतिक्रिया में कलिंगनगर में आन्दोलन हुआ। पुलिस की गोलीबारी में मारे गये तेरह आदिवासियों के शवों के साथ बेइज्जती की खबर और नारियल के वृक्षों की बेदर्दी से कटाई के विरोध में भड़के उग्र आन्दोलन को पड़ोसी राज्यों झारखंड व छत्तीसगढ़ से भी समर्थन मिला।

सतपुड़ा, बोटी तथा पंचमढ़ी अभयारण्यों से हुए प्रस्तावित विस्थापन के विरोध में होशंगाबाद जिला के पिपरिया कस्बा में हजारों आदिवासियों ने प्रदर्शन किया।

तात्कालिक कारण छिट-पुट वनोपज के उपभोग पर पाबंदी रही थी। यह मुद्दा उक्त तीनों अभयारण्यों को मिलाकर सतपुड़ा राष्ट्रीय बाघ परियोजना से सम्बन्ध रखता है, जिसके भीतर 75 तथा चारों ओर 100 आदिवासी गांव आते हैं।

नन्दीग्राम में इन्डोनेशिया के सलीम ग्रुप से किये समझौते के आधार पर सुरक्षित आर्थिक क्षेत्र (सेज) के लिए भूमि अवाप्ति का विरोध वहां के आदिवासी व अन्य लोगों ने किया और सरकार को कानून व व्यवस्था की स्थिति का सामना करना पड़ा। इसी प्रकार टाटा की नेनो कार के कारखाने के लिए भूमि अवाप्ति के मुद्दे पर सिंगूर क्षेत्र में ऐसी ही स्थिति पैदा हुई।

झारखण्ड पुलिस ने दुमका क्षेत्र में आदिवासियों की आठ से दस हजार की भीड़ पर गोलीबारी की जिसमें लखीराम टुडू की घटना स्थल पर ही मौत हो गयी और करीब दो दर्जन आन्दोलनकारी घायल हो गये। आदिवासियों का यह आन्दोलन आमगाछी व पोखरिया क्षेत्र में 1000 मेगावाट का कोयला आधारित ऊर्जा संयन्त्र स्थापित करने के विरोध में था। पहले यह आन्दोलन एक माह से शान्ति पूर्ण तरीके से चला लेकिन आदिवासियों की सुनवायी नहीं होने से आगे चलकर उग्र हो गया। इस आन्दोलन के केन्द्र में प्रमुख कारण क्षेत्र के आदिवासियों की भूमि की अवाप्ति था जो विस्थापन के मुद्दे से जुड़ा हुआ था।

विस्थापन से सम्बन्धित इन कतिपय समाचारों की पृष्ठभूमि में जब हम विषय प्रवेश करेंगे तो आरम्भ में यह तथ्य सामने आयेगा कि ढाई करोड़ डि-नोटीफाइड और साढे आठ करोड़ अनुसूचित आदिवासी, कुल मिलाकर करीब 11 करोड़ की जनसंख्या भारत में है जो फ्रांस व ब्रिटेन की सम्पूर्ण तथा आस्ट्रेलिया की आबादी का चार गुणा है। आदिवासियों की सर्वाधिक आबादी अफ्रीका महाद्वीप के पश्चात् भारत में है। भारत के प्रांतों की दृष्टि से मध्यप्रदेश में अन्य राज्यों की तुलना में आदिवासियों का प्रतिशतांक सर्वाधिक है।

परम्परागत रूप से आदिवासी-जीवन जंगलों पर आधारित रहता आया है। जंगल और आदिवासी सह-अस्तित्व के सिद्धान्त पर फलते-फूलते रहते आये हैं। आजादी के बाद भारत की 1500 बड़ी सिंचाई परियोजनाओं के कारण 1.6 करोड़ की आबादी विस्थापित हुई इनमें 40 प्रतिशत आदिवासी थे। इसके प्रमुख प्रभावों में वन केन्द्रित आदिवासियों के जीविकोपार्जन के परम्परागत संसाधनों का छिन जाना और आदिवासी सामाजिक-सांस्कृतिक धरोहर को खतरा के रूप में पहचाना गया। इस सब की वजह प्रभावी कानूनी प्रणाली की कमी,परियोजनाओं के पीछे विकास के साथ-साथ व्यावसायिक निहित स्वार्थ और विकास के नाम पर अनुचित हस्तक्षेप रहे।

तकनीकी विकास के कारण विकास के नाम पर यह हस्तक्षेप वर्तमान समय में और अधिक आसान और तेज हो गया है। इसके पीछे वैश्विक पूँजी, इस पूँजी पर सवार नव साम्राज्यवाद और अन्तराष्ट्रीय मुद्रा कोष, विश्व बैंक, आई.बी.आर.डी जैसी एजेन्सिया हैं जिन्होंने प्राकृतिक संसाधनों के दोहन को तेज कर दिया। ऐसे अधिकतर संसाधन आदिवासी इलाकों में रहे हैं और जिनका संरक्षण आदिवासी समाज करता आया है।

1980 के दशक में विश्व बैंक ने सात अरब डॉलर विकास से सम्बन्धित बड़ी परियोजनाओं के लिए दिये जबकि इस राशि का मात्र पाँचवां हिस्सा विश्व के शेष 85 देशों को दिया। सभी विशाल बाँध परियोजनाएँ विश्व-पूँजी के प्रभाव में रहीं। इनमें से 60 प्रतिशत बाँध परियोजनाएं उस क्षेत्र में हैं, जहाँ भारत की 80 प्रतिशत आदिवासी जनसंख्या निवास करती रही है।

केवल बाँध परियोजनाओं की वजह से भारत की करीब 50 से 70 लाख आदिवासी जनसंख्या का विस्थापन हुआ। इसके बाद खनन व अन्य औद्योगिक इकाइयों के कारण विस्थापन का संकट सामने आया। एक अनुमान के तहत प्रति दस में से एक आदिवासी विस्थापन की त्रासदी भोगने को विवश हुआ है।

तथाकथित विकास के इस क्रम में आदिवासी समाज ने अपनी सामूहिक पहचान तथा ऐतिहासिक-सांस्कृतिक विरासत खोयी है एवं उनके बाँटे में और कुछ नहीं आकर गरीबी, कुपोषण, मृत्यु दर में वृद्धि, अशिक्षा, बेरोजगारी, ऋण एवं खेतिहर मजदूरी आयी। वैश्वीकरण के विस्तार के साथ-साथ निजीकरण की प्रक्रिया तेज होने के कारण आदिवासियों को दिये जाने वाले संवैधानिक आरक्षण के लाभ भी मिलने में बाधा आने लगी।

अनेक अध्ययनों से यह निष्कर्ष सामने आये हैं कि 90 के दशक में जिस कदर वैश्वीकरण-निजीकरण-उदारीकरण की नीतियों को अधां-धुंध तरीकों से लागू किया, उसकी वजह से गरीबी ने 15 करोड़ लोगों को प्रभावित किया। इस जनसंख्या का एक तिहाई आबादी आदिवासी-समाज की रही।

आदिवासी दृष्टिकोण से वैश्वीकरण का दुष्प्रभाव अब स्पष्ट रूप से सामने आने लगा है, देशी-विदेशी कम्पनियों का इस कदर व्यवस्था पर वर्चस्व कायम होगा यह शायद किसी ने उम्मीद नहीं की थी। विज्ञान एवं पर्यावरण केन्द्र (एस.सी.ई.) की निदेशक सुनीता नारायण ने सितम्बर 2011 में रपट जारी करते हुए यह तथ्य उजागर किया कि 11वीं पंचवर्षीय योजना के तहत इतनी परियोजनाओं को वन एवं पर्यावरण मंत्रालय ने स्वीकृति दे दी जो 12वीं पंचवर्षीय परियोजना के लक्ष्य से भी अधिक है। रपट में यह खुलासा किया गया है कि वर्ष 2007 से 2011 की अवधि में देश के

तमाम क्षेत्र प्रस्तावित विकास परियोजनाओं को दी गई मंजूरियों से पहले यह नहीं सोचा गया कि ताप, ऊर्जा, कोयला, सीमेन्ट, स्टील एवं अन्य इकाइयों को अर्थात कुल मिलाकर 8284 परियोजनाओं के लिए दो लाख तीन हजार पांच सौ छिहत्तर हेक्टेयर वन भूमि औद्योगिक संस्थानों को दी गई जो पिछले तीस सालों में इस्तेमाल की गई वन भूमि का 25 प्रतिशत है। अकेले वर्ष 2009 में ही सबसे ज्यादा सत्तासी हजार आठ सौ तिरासी हेक्टेयर भूमि का इस्तेमाल विकास परियोजनाओं में किये जाने की मंजूरी दी गई।

सी.एस.ई. के उप महानिदेशक चन्द्र भूषण ने सवाल उठाया कि जब पहले से मंजूर परियोजनाओं पर काम शुरू नहीं हुआ ऐसे में नई परियोजनाओं को मंजूरी देने में इतनी तेजी दिखाने के पीछे सरकार की क्या मंशा है? क्या यह जल, जमीन, जंगल पर निजी क्षेत्र के कब्जा करने का कोई नया घोटाला है? इनमें तमाम ऐसे मामले शामिल हैं जिनमें वन और पर्यावरण मंत्रालय की मंजूरी की आड़ में कम्पनियां खानों, पानी व कोयले का लाईसेंस ले रही हैं। यह उन्हें राज्य स्तर पर ही मिल जाता है। केन्द्रीय नियंत्रण बोर्ड ने जिन इलाकों को अत्यधिक प्रदूषित बताते हुए वहाँ नये संयंत्र न लगाने की सिफारिश की थी उन इलाकों में भी बड़े पैमाने पर नई परियोजनाओं को हरी झण्डी दी गई। सी एस ई ने ऐसी मंजूरियों को रद्द करने की मांग की है। ऐसे इलाकों में चन्द्रपुर, धनबाद, रायपुर वगैरह शामिल है। (जनसत्ता, दिनांक 24. 9. 2011)

नियमित रूप से आदिवासी-जन भारतीय समाज का हिस्सा हैं, लेकिन परम्परा एवं संस्कृति की दृष्टि से वे भारतीय समाज से पृथक हैं। उनके लिए नीति निर्धारण पृथक से होना जरूरी है तभी उनका विकास सम्भव हो सकेगा, अन्यथा वे लुप्त होती मानव प्रजाति की श्रेणी में ही स्थान पा सकेंगे और भविष्य में 'म्यूजियम' की वस्तु के रूप में स्मृति के स्तर पर शेष रह जाएंगे।

वैश्वीकरण के लाभ जिन व्यक्तियों व राष्ट्रों को मिले हैं उनमें अमरीका, यूरोप, जापान जैसे देश धनी देश, धनाढ्य व उच्च कौशल प्राप्त व्यक्ति, व्यावसायिक प्रबंधकीय-तकनीकी लोग, लोकसेवा से पृथक जन, बड़ी फर्म, तकनीकी व पेचीदा प्रक्रिया पर आधारित-उत्पाद के विक्रेता, वैश्विक भद्र वर्ग, बाजारवादी व ब्रांडिंग फर्म एवं जिनको हानि हो रही है उनमें अनेक विकासशील देश, गरीब लोग, निम्न कौशल वाले व्यक्ति, श्रमिक, लोकसेवा पर आधारित व्यक्ति, छोटी फर्म, आधारभूत और मानक वस्तुओं के विक्रेता, वैश्विक आमजन एवं वे फर्म जिनकी बाजार में पहुंच कम होती है तथा कोई प्रचारित ब्रांड नहीं रखती।

वैश्वीकरण से लाभान्वित होने वाली श्रेणियों में आदिवासी समाज कहीं नहीं टिकता। वह कहीं है तो नुकसान के खाते में ही शामिल दिखायी देता है।

परम्परागत बस्तियों से किसी का भी विस्थापन भारी त्रासदी का कारण बनता है और आदिवासी तो अपना परिवेश किसी भी दृष्टि से नहीं छोड़ना चाहता, चाहे उसे कितने भी प्रलोभन दिये जायें। वह परम्परा व प्रकृति से बंधा हुआ रहता आया है।

बांध परियोजना, राष्ट्रीय उच्च मार्ग, रेलवे लाईन, खनन-व्यवसाय, औद्योगीकरण, अभयारण्य एवं अन्य कारणों से आदिवासियों का अनिवार्य विस्थापन होता है तो एक तरह से उन्हें अपनी पारम्परिक जमीन व परिवेश से खदेड़ने को विवश किया जाता है। इसकी वजह से उनकी जीविका के आधार भी समाप्त होते हैं। प्रश्न उठता है उनके जीविकोपार्जन के विकल्प तलाश किये जाने का।

उक्तानुसार आदिवासियों का विस्थापन भारतीय संविधान की पाँचवीं सूची के प्रावधानों का खुल्लमखुल्ला उल्लंघन है, जिसके तहत आदिवासियों को उनकी पुश्तैनी जमीन और प्राकृतिक संसाधनों पर मालिकाना अधिकारों की गारन्टी दी गयी है।

यही वजह रही कि आदिवासियों के लिए बनायी गयी राष्ट्रीय नीति में स्पष्ट प्रावधान रखे गये कि विकास की प्रक्रिया में आदिवासियों का विस्थापन कम से कम किया जाये और अगर विस्थापन अति अनिवार्य है तो पुनर्वास के रूप में जीवन का बेहतर स्तर सुनिश्चित किया जाये।

इसीलिए राष्ट्रीय नीति में निम्न प्रावधान रखे गये :

1. भूमि के एवज में कम से कम दो हेक्टेयर उपजाऊ जमीन जिसमें एक परिवार आसानी से गुजारा कर सके।
2. मछली उत्पादन की जगह मछली उत्पादन हेतु सुविधा।
3. नये स्थान पर आरक्षण के लाभ।
4. वनोपज पर अधिकारों की समाप्ति के बदले अतिरिक्त वित्तीय सहायता जो छह माह से एक वर्ष तक की न्यूनतम कृषि-मजदूरी के समान हो।
5. एक जैसे आदिवासी लोगों को (एक स्थान से विस्थापित) पुनर्वास स्थल एक ही दिया जाये और वह भी जहाँ तक सम्भव हो प्राकृतिक परिवेश में, ताकि उनकी वंश परम्परा एवं सामाजिक-सांस्कृतिक-भाषाई सम्बन्ध अन्यथा प्रभावित नहीं हों।
6. सामाजिक-धार्मिक आयोजनों के लिए भूमि मुफ्त में उपलब्ध करायी जाये।
7. यदि विस्थापन मूल जिला या तहसील से बाहर होता है तो आर्थिक दृष्टि से अधिक मुआवजा दिया जाये।
8. सामूहिक विस्थापन की दशा में नये स्थान पर पानी, बिजली, सड़क, स्वास्थ्य, सफाई, शिक्षा, उचित मूल्य की दुकान, सामुदायिक केन्द्र, पंचायत कार्यालय आदि सभी सुविधाएं उपलब्ध करायी जायें।

भारत की वन नीति में स्पष्ट रूप से जंगलों में रहने वाले आदिवासियों के गांवों को बाकायदा 'वन्य-ग्राम' की संज्ञा दी गई है और यह भी प्रावधान रखे गये हैं कि राजस्व गाँवों की तरह सारी सुविधाएं वन्य गांवों को उपलब्ध करायी जाये जिनमें शिक्षा, चिकित्सा, विद्युत, संचार, सड़क, सार्वजनिक वितरण प्रणाली, अनाज भण्डार, विकसित कृषि की सुविधाएं, पशु-चिकित्सालय, बैंक, सहकारी संस्थाएं, छिटपुट वनोत्पाद का उपभोग, बिचौलियों के शोषण से मुक्ति की व्यवस्था आदि-आदि शामिल हो।

आदिवासी विकास की समस्या अत्यन्त जटिल रही है और इसकी एकमात्र वजह यह रही है कि उनके विकास की बात उनकी जीवन शैली, सांस्कृतिक परम्पराओं एवं मनोदशा को ध्यान में रखकर नहीं की गई है। पं. जवाहरलाल नेहरू ने आदिवासी विकास के पंचशील तय किये थे जो निम्न प्रकार से हैं :

1. आदिवासी का विकास उनकी मनोदशा एवं परम्पराओं के आधार पर होना चाहिये। बाहर से थोपी जाने वाली नीति के तहत नहीं। इस क्षेत्र में आदिवासी परम्परागत कला व संस्कृति पर जोर दिया जाये।
2. आदिवासियों के जंगल व जमीन पर अधिकारों का सम्मान किया जाये।
3. प्रशासन एवं विकास में आदिवासियों के प्रतिनिधित्व को महत्व दिया जाना चाहिये। तकनीकी विशेषज्ञ शुरुआत में बाहर से लाये जा सकते हैं अन्यथा बाहरी व्यक्तियों के हस्तक्षेप को नहीं के बराबर रखना चाहिये।
4. आदिवासियों के परम्परागत समाज व सांस्कृतिक संस्थाओं के आधार पर ही आदिवासी क्षेत्र में प्रशासनिक व्यवस्था सुनिश्चित की जानी चाहिये।
5. आदिवासी विकास का मापदण्ड खर्च की जाने वाली राशि एवं विकास के आंकड़ों पर आधारित न होकर विकास की गुणवता के आधार पर होनी चाहिये।

आदिवासी मुद्दों के विशेषज्ञ स्वयं वेरियर एलविन ने भी इस बात पर जोर दिया कि भारतीय समाज के लिए आदिवासियों का जो परम्परागत अवदान है उसका सम्मान किया जाना चाहिये एवं इस अवदान को भारतीय समाज में उत्थान के सहायक के रूप में देखना चाहिए न कि आदिवासी समाज को भारतीय समाज से पृथक।

आदिवासी विकास के प्रमुख दृष्टिकोण निम्न प्रकार सामने आते हैं।

अ. *राजनैतिक दृष्टिकोण*—इस दृष्टिकोण से आदिवासी समाज को संविधान में पृथक रूप से पिछड़ावर्ग माना गया है। उनके अधिकारों के संरक्षण एवं विकास के लिए विशेष प्रावधान रखे गये हैं।

ब. *प्रशासनिक दृष्टिकोण*—प्रशासनिक दृष्टिकोण राजनैतिक दृष्टिकोण पर आधारित रहा है। इसके लिए आदिवासी कल्याण मंत्रालय, आदिवासी क्षेत्र

के विकास के लिए योजनाएं, आदिवासी परामर्श परिषद, आदिवासी शोध संस्थान, आदिवासी आयोग आदि की व्यवस्था की गई है।

स. *धार्मिक दृष्टिकोण*–धार्मिक दृष्टिकोण से हिन्दू व ईसाई धर्म नायकों द्वारा आदिवासियों के धर्मान्तरण को उनके उत्थान का एकमात्र विकल्प मान लिया। इस दृष्टि से पूर्वोत्तर राज्यों के सन्दर्भ में ईसाई मिशनरियों की भूमिका सराहनीय कही जा सकती है, लेकिन परम्परागत व सांस्कृतिक दृष्टिकोण से देखा जाये तो इस तरह आदिवासियों का विकास नकारात्मक स्वरूप ग्रहण करता आया है।

द. *स्वयंसेवी संगठन*–स्वयंसेवी संगठनों के दृष्टिकोण से समाज सुधारकों को व गैर-सरकारी संगठन के कार्यकर्ताओं द्वारा आदिवासियों को एक तरह से बैसाखीनुमा सम्बल देकर उनके उत्थान की बात कही जा रही है। आदर्शवादी मानवतावाद इस केन्द्र में रहा है।

य. *नृतत्वशास्त्रीय दृष्टिकोण*–इस दृष्टि से आदिवासियों के उत्थान की समस्याओं को विद्वानों ने समझने का प्रयास किया है। उनका निष्कर्ष यह है कि जब तक आदिवासी समाज भारतीय मुख्य समाज का हिस्सा नहीं बनता तब तक आदिवासी जन अलग-थलग रहेंगे और जब तक यह स्थिति रहेगी तब तक आदिवासियों का विकास सम्भव नहीं है। इसके लिए बहुयामी दृष्टिकोण अपनाना होगा जिसका आधार नृतत्वशास्त्रीय अध्ययनों के अलावा और कुछ नहीं हो सकता। यह दृष्टिकोण आदिवासी परम्परा व मनोदशा को समझने में सहायक हो सकता है। लेकिन भौतिक विकास के साथ उनके समृद्ध परम्परागत मूल्यों के सरंक्षण की समस्याओं का समाधान नहीं करता। इस दृष्टिकोण का प्रमुख जोर राष्ट्र समाज के परिप्रेक्ष में आदिवासी उत्थान को देखने पर है। प्रो. राय वर्मन एवं डॉ. बी.डी. शर्मा जैसे विद्वानों ने आदिवासी विकास की कुंजी गांधीवादी दर्शन में तलाशने के प्रयास किये हैं।

मार्क्स ने लिखा है कि "किसी भी समाज में परिवर्तन के लक्षण भीतर से हो, उसके पहले ही उस पर बाहर से परिवर्तन लाद दिया जाये तो वह समाज एक किस्म के सांस्कृतिक अवसाद में (Cultural Melancholy) जीने को बाध्य हो जाता है।" आदिवासी विकास का मुद्दा कुछ इस तरह का है और इसलिए विकास के ऐसे मॉडल को आदिवासी अपनाने से झिझकता है।

यद्यपि पं. जवाहरलाल नेहरू ने विकास के नीति निर्देशक तत्व तय किये उनके सन्दर्भ में आदिवासी विकास के मुद्दों को देखना चाहिए, लेकिन वैश्वीकरण के इस दौर

में यह समस्या और जटिल हो जाती है? वहां आदिवासी सांस्कृतिक मूल्यों के सरंक्षण, विकास, आदिवासियों की हिस्सेदारी एवं प्रशासनिक स्वायत्ता के मुद्‌दों, भू-मण्डलीय वातावरण एवं दबावों से पृथक कैसे रखा जाये यह सबसे बड़ा प्रश्न हमारे सामने है।

छत्तीसगढ़ में विस्थापन का एक अनूठा उदाहरण सामने आया, जिस पर विमर्श होना चाहिए।

आदिवासी बहुल इस प्रांत की 27 प्रतिशत आदिवासी आबादी बस्तर जिला में रहती है। बस्तर की कुल आबादी का 70 प्रतिशत आदिवासी हैं जिनमें अधिकांश लोग घने जंगलों में रहते हैं। इसी क्षेत्र में गत करीब 25 वर्षों से माओवादी संगठन सक्रिय रहे हैं।

'सल्वा जुडूम' नामक एक आन्दोलन वहां चला जो माओवादी नक्सलियों के विरोध में था। नक्सलवादियों द्वारा तथाकथित सताये गये आदिवासियों, उनके मुखिया, सूदखोर आदि को सरकार द्वारा विशेष पुलिस अधिकारी नियुक्त किया और इस आन्दोलन का नेतृत्व उन्हें सौंपा गया।

'सल्वा जुडूम' अर्थात लोगों का (तथा कथित) संयुक्त मिशन। तथ्य यह सामने आया कि जब से 'सल्वा जुडूम' आन्दोलन आरम्भ हुआ तब से वर्ष 2011 के मध्य तक उस इलाके में 250 आदिवासियों की हत्या हुई, 100 आदिवासी महिलाओं के साथ सामूहिक बलात्कार हुआ, आदिवासियों के 3000 घर जलाये गये। यह सब 600 आदिवासी गाँवों में हुआ और परिणामस्वरूप 50,000 आदिवासी विस्थापित होने को विवश कर दिये गये, जो पुनर्वास शिविरों में रहने की त्रासदी भोगते रहे।

राज्य समर्थित इस आतंक की तह में था 'आदिवासी क्षेत्र (दांतेवाड़ा) में टाटा कम्पनी द्वारा 'आयरन ओर' का खनन। टाटा के अलावा क्षेत्र के प्राकृतिक संसाधनों के दोहन के लिए अमरीकी कम्पनी 'टेक्सास पावर कॉरपोरेशन' से भी समझौता किया गया। कुल मिलाकर छत्तीसगढ़ सरकार ने विभिन्न खनन कम्पनियों से 130 लाख डॉलर के समझौतों पर हस्ताक्षर किये।

माओवादियों की सक्रियता के कारण छत्तीसगढ़ सरकार के लिए बहुत मुश्किल था कि इस आदिवासी क्षेत्र में देशी-विदेशी पूँजीपतियों की राह आसान कर सके। इसलिए 'सल्वा जुडूम' जैसे ऑपरेशन आरम्भ किये गये या कहें, करवाये गये। निश्चित रूप से नक्सलियों ने इसका विरोध किया था और आदिवासियों में से अधिकांश ने उनका साथ अपने हितों की दृष्टि से ही दिया होगा। (इसका यह अर्थ नहीं कि हम हिंसक नक्सलवाद का समर्थन करते हैं)

इस अनूठे विस्थापन और राज्य संचालित आंतक के विरोध में स्थानीय आदिवासी एकजुट हुए और उन्होंने 'सल्वा जुडूम' के अत्याचारों के विरुद्ध राष्ट्रीय

आन्दोलन चलाया। 'सल्वा जुडूम' के पीड़ितों की सहायता के लिए एक समिति का गठन किया गया जिसका नाम था 'क्रान्तिकारी संगीत दल', जो आदिवासियों के दुख-दर्दों से आपूरित गीतों को गा-गाकर सुनाने लगा। इस दल ने छत्तीसगढ़ ही नहीं, देश के दर्जनभर प्रांतों के आदिवासी इलाकों में भ्रमण किया। तथ्य यह सामने आया कि 50,000 आदिवासियों को बलपूर्वक शरणार्थी शिविरों में रहने के लिए 'सल्वा जुडूम' ने बाध्य किया, जहाँ जीने के लिए आधारभूत सुविधाओं का अभाव था और जो सल्वा जुडूम के विशेष पुलिस अधिकारियों के घेरे में रहने को विवश थे ताकि यन्त्रणा शिविरों से भाग भी न सकें।

हालात की गम्भीरता प्रचारित-प्रसारित हुई और आखिर बुद्धिजीवियों का एक दल जाँच करने बस्तर गया जिसमें इतिहासकार रामचन्द्र गुहा, (बंगलुरू) 'प्रभात खबर' के संपादक हरिवंश, (राँची) लेखक एवं सामाजिक कार्यकर्ता फराह नकवी (दिल्ली) भारत सरकार के सेवा निवृत्त सचिव ई.ए.एस. सरमा (विशाखा पतनम्), दिल्ली विश्वविद्यालय के समाजशास्त्र विभाग की प्रोफेसर नन्दिनी सुन्दर और 'इन्डियन एक्सप्रेस' व 'हिन्दुस्तान टाइम्स' के पूर्व सम्पादक वी.जी. वर्गीस भी शामिल थे।

इस दल ने निष्कर्ष निकाला कि *'बस्तर के आदिवासियों की दशा बहुत खराब है। 'सल्वा जुडूम' के नाम से जो तथाकथित 'शांति खोज' का सरकारी ऑपरेशन चलाया गया वह आदिवासियों पर अत्याचारों का नायाब उदाहरण है जो आश्चर्यजनक है।'* ध्यातव्य है कि सर्वोच्च न्यायालय ने (जुलाई 2011) के निर्णय में सल्वा जुड़म के कदम को अवैधानिक करार दिया है।

गत एक दशक में औद्योगिक परियोजनाओं की वजह से केवल चार प्रांतों यथा आंध्रप्रदेश, छत्तीसगढ़, झारखण्ड और ओड़िसा में 14 लाख लोग विस्थापित किये गये। 'एक्शन एंड इण्डियन सोशियल इन्स्टीट्यूट' और 'लाया' संगठन द्वारा किये गये सर्वेक्षणों से यह तथ्य सामने आया। सर्वे-क्षेत्रों में विस्थापितों का 79 प्रतिशत अनुसूचित आदिवासी थे। जबकि भारत की कुल आबादी का आदिवासी लोग मात्र 8.6 प्रतिशत हैं। विस्थापन के कारण आदिवासियों को अपनी जमीन, जीविका, पुश्तैनी आवास और पूजा-स्थलों के साथ-साथ प्रकृति और वन्य जीवों के परिवेश से बेदखल होना पड़ा। इसके साथ-साथ उनके कुएँ, श्मशान स्थल, तालाब, नदी, झरने आदि छूट गये और उन्हें अपनी जीवन शैली बदलने की मजबूरी सहनी पड़ी जो उनकी हजारों वर्षों की परम्परा को छिन्न भिन्न करने का कारण बना। सर्वाधिक नुकसान हुआ उनकी सामूहिकता और सामाजिक सुरक्षा को। इस सबके लिए इस क्षेत्र में केवल चार ही परियोजनाएँ उत्तरदायी रहीं जो हैं—वेदांत रिफाइनरी (ओड़िसा) पोल्लवरम बाँध (आंध्रप्रदेश), टाटा आइरन ओर (छत्तीसगढ़) और सुवर्ण रेखा परियोजना (झारखंड)।

इन सर्वेक्षणों से यह तथ्य सामने आया कि 66 प्रतिशत विस्थापितों का पुनर्वास सरकार के स्तर पर नहीं किया गया और उन्हें अपने हाल पर जीवन गुजारने को विवश होना पड़ा। विस्थापितों में से 86 प्रतिशत ने अन्य जागरूक लोगों के सहयोग से इस विस्थापन का आरम्भ से तीव्र विरोध किया।

इस संदर्भ में एक विडम्बना यह रही है कि विकास के नाम पर सम्भावित विस्थापन का विरोध उस सोपान पर आरम्भ होता है जब सारे अन्तिम निर्णय लिये जा चुके होते हैं। इसकी वजह यह है कि इस तथाकथित विकास का माध्यम या लाभकारी पक्ष (सरकारी या निजी) परियोजना सम्बंधी नीति-निर्धारण की प्रक्रिया से आरम्भ से जुड़ा रहता है और जिन लोगों की कीमत पर यह सब कुछ होने जा रहा होता है, उन्हें अन्त में पता लगता है कि उन्हें बेदखल करने का फैसला सरकार ने राज्य, केन्द्र और विश्व स्तर पर ले लिया है। उल्लेखनीय है कि ऐसे निर्णयों की प्रक्रिया बहुत लम्बी होती है। इन चार परियोजनाओं के मामले में जमीन अधिग्रहण सम्बन्धी कुल 22,755 गजट नोटीफिकेशन और 3630 अन्य राजकीय दस्तावेज तैयार किये गये। अगर तथाकथित मुख्यधारा से किन्हीं व्यक्तियों से सम्बन्धित कोई मुद्दा होता तो पहले ही दस्तावेज की प्रति उन तक पहुँच जाती और वे लोग ऐसे मामले को अदालतों में उलझा देते और दशकों तक फैसला नहीं होने देते या अपने पक्ष में करवा लेते। मगर अपनी अलग-थलग दुनिया में रहते आये आदिवासियों को यह सब करना नहीं आता। उन्हें यह पता लगना कठिन होता है कि उनके विरुद्ध कौन और कहाँ षड्यंत्र रच रहा है?

आदिवासी कल्याण एवं विकास के लिए निर्मित राष्ट्रीय सलाहकार परिषद के सदस्य डॉ. डी. स्वामीनाथन द्वारा तैयार किये गये प्रारूप पत्र के आरम्भ में उन्होंने स्वीकार किया है कि *'निश्चित रूप से विगत अरसे में आदिवासियों की स्थिति में सुधार हुआ है लेकिन गैर-आदिवासियों की तुलना में इनके हालात हर क्षेत्र में खराब हुई।'*

केवल विस्थापन के कारण आदिवासी उत्थान की अन्य सारी गतिविधियां बाधित हो जाती हैं चाहे वह शिक्षा, स्वास्थ्य, पेय-जल, सड़क, संचार, आवास और जीविकोपार्जन आदि किसी भी अहम मसले से जुड़ी हुई क्यों न हो।

डॉ. स्वामीनाथन द्वारा तैयार किये गये प्रारूप पत्र में बड़े चौंकाने वाले तथ्य सामने आये हैं। औद्योगीकरण और विकास से सम्बन्धित विभिन्न परियोजनाओं के कारण आजादी से वर्ष 1990 तक की अवधि में जो आदिवासी विस्थापित हुए उनका पूरी तरह पुनर्वास नहीं हुआ। विस्थापित आदिवासियों की कुल संख्या 85.39 लाख रही जो कुल विस्थापितों का 55.16 प्रतिशत थी। विस्थापित आदिवासियों में 64.23 प्रतिशत अब भी पुनर्वास से वंचित हैं। निश्चित रूप से अपनी जड़ व जमीन से उखड़ी यह अपुनर्वासित मानवता झोपड़-पट्टियों व फुटपाथों के सहारे रहती है या फिर शरणार्थियों

अथवा डेराबन्द घुमक्कड़ी जीवन जीने को विवश है।

ऐसी बड़ी संख्या के मनुष्यों के दिलो-दिमाग में उनकी लम्बी परम्परा, संस्कृति, मूल्य-व्यवस्था, कला, प्रकृति प्रेम, श्रम की महत्ता, सामूहिकता, वन्य जीवों का परिवेश, सुरक्षित परिवेश, निश्चिंतता, अल्हड़पन, मस्ती एवं सबसे ऊपर उनकी स्मृतियां और स्वप्न आदि को लेकर क्या कुछ घटित हो रहा होगा-इस सबका अंदाज हर कोई कैसे लगा पायेगा।

डेविड पुघ 'इन्टरनेशल लीग ऑफ पिपुल्स स्ट्रगल,' से सम्बन्धित रहे हैं। विस्थापन से सम्बन्धी कुछ तथ्यों का जिक्र उन्होंने अपने अध्ययन में किया है।

महाराष्ट्र के न्यू मुम्बई में रिलायंस सुरक्षित आर्थिक क्षेत्र (सेज) के कारण 2,50,000 व्यक्तियों के विस्थापन की सम्भावना हुई। कुल 35000 एकड़ भूमि के अधिग्रहण का तीव्र विरोध हुआ।

झारखण्ड की एन.टी.पी.सी (नेशनल थर्मल पावर कॉरपोरेशन) परियोजना के कारण कनकपुरा घाटी के 186 गांवों के कुल 3 लाख में से 2 लाख लोगों पर विस्थापन का संकट गहराया। नवम्बर, 2006 में 10,000 आदिवासियों ने एकत्रित होकर इसका विरोध किया। जैसे ही एनटीपीसी ने अपना दफ्तर खोला 3000 की भीड़ ने उसे नष्ट कर दिया। एक तरफ परियोजना को सफल बनाने की जिद रही है दूसरी ओर विरोध अभी भी जारी रहा।

ओड़िसा के जगतसिंहपुर क्षेत्र में पोस्को (कोरिया की कम्पनी) को राज्य सरकार ने आइरन ओर के प्लांट हेतु 4000 एकड़ जमीन दी। 22,000 लोगों पर विस्थापन की तलवार लटकी जिसका विरोध हुआ और सम्भावित विस्थापितों ने प्रभावी नाकाबन्दी की ताकि इलाके में कोई प्रवेश न कर सके।

छत्तीसगढ़ में विभिन्न परियोजनाओं से सम्बन्धित करीब 3 लाख आदिवासी विस्थापितों की लड़ाई डॉ. विनायक सेन लड़ रहे थे जो उन्हें जेल में ठूंस दिया। ता0 19 अप्रैल 2009 के 'हिन्दू' अखबार में डॉ. सेन की अवैध हिरासत के विरोध में सुप्रीम कोर्ट के पूर्व न्यायाधीश वी.आर. कृष्णा अय्यर द्वारा भारत के प्रधानमंत्री के नाम लिखा लम्बा पत्र छपा जिसमें स्पष्ट बताया कि ऐसी हिरासत भारतीय लोकतंत्र के लिए खतरा है। अन्ततः सर्वोच्च न्यायालय में डॉ. सेन को मुक्त करने के आदेश दिये।

अमानवीय विस्थापन के विरुद्ध मुंह खोलने वालों का यह हश्र होना हर किसी को विचलित कर देगा।

डेविड पुघ का निष्कर्ष निम्न प्रकार है :

1. बाँध, औद्योगिक इकाइयों, खनन और सेज के कारण आगामी एक दशक में करीब एक करोड़ लोगों के विस्थापित होने की सम्भावना है।

2. विस्थापन का प्रतिरोध करने की भारतीय लोगों में अकूत ताकत है।
3. विस्थापन के सत्य को लेकर भारत सरकार (केन्द्र व राज्य) तथ्यों के बारे में गलतबयानी करती है और सही आन्दोलन को सशस्त्र बलों द्वारा कुचलने का अन्यायपूर्ण कार्य करती है।

पूर्वोत्तर भारत में विस्थापन की समस्या को लेकर प्रो. मोनीरूल हुसैन (गोहाटी विश्वविद्यालय) द्वारा लिखित शोधपरक महत्वपूर्ण पुस्तक में उस क्षेत्र के विस्थापन को लेकर विस्तार से लिखा है।

भू-अवाप्ति अधिनियम के तहत विकास के नाम पर विस्थापितों की भूमि अधिग्रहित की जाती है। इस कानून को प्रो. हुसैन ने सामन्तवादी कानून कहा है। उनका प्रश्न है कि भूमि अधिग्रहण सम्बन्धी कानून जितना ताकतवर है उतना जिम्मेदार कानून पुनर्वास सम्बन्धी क्यों नहीं है? इनकी इस बात में दम है, चूँकि अब तक देश में किसी भी बड़ी परियोजना के एवज में विस्थापितों का पूरा एवं संतोषप्रद पुनर्वास नहीं हुआ है। उनका यह भी तर्क है कि जिस मकसद से विशाल परियोजनाएं लागू की जाती हैं, वह मकसद इन परियोजनाओं के लागू करने से पूरा नहीं होता। दूसरे, विस्थापन का मुद्दा भूमि अधिग्रहण तक ही सीमित नहीं रहकर विस्थापितों की जीविका, संस्कृति व समुदाय तक को तहस-नहस कर देता है। पूर्वोत्तर के विशेष सन्दर्भ में प्रो. हुसैन का यह भी कहना है कि बड़ी परियोजनाओं को लागू करने की बजाय उन्हें भंगकर भूमि को पुनः सम्बन्धित विस्थापितों को देने से राज्य व विस्थापित दोनों को लाभ मिलता है। इस सन्दर्भ में उन्होंने दुम्बर परियोजना को भंग करने का दृष्टांत सामने रखा। त्रिपुरा के जल ऊर्जा परियोजना द्वारा आशा से कम विद्युत उत्पादन के कारण उसे बन्द कर अवाप्त भूमि को विस्थापित आदिवासियों को वापस देना कुल मिलाकर लाभदायक रहा न कि परियोजना को चालू रखना।

विस्थापन को लेकर यह एक महत्वपूर्ण मुद्दा है कि जिन लोगों का विस्थापन होता है, सम्बन्धित परियोजना से उन्हें कोई लाभ नहीं मिलता। यह पक्ष भी विचारणीय है।

जून 2008 में रंगानदी जल परियोजना के कारण वर्षा के पानी की अधिक आवक को देखते हुए एक दम पानी को छोड़ने से भयंकर बाढ़ आयी जो परियोजना न होती तो इतनी विनाशक रूप में सामने नहीं आती। असम के मुख्यमंत्री ने इस बात को स्वीकार किया।

अरुणाचल प्रदेश की सरकार ने विकास के नाम पर इस तरह के विस्थापन की गलत नीति की हकीकत को स्वीकार करते हुए गत वर्षो में यह निर्णय दिया कि भविष्य में कोई बड़ी जल ऊर्जा परियोजना नहीं बनायी जायेगी। यद्यपि केन्द्र सरकार

के दबाव के चलते उसे कितने समझौते करने पड़ रहे हैं, यह अलग बात है लेकिन विकास और विस्थापन की सच्चाई तो वहीं की वहीं रहेगी।

अंत में, किसी भी राष्ट्र-समाज का जों तबका सभ्यता या कहें, विकास की दौड़ में पीछे रह गया है, कौन नहीं चाहेगा कि उसे आगे बढ़ाया जाये। लेकिन जब इस प्रयत्न और प्रक्रिया के केन्द्र में किसी विकसित और चालाक वर्ग को लाभ पहुँचाने की साजिश की जाती है और पिछड़े तबके के विकास के नाम का ढोल पीटा जाता है तो इसका पुरजोर विरोध सभी जागरूक इन्सानों को करना चाहिए। ऐसी स्थिति 'विकास के नाम पर विस्थापन' की वजह से पैदा होती है न कि सही अर्थ में विकास के कारण। जब दूरदृष्टि-सम्मत विकास के लिए विस्थापन अनिवार्य हो, तो पुनर्वास केन्द्रीय लक्ष्य बन जाता है जिसे पुनर्वास नीति के प्रावधानों के तहत पूरा किया जाना चाहिए।

नक्सलवाद

ऐतिहासिक दृष्टि से अगर हम नक्सलवाद पर चर्चा करें तो वर्ष 1948 में तेलंगाना आन्दोलन हुआ जो माओवादी विचारधारा पर आधारित था। पश्चिमी बंगाल के सिलीगुड़ी से करीब 25 किलोमीटर की दूरी पर अवस्थित कस्बा नक्सलवाड़ी तीन ओर से अंतर्राष्ट्रीय सीमा से घिरा हुआ है। नक्सलवाड़ी गांव में 25 मई 1967 को अदालत के आदेश से एक आदिवासी को जमीन दी गई थी जिसके कब्जे को लेकर जमींदारों ने उस आदिवासी की हत्या कर दी। इसकी प्रतिक्रियास्वरूप आदिवासियों ने एकजुट होकर जमींदारों पर हमला किया। यहाँ से नक्सलवाड़ी का आन्दोलन आरम्भ होता है। इसी कस्बे में वर्ष 1967 में ही कुछ नौजवानों ने चाय बागानों में मजदूरों के शोषण के खिलाफ आवाज उठाई। माओवादी कम्युनिस्ट पार्टी के नेता चारू मजूमदार और कानू सान्याल ने नक्सलवाड़ी गांव में पुलिस पर हमला किया। यह हमला पूर्वोक्त आदिवासी किसान की हत्या को लेकर ही किया गया था। माओ त्से तुंग के दर्शन को आदर्श बताने वाले इन नौजवानों ने जब सशस्त्र विद्रोह किया तो पूरे देश का ध्यान इस ओर गया। काफी संख्या में शिक्षित युवक इस आंदोलन से जुड़े और नारा गूंजा 'आमार बाड़ी, तोमार बाड़ी, नक्सलबाड़ी-नक्सलबाड़ी'। इसी साल नक्सलियों ने वामपंथी विद्रोहियों की एक राष्ट्रीय संयोजक समिति बनाई जिसने बाद में मार्क्सवादी कम्युनिस्ट पार्टी से नाता तोड़ लिया। सरकार के कठोर रवैये तथा पुलिस बल की कार्रवाई की वजह से केवल 8 सप्ताह की अवधि में यह आंदोलन कुचल दिया गया। पुलिस के दमन और आंदोलनकारियों के मध्य उपजे वैचारिक मतभेदों की वजह से इस आंदोलन का यह हश्र हुआ। नक्सलबाड़ी में आज इस आंदोलन के बारे में बहुत कम लोग

जानते हैं। इस आंदोलन के आदर्श नायक थे चारू मजूमदार, जंगल संथाल और कानू सान्याल। उनकी वैचारिक ऊर्जा तथा माओ के दर्शन के सहारे वह आंदोलन नक्सलबाड़ी से निकलकर देश के दूसरे इलाकों तक जा पहुँचा।

वर्ष 1960 व 1970 के दशकों में नक्सलवाद आन्दोलन के रूप में मुख्यतः अति पिछड़े आदिवासी क्षेत्रों में लोकप्रिय हुआ। उस दौर में इस आन्दोलन से पढ़े-लिखे छात्र काफी संख्या में जुड़े थे जिनका प्रमुख ध्येय आदिवासी व भूमिहीनों को उनके मूलभूत अधिकार दिलवाना था। यह आन्दोलन तब विशुद्ध रूप से विचारधारागत एवं सुसंगठित रूप में था।

सत्तर के दशक मे दर्जनभर से ज्यादा नक्सलवादी संगठन थे। कुछ वर्ष पूर्व वे सभी आपस में जुड़ गये। अब जो सगंठन सक्रिय हैं, उनमें पिपुल्स वार ग्रुप व माओवादी कम्यूनिस्ट सेन्टर हैं जो भारत के कम विकसित क्षेत्रों में सक्रिय हैं। प्रमुख रूप से जो क्षेत्र गरीब व शोषित आदिवासी बाहुल्य एवं पहाड़ी-जंगली हैं वे उनके प्रमुख लक्ष्य रहे हैं। अत्यन्त प्रभावित क्षेत्रों में उत्तर-दक्षिण झारखण्ड, सम्पूर्ण छत्तीसगढ़, मध्यप्रदेश, पूर्वी महाराष्ट्र, आन्ध्रप्रदेश का उत्तरी क्षेत्र, उड़ीसा का पश्चिमी क्षेत्र एवं पश्चिमी बंगाल का नेपाल से जुड़ा इलाका शामिल है। पी डब्लू जी मुख्य रूप से आन्ध्रप्रदेश, महाराष्ट्र व उड़ीसा में तथा एम.सी.सी. छत्तीसगढ़, झारखण्ड व पश्चिम बंगाल में सक्रिय रहते आये हैं। वर्ष 1969 में मार्क्सवादी कम्युनिस्ट पार्टी पृथक से बनाई गई। बाद में इसमें विघटन होता गया और अधिकांश नेता व कार्यकर्ता प्रजातांत्रिक प्रक्रिया में शामिल हो गये।

नक्सलवाद का प्रथम सोपान वर्ष 1967 से 2002 तक माना जा सकता है। इस अवधि में नक्सलवादी आंदोलन में कई उतार चढ़ाव देखे गये और यह आन्दोलन झारखण्ड, छत्तीसगढ़ तथा उड़ीसा व आंध्रप्रदेश के कुछ क्षेत्रों तक ही सीमित रहा। इसी दौर में मिथुन चक्रवर्ती जैसे वैचारिक दृढ़ता वाले सक्रिय कार्यकर्ता नक्सलवाद से नाता तोड़कर फ़िल्मी दुनिया में चले गये। सन् 2002 से नक्सलवाद उग्र व हिंसक रूप धारण करने लगा। लालगढ़ में जो कुछ घटित हुआ वह एक मील का पत्थर माना जा सकता है जिसे और स्पष्ट कर दिया वर्ष 2009 के सितम्बर माह में झारखण्ड के पुलिस निरीक्षक इन्दुवार की जघन्य हत्या, माह अक्टूबर 2009 के अन्तिम सप्ताह में भुवनेश्वर-नई दिल्ली राजधानी एक्सप्रेस को बन्धक बनाये जाने की घटना के बाद इसी कदर क्रमवार हिंसा। अंततः सितम्बर 2010 में चार पुलिस अधिकारियों के अपहरण के बाद उनमें से एकमात्र आदिवासी अधिकारी की हत्या कर दी।

भारत के तत्कालीन गृह मंत्री ने कहा है कि 20 राज्यों में नक्सली समस्या है। 223 जिलों के 2,000 थाना क्षेत्र आंशिक या पूर्ण रूप से प्रभावित हैं। 25 लाख लोग

नक्सलियों की मुक्त गतिविधियों वाले स्थानों पर रहते हैं। पिछले तीन सालों में 5,800 हिंसक वारदातें हुई। नक्सल हिंसा में अब तक 2600 लोगों की मौत हुई। छत्तीसगढ़, झारखण्ड, बिहार, उड़ीसा में सबसे ज्यादा हिंसा फैली। भारत सरकार ने इस कदर फैलते नक्सलवाद से निबटने के लिए उस पर प्रतिबंध लगाया और इसकी तुलना आतंकवाद से की। पश्चिम बंगाल की मार्क्सवादी सरकार ने भी इसी कदर ऐलान किया। देश के केन्द्रीय गृहमंत्री पी. चिदम्बरम को यहाँ तक कहना पड़ा कि आवश्यक हुआ तो इस समस्या से सैन्य शक्ति से भी निबटा जायेगा। सरकार के इस कदर कठोर दृष्टिकोण की तीखी प्रतिक्रिया सामने आई, जिसमें कई बुद्धिजीवी एवं मानवाधिकारवादी संगठन व कार्यकर्त्ता सम्मलित हुए। पिछले दिनों दिल्ली में देशभर के मानवाधिकार कार्यकर्त्ता और बुद्धिजीवी इकट्ठा हुए। चर्चा के दौरान प्रख्यात लेखिका अरून्धति राय ने नक्सलवाद को एक राजनैतिक समस्या बताया। शायद अरून्धति राय का इस बात पर अधिक जोर था कि नक्सलवाद विचारधारा पर आधारित एक आन्दोलन है। वास्तव में नक्सलवाद को केवल सरकार की तरह आतंकवादी घोषित कर देने या अरून्धति राय के मात्र राजनैतिक समस्या मान लेने से बात नहीं बनती। इसमें यह देखना है कि जिन आदिवासी व दलित बाहुल्य क्षेत्रों में नक्सलवाद पनप रहा है वहां प्रजातांत्रिक संस्थाएं और भौतिक दशा किस रूप में हैं। यह नहीं भूलना चाहिये कि वहां लोग 20-40 रु. की औसत दैनिक मजदूरी पर जीने को मजबूर हैं। इसके साथ अन्य प्रकार के दबाव व शोषण अलग से हैं। एक और बात ध्यान देने की है। वह यह कि नक्सलवाद के नाम पर आपराधिक तत्वों की गतिविधियां और चौथ वसूली को नक्सलवादी आन्दोलन से अलग करके कैसे देखा जाये।

केन्द्र सरकार ने यह घोषणा की है कि वह शीघ्र (नवम्बर 2009) ही नक्सल प्रभावित राज्यों में बहुप्रतीक्षित नक्सल विरोधी सम्पूर्ण अभियान शुरू करेगी। इस अभियान के लिए जो ट्राई-जंक्शन चुने गए हैं उनमें आंध्रप्रदेश-महाराष्ट्र-छत्तीसगढ़, उड़ीसा- झारखण्ड-छत्तीसगढ़ और पश्चिम बंगाल-झारखण्ड-उड़ीसा शामिल हैं। गृह मंत्रालय के सूत्रों ने बताया कि नक्सलियों के खिलाफ इस अभियान में 40 हजार अर्द्धसैनिक बल सम्बंधित राज्यों के पुलिस बलों की मदद करेंगे। जंगल में युद्ध करने के लिए विशेष रूप से प्रशिक्षित करीब 7,000 जवान भी शामिल होंगे।

इस योजना के तहत नक्सली गतिविधियों से प्रभावित राज्य एक-दूसरे के साथ प्रभावी तालमेल स्थापित करेंगे और पुलिस शीर्ष भूमिका अदा करेगी। इस समस्या से ताल्लुक रखने वाले अधिकारियों का मानना है कि देश के करीब 40 हजार वर्ग किलोमीटर हिस्से को चपेट में ले चुकी नक्सली समस्या से 12 से 30 महीने में मुक्ति पाई जा सकती है। उल्लेखनीय है कि केबिनेट की सुरक्षा सम्बंधी समिति ने नक्सलियों

से निबटने की सरकार की नयी योजना पर पहले ही अपनी मुहर लगा दी है। नक्सली हिंसा द्वारा की गई पहली मौत 1980 में हुई। नक्सली हिंसा के सर्वाधिक शिकार चार राज्य छत्तीसगढ़, बिहार, झारखण्ड और उड़ीसा रहे हैं जहां जनवरी 2006 से अगस्त 2009 तक कुल 2221 लोगों ने अपनी जान गंवाई है। बी.बी.सी. के मुताबिक नक्सली हिंसा से भारत में अब तक करीब 6000 लोग अपनी जान गंवा चुके हैं। वर्ष 2009 के पहले छह महीनों में माओवादियों ने कुल 56 हमले किए हैं। सम्पूर्ण वर्ष 2009 व 2010 (नवम्बर) में कुल हत्याएं 1813 हुई। इसकी तुलना में वर्ष 2007 में 696 व वर्ष 2008 में 721 हत्याएं हुईं। स्पष्ट है कि गत दो वर्षों में यह ग्राफ तेजी से बढ़ा है।

'जनसत्ता' अखबार में दिनांक 30 अक्टूबर-09 में श्री मणींद्रनाथ ठाकुर का लेख छपा है, जिसमें उन्होंने भारतीय ज्ञान परम्परा के माध्यम से नक्सलवाद को समझने व समझाने का प्रयास किया है। नक्सलवाद को समझने के लिए उनकी मान्यता है कि स्थापित अवधारणा से नक्सलवाद को नहीं समझा जा सकता। केवल विचारधारा या कानून व्यवस्था की समस्या के आधार पर भी इस मुद्दे को समझना मुश्किल है। मार्क्सवादी इसे व्यवस्था परिवर्तन के लिए संघर्ष मानते हैं जबकि पूँजीवादी दृष्टिकोण इसे कानून व्यवस्था का मसला समझता है। एक बार मुक्तिबोध ने कहा था कि अगर कम्युनिज्म आ जाये तो अच्छा है लेकिन डर है कि उसके साथ यह कम्युनिस्ट भी आ जायेगा। विदुर नीति का सन्दर्भ देते हुए मणींद्रनाथ ठाकुर ने इस बात पर जोर दिया कि "विदुर इस सिद्धान्त का प्रतिपादन करते हैं कि शांति के लिए न्याय का होना एक आवश्यक शर्त है। मनुष्य अन्याय को एक सीमा तक ही सह सकता है। फिर उसके विरुद्ध धर्मयुद्ध करता है। धर्मयुद्ध का अर्थ साम्प्रदायिक युद्ध नहीं है, बल्कि उस युद्ध से है जो न्यायसंगत समाज की स्थापना के लिए हो।"

आदिवासी मामलों के विशेषज्ञ एवं लेखक डॉ. बी.डी. शर्मा ने दिनांक 3/12/2010 को इण्डिया इन्टरनेशनल सेन्टर, दिल्ली में जीवनरक्षक ट्रस्ट की ओर से स्वयं को दिये गये के.एल. बोर्डिया सम्मान के आयोजन के अवसर पर कहा कि 'यह इच्छाशक्ति का अभाव था जिसके कारण आदिवासियों के कल्याण के लिए जरूरी बुनियादी काम भी नहीं किए गए। देश के पहले प्रधानमंत्री ने इनके लिए पंचशील, बाद के प्रधानमंत्रियों ने आदिवासी योजना, ग्राम सभा और अभी हाल में पीईएसए और वन अधिकार कानून वगैरह घोषणाएं कीं। लेकिन किसी भी योजना का लाभ आदिवासियों के घर तक नहीं पहुंचा। यदि आदिवासियों का कल्याण मकसद होता तो प्राथमिकता के आधार पर इसे तभी लागू कर दिया गया होता जब देश का संविधान पास हुआ था। उन्होंने बताया कि 'आदिवासी समाज में जल, जंगल और जमीन समुदाय की होती है। वह राज्य की नहीं है।'

इस मौके पर अध्यक्षीय भाषण देते हुए जस्टिस एम.एन. वेंकटचलैया ने अफसोस जताया कि ''देश की आजादी के 63 साल बाद भी संवैधानिक लोकतन्त्र आंकड़ों के खेल में उलझकर रह गया है। आजादी के बाद देश में अनाज की पैदावार, बिजली और दूसरी वस्तुओं का उत्पादन भले बढ़ा, लेकिन आदिवासी क्षेत्रों में बुनियादी सुविधाएं अब तक नहीं पहुंच सकीं।'' उन्होंने कहा कि ''असंख्य स्वयंसेवी संस्थाएं व नागरिक संगठन समाज सेवा के नाम पर सक्रिय भले दिखें, लेकिन उन्होंने भी स्वार्थपूर्ति के अलावा जमीनी स्तर पर कुछ नहीं किया। इसका लाभ राजनैतिक संगठनों ने उठाया। इसके चलते माओवाद का फैलाव दिखाई दे रहा है।'' (जनसत्ता, दिनांक 04 दिसम्बर, 2010)

ईश्वर दोस्त ने दिनांक 21 नवम्बर, 2009 को जनसत्ता अखबार में छपे अपने लेख में स्पष्ट कहा है कि 'केंद्र सरकार कहती है कि माओवादी न हो तो आदिवासियों का विकास कर दें। ऐसा है, तो पहले बुंदेलखंड में और तमाम शहरों की गंदी बस्तियों में क्यों नहीं विकास कर देते? सरकार कहती है कि हम जमीन, जंगल के सवाल पर माओवादियों से बात करने को तैयार हैं। सरकार को आज बस्तर में सरकार के खिलाफ निहत्थे खड़े मनीष कुंजाम और रामनाथ सरफे से, ओडीशा, नर्मदा घाटी, विदर्भ के शांतिपूर्ण जन आंदोलनों से बात करने से किसने रोका है? चंबल में रह रहे और सरकारी आंकड़ों के मुताबिक भुखमरी का सामना कर रहे सहरिया आदिवासियों के साथ क्या तब बात करेंगे जब कोई जागरूक डकैत उनके मुद्दे को उठायेगा? सरकार आज तक मेधा पाटेकर, बी.डी. शर्मा या बिजय पांडा से आदिवासियों की स्थिति की समझ क्यों नहीं ले पाई। क्या बातचीत की मेज तक एकमात्र रास्ता हथियारों से होकर जाता है?'

कश्मीरी, उत्तरपूर्वी राज्यों में फैले उग्रवाद के विरुद्ध राष्ट्रवाद के नाम पर सरकार सेना या अर्द्ध सैनिक बलों का इस्तेमाल करने के लिए अपने पक्ष में जनमत तैयार करने में सक्षम रही है लेकिन जब सवाल नक्सलवाद का आता है तो वह भी इस कदर कार्रवाई करने से झिझकती है, चूंकि नक्सलवाद की जड़ें सम्बन्धित इलाकों में व्याप्त गरीबी, पिछड़ापन, शोषण जैसी समस्याओं व प्रजातांत्रिक संस्थाओं के अभाव में फैली हुई हैं। इसलिए आतंकवाद से नक्सलवाद की तुलना नहीं की जा सकती। नक्सलवाद का मूल स्वर व्यवस्था परिवर्तन करना है। नक्सलवाद के नाम पर फैली बर्बरताओं के बावजूद यह आन्दोलन विकास की बहुआयामी समस्याओं के पक्ष में लड़ाई लड़ रहा है। यह कहने में काफी सच्चाई है। गत करीब एक दशक से नक्सलवाद का जो विस्तार क्षेत्र और गतिविधियों के स्तर पर हुआ उसके पीछे बहुत बड़ा कारण निजीकरण-उदारीकरण-वैश्वीकरण के पंजों का फैलाव है जिसके एजेन्डा में विकास के

नाम पर प्राकृतिक सम्पदा से भरपूर इलाकों का बहुराष्ट्रीय कम्पनियों के हवाले किया जाना और जहां सदियों से विशेष रूप से आदिवासी लोग रहते आये हैं उनसे इस तथाकथित विकास का कोई लेना-देना नहीं होना है। यह बात इसलिए दमदार है कि जहां गत वर्षों में नक्सलवाद ने उग्र व हिंसक रूप धारण किया है, वे सारे इलाके प्राकृतिक सम्पदा से समृद्ध रहे हैं और इन्हीं इलाकों का दोहन विकास के नाम पर किया जा रहा है।

सितम्बर 2004 में माओवादी विद्रोही संगठन पीपुल्स वार ग्रुप और माओवादी कम्युनिस्ट सेंटर ऑफ इण्डिया एक हो गए। उन्होंने माओवादी कम्युनिस्ट पार्टी का गठन किया। नक्सलवादियों का यह दावा है कि वे गरीब ग्रामीण जनता के हमदर्द हैं, खासकर दलितों और आदिवासियों के।

नक्सलियों ने पुलिस व सरकारी कर्मचारियों को लगातार निशाना बनाया। वे कहते हैं कि यह भूमि अधिकारों तथा गरीबों व और श्रमिकों को उनके वाजिब हक एवं अवसर उपलब्ध कराने की लड़ाई है और जो लोग निशाने पर हैं वे उस व्यवस्था को स्थायित्व देते हैं जो परिवर्तन की इस प्रक्रिया में बाधक ही नहीं, प्रत्युत शत्रु हैं।

नक्सलवादियों का दावा है कि वे देश के 182 जिलों में मौजूद हैं। एक आकलन यह भी है कि 20 राज्यों के करीब 220 जिलों में नक्सली किसी न किसी रूप में मौजूद हैं जो देश का करीब 40 फीसदी क्षेत्र होता है। भौगोलिक लिहाज से देश के करीब 92 हजार वर्ग किलोमीटर क्षेत्र वाले नक्सलियों के प्रभाव क्षेत्र को 'रेड कॉरिडोर' कहा जाता है। नक्सलियों का प्रभाव क्षेत्र नेपाल की सीमा से शुरू होकर दक्षिण में कर्नाटक तक जाता है।

देश की खुफिया एजेंसी रॉ के अनुमान के मुताबिक करीब 20,000 सशस्त्र नक्सलवादी और 50000 नियामेत केडर अपने अलग-अलग जन संगठनों के माध्यम से काम कर रहे हैं। इनसे सहानुभूति रखने वालों की संख्या लाखों में है।

जिन राज्यों में नक्सलवादी पूरे प्रभाव के साथ मौजूद हैं, उनमें झारखण्ड, बिहार, आंध्रप्रदेश, छत्तीसगढ़, मध्यप्रदेश, महाराष्ट्र, उड़ीसा और पश्चिम बंगाल प्रमुख हैं। मार्क्सवादी कम्युनिस्ट पार्टी शासित प्रदेश पश्चिम बंगाल में जंगलमहल और लालगढ़ ऐसे क्षेत्र हैं जो राज्य विरोधी नक्सली हिंसा से बुरी तरह प्रभावित रहे।

सघन कोयला खनिज संसाधनों और नक्सली हिंसा के बीच गहरा रिश्ता रहा है। माना जाता है कि किसी क्षेत्र में नक्सली अपना आंदोलन शुरू करने से पहले एक व्यापक सामाजिक-आर्थिक सर्वे करते हैं, फिर अपनी गतिविधियां शुरू करते हैं।

सलवा जुडूम छत्तीसगढ़ में सरकार समर्थित एक आंदोलन रहा है जो आम आदिवासी को नक्सली हिंसा के खिलाफ हथियार उठाने की छूट देता है। टाटा स्टील

की ओर से राज्य में निवेश के लिए 10 हजार करोड़ की संविदा पर हस्ताक्षर के अगले दिन 2005 में यह अभियान शुरू हुआ था। राज्य सरकार बस्तर जिले में इस्पात सयंत्र लगाना चाहती थी। आन्दोलन में शामिल आम नागरिकों को छत्तीसगढ़ सरकार ने विशिष्ट पुलिस अधिकारियों के तौर पर नियुक्ति दी। माना जाता है कि इनमें कुछ किशोर भी थे जिन्हें थ्री नॉट थ्री राईफल चलाने का प्रशिक्षण दिया गया। इस आन्दोलन में शामिल आदिवासियों को जब हथियार दिये गये तो कुछ अरसा बाद गावों में बलात्कार व हत्या की घटनाओं में इजाफा देखा गया। इस इजाफे का कारण तथाकथित आन्दोलनकारियों द्वारा प्रदत्त अधिकारों व शक्तियों का दुरुपयोग था। प्रतिक्रिया स्वरूप करीब-करीब पूरे राज्य में नक्सली हिंसा में वृद्धि हुई। अक्टूबर 2008 में राष्ट्रीय मानवाधिकार आयोग ने अपनी रिपोर्ट में कहा कि सलवा जुडूम अपनी पहले जैसी पकड़ खो रहा है। मानवाधिकार संगठनों ने आरोप लगाया कि यह आंदोलन गरीबों के खिलाफ सरकार समर्थित हिंसा का रूप लेता जा रहा है। आखिरकार छत्तीसगढ़ सरकार को न्यायालय की ओर से आदेश दिया गया कि वह सलवा जुडूम को प्रोत्साहन देना बन्द करे। न्यायालय ने कहा कि यह कानून व्यवस्था का सवाल है और इसके लिए आम लोगों के हाथ में हथियार देकर उन्हें किन्हीं भी व्यक्तियों को मारने की इजाजत नहीं दी जा सकती। यह भारतीय दण्ड संहिता की धारा 302 के तहत हत्या के बराबर दण्डनीय है। दिसम्बर 2008 में छत्तीसगढ़ सरकार ने माना कि सलवा जुडूम कार्यकर्ताओं ने लोगों के घर जलाए हैं और संपत्ति को भी नुकसान पहुंचाया है। फरवरी 2009 में छत्तीसगढ़ सरकार ने न्यायालय को जानकारी दी कि यह आंदोलन राज्य से धीरे-धीरे खत्म होता जा रहा है।

नवम्बर 2007 से माओवादी नक्सलियों का एक नया चेहरा सामने आया, जब सेज विरोधी आंदोलन खड़ा हुआ। पश्चिम बंगाल में नंदीग्राम में विशेष आर्थिक क्षेत्र (सेज) घोषित व क्रियान्वयन करने की वजह से विस्थापित हो रहे लोग अपनी जमीन सम्बन्धी मांग को लेकर नक्सलवादियों के साथ हो गए। ऐसी दशा में ही तृणमूल कांग्रेस जैसे दलों ने आन्दोलनकारियों का साथ दिया। नंदीग्राम के पास पुलिस ने माओवादियों से काफी हथियार भी बरामद किए।

वर्तमान में नक्सलवाद की बढ़ती सक्रियता और उग्र व हिंसक रूप को देखते हुए इस पर देशव्यापी विमर्श चल रहा है और इसे देश की आन्तरिक सुरक्षा के लिए उतना ही बड़ा खतरा माना जा रहा है जितना बड़ा आतंकवाद। पिछले दिनों दिल्ली में बुद्धिजीवियों ने इस पर चर्चा की। चर्चा में शामिल होने वालों में मार्क्सवादी पार्टी के सदस्य निलोत्पल बसु, 'दा पॉनियर' अखबार के प्रधान सम्पादक चन्दन मित्रा, तमिलनाडु के पूर्व पुलिस महानिदेशक वाल्टन देवराज और दिल्ली विश्वविद्यालय में

कार्यरत समाजशास्त्र की प्रोफेसर नन्दिनी सुन्दर शामिल थे। जितने भी आम श्रोता उस बैठक में शामिल हुए, आरम्भ में उनसे पूछा गया तो 88 प्रतिशत इस बात से सहमत थे कि नक्सलवाद भारत का तालिबान है, जबकि 12 प्रतिशत ने इस अभिमत से असहमति जताई। प्रोफेसर सुन्दर ने कहा कि नक्सलवाद की तुलना तालिबान से करना निराधार है, चूंकि दोनों विचारधारा अलग-अलग हैं। अधिकांश बुद्धिजीवियों ने इस बात से सहमति जताई कि नक्सलवाद की तुलना आतंकवाद से नहीं की जा सकती। लालगढ़ की घटना के बाद आन्दोलन के प्रमुख नेता छत्रधर महतो की गिरफ्तारी हुई तो अनेक बुद्धिजीवियों, मानवाधिकारियों ने उन्हें छोड़ने की मांग उठाई। ऐसा ही दृष्टिकोण बुद्धिजीवियों ने डॉ. विनायक सेन की छत्तीसगढ़ में की गई गिरफ्तारी के अवसर पर अपनाया था।

वर्तमान में देश के कुल 610 में से करीब 200 से ज्यादा जिलों में नक्सलवाद की गतिविधियां चल रही हैं। आन्दोलन के नाम पर निजी कम्पनियों, जमींदारों तथा अन्य धनाढ्य लोगों से धन वसूल किया जा रहा है।

देश के केन्द्रीय गृहमंत्री पी. चिदम्बरम ने हाल ही में नक्सलवाद से निपटने के लिए ऐलान किया कि जो लोग नक्सलवादी विचारधारा का समर्थन करते हैं वे अनावश्यक रूप से नक्सलवाद का महिमामंडन नहीं करें।

गत 25 सितम्बर 2009 को प्रधानमंत्री मनमोहन सिंह ने यह स्वीकार किया है कि नक्सलवाद से निजात दिलाने के लिए कानून व्यवस्था एवं विकास दोनों दृष्टिकोण अपनाने होंगे। निश्चित रूप से विकास की प्रक्रिया से पूर्व कानून व्यवस्था को प्राथमिकता देनी होगी। गत 4 नवम्बर, 2009 को मुख्यमंत्रियों के सम्मेलन में भारत के प्रधानमंत्री श्री मनमोहन सिंह ने यह स्वीकार किया कि बन्दूकों के साये में आदिवासी क्षेत्र का विकास संभव नहीं। उन्होंने यह भी माना कि आधुनिक आर्थिक विकास की प्रक्रिया से आदिवासियों को जोड़ने में व्यवस्थागत असफलता रही। यही कारण रहा कि उनका बाकायदा शोषण और सामाजिक व आर्थिक स्तर पर उनके साथ अन्याय हुआ। आदिवासियों द्वारा जिन समस्याओं का सामना किया जा रहा है वे बहुत ही पेचीदा हैं और उनका समाधान हमें सही समझ और सहानुभूति का दृष्टिकोण अपनाते हुए करना चाहिये। अरसे से वे समाज की मुख्य धारा से अलग रहे। इसीलिये आज यह नक्सलवाद जैसी खतरनाक स्थिति सामने आयी है। अब समय आ गया है कि हम उन्हें अपने दिल के नजदीक लायें। आदिवासी क्षेत्रों में नक्सलवादी जो हिंसक आन्दोलन चल रहा है वह अन्ततः आदिवासियों को और भी दयनीय दशा में धकेल देगा। हिंसा को किसी भी स्तर पर स्वीकार नहीं किया सकता। इसके लिये आवश्यक होगा कि प्रशासनिक तंत्र मजबूती से आदिवासी क्षेत्रों में काम करे और आपराधिक

न्याय प्रणाली आदिवासियों के लिये शोषण व उत्पीड़न का कारण नहीं बने, चूंकि नक्सलीय हिंसा या अन्य किस्म के आदिवासी आन्दोलनों के पीछे एक बड़ा कारण जल, जमीन और जंगल सम्बन्धी उनके परम्परागत अधिकारों का दावा रहा है।

बी. बालाचन्द्रन ने एक पुस्तक नक्सलवाद पर लिखी है, 'टार्गेटिंग नेशलिज्म' जिसमें नक्सलवाद के यथार्थ को गम्भीरता से समझने के प्रयास किये हैं। गृहमंत्री के प्रवक्ता ने घोषणा की है कि जो माओवादी आत्मसमर्पण करेगा उसे 3 लाख रुपये की फिक्स डिपोजिट तीन वर्ष के लिए तथा 2500 रुपये प्रति माह गुजारा दिया जायेगा। पुस्तक में इस एलान पर लेखक ने ऐसी प्रतिक्रिया व्यक्त की है कि ऐसी घोषणा सरकार द्वारा नक्सलवाद से निपटने की रणनीति की विफलता का द्योतक है।

निश्चित रूप से नक्सलवाद का एक तबका धन ऐंठने में लगा है लेकिन मुख्य रूप से उनकी गतिविधियां विचारधारा पर आधारित रही हैं। नक्सलवाद के पीछे प्रमुख कारण सामाजिक असमानता को बताया जाता है, जिसकी वजह से अमीर व गरीब के बीच फासला बढ़ता रहा। आन्ध्रप्रदेश का हवाला देते हुए उन्होंने निष्कर्ष निकाला है कि अमीर लोग तथाकथित निम्न जाति वाले लोगों का बेगार के रूप में शोषण किया करते थे। वर्ष 1960 के दशक में कोण्डामली में? सीतारमैया का पी.डब्ल्यू.जी. संगठन सामने आया। संगठन ने यह दावा किया कि शोषित वर्ग में साहस पैदा करने के लिये हिंसा को रणनीति के रूप में इस्तेमाल किया गया। भूमिपतियों व उनका साथ देने वाले सरकारी अधिकारी व कर्मचारियों की हत्या को इसी का एक हिस्सा माना गया।

बालाचन्द्रन ने नक्सलवाद के तीन सोपान माने हैं। प्रथम, अपना प्रभाव फैलाने के लिए संगठनात्मक ढांचा खड़ा करना। इस स्तर पर हिंसा नहीं के बराबर होती है। आन्दोलन के नायक लोकप्रिय मुद्दों की तलाश करते हैं। इस स्तर पर संबंधित क्षेत्र में निश्चित रूप से नक्सलवाद की तुलना में राज-सत्ता का वर्चस्व अधिक रहता है। द्वितीय चरण में छापामार लडाई के दौरान गतिविधियों के लिए आसान क्षेत्रों को चिन्हित किया जाता है और नक्सलवाद द्वारा वहां समानान्तर प्रशासन चलाया जाता है। इस चरण में राजसत्ता व नक्सलवाद का वर्चस्व बराबर का रहकर टकराव की स्थिति बनती है। तृतीय व अन्तिम चरण को उन्होंने जन मोबाईल युद्ध की संज्ञा दी है। इन इलाकों में राजसत्ता की कमजोर व विकास की मंद गति के कारण राजसत्ता पर विजय प्राप्त करने के प्रयास किये जाते हैं और यह वही चरण है जब हिंसा का रूप सामने आने लगता है जिसमें राजनेताओं की हत्या को भी एजेन्डा में शामिल कर लिया जाता है।

नक्सलवाद पर किये गये विभिन्न अध्ययनों तथा अन्य सूत्रों से प्राप्त जानकारी के आधार पर यह तथ्य सामने आया है कि नक्सलवादियों द्वारा चिन्हित किये गये

क्षेत्रों में अपनी गतिविधियां बढ़ाने के लिये प्रथम चरण में संभावित क्षेत्रों का सर्वेक्षण किया जाता है और उस क्षेत्र में गतिविधियों के संचालन के लिये बाकायदा योजना बनाई जाती है। ये वो क्षेत्र होते हैं जहां सरकार के विरुद्ध लोगों में आधारभूत सुविधाओं के अभाव के कारण असंतोष व्याप्त रहता है। दूसरे चरण में ऐसे अंचलों में कार्यकर्ता भेजे जाते हैं जो वहां अपने संगठनात्मक केन्द्र स्थापित करते हैं और प्रतिरोध-आंदोलन तथा सहकारी समितियों के माध्यम से आर्थिक सामाजिक कार्य-कलाप आरम्भ करते हैं। इसी चरण में राजनैतिक विचारधारा के बारे में जागृति फैलाने का प्रयास किया जाता है। तीसरा चरण संघर्ष का होता है जिसमें लोगों को सरकार के विरुद्ध उकसाया जाता है ताकि वे आन्दोलन से सीधे जुड़ सकें। इसमें क्रांति का संकल्प, जन-आन्दोलनों की शुरुआत, माओवादी विचारधारा के माध्यम से लोगों के दृष्टिकोण में बदलाव तथा कैडर में ताजा भर्ती की जाती है। चौथा चरण छापामार युद्ध से सम्बन्ध रखता है जिससे सरकारी प्रतिनिधियों को इलाका छोड़ने के लिये विवश किया जाता है, पुलिस केन्द्रों में हमले किये जाते हैं एवं आवश्यक हुआ तो राजनैतिक हत्याएं भी की जाती है ताकि सरकारी व्यवस्था से जुड़ी कोई संस्था या व्यक्ति उस इलाके को छोड़ने के लिये विवश हो जाये। पाचवें व अन्तिम चरण में मुक्त क्षेत्र बनाया जाता है जिसे 'रेड कोरिडर' के नाम से जाना जाता है। इस क्षेत्र में नक्सलवादियों का पूरी तरह से अधिकार व वर्चस्व स्थापित होता है।

उनका मानना है कि नक्सलवाद का वर्तमान नेतृत्व उन लोगों का है जो 1977 से 1980 की अवधि में छात्र थे और जिन्होंने दलित ग्रामीण व आदिवासी क्षेत्रों में रहकर सक्रिय भूमिका निभाई।

नक्सलवाद का वर्तमान में उग्र व हिंसक होने के पीछे प्रमुख कारण उदारवाद, निजीकरण व वैश्विकरण को माना है, जिनकी वजह से समग्र व्यवस्था को प्रभावित, नियंत्रित व संचालित करने में पूंजी की महत्वपूर्ण भूमिका सामने आयी है। यही वजह है कि नक्सलवाद आन्दोलन की यात्रा में अब अखिल एशिया माओवादी संगठन की चर्चा की जा रही है। उन्होंने नक्सलवाद के पीछे सबसे बड़ा कारण आर्थिक पिछड़ेपन को माना है जिसकी वजह से विकास का दावा करने वाला प्रशासन व प्रजातंत्र अपेक्षित रूप में वंचित तबकों तक नहीं पहुंचा। भारत में प्रजातांत्रिक प्रणाली मजबूत होने की वजह से माओवादी अपने प्रभाव के अंचलों में ही सक्रिय रहे। अगर नेपाल से तुलना की जाये तो वहां सामन्तवाद व राजसत्ता होने के कारण माओवादी उसे उखाड़ फेंकने में कामयाब रहे। लेखक का अभिमत है कि नेपाल में माओवादी संगठन साम्यवादी दलों की तरह काम करते रहे हैं, जबकि भारत में नक्सलवादी प्रजातांत्रिक राजनैतिक दलीय प्रणाली में विश्वास नहीं करते।

आन्ध्रप्रदेश के आदिलाबाद जिला के गंगापुर गाँव का सर्वेक्षण का हवाला देते हुए कहा गया है कि जो ग्रामीण अंचल किसी वक्त नक्सलवाद से प्रभावित क्षेत्र रहा था वह गांव आधारभूत सुविधाओं से वंचित रहा है। सूदखोरी जमकर व्याप्त रही, कृषि उत्पाद व वनोपज को सूदखोरों द्वारा कोड़ियों के भाव या कर्ज के बदले छीना जाता रहा। गांव के लिए नाममात्र का विद्यालय था। वहां कोई अध्यापक नहीं था। सड़क गांव से 16 किलोमीटर दूर व कस्बा का बाजार 40 किलोमीटर दूर था। यह गांव आदिवासियों का है। पहाड़ी व जगंलों से घिरे हुए दुर्गम स्थल में बसी हुई आबादी। यही कारण रहा कि यह पूरा गांव नक्सलवादी बन गया या यों कहें कि नक्सलवाद के लिये यह गांव उपयुक्त था। इसके विपरित आगे चलकर जो बदली हुई तस्वीर सामने आई उसका श्रेय महेश भागवत नामक एक पुलिस अधिकारी को जाता है जिसने अपने स्तर पर भागीरथ प्रयास करके इस गांव को नक्सलवाद से उबारने का बीड़ा उठाया। उसने 2004 में गांव को सड़क से जुड़वाया। आदिवासियों के कृषि व वन उत्पाद के लिए सीधे बाजार की व्यवस्था की। स्थानीय सांसद व जन प्रतिनिधियों ने भागवत की तरह कभी नहीं सोचा। दो सत्रों में सांसद रहे जन प्रतिनिधि जब भागवत के प्रयासों से बनी सड़क का उद्घाटन करने पहुंचा तो आदिवासियों ने उसका विरोध किया। अब वहां के आदिवासी कपास की खेती करते हैं और अच्छी कीमत पर अपने उत्पाद को बेचते हैं। थोक व्यापारियों के ट्रक उनके कपास को लेने के लिए गांव में पहुंचते हैं। अब स्कूल भी चलने लगा हैं। अब उस गांव में नक्सलवाद का नाम लेने वाला कोई नहीं है। निसन्देह विकास के साथ वहां पुलिस के स्तर पर भी नक्सलविरोधी अभियान चलाया गया लेकिन प्रमुख श्रेय विकास को जाता है। नक्सल प्रभावित क्षेत्रों की दृष्टि से विकास का यह एक अनुकरणीय उदाहरण हमारे सामने है।

लेखक का यह निष्कर्ष है कि सभी राज्यों द्वारा नक्सलवाद से निबटने के लिए जो गलतियां की गई हैं उनमें प्रथम, समस्या की गम्भीरता को कम आंकना, द्वितीय, नक्सलवादी हिंसा को कानून व्यवस्था के रूप में लेना और अर्द्धसैनिक व पुलिस बलों के द्वारा उसे कुचलने का प्रयास करना तथा तृतीय, सरकार में शहरी संस्कारों के अधिकारियों का वर्चस्व होना जो ग्रामीण भारत को जितना जानना चाहिए उनके द्वारा उसे उतना नहीं जानना शामिल हैं।

नक्सलवाद ने फिल्म निर्माताओं तथा साहित्यकारों को भी अपनी ओर आकर्षित किया है। ब्रिटिश म्यूजिकल ग्रुप एशियन डब फाउण्डेशन ने 'नक्सलाईट' नाम से गाना तैयार किया था जो वर्ष 1999 में आई फिल्म 'ब्रोकडाउन पैलेस' का साउण्ड ट्रेक बना। वर्ष 2005 में सुधीर मिश्रा की फिल्म 'हजारों ख्वाहिशें ऐसी' नक्सल आंदोलन की पृष्ठभूमि पर बनी। इससे पहले नन्दिता दास की 'लाल सलाम' आयी, वर्ष 2008

में कबीर कौशिक की फिल्म 'चमकू' एक ऐसे पात्र की कहानी है जिसका राज्य के विरुद्ध हथियार उठाने के लिए 'ब्रेन वॉश' किया गया।

अरुंधति रॉय के उपन्यास 'द गॉड ऑफ स्मॉल थिंग्स' में नक्सलियों के संदर्भ हैं। महाश्वेता देवी का उपन्यास 'हजार चौरासी की मां' पुलिस द्वारा मारे गये एक नक्सली की कहानी है। बाद में इस पर श्याम बेनेगल ने फिल्म भी बनाई।

नक्सली आन्दोलन के पुरोधा नायक चारू मजूमदार, कानू सान्याल एवं जंगल संथाल थे जिन्होंने 1967 में नक्सलबाड़ी के किसानों को भूमि संबंधी अधिकार दिलाने के लिए आन्दोलन की शुरुआत की। चारू मजूमदार एवं जंगल संथाल का देहान्त अर्सा पहले हो चुका था। हाल ही 23 मार्च 2010 को कानू सान्याल की मृत्यु हुई। यह आश्चर्य की बात है कि नक्सलवाद के इन तीनों अगुवा नायकों में से नक्सलबाड़ी आन्दोलन में सर्वाधिक सक्रिय कानू सान्याल ही रहे थे और वे ही अपनी जन्मभूमि से बहुत दूर नक्सलबाड़ी के एक साधारण घर में निर्वासित-सा एकांतिक जीवन जी रहे थे। इस दौर में वे मीडिया से ही नहीं अपितु किसी भी बाहरी व्यक्ति से मिलने से कतराते रहे। नक्सलवाद का जो वर्तमान हिंसक दौर चल रहा है, उसे तथा इससे जुड़े संगठनों को भारत सरकार द्वारा प्रतिबंधित किये जाने की स्थिति को देखते हुए यह जरूरी है कि कानू सान्याल की दृष्टि से भी नक्सलवाद की वर्तमान दशा पर थोड़ी बात जाये।

कानू सान्याल गत कुछ वर्षों से नक्सल आन्दोलन के भटकाव से बेहद निराश थे। जीवन के अन्तिम सोपान में वे चुपचाप अपने द्वारा शुरू किये गये आन्दोलन के इस निराशाजनक मोड़ को देख रहे थे। कानू के करीबी लोगों का मानना है कि वे नक्सलवाद के इस भटकाव से अत्यन्त दुखी थे। इस दुविधा के साथ ही वे कई तरह के रोगों से ग्रस्त थे। उन्होंने अपने जीवन के 14 साल विभिन्न जेलों में बिताये। कानू सान्याल का जन्म 1932 में हुआ। 1967 के नक्सलवादी सशस्त्र आन्दोलन के बाद 1969 में उन्होंने सी.पी.आई (एम.एल.) का गठन किया। 'सत्ता बन्दूक की नली से निकलती है', माओत्से तुंग के इस सिद्धान्त को नक्सलबाड़ी में व्यवहार में उतारने वालों में से कानू सान्याल एक अगुवा नायक थे।

सशस्त्र क्रान्ति का नारा देने वाले कानू सान्याल का धीरे-धीरे इस विचारधारा से मोह भंग हुआ और वे संसदीय लोकतन्त्र के पक्ष में हो गये। एक पत्रकार को उन्होंने इसी बारे में स्पष्ट कहा कि "निर्दोष लोगों की हत्या के पक्ष में मैं कभी नहीं रहा और आज भी मैं इस तरह के कृत्य का समर्थन नहीं करता।"

'जनसत्ता' अखबार (25 मार्च 2010) में सतीश पेडणेकर ने लिखा है, "कभी नक्सलबाड़ी में सशस्त्र विद्रोह का नेतृत्व करने वाला यह दिग्गज नेता बाद में दंडकारण्य में सशस्त्र संघर्ष कर रहे नक्सलवादियों के नए अवतार माओवादियों का

घोर विरोधी हुआ और उन्हें आतंकवादी मानने लगा। 'रविवार' को दिए एक इंटरव्यू में उन्होंने साफ कहा था कि "माओवाद जैसी कोई चीज का अस्तित्व ही नहीं है। जो माओवादी होने का दावा कर रहे हैं वे आतंकवादी हैं। उनका सारा अभियान आतंक पर ही आधारित है।" एक अन्य इंटरव्यू में कानू बाबू ने कहा था "उन्हें नहीं मालूम कि ये नक्सलवादी हैं कौन? उनकी विचारधारा क्या है? वे निर्दोष गांववालों की नृशंस हत्याएं कर रहे हैं। कम्युनिज्म इसकी इजाजत नहीं देता।"

जीवन के अन्तिम चरण में एकांतिक जीवन जीते रहने के कारण नक्सलवाद को लेकर कानू सान्याल बेहद बेचेन थे। वर्षो से खुले में अपने विचारों की अभिव्यक्ति से बचते रहने के बावजूद उन्होंने टाटा समूह द्वारा पश्चिम बंगाल के सिंगूर जिले में भूमि अधिग्रहण की खिलाफत की। लालगढ़ आदिवासी संघर्ष के बारे में उन्होंने प्रतिक्रिया जताई कि 'लालगढ़ का संघर्ष केवल आदिवासियों तक सीमित है।' ऐसे जातीय आंदोलन को क्रांतिकारी संघर्ष कैसे कहा जा सकता है। दरअसल माओवादी कार्यकर्ता आदिवासियों को हथियार बनाकर आतंकवाद के अपने व्यक्तिगत एजेंडा को आगे बढ़ा रहे हैं।

गत दिनों माओवादियों की कैद से मुक्त हुए 3 पुलिसकर्मियों की घटना ने सरकार, पुलिस बलों व आम जनता को और विशेषकर इन पुलिसकर्मियों के परिजन, मित्रों व अन्य सम्बन्धियों को राहत की सांस दी है। लेकिन इस घटनाचक्र का त्रासद पक्ष चौथे पुलिस कर्मी लुकसटेटे की नृशंस हत्या है। लुकसटेटे का भी उन 3 पुलिसकर्मियों के साथ अपहरण किया गया था। झारखण्ड एवं अन्य प्रान्तों के जागरूक आदिवासी लुकसटेटे की हत्या को फ्रांसिस हिन्दूवार की हत्या से जोड़कर देख रहे है, जिसे भी माओवादियों ने अब से ठीक एक वर्ष पहले इसी कदर मार दिया था। हिन्दूवार भी आदिवासी समाज का सदस्य था और पुलिस अधिकारी भी। शायद माओवादी उग्रवादी यह सन्देश देना चाहते होंगे कि आदिवासी होकर सरकारी व्यवस्था से कोई क्यों जुड़ता है। मगर इस कदर नृशंस हत्या करने से पूर्व इस तरह के क्रूर कृत्य को अन्जाम देने वाले आंतकवादियों ने यह नहीं सोचा कि वे आदिवासियों के हित की लड़ाई लड़ रहे है तो किसी भी आदिवासी के कत्ल को कैसे न्यायसंगत बतायेंगे।

इस घटना के बाद कम से कम 'झारखण्ड प्रान्त से नक्सलवाद आन्दोलन तेजी से अपनी जमीन खोता जा रहा है। झारखण्ड के अधिकतर क्षेत्रों में नक्सल आन्दोलन में सिद्धान्तों की लड़ाई कहीं नहीं दिखाई देती। यहाँ दर्जनों गुटों में विभक्त नक्सली गुट महज रूपयों और रंगदारी की वसूली के लिए इस आन्दोलन में सक्रिय है।

पुलिस और खुफिया विभाग के वरिष्ठ स्तरों पर जाँच-पड़ताल के बाद तैयार की गई रिपोर्टों में यह तथ्य सामने आया है कि झारखण्ड में सक्रिय 4000 नक्सलियों के

बीच 20 से 25 प्रतिशत की संख्या में 15 से 25 साल की लड़कियां काम कर रही हैं जिनका यौन शोषण आम बात रही है। इनमें से अधिकांश लड़कियों को बन्दूक के बल पर घर परिवारों से उठाया गया है। एक मानवाधिकार संगठन के प्रमुख विनोद पंडित ने यह कहा कि झारखण्ड में नक्सल आन्दोलन से जुड़ी आदिवासी लड़कियों के साथ की जाने वाली ज्यादती देखकर जम्मू कश्मीर के आंतकवादियों द्वारा किये जाने वाले यौन शोषण की यादें ताजा हो जाती हैं। (जनसत्ता, 25 अप्रैल, 2011)

छत्तीसगढ़ के अबूझमाड के जंगलों में माओवादियों ने अपनी तथाकथित जन अदालतों के माध्यम से हाल ही 4 व्यक्तियों को मौत की सजा दी। इस दुर्दान्त घटनाक्रम को लेकर पुलिस के स्तर पर भयवश कोई रिपोर्ट तक दर्ज नहीं की गई। मौत की सजा पानेवालों में कमलु वारड़ा नामक एक अध्यापक भी था जो बहुत मेहनत व लगन से दुरवेडा नामक गाँव में अपने घर से 10 कि.मी. दूर रोज साईकिल से जाकर एक स्कूल में अध्यापन का कार्य कर रहा था। (टाइम्स ऑफ इण्डिया, 24 अप्रैल, 2011)

हत्या किसी की भी की जाये, वह सबसे बर्बर कृत्य होता है। पुलिस दल के सदस्य अपनी ड्यूटी को अन्जाम देते हैं। उनमें से किसी को भी चुन-चुनकर मारना किसी भी सूरत में न्यायसंगत नहीं कहा जायेगा। यहाँ प्रश्न किसी पुलिस अधिकारी या अन्य की हत्या का नहीं है प्रत्युत आदिवासियों की त्रिपक्षीय लड़ाई लड़ने के दावों के सच व झूठ का है, जिस पर गहराई से विमर्श होना चाहिए। आदिवासी ही नहीं वरन् सामान्य बुद्धिजीवी के दिमाग में भी इस बात को लेकर बैचेनी होना चाहिए और उन्हें खुलकर सामने आना चाहिए। चूँकि जिन सिद्धान्तों का हवाला देकर माओवादी अपना तथाकथित आन्दोलन चला रहे है। वह वर्तमान के इस मोड़ पर आकर सवाल खड़ा करेगा, यह किसी ने सोचा नहीं था। फ्रांसिस हिन्दूवार और लुकसटेटे दोनों पुलिस अधिकारियों की हत्या विशेष मायने रखती है। चूँकि यह किसी सामूहिक कत्ल का हिस्सा नहीं होकर चुन-चुनकर मारे गये है। विशेष रूप से लुकसटेटे की हत्या की घटना को लेकर झारखण्ड के आदिवासियों ने तीखी प्रतिक्रिया जाहिर की है, जिसमें रामदयाल मुण्डा जैसे साहित्यकार, बुद्धिजीवी राज्यभा के सदस्य, झारखण्ड मुक्ति मोर्चा के सदस्य बाबूलाल मरांडी जैसे नेता, श्रीप्रकाश जैसे फिल्म निर्माता, रोजकेरकट्टा व वन्दना टेटे जैसी लेखिकायें, वासवी जैसी मीडियाकर्मी आदि ने कड़े शब्दों में इस घटना की निन्दा की है। जहाँ लुकसटेटे का अन्तिम संस्कार किया गया है, उस जगह अर्थात सिमदेगा स्कूल के अध्यापक सुनील इक्का ने छात्रों के साथ विद्यालय के बाहर प्रदर्शन किया और यह एलान किया कि अब हम माओवादियों से 'आँख के बदले आँख' की नीति अपनायेंगे। वहाँ के एक आम नागरिक नरेश हेब्राम ने

कहा कि हम सरकार द्वारा चलाये जा रहे 'ऑपरेशन ग्रीन हंट' के पक्ष में काम करेंगे। खूंटी कस्बे में आदिवासी शरण समिति की अगुवाई में उग्रवादियों का पुतला फूंका गया, उनके बैनर में लिखा था 'उग्रवादी इन्सान नहीं राक्षस हैं।' झारखण्ड मुक्ति मोर्चा के अध्यक्ष शिबू सोरेन ने भी माओवादियों के कृत्य की निन्दा की है, जबकि वे स्वयं इससे पहले नक्सलवादियों के प्रति नरम रूख अपनाकर चल रहे थे। साहित्यकार व सामाजिक कार्यकर्ता रमणिका गुप्ता जिनका झारखण्ड से निकट का लम्बा रिश्ता रहा है, ने भी माओवादियों के खिलाफ तीखी प्रतिक्रिया व्यक्त की है जबकि वह स्वयं वामपंथी विचारधारा से ताल्लुक रखती हैं। प्रसिद्ध मीडियाकर्मी, लेखक व आदिवासी क्षेत्रों विशेषतः बस्तर में सक्रिय रहे रामशरण जोशी से इस घटना पर लम्बी चर्चा हुई। उन्होंने इस तरह के कृत्य की घोर भर्त्सना की है।

फिल्म निर्माता अश्विनी पंकज ने इस मुद्दे पर फोन पर चर्चा करते समय इस कृत्य की कड़ी निंदा करते हुए कहा कि ''जो लोग इस नक्सलवाद का नेतृत्व कर रहे हैं वे निहित स्वार्थों से भरे हुए गैर-आदिवासी स्वयंभू नायक हैं जिन्हें आदिवासी-हितों से कोई लेना-देना नहीं। करीब दो वर्ष पूर्व प्रसिद्ध आदिवासी पर्व 'करमा' और 'उराँव आदिवासियों के मुड़मा मेला' के अवसर पर नक्सलियों ने बन्द का आहवान किया था। किसी हिन्दू त्योहार की तिथि को बन्द के लिए कभी नहीं चुना। स्पष्ट है कि इन नेताओं को आदिवासी संस्कृति का भी ज्ञान नहीं, आदिवासी उत्थान की बात अलग।''

मैं तारीख 8 दिसम्बर 2009 को नक्सलबाड़ी की सेफतुलाजोत बस्ती में कानू सान्याल से उनके घर पर मिला था। यह मुलाकात बहुत मुश्किल से हो पाई थी। किसी भी कीमत पर वो मुझसे बात करने को राजी नहीं थे लेकिन किसी बहाने मैं उन तक पहुँच गया। मुझे देखकर वे उस व्यक्ति पर क्रोधित हुए जिसने मुझे उनसे मिलवाने का प्रयत्न किया था और साथ ही मुझ पर भी नाराज हुए लेकिन कुछ ही देर में वे सामान्य हो गये और मुझे सिर्फ इतनी प्रतिक्रिया व्यक्त की ''यह सब क्या हो रहा है? मेरे सभी साथी चले गये। आई वान्ट टू डाय? मैं समझता हूँ, मुझसे कहे गये उनके ये अन्तिम शब्द जीवन के अन्तिम दिनों में उनके भीतर जो कुछ घटित हो रहा था उसे अभिव्यक्त करने के लिए पर्याप्त हैं। उन्होंने मुझसे अन्त में जो कहा उन्होंने कर दिखाया।''

23 मार्च, 10 को जिस मानसिकता के साथ कानू सान्याल की मौत हुई और उससे ठीक पहले 8 दिसम्बर, 09 को उनके वे शब्द वर्तमान नक्सलवादियों को नहीं भूलना चाहिए। उन्होंने स्पष्ट कहा था कि ''यह सब क्या हो रहा है? मेरे सब साथी चले गये। मैं मरना चाहता हूँ।'' और जो कहा वह उन्होंने 3 महीने के भीतर कर दिखाया। कानू सान्याल के शब्दों में नेपथ्य गहराई और अर्थ में जाने से संकेत मिलते

है कि जो कुछ वर्तमान नक्सलवादी कर रहे है वह मौलिक माओवादी विचारधारा से कोई ताल्लुक नहीं रखता। नक्सलवाद की शुरुआत सन् 1967 में जमींदारों से किसानों की जमीन को छुड़ाने के अभियान से हुई थी, उनकी लड़ाई जमींदारों से थी और हिंसा की जगह मजबूरन प्रतिहिंसा की कार्रवाई केन्द्र में थी। यहाँ हमें मजबूरन प्रतिहिंसा और आंतकवादी हिंसा में अन्तर करना चाहिए और यही अन्तर नक्सलवादियों द्वारा माओवादियों की गतिविधियों को विधिवत प्रतिबंधित करने का आधार बनता है।

ऐसा लगता है जैसे नक्सलवाद के वर्तमान दौर में माओवादी नेतृत्व द्वारा जो कुछ घटित किया जा रहा है, उसका किसानों की भूमि, आदिवासियों के हित आदि से असल सम्बन्ध नहीं है। प्रत्युत उनका नामभर लिया जा रहा है ताकि उन भोले-भाले आदिवासियों को अपने चंगुल में फंसाया जा सके। आदिवासियों की विडम्बना यह है कि वे खासकर पश्चिम बंगाल, उड़ीसा, बिहार, झारखण्ड, आन्ध्रपदेश प्रान्तीय अंचलों में अभी भी जगह व लोकतंत्र के स्तर पर बहुत पिछड़े हुए हैं। सरकारी योजनाओं का लाभ उन तक नहीं पहुँच पा रहा। उपनिवेशवाद काल में उनका हर तरह से शोषण हुआ और उन पर चौतरफा दबाव पड़ा। उस ऐतिहासिक यथार्थ का प्रभाव अभी भी बरकरार है। कुछ अरसा पहले मैंने देश के सर्वाधिक पिछड़े राज्यों में गिने जाने वाले मध्यप्रदेश के झाबुआ व अलीराजपुर जिलों का भ्रमण किया था, तब एक बात सामने आई थी जिस पर गौर किया जाना चाहिए। बात यह थी कि एशिया के देशों की अगर किसी जिला/यूनिट में हत्या की सर्वाधिक घटना होती है तो वह झाबुआ व अलीराजपुर जिले हैं जो पूर्व में संयुक्त झाबुआ जिला हुआ करता था। मैंने प्रशासन व पुलिस से जुड़े अधिकारियों, बुद्धिजीवियों से इस सम्बन्ध में चर्चा की, लेकिन मुझे सन्तोषजनक कारण नहीं मिल पाया। मुझे एक मनोविश्लेषक ने यह चौंकानेवाली बात बताई कि गरीबी, भुखमरी, बीमारी और अन्य चौतरफा दबाव के चलते तथा इन सबसे मुक्ति का विकल्प सामने नहीं होने के कारण इन जिलों के आदिवासियों पर एक विशेष प्रकार का मानसिक दबाव पड़ा हुआ है, जिसकी वजह से इनमें क्रोध, आवेग, दिमागी असन्तुलन से पैदा होने वाली हिंसा की प्रवृति पैदा हो रही है। छोटी-छोटी बात पर झगड़ा करना, शराब पीकर हिंसक कृत्य कर देना, यहाँ तक कि अच्छे दोस्त या परिवार का सदस्य होने के बावजूद अपने ही निकट के आदमी की अकारण या किसी कारण से हत्या कर देना इस प्रवृति का परिणाम है। उल्लेखनीय है कि ये सारी मनोदशा भौतिक सुविधाओं से सीधा सम्बन्ध रखता है। इससे भी आगे खुशहाल होने के लिए मेहनत नहीं करने की समानान्तर प्रवृति इनमें दिखाई दी है। जस-तस पेट आधा-अधूरा भर लिया, इससे कम की चिन्ता इन्हें नहीं हैं।

इस सदी की शुरुआत का एक उदाहरण इसी अंचल का हमारे सामने आया है

जब इन्दिरा गाँधी आवासीय योजना के तहत सरकार ने पक्के मकान बनाकर एक जगह आदिवासियों को उपलब्ध कराने का प्रयास किया था। आदिवासियों ने इस प्रयास का पहले तो विरोध किया। पुलिस बल भेजकर किसी तरह मकान तैयार कराये गये। स्वाभाविक है उस दौरान वहां के स्थानीय आदिवासी दूर जंगलों में चले गये थे। सरकारी अधिकारियों ने यह सोचा कि मकान बनकर तैयार हो जायेंगे तो ये अपने आप रहने लग जायेंगे। लेकिन हुआ इसका उल्टा। सरकारी लवाजमा हटने के बाद वे आदिवासी अपनी बस्तियों के ईद-गिर्द बने इन मकानों के पास आये। सबसे पहला काम वहाँ यह किया कि उन मकानों को तहस-नहस किया और पूर्वत अपनी झोपड़ियों में रहने लग गये। दक्षिणी राजस्थान के आदिवासियों का एक किस्सा है। हुआ यूं कि अकाल राहत कार्यों के दौरान पीड़ित आदिवासियों को गेहूँ दिया गया। गेहूँ के बदले उन्होने यहाँ-वहाँ से मक्का उसी मोल बदले में ली, जबकि गेहूँ और मक्का के भाव में काफी अन्तर था। गेहूँ मक्का के वनिस्वत काफी मंहगा था। एक अन्य उदाहरण है जिसमें बतौर सहायता प्रति परिवार एक-एक, दो-दो भैंसें दी गईं ताकि परिवार का पालन किया जा सके। आदिवासियों ने भैंस के बदले उसी मोल एक गाय ले ली। यहाँ भी भैंस और गाय के मोल में काफी अन्तर था। इस तरह के उदाहरणों को नासमझी कहेंगे या कहीं परम्परागत मानसिकता से जोड़कर हमें देखना चाहिए। जब तक वह मानसिकता, प्रवृति, संस्कृति, दृष्टिकोण आदि की जानकारी हासिल करने के लोकतंत्र में जगह की धारा से आदिवासी समाज को नहीं जोड़ा जायेगा, तब तक उनका कल्याण गति नहीं ले सकेगा या यूं कहें कि गति धीमी रहेगी।

आदिवासियों को लेकर चिन्तित व चिन्तनशील प्रख्यात अध्येता, शोधकर्ता, प्रशासक स्व. श्रीकुमार सुरेश सिंह आदिवासियों के वर्तमान व भविष्य पर विमर्श करने लगे कि 'उनकी समस्या अधिक जटिल होती जा रही है'। इस शताब्दी में जो नकारात्मक रुझान सामने आ रहा है उनमें कुछ निम्न प्रकार हैं :

- आदिवासी क्षेत्रों में पर्यावरण और संसाधनों पर भारी दबाव पड़ेगा। जनसंख्या में लगातार हो रही वृद्धि से गैर-आदिवासी क्षेत्रों में आने से संसाधनों पर दबाव कई गुणा बढ़ेगा।
- आदिवासियों का शोषण सस्ते मजूदर के रूप में बढ़ेगा और उनके संसाधनों का अधिग्रहण और हस्तान्तरण कमोबेश जारी रहेगा।
- छोटे-छोटे अति प्राचीन आदिवासी समुदाय विलुप्त हो जायेंगे।
- आदिवासी समाज का अन्तर्द्वंद्व गहरा होगा। ईसाई और गैर-ईसाई आदिवासियों में, सम्पन्न और गरीब तबकों में खाई बढ़ेगी। आदिवासी मर्द और औरतों के बीच सम्पत्ति को लेकर तनाव बढ़ेगा।

- इन महत्वपूर्ण मुद्दों से माओवादियों को कोई मतलब नहीं। 'बो' भाषा की अन्तिम जानकार बोआ के देहान्त से उनका कोई सरोकार नहीं।

माओवादियों द्वारा लूकस टेटे की हत्या नक्सलवाद एवं आदिवासियों के सम्बन्धों की यात्रा में प्रस्थान बिन्दु साबित होगी। आदिवासियों के उत्थान की चिन्ता व उनके हितों के लिए चिन्तन करने वाले बुद्धिजीवियों व अन्य जागरूक व्यक्तियों को इस बात को सोचने के लिए ये घटनायें विवश करेंगी कि वे इन सम्बन्धों पर पुनः गम्भीरता से सोचें। कुछ महत्वपूर्ण बिन्दु उभरकर सामने आ रहे हैं उनमें प्रथम, इस घटना के बाद झारखण्ड के इलाके के जमीनी स्तर के नेतृत्व में फूट पड़ना आरम्भ हो गया है, जिसका प्रमुख आधार आदिवासी बनाम गैर-आदिवासी नेतृत्व है। माओवादियों के जोनल कमाण्डर विमल मुर्मू ने नक्सली नेता अरविन्द यादव को इस घटना का जिम्मेदार बताते हुए उसके खिलाफ बगावत कर दी है। द्वितीय, नक्सलवादियों के सर्वोच्च नेतृत्व में कोई आदिवासी नायक नहीं है। शुरुआती दौर के प्रणेता नायकों में चारू मजूमदार व कानू सान्याल के साथ जंगल सन्थाल जैसे लोग थे। वर्तमान दौर का जो नक्सलवाद उभरकर सामने आया है, उसके शिखर नेतृत्व में आदिवासी प्रतिनिधित्व एक प्रकार से नहीं के बराबर है। इससे संकेत मिलते हैं कि आदिवासियों के हित का कितना ही बड़ा दावा नक्सली कर रहे हों लेकिन जमीनी हकीकत कुछ और ही है एवं इसीलिए फ्रांसिस इन्दूवार व लूकस टेटे की हत्या जैसी घटनायें सामने आई हैं। आदिवासियों के हितों की सोचने वाला कोई भी व्यक्ति ऐसा कृत्य नहीं कर सकता है जो उनके स्वयं के विरुद्ध आदिवासियों की सहानुभूति खोने जैसी कीमत चुकाये। तृतीय, झारखण्ड के विशेष परिप्रेक्ष में माओवादियों का सर्वोच्च नेतृत्व झारखण्ड से बाहर के प्रान्तों के व्यक्तियों के पास है, जिनमें पश्चिम बंगाल, उड़ीसा, बिहार व आन्ध्रप्रदेश प्रमुख रूप से शामिल हैं। इन उच्चस्तरीय नायकों की संस्कारगत पृष्ठभूमि अपनी-अपनी रहती आई होगी जो झारखण्ड या अन्य किसी दूसरे अंचल के आदिवासियों की मानसिकता को समझने में कैसे और कितनी सहायक होगी, यह विचारणीय मुद्दा है। इस सन्दर्भ में अश्विनी के विचारों से पूर्व में अवगत करा दिया गया है। ऐसे नायकों द्वारा अपने स्तर पर निर्णय लेकर 'रेंक एण्ड फाईल' स्तर के कार्यकर्ताओं पर लादना स्वाभाविक है। यही वजह है कि आदिवासियों के हित-संरक्षण की जगह कुछ और बात सामने आ रही है जो आदिवासियों के हितों के पक्ष में नहीं जाकर उनके विरुद्ध जाती है।

इस विमर्श का एक महत्वपूर्ण पक्ष है, जिस पर गहराई से विचार किया जाना चाहिए। यह पक्ष माओवादियों की विचारधारा से पृथक राजनीति का है जो भारतीय संसदीय लोकतंत्र से सम्बन्धित है। एक ओर तो माओवादी संसदीय लोकतंत्र में विश्वास नहीं करते और उस पर आधारित राज्य के विरुद्ध युद्ध की बात करते हैं,

दूसरी ओर इसी संसदीय लोकतंत्र की राजनीति से जुड़े हुए हैं। लूकस टेटे की हत्या की पृष्ठभूमि के तार कहीं न कहीं बिहार के चुनाव (नवम्बर-2010) से जुड़े हुए पाते हैं।

दिनांक 13 दिसम्बर, 2010 के 'जनसत्ता' अखबार में 'माओवादियों और तृणमूल कांग्रेस में साठगांठ' शीर्षक से यह खबर साया हुई कि भाकपा (माओवादी) के राज्य सचिव कांचन समेत पांच माओवादियों की गिरफ्तारी के बाद संगठन में नेतृत्व का संकट उत्पन्न हो गया है। कांचन ने पूछताछ में बताया कि माओवादियों के कई बड़े नेताओं की गिरफ्तारी के बाद उनकी गतिविधियों में भी कमी आई है। सुदीप चोंगदार उर्फ कांचन ने बताया कि माओवादियों व तृणमूल में गहरा सम्पर्क है। नंदीग्राम व सिंगूर में तृणमूल के आंदोलन के पीछे भी माओवादियों का हाथ था। माओवादियो ने आंदोलन चलाने के लिए तृणमूल को मोटी रकम दी थी।

यह खेल समझ में नहीं आता कि संसदीय लोकतंत्र की राजनीति से जुड़कर किस लक्ष्य की ओर अग्रसर हैं ऐसे माओवादी...?

माओवादी आतंकवाद स्पष्ट रूप से राज्य के विरुद्ध युद्ध की श्रेणी में आता है, जो बुद्धिजीवी इनका प्रत्यक्ष या अप्रत्यक्ष समर्थन कर रहे हैं वे लोकतांत्रिक प्रणाली में राज्य द्वारा दी जा रही जन-सुविधाओं यथा परिवहन, दूरभाष, टी.वी., अखबार, बिजली, पानी, पब्लिक पार्क, रेल, बस, हवाई जहाज, पासपोर्ट, सार्वजनिक वितरण प्रणाली, पेट्रोल-डीजल-गैस, खाद-बीज, दवाइयां, स्वास्थ्य, शिक्षा, इत्यादि बहुतेरी सुविधाओं का उपयोग कर रहे हैं (चाहे यह सब भुगतान के एवज में हो) उनका राज्य-विरोधी युद्ध को समर्थन देना कहां तक उचित है? जो भी सक्रिय माओवादी हैं या उनके समर्थक बुद्धिजीवी, वे यह बताने की दशा में नहीं हैं कि राज्य के विरुद्ध युद्ध या प्रतिरोधी हिंसा के साथ-साथ वयस्क मताधिकार एवं बहुमत पर आधारित लोकतंत्र की वैकल्पिक शासन प्रणाली क्या होगी? माओवादी जो कर रहे हैं उसके पक्ष में आखिर विवेकसम्मत तर्क क्या है?

इस समस्त विमर्श का अन्तिम और महत्वपूर्ण पहलू यह है कि माओवादियों के शिखर नेतृत्व का ध्यान चौथ वसूली में लगा हुआ है चाहे वे इसे आन्दोलन को चलाने के लिए अनिवार्य धन-संग्रह की संज्ञा देते हों। यह वसूली बहुराष्ट्रीय कम्पनियों के नुमाइन्दों, विभिन्न क्षेत्रों में कार्यरत ठेकेदारों, सरकारी अधिकारियों/कर्मचारियों, राजनेताओं व आदिवासी क्षेत्रों में कार्य कर रहे अन्य व्यावसायिकों से की जाती है। यही नीति स्थानीय एवं नीचे स्तर के नेतृत्व में पायी जाती है, जो प्रतिबिम्बित होती है ठेठ जमीनी कार्यकर्ता तक। निस्सन्देह, इस प्रक्रिया में माओवादी विचारधारा से अधिक हावी होती जा रही है आपराधिक प्रवृत्ति। यही प्रवृत्ति जनक है वर्तमान माआवोदी हिंसा एवं आतंकवाद की।

कुल मिलाकर यह निष्कर्ष निकाला जा सकता है कि नक्सलवाद माओवादी विचारधारा से ऊर्जा लेता रहा है और जिसकी पृष्ठभूमि में प्रभावित क्षेत्रों की प्राकृतिक सम्पदा का अंधाधुंध दोहन और लोगों की बदतर होती भौतिक दशा इसे पनपाती रही है। इसलिए विकास को लक्ष्य बनाकर चलना चाहिए। साथ ही यह भी ध्यान रखना होगा कि जो आपराधिक तत्व नक्सलवादियों के नाम पर आन्दोलन से जुड़ रहे हैं, चौथ वसूली कर रहे हैं, हीरो बनने की महत्वाकांक्षा रखते हैं, उनके विरुद्ध कठोर कदम उठाने होंगे तभी नक्सल प्रभावित इलाके विकसित और संश्लिष्ट भारतीय समाज का हिस्सा बन पायेंगे। हर किसी को यह ध्यान रखना चाहिए कि नक्सलवाद का मुद्दा इस महा राष्ट्र के प्राचीनतम बाशिंदों और प्राकृतिक संसाधनों से जुड़ा हुआ है। इसलिए इससे सम्बन्धित सारी समस्याओं का समाधान प्राथमिकता, सही दृष्टिकोण और दूरदर्शिता के साथ करना आवश्यक है।

आदिवासी अस्मिता

वैश्वीकरण एवं उच्च तकनीकी के इस दौर में आदिवासियों की बात करना शायद प्रथमदृष्ट्या ऐसा लगे जैसे अतिसभ्य बुद्धिजीवियों के बीच पाषाणकालीन मानव समूहों के बारे में कोई चर्चा की जाये। विमर्श के स्तर पर अतिसभ्य एवं आदिम सरोकारों के मध्य कई-कई युगों का अन्तराल दिखाई देता है। इस अन्तराल से परे आदिम समाजों की अस्मिता के सवालों को जब इस उत्तर-आधुनिक एवं वैश्विक दौर में समझने का प्रयास किया जायेगा तो एक छोर पर वह आदिम समाज है जिन्हें हम आदिवासी के नाम से जानते हैं। ये लोग अभी भी जीवन के प्रति आदिम दृष्टिकोण अपनाये हुए हैं। दूसरी ओर मुख्य राष्ट्र-समाज का विकसित एवं उच्च तकनीक से सम्पन्न वह वर्ग सामने आता है जो राष्ट्र-समाजों की सीमाओं को भी तोड़ता हुआ वैश्विक अग्रणी वर्ग का प्रतिनिधित्व करता है। दोनों वर्गो के बीच भौतिक, सांस्कृतिक एवं वैचारिक स्तर पर इतनी दूरियां हैं कि वे किसी भी भाषा में आपस में संवाद करने की स्थिति में नहीं हैं। वैश्विकोन्मुखी राष्ट्रीय सरकारों तथा अन्तर्राष्ट्रीय संगठनों के द्वारा विकास का जो मॉडल सर्वसम्मति से अपनाया हुआ है वह अब विकल्पहीन उग्र पूंजीवाद का मॉडल है जिसमें विज्ञान सहित भौतिक विकास सर्वोपरि है। अगर कहीं पारस्थितिकीय सन्तुलन की बात आती है तो उसे पृथ्वी के अस्तित्व के संकट से जोड़कर दिखाया जाता है न कि मानव समाज के साथ मानवेतर प्राणी जगत व प्रकृति तत्वों के नैसर्गिक सहअस्तित्व को ध्यान में रखते हुए।

'आदिवासी' शब्द एक पहचान को चिन्हित करता है और वह पहचान अस्मिता

से जुड़ी हुई है। जब आदिवासी की बात की जाती है तो एक विशिष्ट पहचान का सवाल उठता है और वह सवाल यह है कि आदिवासी समाज अन्य तबकों से किस प्रकार भिन्न है। आखिर आदिवासीपना क्या है। समाज के शेष तबकों या जातियों के पक्ष में जब बात की जाती है तो फिरकापरस्ती की नकारात्मक अवधारणा सामने आती है। लेकिन जब आदिवासी की बात की जाती है तो मूल मानवता का स्वर सुनाई देता है। धर्म के स्तर पर भारतीय मुख्य समाज का अधिकांश हिन्दू वर्ग तथा शेष समाज में मुस्लिम, ईसाई, सिख, पारसी आदि शामिल होंगे। इन सबमें आदिवासी नहीं होता। आदिवासी समाज का प्रकृति पर आधारित अपना धर्म है इसलिये ईसाई एवं हिन्दू संगठनों में यह होड़ मची रही कि आदिवासियों का धर्म परिवर्तन किया जाये। हिन्दू पक्षधर प्रायः यह कहते पाये जाते हैं कि आदिवासी जन हिन्दू समाज का हिस्सा है। यदि इस बात में दम होता तो हिन्दू धर्मावलम्बियों द्वारा आदिवासियों का हिन्दू धर्म में धर्मान्तरण करवाने के प्रयासों की आवश्यकता नहीं थी। धर्म के स्तर पर पृथक पहचान आदिवासी अस्मिता का एक महत्वपूर्ण पक्ष है। आदिवासी अस्मिता का विश्लेषण करने के लिये आदिवासी शब्द की व्याख्या के साथ साथ आदिवासी जन-समुदायों की पहचान अनिवार्य है। पूरे देश के विभिन्न अंचलों में आदिवासी जन-समुदाय बिखरे पड़े हैं जिनके अधिकांश में परस्पर कोई सम्पर्क नहीं रहा। कमोबेश संस्कृति व जीवन शैली में भी अन्तर दिखाई देता है फिर भी कुछ ऐसे स्थायी तत्व हैं जिनका समेकीकृत स्वरूप आदिवासी जन की एक छवि बनाता है। यह छवि ही आदिवासी की पहचान है और इस पहचान को मानव समाज के रूप में सम्मान देना ही आदिवासी अस्मिता कही जा सकती है। भारतीय संविधान की पांचवीं अनुसूची में पूर्वोत्तर के अलावा शेष भारत के आदिवासियों को सूचीबद्ध किया है जबकि पूर्वोत्तर के आदिवासियों को छठी अनुसूची में। यह अन्तर पूर्वोत्तर एवं शेष भारत के आदिवासियों को पृथक-पृथक पहचान देता है। इस पहचान के अन्तर का प्रमुख आधार नृतत्वशास्त्रीय एवं भौगोलिक दृष्टिकोण प्रतीत होता है। ऐसे अन्य बहुत से मानव समूह हैं जो नृतत्व वैज्ञानिक दृष्टिकोण से आदिवासियों की पहचान रखते हुए इन दोनों अधिसूचियों में सम्मिलित नहीं हो सके। इनमें कई समुदाय अपरिगणित घुमक्कड़ (DNT) समुदायों से ताल्लुक रखते हैं।

दिनांक 17 से 19 सितम्बर 2010 तक मध्यप्रदेश के झाबुआ जिले के मेघनगर में आदिवासी संस्कृति एवं कला केन्द्र द्वारा एक राष्ट्रीय सेमीनार आयोजित किया गया जिसमें आदिवासी अस्मिता के सवाल को जोर देकर उठाया गया। आदिवासी अस्मिता के संरक्षण के समर्थन की आवश्यकता को महसूस करते हुए प्रो. बी.के. रायबर्म्मन ने इस मुद्दे को आदिवासी मानवाधिकारों से जोड़कर देखा।

आदिवासी अस्मिता को लेकर दो तरह के दृष्टिकोण अध्येताओं ने अपनाये हैं। प्रथम, आदिवासियों को उनके अलग-थलग अंचलों में रहने दिया जाये, उनकी सांस्कृतिक परम्पराओं के साथ कोई छेड़छाड़ नहीं की जाये, लेकिन इसका यह अर्थ नहीं कि उनके विकास के कोई प्रयत्न नहीं किये जायें। यहाँ विकास से महत्वपूर्ण आदिवासियों की एकांतिकता को माना गया।

दूसरे दृष्टिकोण के तहत आदिवासियों को विकास की विभिन्न योजनाओं के माध्यम से राष्ट्रीय समाज की मुख्य धारा से जोड़ा जाये। इस दृष्टिकोण में उनकी सांस्कृतिक परम्पराएँ अक्षुण नहीं रहने का खतरा रहा है। ये दोनों ही सिद्धान्त सांस्कृतिक संरक्षण बनाम विकास का मुद्दा खड़ा करते हैं। आदिवासी अस्मिता सांस्कृतिक संरक्षण के साथ अधिक सुरक्षित है या विकास की प्रक्रिया के साथ यह पेचीदा व गम्भीर विषय है। डॉ. जी.एस. घुर्ये ने मुख्य धारा में शामिल करने की प्रक्रिया का पक्ष लेते हुए एक तरह से विकास के सिद्धांत का प्रतिपादन किया। आदिवासी विषय के विद्वान एवं प्रशासक कुमार सुरेश सिंह ने आदिवासियों के विकास की यात्रा में व्यापक रूपान्तरण का समर्थन किया है।

जब अस्मिता की बात की जायेगी तो निश्चित रूप से अस्मिता से जुड़े हुए मुद्दों को चिन्हित किया जायेगा। आदिवासीजन की अस्मिता के सवाल सम्पूर्ण मानवता के मौलिक सरोकारों से जुड़े हुए दिखाई देंगे। जहां से चलकर सभ्यता, संस्कृति व विज्ञान ने जितनी प्रगति की है उसके पश्चात् पारिस्थितिकीय वैश्विक संकट तक पहुंचने के बाद उस संकट का समाधान उन्हें वहीं खोजना होगा जहां से मनुष्य ने विकास की अपनी यात्रा आरम्भ की है और यह समाधान मौलिक आदिम सरोकारों को ध्यान में रखकर ही सम्भव होगा। इसलिए जब आदिवासी अस्मिता को परिभाषित किया जाता है तो समग्र संस्कृति को केन्द्र में रखना होगा जिसमें भाषा, धर्म, मिथक, प्रथाएँ, जीवन-शैली, खान-पान, वेशभूषा, गणचिन्ह, सौन्दर्यबोध, निषेध (taboo), आवास, परम्परागत ज्ञान, मानवेतर प्राणी जगत व प्रकृति तत्वों से सम्बन्ध, स्वायत्तता, जीवनयापन, पर्वोत्सव, किंवदंतियां, मुहावरे, गल्प, गीत-संगीत, स्त्री-पुरुष सम्बन्ध, परिवार-समाज व बस्तियों की दशा आदि से सम्बन्धित बहुत सारी बातें विमर्श के केन्द्र में शामिल होंगी। इन समस्त क्षेत्रों को मिलाकर समग्र भौतिक, सांस्कृतिक, मनोवैज्ञानिक परिघटना (phenomenon) के रूप में समझा जा सकता है। इस परिप्रेक्ष्य में किन-किन क्षेत्रों पर कैसा-कैसा दबाव पड़ता रहा है, उन दबावों के चलते कितने परिवर्तन सामने आते रहे हैं, साथ ही दबावों की प्रतिक्रियास्वरूप प्रतिरोध की परम्परा किस रूप में विकसित होती रही है इस सबका विश्लेषण करने के बाद ही आदिवासी अस्मिता को समझा जाना सम्भव होगा।

भाषा व धर्म जीवन के ऐसे अनिवार्य पक्ष हैं जो किसी भी समाज की अस्मिता से जुड़े हुए हैं। भाषा व धर्म की तरह मिथकों की बात सामने आती है जो बहुत लम्बे समय के बाद किन्हीं दृश्यों, पात्रों, स्थितियों, मनोदशा, घटना आदि के आधार पर बनते है। प्रथाओं के रूप में परम्परागत व्यवहार विकसित होता है जो अन्ततः समाज व्यवस्था का एक हिस्सा बनाना है। अगर समाज में गत्यात्मक चेतना है तो यह प्रथाएँ वक्त के साथ संशोधित-परिवर्तित होती हुई जड़ता से निकलकर समाज को गति देने वाली बनती रहती है। सामाजिक निषेध (taboo) नकारात्मकता का भाव देते हैं लेकिन ये नकारात्मकताएँ समाज विशेष के लिए सकारात्मक तत्व के रूप में सहायक बनती हैं यथाः गोत्र में विवाह सम्बन्ध नहीं करना, मृतकों का बस्ती से दूर अन्तिम संस्कार करना, गणचिन्ह को नुकसान नहीं पहुँचाना आदि। खान-पान व वेश-भूषा एक आकार पाने के लिए लम्बे समय का इन्तजार करते हैं। इस स्थिति को प्राप्त करने के बाद उनमें यकायक बदलाव की मांग करना एक मानसिक तनाव को जन्म देता है जिसका उग्र प्रतिरोध आत्मघात या पराघात के रूप में सामने आ सकता है। कोई मानव समूह किस तरह घर-बस्तियां बसाता है तो वह अपनी सुविधा व सुरक्षा के साथ-साथ सौन्दर्यबोध का भी ध्यान जाने-अनजाने रखता है। यह सौन्दर्यबोध उसकी संस्कृति का आवश्यक तत्व होता है।

आदिवासी समाज की अस्मिता की बात करते वक्त मानवेतर प्राणी जगत व प्रकृति तत्वों के बीच सहअस्तित्व की भावना के साथ जीने की उपयोगिता व कला सीखना अपने आपमें बहुत बड़ी बात है। पृथ्वी पर विकसित हुए जीवन को एक सीमा तक ही टुकड़ों में देखा जा सकता है यथाः जलचर, थलचर, नभचर तीनों ही तरह के स्थावर व जंगम प्राणी जगत व वनस्पतियों (flora-fauna) का सहअस्तित्व आदिमकाल से मानव वर्चस्व एवं प्राकृतिक संसाधनों के बिना सोचे-समझे दोहन की प्रवृत्ति के कारण यह सन्तुलन बिगड़ा है जो पृथ्वी के सामने एक संकट के रूप में हमें दिखाई देता है। इस सहअस्तित्व को बचाने के सूत्र आदिम समाज के पास हैं। आदिवासी समुदाय पृथ्वी के किसी भी अंचल में दिखाई देगा तो इसी सहअस्तित्व के सिद्धान्त के साथ जीता हुआ पाया जायेगा। सजीव-निर्जीव व समस्त सृष्टि का संरक्षण व विकास सहअस्तित्व के सिद्धान्त पर ही निर्भर है। यह सहअस्तित्व जब किसी भी रूप में और किसी भी हद तक भंग होता है तो एक तरह से आदिवासी अस्मिता पर आघात होता है क्योंकि आदिवासी जीवन की कल्पना इस सहअस्तित्व के बिना नहीं की जा सकती है। यही वजह है कि आदिवासी जल, जंगल व जमीन (जानवर भी) के लिए आवाज उठाता रहा है। अस्मिता की अवधारणा स्थाई नहीं होकर परिवर्तनशील भी है। कुछ मौलिक सरोकार होते हैं जैसेः ऊपर सहअस्तित्व की बात की गई है।

इससे पृथक आदिवासी अस्मिता को परिवर्तनशील अवधारणा के रूप में जब देखा जाता है तो समय व आवश्यकता के आधार पर संशोधन व परिवर्तन स्वाभाविक अनिवार्यता बन जाती है जैसे किसी भाषा पर बात की जाये तो भाषा की मौलिकता के संरक्षण के साथ-साथ उसके विकास व उपयोग के लिए बाहरी सटीक व उपयुक्त शब्दों का समावेश, मूल लिपि नहीं है तो किसी लिपि को अपनाना या स्वतन्त्र लिपि विकसित करना, भाषा में रचे जाने वाले साहित्य या मौखिक साहित्य के संरक्षण के लिए वैज्ञानिक तकनीकी का सहारा आदि भाषा के लिए उपयोगी है। इससे वह भाषा दूषित नहीं होकर समृद्ध होती है। इसी तरह संस्कृति के अन्य पक्षों पर बात की जा सकती है। घर व बस्तियों के स्वरूप में सुविधा, सुरक्षा व सौन्दर्यबोध के आधार पर संशोधन व परिवर्तन को विकास की प्रक्रिया कहा जायेगा। परम्परागत ज्ञान-पुन्ज को विज्ञान व तकनीकी का सहारा लेकर शोध के स्तर पर विकसित किया जाना मौलिकता का विस्तार होगा ना कि मौलिकता को नकारात्मक रूप से प्रभावित करना। शिक्षा, स्वास्थ्य, यातायात व अन्य भौतिक सुविधाएँ विकसित करना इसी क्रम में शामिल माना जायेगा जिसका स्वागत किया जाना चाहिए। इस प्रक्रिया में आदिवासी अस्मिता पर आघात नहीं होता। कई बार मौलिकता के नाम पर विकास व परिवर्तन का विरोध किया जाता है। ऐसा विरोध आदिवासी जीवन को समृद्ध बनाने से रोकता है। यह रोक आदिवासी अस्मिता पर आघात करती है न कि उसका सम्मान। इसलिए आदिवासी अस्मिता के सवालों को प्रगतिगामी व परिवर्तनकामी दृष्टिकोण से देखना होगा न कि सजावटी झांकी या म्यूजियम की दृष्टि से।

आदिवासी अस्मिता के परिप्रेक्ष्य में जब स्वायत्तता की बात की जाती है तो यह स्वायत्तता राजनीति, अर्थ-व्यवस्था, समाज व संस्कृति सभी स्तरों पर प्रासंगिक दिखाई देगी। पूर्वोत्तर भारत विशेष रूप से नगा आदिवासियों के मुद्दे स्वायत्तता से सम्बन्धित अस्मिता के मुद्दे रहे हैं जिनका ठीक तरह से समाधान अभी तक नहीं हो पाया है। जो समाज बहुत लम्बे समय तक अपनी ही दुनिया में स्वायत्त व स्वावलंबी जीवन जीता रहा उसके पीछे अस्मिता व आत्मसम्मान की समृद्ध परम्परा रही है। इस स्वायत्तता के साथ आदिवासीजन बहुत मुश्किल से समझौता कर रहे हैं चाहे वह समझौता उनके लिए लाभकारी ही क्यों न हो। इसकी वजह दीर्घकालीन मानसिकता होती है जिसमें परिवर्तन बाहर से सम्भव नहीं होगा प्रत्युतः सकारात्मक परिवर्तन के लिए उनकी सहमति लेनी होगी। इस सहमति के बिना परिवर्तन मानसिक तनाव को जन्म देगा जो उस समाज के लिए सदैव पीड़ा का स्रोत बना रहेगा और उसके विकास में बाधा उत्पन्न करेगा। राजनैतिक स्वायत्तता को लोकतंत्र के विकसित पंचायतीराज से जोड़कर देखने की प्रक्रिया कई अंचलों में कारगर साबित हुई है जहां परम्परा व

आधुनिक संस्थाओं का तालमेल सम्भव हो सका। जंगलों पर आधारित आर्थिक जीवन को प्राकृतिक संसाधनों के दोहन ने बुरी तरह प्रभावित किया है। नतीजा यह हुआ कि आदिवासी जीवन भी नकारात्मक रूप से प्रभावित हुआ और पर्यावरणिक सन्तुलन भी बुरी तरह बिगड़ा। भारत की वन नीति एवं संवैधानिक प्रावधान इसकी छूट नहीं देते। लेकिन चीजों को तोड़-मरोड़कर सब कुछ किया जाना सम्भव हो जाता है। सामाजिक व सांस्कृतिक स्वायत्तता सबसे महत्वपूर्ण पहलू है जो आदिवासी अस्मिता से सीधे-सीधे सम्बन्ध रखते हैं।

आदिवासी अस्मिता के मुद्दे को सोपान दर सोपान समझने के लिए हम इसे प्रमुख रूप से तीन चरणों में विभाजित करके देख सकते हैं—

आदिम अवधारणा

आदिमयुगीय जीवन से सम्बन्धित सरोकार जो आदिवासीजन के दिलो-दिमाग में गहरे रूप में बसे हुए हैं। यथाः मानवेतर प्राणी जगत व प्रकृति तत्वों के साथ सहअस्तित्व एवं मुख्य समाज से दूर-दराज दुर्गम अंचलों में बस्तियों व जंगल के बिना आदिवासी जीवन की कल्पना नहीं की जा सकती। वनोपज व आखेट जीवन से अनिवार्य रूप से जुड़े हुए रहते आये हैं। भारतीय संदर्भ में आर्य-अनार्य संघर्ष-शृंखला के बाद ब्रिटिश उपनिवेशवाद के आने तक आदिम सरोकारों से युक्त आदिवासी अस्मिता की यह अवधारणा अस्तित्व में रही जो आदिवासीजन के मन में वर्तमान तक रची-बसी है। प्राचीन व मध्यकाल की बहुत सारी राजनैतिक, सामाजिक उथल-पुथल के बावजूद आदिवासीजन की अस्मिता इस कालखण्ड में आघातित नहीं हुई जिसकी खास वजह यह थी कि उन उथल-पुथलों के दौरान किसी तरह का बाहरी लवाजमा योजनाबद्ध तरीके से आदिवासी अंचलों में नहीं गया। इस दौर में आदिवासी समाज मुख्य धारा के समाज के अन्य वर्गों की तुलना में भौतिक स्तर पर कितना ही अभावग्रस्त व पिछड़ा रहा हो लेकिन सांस्कृतिक स्तर पर वह अपनी परम्परागत धरोहर को संजोये व संरक्षित किये रहा। इसीलिए आदिवासी अस्मिता का यह दौर सबसे महत्वपूर्ण दौर कहा जा सकता है।

औद्योगीकरण व उपनिवेशवाद

भारत में औद्योगिक क्रान्ति का सूत्रपात 18वीं शताब्दी से होता है। यह वही दौर है जब ईस्ट इण्डिया कम्पनी ने अपना आधिपत्य जमाना शुरू किया। इस दौर में देशी सामन्ती शासन से गठजोड़ व संघर्ष के क्रम से गुजरते हुए प्राकृतिक संसाधनों के दोहन के उद्देश्य से बाहरी तत्व आदिवासी अंचलों में प्रवेश करने लगे। यद्यपि इस घुसपैठ का आदिवासी समुदाय ने जमकर प्रतिरोध किया जो सशस्त्र संघर्षों तक पहुंचा। सन्

1857 के गदर के बाद घुसपैठ का यह सिलसिला बाकायदा ताकत व तकनीकी के जोर पर उग्र होता गया। आदिवासी प्रतिरोध भी इस दौर में उसी अनुपात में पुरजोर हुआ जिसमें बिरसा मुण्डा, टंट्या भील, गोविन्द गुरू आदि के नेतृत्व में हुए आन्दोलन प्रमुख रूप से उदाहरणार्थ देखे जा सकते हैं। सम्पूर्ण 18वीं व 19वीं सदी में ब्रिटिश व देशी सामन्ती सत्ता के विरुद्ध लगातार आदिवासी आन्दोलन हुए। ये आन्दोलन सीधे-सीधे आदिवासी अस्मिता की रक्षा के लिये थे और इस लड़ाई की पृष्ठभूमि में बहुत सारे राजनैतिक, सामाजिक, आर्थिक व सांस्कृतिक कारण मौजूद थे।

आदिवासियों पर किये गये अध्ययन की परम्परा में सबसे महत्वपूर्ण अवदान वेरियर एल्विन का रहा जो एक ईसाई पादरी थे और गोण्ड आदिवासी अंचल में काम करते-करते वह एक भारतीय के रूप में बस गये और अंत तक आदिवासी सरोकारों के लिए प्रतिबद्ध रहे। प्रसिद्ध इतिहासकार रामचन्द्र गुहा व एलियन रियान वान ने यह प्रसंज्ञान लिया है कि ब्रिटिश काल एवं भारतीय राष्ट्रीय कांग्रेस के आन्दोलन के सम्पूर्ण इतिहास में आदिवासी अस्मिता को कोई स्थान नहीं दिया गया, जहां एक ओर दलित और छुआछूत का मुद्दा राष्ट्रीय विमर्श का मुद्दा बन जाता है, वहां कांग्रेस के एजेन्डे में आदिवासी कहीं नहीं था। 1935 के भारतीय अधिनियम में यह प्रावधान रखा गया था कि आदिवासी अंचल का शासन सीधे ब्रिटिश गर्बनर के अधीन रहेगा। ऐसे आदिवासी क्षेत्रों को पृथक और आंशिक पृथक क्षेत्र घोषित किया गया। इन प्रावधानों का विरोध करते हुए कांग्रेस ने ब्रिटिश सरकार पर यह आरोप लगाया कि ऐसी व्यवस्था भारतीय समाज से आदिवासियों को अलग करने की चाल है।

ब्रिटिश उपनिवेशवादियों ने वन अधिनियम 1865 में लागू किया। इसके प्रावधानों को 1878 में और ज्यादा कठोर किया गया। इन प्रावधानों के तहत एक ही झटके में वन अधिकारों से आदिवासियों को अलग कर दिया और उन्हें वनों पर अतिक्रमी के रूप में देखकर अपराधियों का दर्जा दिया जाने लगा। इस कदम से एक ओर बाहरी तत्वों को प्राकृतिक सम्पदा के शोषण की छूट दे दी गयी। दूसरी ओर आदिवासियों के परम्परागत अधिकार छीन लिये गये। इस दौर में तथाकथित वन-नीति की आड़ में देशी सामंतों के साथ वन्य जीवों का जमकर शिकार किया गया और इन्हीं आखेट-गतिविधियों को वीरता की संज्ञा दी जाने लगी।

आदिवासी अस्मिता की वर्तमान पृष्ठभूमि का लम्बा अतीत रहा है। आदिमयुग से मध्ययुग तक आदिवासीजन अलग-थलग अपने समाज, संस्कृति, राजनैतिक स्वायत्तता के साथ जीवन गुजारते रहे हैं। ब्रिटिश काल में सर्वप्रथम आदिवासी अंचलों में बाहरी घुसपैठ योजनाबद्ध तरीके से आरम्भ हुई। सन् 1874 में अनुसूचित जिला अधिनियम के तहत दूर-दराज के अचंलों को अविकसित पट्टी (tracts) के रूप में पहचाना

गया। इस व्यवस्था के तहत बंगाल प्रांत से नगा पहाड़ी जिला को आसाम प्रान्त में शामिल किया गया। भारत सरकार अधिनियम 1919 के प्रावधान के तहत इस व्यवस्था को कई अन्य पिछड़ी पट्टियों तक विस्तृत किया गया जिसमें ब्रिटिश शासन के पांच प्रान्तों के कुल 120 हजार वर्गमील क्षेत्र को शामिल किया गया। भारत सरकार के अधिनियम 1935 में चिन्हित क्षेत्र को पृथक और आंशिक पृथक क्षेत्र घोषित किया गया।

संविधान के कल्याण के लिए बहुत सारी योजनायें बनीं, क्रियान्वयन भी काफी कुछ हुआ और लाभ भी दृष्टिगत हुआ लेकिन आदिवासी अस्मिता के पक्ष की जब बात की जाती है तो उसे दोयम दर्जे के पिछड़े व असभ्य मानव समूह के मुद्दे के रूप में ही देखा जाता रहा। आदिवासी संस्कृति का संरक्षण भी सजावटी झांकीनुमा दृष्टिकोण से ही देखने का रहा। औद्योगीकरण व उपनिवेशवाद के साथ-साथ साम्राज्यवाद, पूँजीवाद व तत्विरोधी वामपंथ सामने आता है लेकिन विडम्बना यह रही कि वामपंथ के एजेण्डे में कहीं भी आदिवासी अस्मिता का मुद्दा नहीं था। वह मुद्दा सामने आता है तो नक्सलवाद के रूप में आता है। इस सम्पूर्ण दौर में आदिवासी अस्मिता पर चोट दर चोट की गई यद्यपि हिन्दुस्तान आजाद हो गया।

उत्तर आधुनिकता व वैश्वीकरण

20वीं शताब्दी के अन्तिम दशक के शुरुआत से उत्तर आधुनिकता व वैश्वीकरण का दौर शुरू होता है जिसे उदारीकरण-निजीकरण-वैश्वीकरण का नाम दिया जा रहा है। इस दौर में भारत की सरकारें भी तीन तरह के स्वरूप में सामने आयीं। रामो-वामो, भाजपा-नीत व कांग्रेस दल की तीनों सरकारों ने वैश्वीकरण को विकास का मॉडल स्वीकार किया। इस चरण में उपभोक्तावाद, पूँजी, बाजार, विदेशी निवेश आदि का वर्चस्व बढ़ता जा रहा है। इस सारी मुहिम में आदिवासी अस्मिता के सवाल और पेचीदा बनते जा रहे हैं।

वैश्वीकरण के सन्दर्भ में जब आदिवासी अस्मिता की बात की जायेगी तो निश्चित रूप से वैश्वीकरण के साथ यूरोप व अमेरिका का एक तरह से अन्ततः सांस्कृतिक साम्राज्यवाद के विस्तार के साथ विश्व की आंचलिक संस्कृतियों के अस्तित्व को खतरा उत्पन्न होगा। सांस्कृतिक वर्चस्ववाद ने अतीत में भी आंचलिक संस्कृतियों को लीलते रहने की भूमिका निभाई है। लेकिन किसी न किसी रूप में आंचलिक संस्कृतियों ने अपनी पृथक स्वायत्तता एवं प्रतिरोध के बल पर अपनी अस्मिता को कमोबेश बचाये रखा। वैश्वीकरण के दौर में भौतिक व तकनीकी स्तर पर विकसित राष्ट्रों तथा पूंजी की ताकत के आधार पर उनके वर्चस्व-विस्तार की

सम्भावनाओं के आगे कम विकसित व विकासशील राष्ट्र-समाजों तथा विश्व की अन्य आंचलिक संस्कृतियों के लिए खतरा पैदा किया है। इस खतरे के विरुद्ध मोर्चाबन्दी भी आसान नहीं होगी चूँकि पूंजी संचालित वैश्विक वर्चस्ववादी संस्कृति एकजुट है एवं कम विकसित व विकासशील राष्ट्र-समाजों तथा विश्व की अन्य आंचलिक संस्कृतियों से सम्बन्ध रखने वाले मानव समुदायों के बीच कोई भी सामंजस्य नहीं है जिससे कि वे एकजुट होकर वर्चस्ववाद या नवसांस्कृतिक साम्राज्यवाद का सामना कर सके। वैश्वीकरण इस रूप में आंचलिक संस्कृतियों के अस्तित्व को खतरा पहुँचा रहा है और यह खतरा आंचलिक संस्कृतियों से ताल्लुक रखने वाले मानव समाजों की अस्मिता के अस्तित्व से सीधा संबंध रखता है।

जब इस सन्दर्भ में आदिवासी अस्मिता का सवाल उठता है तो उनकी भौगोलिकता, संस्कृति, स्वायत्तता, उनकी परम्परा व अतीत, जीवन शैली, सामाजिक संरचना एवं मूल्यों पर चर्चा की जायेगी और यह विषय राष्ट्र-समाजों के मुख्य धारा की मानवता से अछूता रहता आया है।

इतिहास इस बात का प्रमाण है कि उपनिवेश-साम्राज्यवादियों ने मूलवासियों तथा आदिवासियों को विजित करने के अभियान को अपना अधिकार माना है और यह मुहिम विश्व के विभिन्न हिस्सों में चली। भारत के सन्दर्भ में इसका प्रखर उदाहरण आर्य-अनार्य संग्राम-श्रृंखला है। वैश्वीकरण की प्रवृत्तियों में बाजार, व्यापार, वित्त, संचार, मीडिया, तकनीकी व विज्ञान, अन्य क्षेत्रों में प्रवास व अन्तर सांस्कृतिक सन्तरण (transaction) है। कुल मिलाकर वैश्वीकरण मूलवासियों, आदिवासियों व हाशिये के अन्य मानव समाजों के लिए बहुआयामी आक्रमण के रूप में सामने आ रहा है जो इन समाजों के अस्तित्व के ठोस धरातल को नष्ट कर रहा है।

आदिवासी अस्मिता के मुद्दे को वर्तमान लोकतन्त्र में राजनीति के स्तर पर भी देखा जाना चाहिये। प्रश्न यह है कि संसदीय प्रणाली में जो राजनेता आदिवासी अंचलों का प्रतिनिधित्व कर रहे हैं वे आदिवासी अस्मिता को लेकर कितने चिन्तित हैं। परम्परागत रूप से आदिवासियों की एक विशेष प्रकार की राजनैतिक प्रणाली रही है जो पंचायत व स्वायत्तता पर आधारित रही है। यह व्यवस्था व स्वायत्तता आदिवासी अस्मिता के लिये अत्यन्त महत्वपूर्ण मानी जानी चाहिये। क्या अस्मिता के इस तत्व का संरक्षण वर्तमान संसदीय प्रणाली में आदिवासी नेतृत्व कर रहा है? इस प्रश्न का उत्तर नकारात्मक प्रतीत होता है क्योंकि आदिवासी जनप्रतिनिधियों द्वारा भी जो चुनावी रणनीति अपनायी जा रही है वह मुख्य धारा के जन प्रतिनिधियों से पृथक नहीं होकर एक तरह से उनका ही अनुकरण है। राजनीति के स्तर पर यह अनुकरण आदिवासी अस्मिता की परम्परागत अवधारणा के विरुद्ध है। आदिवासी राजनेताओं के ऐसे

आचरण को रोका नहीं जा सकता। चूंकि जैसे ही वे संसदीय लोकतन्त्र का हिस्सा बनते हैं तो उनके लिए संसदीय लोकतन्त्र के व्यवहार को अपनाने की मजबूरी हो जाती है। प्रश्न इस मजबूरी या संसदीकरण का न होकर आदिवासी अस्मिता के पक्ष में प्रतिनिधित्व स्वर उभारने का है। ऐसा प्रतिनिधि स्वर ही आदिवासी विकास को सुनिश्चित करता हुआ आदिवासी अस्मिता की रक्षा कर सकता है। इससे अलग यदि आदिवासी जनप्रतिनिधिगण आदिवासी अस्मिता के मुद्दों की बात भी कहेंगे तो वे सही अर्थों में आदिवासी प्रतिनिधित्व नहीं कर रहे होंगे।

आदिवासी अस्मिता का सवाल निःसन्देह समग्र सांस्कृतिक स्वतंत्र परम्परा की अवधारणा से जुड़ा हुआ है। भौगोलिकता, भाषा, धर्म, जीवन-शैली, आर्थिक, सामाजिक, राजनैतिक व्यवस्था, प्रजातीय पहचान आदि के आधार पर कई मानव समुदाय अपनी विशिष्ट पहचान रखते हैं और उस पहचान को सुरक्षित व बाहरी हस्तक्षेप से स्वतंत्र रखने के प्रयास को ऐसे समुदायों की अस्मिता से जोड़ा जाता रहा है। यह अस्मिता का परम्परागत दृष्टिकोण है जिसकी जड़ें अतीत में टिकी हुई हैं। गत्यात्मक दृष्टिकोण किसी भी मानव समुदाय की अस्मिता को उसके विकास से जोड़ कर देखने का है। इस दृष्टिकोण से आदिवासी समुदाय अपनी पृथक पहचान की सीमाओं को तोड़कर भौतिक विकास को अपनाता हुआ शेष समाज के साथ अन्तर्क्रिया करता हुआ राष्ट्रीय समाज का हिस्सा बनता है। इस प्रक्रिया में परम्परागत अस्मिता के आधार पर भौगोलिक तत्वों की पहचान धुंधली होती जाती है तथा जीवन के विभिन्न क्षेत्रों पर बाहरी प्रभाव पड़ता है और तद्नुसार परम्परागत अस्मिता की अवधारणा के मायने बदलने लगते हैं, उदाहरणार्थ भाषा, धर्म, जीवन शैली, जीवन यापन एवं अन्य क्षेत्रों पर नवाचारों का प्रवेश होता है। कुल मिलाकर सामाजिक, आर्थिक, राजनैतिक, सांस्कृतिक व मनोवैज्ञानिक स्तर पर परिवर्तन आने लगता है। परिवर्तन की इस प्रक्रिया में परम्परा व आधुनिकता के संबंधों के दो स्वरूप सामने आते हैं। प्रथम, परम्परा बनाम आधुनिकता का द्वन्द्व अर्थात आधुनिकता का परम्परा द्वारा प्रतिरोध की शुरुआत से वाद-विवाद-संवाद की स्थिति सामने आती है। परम्परा के द्वारा आधुनिकता से समय की आवश्यकतानुसार कुछ न कुछ ग्रहण करते हुए तथा उसके एवज में कुछ न कुछ छोड़ते हुए आगे बढ़ना होता है। दूसरे, चेतनाकामी नेतृत्व अगर विकसित होता है तो परम्परा से आधुनिकता की ओर स्वाभाविक एवं सहज परिवर्तन की प्रक्रिया सामने आती है जिसे हम परिवर्तन की गत्यात्मक अवधारणा कह सकते हैं जिसमें आधुनिकता का परम्परा से प्रतिरोध की स्थिति न आकर परम्परा द्वारा आधुनिकता का स्वागत किया जाता है और परम्परा का वह पक्ष जो समय के साथ प्रासंगिक नहीं रहता वह आधुनिकता के समानुपाती तत्वों द्वारा बदल दिया जाता है।

परिवर्तन के इन दोनों ही दृष्टिकोणों के स्तर पर क्रांतिकारी दशा नहीं बनती, प्रत्युत् विकास के क्रम से गुजरना होता है। आदिवासी समाज के साथ यह दिक्कत है कि वह गहरे परम्परा-बोध की मानसिकता के साथ जीता आया है इसलिए बाहरी हवा कुछ आसानी से रास नहीं आती। इसलिए भौतिक विकास एवं सांस्कृतिक परिवर्तन को वह सहजता से स्वीकार नहीं करके उसका प्रतिरोध करता है और इससे एक द्वंद्व की स्थिति पैदा होती है। यदि विकास व परिवर्तन की योजना के निर्माण में आदिवासी समाज की भावनाओं का सम्मान होता है तो इस तरह की योजनाओं को आसानी से आत्मसात किया जाना सम्भव हो सकता है अन्यथा कितनी भी लाभकारी योजना हो आदिवासी समाज उसे बाहर से थोपी हुई चीज मानकर उसका विरोध करने लगता है। परिवर्तन की यह प्रक्रिया आदिवासी अस्मिता से गहरा ताल्लुक रखती है और अस्मिता की रक्षा का सवाल पहचान के संकट से जुड़ जाता है।

वैश्वीकरण की प्रक्रिया में आज विश्व के करीब 70 प्रतिशत देशों की 350 मिलियन (3.5 अरब) की जनसंख्या के मूल निवासियों की संस्कृति को खतरा है जो अपनी स्वतन्त्र आंचलिक संस्कृतियों यथाः भाषा, धर्म व जीवन के अन्य पक्षों को संरक्षित रखते आये हैं। उनकी संस्कृतियों पर आघात उनके मौलिक अधिकारों का हनन होगा जो अन्ततः उनकी अस्मिता के लिए खतरा होगा।

क्या जंगलों को आदिवासी उंजाड़ते हैं?

एक दिन अपने अध्ययन कक्ष की आलमारियों में रखे पुराने दस्तावेज खंगाल रहा था, तभी अखबारों के कुछ पुराने अंकों पर नज़र पड़ी। तारीख 7 दिसम्बर 2004 की 'राजस्थान पत्रिका' में भरत झुनझनवाला का सम्पादकीय पृष्ठ पर 'आदिवासियों का जंगल प्रेम एक भ्रम' शीर्षक से छपा लेख पढ़कर दुःखद आश्चर्य हुआ। उन्होंने लिखा आदिवासी जंगलों को उजाड़ते रहे हैं। उनकी प्रतिक्रिया केन्द्र सरकार की इस प्रस्तावित योजना पर थी कि जंगलों को सुरक्षित रखना है तो आदिवासियों का सहयोग लिया जाये।

आदिवासियों की परम्परा में जंगलों को उजाड़ना नहीं, बल्कि उनकी हिफाजत करना रहा है। हरे वृक्षों को काटना पाप माना जाता रहा है। औषध वनस्पतियों के पौधों को समूल उखाड़ना प्रकृति की सत्ता के विरुद्ध अपराध माना गया है। अत्यावश्यक होने पर कोई हरी टहनी काटनी पड़े तो उससे पहले वृक्ष से क्षमा याचना करने की प्रथा आदिवासियों में रही है। इमारती लकड़ी के नाम पर पत्तों और सूखी लकड़ियों का ही इस्तेमाल किया जाता है।

जंगलों को कौन उजाड़ता रहा है, इस सवाल का जवाब तलाशने के लिए इतिहास में जाना चाहिए। सबसे पहले कृषि योग्य भूमि तैयार करने के लिए आर्यों ने जंगलों को जलाना आरम्भ किया। इस कार्य को बाकायदा 'यज्ञ' का नाम दिया गया। खाण्डव वन-दहन इसका एक उदाहरण है। उस घटना का तीखा विरोध नाग जनजाति ने अपने मुखिया वासुकी के नेतृत्व में किया था। जंगलों के पक्ष में वह पहला आदिवासी प्रतिरोध था जो युद्ध तक पहुँचा और अनेक आदिवासी शहीद हुए। हालांकि उस जमाने में कृषि योग्य भूमि की आवश्यकता थी।

इस उदाहरण के बाद हम सीधे अंग्रेज - काल में आते हैं, जहाँ से बाहरी व्यक्तियों अर्थात गैर-आदिवासियों की घुसपैठ जंगलों में जबरदस्त तरीकों से शुरू हुई। वनोपज का अधिकाधिक दोहन, ठेकेदारों के मार्फत इमारत व फर्नीचर आदि के काम में आने वाली लकड़ी की बड़े पैमाने पर कटाई और आदिवासियों पर अनेक प्रकार की पाबन्दियों का दौर यहीं से आरम्भ होता है। जंगलों में इस तरह की घुसपैठ का विरोध और किसी ने नहीं, प्रत्युत आदिवासी समूहों ने किया था। आदिवासियों को जीने के लिए बहुत ही सीमित साधन चाहिए। यह उनकी जीवन-संस्कृति की आदिम सोच रही है जिसमें अब तक बदलाव नहीं आया है। घास-फूस की झोंपड़ी, यहाँ-वहाँ कुछ खाली पड़ी जमीन में अत्यन्त कम मात्रा में खेती-बाड़ी और सहज उपलब्ध वनोपज को निकटवर्ती हाट-बाजार में बेचकर दैनिक उपयोग की कुछ आवश्यक वस्तुओं की खरीद से आगे उनकी मानसिकता नहीं बढ़ी है। अगर ऐसा न होता तो आदिवासी आज भी फटेहाल न रहकर जंगलों को नष्ट करने वाले ठेकेदारों की तरह साधन सम्पन्न होते।

जब हम जंगलों को बचाने की बात करते हैं तो निश्चित रूप से वन्य-जीवों के संरक्षण के मुद्दे को भी शामिल करते हैं। आदिम अवस्था से जंगली जीवों के साथ आदिवासियों के आत्मीय और सह अस्तित्व के सम्बंध रहे हैं। ये तीतर-बटेर-खरगोश के छुटमुट शिकार की बातें छोड़ो। हाथी-शेर-चीतों-भालू जैसे वन्य जीवों का शिकार कर उनकी खाल व अन्य हिस्सों को बेचकर धनाढ्य होने वाले या शौकिया और तथाकथित बहादुरी दिखाने के लिए पर्सनल म्यूजियमों में वन्य जीवों के मुखोटों को टांगने वाले आदिवासी न होकर और ही लोग रहे हैं।

मैं यहाँ दुनिया के उन दो आदिवासी समूहों का जिक्र करना चाहूंगा जो अभी ठेठ आदिम अवस्था में जीवन जी रहे हैं। ये हैं अण्डमान के 'जारवा' और 'सेंटेनली' आदिवासी। सन् 1999 के जनवरी माह में मैं वहाँ गया था और उन पर संक्षिप्त अध्ययन किया गया था। मैं यह जानकर दंग रह गया कि ये आदिवासी अभी भी घरों में रहना नहीं सीखे हैं और छोटे-छोटे समूहों में वन्य जीवों की तरह की अपने टापुओं में

यहाँ से वहाँ विचरते रहते हैं। आग को जानते हैं, लेकिन जो कुछ खाते हैं उसे कच्चा ही खाते हैं। सम्पत्ति की अवधारणा अभी विकसित नहीं हुई है। जब भूख लगी तो कन्द-मूल-फल या समुद्री जीवों से पेट भर लिया। सही मायने में धरती बिछौना और आसमान इनका ओढ़ना है। कपडों के नाम पर लाइकूला पाम की छाल की रस्सी बनाकर कमर में लपेट लेते हैं और आगे नारियल का खोल लटकाते हैं। यह पता नहीं चलता कि नारियल का खोल गुप्तांगों को ढंकने के लिए लटकाया जाता है या छोटा-मोटा आदिम औजार रखने के लिए। पर्यावरण सम्बंधी चेतना और किसी की क्या होगी, मुझे अचम्भा यह जानकर हुआ कि जो वहाँ बहुतायत में है उसका इस्तेमाल ये लोग करते हैं और जो कम तादाद में है उसका संरक्षण। हरियल (हरा कबूतर) इन आदिवासियों के टापुओं में कम हैं और ये लोग हरे कबूतरों में अपने मृत शिशुओं की आत्माओं का वास मानते हैं। इसी तरह नीले रंग की तारा मछली बहुत खूबसूरत होती है उसे रूपांतरित जलपरी मानकर हाथ भी नहीं लगाते। वहाँ परी की एक मशहूर किंवदंती है कि एक परी रोज आकाश से उतरती थी। किसी ने उसके पंख तब छू लिए जब वह सागर में विहार करने उतरी। कहते हैं तभी से परी समुद्र में लीन हो गयी। अन्य वनस्पतियों हो हानि पहुँचाने की तो कोई सोच भी नहीं सकता।

आदिवासियों को लेकर फैली सारी भ्रांतियों को मिटा देने वाला एक उदाहरण और है। वह है रेड इन्डियन आदिवासियों के मुखिया सिएथल का जिसके नाम पर अमरीका का सिएथल शहर है। ब्रिटेन से सजायाफ्ता अंग्रेजों को बतौर सजा अमरीका भेजा गया था तब उन्होंने व उनके वंशजों ने जो जुल्म उन आदिवासियों पर ढाये थे और मजबूरन आदिवासी मुखिया को सन् 1854 में समझौता करना पड़ा था तब आदिवासी और प्रकृति के संबंधों पर सिएथल ने अपने लोगों के बीच एक अत्यंत मार्मिक वक्तव्य दिया था जो विश्व के कुछेक श्रेष्ठ वक्तव्यों में माना गया है। उस आदिवासी मुखिया के विचार पृथ्वी के समस्त आदिवासियों की सोच का प्रतिनिधित्व करते हैं। उन्होंने प्रकृति को वास्तविक अर्थों में माँ माना है।

सिएथल के मार्मिक वक्तव्य को देने से पूर्व सिएथल के बारे जानकारी देना यहाँ उचित होगा। सिएथल के पुरखे उत्तरी अमेरिका के उस क्षेत्र के मूल आदिवासी थे। उनकी मूल भाषा लशूत-सीड रही। सिएथल का पूरा नाम नोह सिएथल था। इतिहासकार क्लेरेंस बगले ने काफी खोजबीन कर सिएथल के माँ-बाप का नाम तलाशा। सिएथल के पिता का नाम स्वेब था जो सुक्वेमिस आदिवासी कबीले के थे और उनकी माता का नाम शालिजा था। उनकी माँ का कबीला डूवेमिश था। सिएथल पर कैथोलिक मिशनरीयों का प्रभाव पड़ा और वह बाबटिस्ट बन गया था। इन आदिवासियों का क्षेत्र प्यूजेट साउंड नाम से भी जाना जाता रहा है। इस क्षेत्र में सबसे

पहले बाहरी घुसपैठ सन् 1758 से 1798 की अवधि में हुई। साहसिक यात्री केप्टन जॉर्ज वेनकोवर ने सन् 1792 के मई माह में एक सप्ताह इस क्षेत्र के जूएन्डिफूका भू-भाग में बिताया। इस क्षेत्र के आदिवासियों का मुख्य व्यवसाय भेड़ पालन और उस पर आधारित कम्बल व्यवसाय था। जो यूरोपवासी उनके सम्पर्क में आये उनसे वस्तु विनिमय प्रणाली द्वारा छोटे स्तर पर व्यापार भी किया जाने लगा था।

सिएथल जन्म से ही बुद्धिमान एवं साहसिक व्यक्ति के रूप में उभरा था। इसी वजह से सिएथल अपने माँ-बाप से संबंध रखने वाले कबीलों का मुखिया बन गया था। बाहर से आने वाले यूरोपियों के साथ आदिवासी कबीलों ने उसके नेतृत्व में सफल लड़ाइयाँ लड़ी। इन लड़ाइयों के बाद सिएथल उत्तरी अमेरिकी आदिवासी कबीलों का सर्वसम्मति से नायक बन गया था। रेड इन्डियन आदिवासियों का यह सारा क्षेत्र प्राकृतिक सम्पदा की दृष्टि से अति समृद्धि था। बाद में उस क्षेत्र में स्वर्ण खनन का कार्य भी शुरू किया गया। प्राकृतिक संसाधनों की महत्ता को देखते हुए अमरिकी सरकार व वहाँ के व्यवसायिओं की लगातार घुसपैठ शुरू हो गई। उस क्षेत्र का अमेरिकी गवर्नर इसाक स्टेवेंस (1818-1862) अमेरिकी राष्ट्रपति के निर्देशाधीन उस क्षेत्र में गया और आदिवासियों पर दबाव डाला। उनकी पुश्तैनी भूमि हड़पने का स्पष्ट इरादा रखते हुए उसने इस शुरुआत को समझौता का नाम दिया। उन आदिवासियों पर बाहरी व्यक्ति निश्चित रूप से ताकतवर थे और साधन सम्पन्न व विकसित भी थे। अतः आदिवासी मुखिया सिएथल ने यही उचित समझा कि हिंसक संघर्ष और तज्जन्य दुष्परिणाम को टालने के लिए पुश्तैनी जमीन का कुछ मांगा जाने वाला हिस्सा उन्हें दे दिया जाए। यह सब उसने अत्यन्त भारी मन से किया था। उसकी मजबूरी यह थी कि इसके अलावा कोई चारा भी नहीं था। सन् 1854 में यह तथाकथित संधि की गई। संधि से पूर्व सिएथल ने अपने लोगों के बीच यह वक्तव्य दिया। 7 जून 1866 को सिएथल की मृत्यु हुई। मृत्यु पर्यन्त वह मुखिया के रूप में स्थापित रहे।

उक्त संधि के बाद अमरीकियों ने भी आदिवासी मुखिया को प्रभावशाली व्यक्ति के रूप माना और मुखिया सिएथल के नाम पर उस आबादी क्षेत्र को सिएथल के नाम से जाना जाने लगा और आज भी सिएथल के नाम पर शहर है। इस संधि की प्रक्रिया भी बड़ी पेचीदा रही। अत्यन्त सीमित स्तर पर बोली जाने वाले चिनूक झारगन भाषा के माध्यम से यह वार्ता हुई। संधि के प्रस्तावों को अमरीका ने मन से नहीं माना और आदिवासी क्षेत्रों में अनैतिक घुसपैठ जारी रखी। इस तरह के अमरीकी बर्ताव से क्षुब्ध होकर सिएथल को बड़ी पीड़ा पहुंची व संधि और उसके प्रावधानों के मुताबिक वांछित संशोधन के अभाव में संधि का विवाद काफी समय तक जारी रहा। सिएथल का वक्तव्य आदिवासी भाषा में था जिसका अंग्रेजी अनुवाद 29 अक्टूबर 1887 में

'सिएथल संडे स्टार' में डॉ. हेनरी स्मिथ ने पहली बार प्रकाशित किया। अंग्रेजी से हिन्दी अनुवाद इतिहास बोध पत्रिका के 35वें अंक में प्रकाशित हुआ। सिएथल के उसी अनुवाद की प्रस्तुति साभार यहाँ की जा रही है।

गोरे राज्य के प्रमुख ने कहलवाया है—
कि वे हमारी जमीन खरीदना चाहते हैं।
उनके सरदार ने दोस्ती और भाईचारे का संदेश भी
भिजवाया है।
यह उनका बड़प्पन है।

हम जानते हैं कि उन्हें हमारी दोस्ती की जरूरत नहीं :
लेकिन उनके प्रस्ताव पर हम विचार करेंगे, क्योंकि हम
यह भी जानते हैं कि यदि जमीन नहीं बेची तो तोपों
सहित आ सकते हैं ये गोरे लोग।
किस तरह तुम बेच या
खरीद सकते हो आकाश को?
या पृथ्वी के स्नेह को?
ये बात हमें समझ नहीं आती
जब हवा की ताजगी
और पानी की स्फूर्ति
हमारी मिल्कियत नहीं:
तो कैसे बेच सकते हो उनको?

पानी के कल-कल में सुनाई देती है
हमारे पूर्वजों की आवाज
नदियां हमारी दोस्त हैं, प्यास बुझाती हैं
इनकी लहरों पर खेलती हैं हमारी छोटी नावें
और मिटाती है हमारे बच्चों की भूख और प्यास।
तो तुम उसे वही प्यार और स्नेह देना
जो तुम अपने प्रियजन को देते हो।

गोरों को आगे बढ़ता देख
हम आदिवासी हमेशा पीछे हटे हैं
जैसे सूर्य के उदय होते ही

भाग जाता है पर्वतों से कोहरा।
यहाँ बिखरी है हमारे पूर्वजों की राख,
और ये पेड़, ये पर्वत और धरती का यह भाग,
पवित्र है, इन्हीं पर टिकी है
हमारे पूर्वजों की समाधियां।

हम जानते हैं कि गोरे हमारे तौर तरीकों को
नहीं समझते,
उनके लिए सभी जमीन एक जैसी है।
नहीं लगाव किसी भी जमीन के टुकड़े के साथ–
वे अजनबी की तरह अंधेरे में आते हैं
और ले जाते हैं वो सब, जो उन्हें चाहिए।

जमीन उनकी दोस्त नहीं, दुश्मन है
जिसे जीतकर वे आगे बढ़ जाते हैं
और छोड़ जाते पीछे पिता की समाधि–
इसकी भी उन्हें कोई परवाह नहीं
अपने बच्चों से छीन लेते हैं धरती
इसकी भी उन्हें परवाह नहीं।

मां समान धरती और पिता समान आकाश,
उनके लिए बेजान बाजारू चीजें हैं,
जिसे वे भेड़ों या चमकते मोतियों की तरह खरीदते-लूटते और बेच देते हैं।
एक दिन आएगा जब उनकी विशाल भूख सारी धरती
निगल लेगी
और रह जाएगी सिर्फ रेगिस्तान की बालू

मैं समझ नहीं पाया,
शायद हमारे जीने का ढंग तुमसे अलग है
तुम्हारे शहरों के नजारों को देख,
आँखों में चुभन होती है
लेकिन शायद हम आदिवासी जंगली हैं, असभ्य हैं,
जो तुम्हारी बातें नहीं समझ पाए।
तुम्हारे शहरों में कोई गली शांत नहीं,

कोई ऐसी जगह नहीं जहां सुनाई दे
वसंत में कोंपलों का खिलना,
या किसी कीट के पंखों की सरसराहट।

लेकिन मैं तो असभ्य हूँ।
और इसलिए शायद नहीं समझता तुम्हारी बातें
यहाँ का शोर कानों को चोट पहुंचाता है
ऐसे जीवन का क्या अर्थ जहां इंसान नहीं सुन सकता
एक जानवर के अकेलेपन का रूदन?
या रात को किसी पोखर में मेंढकों का वाद-विवाद।

मैं एक आदिवासी हूं इसलिए तुम्हारी बातें नहीं समझता
हमें तो सुहाती हैं हवा की वो मीठी धुन
जो तालाब की सतह को छूती हुई निकल जाती है
और बारिश में मिट्टी की भीनी-भीनी खुशबू,
या फिर पेड़ों की महक से भरी हुई बयार।

हमारे लिए हवा बहुत कीमती है
क्योंकि सभी पशु, पक्षी, तरू, मानव, उसी हवा में
साँस लेते हैं,
सब उसी को बाँटते हैं
लेकिन गोरे लोग इस हवा की परवाह नहीं करते
वैसे ही जैसे शैया पर पड़ा आदमी,
सुन्न हो जाता है दुर्गन्ध के प्रति।

फिर भी अगर हम तुम्हें अपनी जमीन बेचते हैं
तो जरूर याद रखना कि ये हवा हमारे लिए बहुत
कीमती है
यह मत भूलना कि हवा जीवों का पोषण करती है,
और सबके साथ अपनी आत्मा बाँटती है
इसी हवा में हमारे पुरखों ने ली अपनी पहली
और आखिरी साँस
यही हवा देगी हमारे बच्चों को जीवनदान
अगर हम तुम्हें अपनी जमीन बेच देते हैं

तो इसे अलग रखना। पवित्र रखना।
जहां तुम गोरे भी कर सको सुगंधित बयार का अनुभव।
ठीक है, तुम्हारे प्रस्ताव पर विचार करेंगे

लेकिन एक शर्त है मेरी–
इस धरती पर बसने वाले पशुओं को
समझोगे तुम अपना बंधु
मैं जंगली हूँ और शायद नहीं जानता कोई और
जीने का तरीका।

मैंने मैदानों पर हजारों भैंसों के सड़े-गले शरीर देखे हैं,
जिन्हें गोरों ने बेवजह चलती गाड़ी से मार दिया था
मैं सभ्य नहीं और नहीं समझ पाता–
कि कैसे धुआं उड़ाती बेजान लोहे की गाड़ी
सिएथल ने रेल को 'स्मोकिंग आयरन होर्स' कहा
उस पशु की जिंदगी से ज्यादा जरूरी है।
पशुओं के बिना मुनष्य क्या रह सकता है?
अगर पशु न रहे,
तो मनुष्य भी
अकेलेपन की पीड़ा से खत्म हो जाएगा
और वैसे भी, जो पशुओं के साथ होगा
वही मनुष्य भोगेगा एक दिन
आखिर, सभी कुछ तो जुड़ा है एक दूसरे के साथ।

अपने बच्चों को जरूर सिखाना
कि जिस जमीन पर चलते हैं
वो हमारे पुरखों की राख से बनी है
उस जमीन का आदर करना सीखें
अपने बच्चों को यह भी बताना
कि ये मिट्टी हमारे पुरखों की गाथा से समृद्ध है
कि धरती हमारी माँ है–
यह हमने अपने बच्चों को बताया
और तुम भी यही बताना।

इंसान ने नहीं बुना जीवन का ताना-बाना
वो तो सिर्फ उसमें एक तिनका है
उसके साथ वही होगा जो वो करेगा ताने-बाने के साथ।

हम तुम्हारे प्रस्ताव पर विचार करेंगे
कि उन आरक्षित स्थानों में चले जाएं,
जिसे तुमने हमारे लोगों के लिए अलग रखा है
हम अलग रहेंगे और शांति से रहेगे
इसका महत्व नहीं कि कहां बिताते हैं अपने शेष दिन

हमारे बच्चों ने हमारी पराजय को देखा है,
हमारे योद्धाओं ने लज्जा के कड़वे घूंट पिये हैं।
पराजय ने उन्हें उदासीन बना दिया है
आलस्य को शराब में डुबोते हैं और खत्म करते हैं वे
अपना शरीर।

अब कुछ फर्क नहीं पड़ता कि कहां बिताते हैं हम बाकी
के दिन
वैसे भी हम गिनती में ज्यादा नहीं
चंद घंटे, कुछ और साल और फिर
उन महान कबीलों की कोई संतान शेष न रहेगी
जो कभी बेधड़क इस धरती पर घूमते थे
और अब छोटी टुकड़ियों में भटकते हैं
घने जंगलों के बीच—

कौन शोक मनायेगा उनके लिए
जो उतने ही ताकतवर और आशावादी थे
जितने आज तुम हो
पर क्यों करूँ मैं शोक अपने कबीलों के अंत का?
आखिर कबीला है क्या—लोगों का एक समूह—
लोग आते हैं, चले जाते हैं,
जैसे सागर की लहरें।

ये गोरे लोग भी
बच नहीं सकते उस सांझी नियति से जो सबकी एक है
शायद इसीलिए हमारा रिश्ता बंधुओं का ही है
पर यह तो आने वाला समय ही बताएगा।

एक बात हम जानते हैं—हम सबका भगवान एक है
गोरे लोग भी शायद एक दिन ये बात जान जायेंगे
क्या तुम सोचते हो कि वो सिर्फ तुम्हारी मिल्कियत है
हमारी जमीन की तरह
जो तुम ले लोगे हमसे एक दिन?

नहीं, ये मुमकिन नहीं।
क्योंकि वो हम दोनों को एक नजर से देखता है।
उसके लिए यह धरती अमूल्य है
और इस वसुंधरा को हानि पहुचाना
उसके रचयिता का तिरस्कार होगा
एक दिन गोरे लोगो का भी अन्त आयेगा,
शायद और जातियों से भी पहले।

अपने वातावरण को यदि दूषित करोगे
तो देखना, किसी रात
तुम्हारा दम उसी गंदगी में घुट जाएगा
पर अपने विनाश में भी तुम चमकोगे,
उस भगवान के दिए हुए तेज से,
जो तुम्हें धरती पर लाया,
और किसी विशेष उद्देश्य से
धरती का और आदिवासियों का शासक बनाया।

यह नियति हमारे लिए एक रहस्य बन गई
क्योंकि जब भैंसों का वध होता है,
जंगली घोड़ों को पालतू बनाया जाता है,
जंगल में घुस जाती है
इंसानी भीड़ की गंध,

और पहाड़ों का सुंदर दृश्य ढक जाता है
टेलीफोन के तारों से
तब नियति को हम समझा नहीं पाते
कहां गई हरियाली? कहां गए विशाल पक्षी?
कहां गए दौड़ते घोड़े, वो शिकार का खेल?
जीने का तो अब अंत आ गया है,
और शुरू हो गई है जिंदा भर रहने की कोशिश।

जमीन बेचने के प्रस्ताव पर विचार करेंगे,
तब शायद - अपनी मर्जी से
तुम्हारी दी गई जमीन पर काट सकें आखिरी दिन।

जब धरती पर से अंतिम आदिवासी भी मिट जाएगा
तब ये समुद्र तट और बीहड़ वन,
मेरे लोगों की आत्मा संजोकर रखेंगे
मेरे लोग इस धरती को उतना ही प्यार करते हैं,
जितना माँ की धड़कन को एक नवजात शिशु।

इसलिए अगर हम तुम्हें जमीन बेचते हैं
वो वैसे ही प्यार करना उसे जैसे हमने किया
वैसे ही संवारना, जैसे हमने संवारा
अपनी पूरी ताकत, दिलो दिमाग से
संभालकर रखना इसे अपने बच्चों के लिए
और प्यार करना उतना...
जितना परम पिता हमसे करता है।

एक बात हम जानते हैं—हम सबका भगवान एक है
और ये भूमि ऐसे बहुत प्यारी है
गोरे लोग भी बच नहीं सकते
उस नियति से—जो सबकी एक है।
अंततः शायद हम बंधु हैं। ...यह समय ही बताएगा।

(*साभार :* 'इतिहास बोध'-35)

तो यह है जंगलों के प्रति आदिवासी नजरिया।

बहुत गम्भीर होकर सोचने की जरूरत है कि पृथ्वी के विभिन्न हिस्सों की हरियाली को नष्ट कर कंकरीट के जंगल उगाने वाले कम से कम आदिवासी तो नहीं रहे। भरत झुंझुनूवाला जी जिस वर्ग का मानसिक प्रतिनिधित्व करते हैं, उसी वर्ग ने प्रकृति की सत्ता के विरोध में अपनी भूमिका निभाकर कंकरीट के जंगल उगाये हैं और यही वजह है कि अब हर जागरूक इन्सान यह सोचने लगा है कि प्रकृति की ओर लौटने के अलावा कोई विकल्प नहीं हैं जिससे मानवजाति, अन्य प्राणी जगत और पेड़-पौधों को बचाकर 'इकोलोजीकल बेलेंस' बनाये रखा जा सके।

भाग-4

आदिवासी साहित्य और मीडिया

कथा साहित्य में आदिवासी

जब हम आदिवासी जनजीवन के चित्रण को कथा साहित्य में तलाशते हैं, तो मुख्य रूप से हिन्दी कथा साहित्य पर चर्चा की जा सकती है। चूंकि जिसे हम हिन्दी बैल्ट कहते हैं, उसमें खासकर हरियाणा, दिल्ली, पंजाब, उत्तरप्रदेश, हिमाचल प्रदेश, उत्तराखण्ड, राजस्थान, गुजरात, मध्यप्रदेश, बिहार, उड़ीसा, झारखण्ड, छत्तीसगढ़ प्रान्त प्रमुख रूप से आते हैं। पूर्वोत्तर, पश्चिमी बंगाल एवं आन्ध्रप्रदेश के आदिवासियों को छोड़कर शेष आदिवासी जनसंख्या प्रमुख रूप से हिन्दी बैल्ट के प्रान्तों में ही पायी जाती है। इस आदिवासी समाज को हिन्दी कथा में किस प्रकार अभिव्यक्ति मिली है और वह अभिव्यक्ति कितनी यथार्थ के निकट है, यह एक शोध का विषय है। भारतीय ग्रामीण जीवन के बारे में हिन्दी कथा साहित्य में काफी कुछ लिखा गया है, विशेष रूप से मुंशी प्रेमचन्द के साहित्य सृजन से यह परम्परा आरम्भ मानी जा सकती है।

कथा साहित्य में आदिवासी विषय पर चर्चा करने से पूर्व यह उचित होगा कि हम आदिवासी समाज के विभिन्न पहलुओं को रेखाकिंत करें।

प्रसिद्ध समाजशास्त्री टॉलकोर्ट पारसंस ने कहा है कि ''प्रत्येक व्यक्ति व समाज का एक स्वभाव व प्रकृति होती है, प्रत्येक स्वभाव के साथ एक विशिष्ट प्रकार के व्यवहार की आशा की जाती है। प्रत्येक व्यक्ति के सम्बन्ध में उसके व्यवहार का एक प्रतिमान निर्धारित होता है। सामान्यतः व्यक्ति का व्यवहार किसी प्रतिमान के अनुरूप होता है। इस प्रकार निर्धारित प्रतिमान के अनुरूप व्यवहार करने को ही व्यवस्था कहा जाता है। यदि व्यक्ति अपेक्षित व्यवहार के विरुद्ध क्रिया करता है, तो उसका व्यक्तित्व अव्यवस्थित माना जायेगा।'' इसी प्रकार सामाजिक व्यवस्था की अवधारणा में व्यक्तित्व व्यवस्था, सांस्कृतिक व्यवस्था तथा सामाजिक व्यवस्था का संयुक्त स्वरूप हमें दिखाई देता है। समाजशास्त्रियों ने एक मत से यह बात स्वीकार की है कि समय के साथ स्वयं को ढालकर चलने वाले खुले समाजों की तुलना में अलग-थलग व परम्परागत

संस्कृति पर आधारित जीवन शैली अपनाने वाले आदिवासी समाज 'बन्द समाज की श्रेणी' में आते हैं। ऐसे बन्द समाजों की आन्तरिक जटिलताओं को समझना और अभिव्यक्त करना काफी कठिन होता है। इसके लिए अध्येताओं व बुद्धिजीवियों को उनके जीवन में प्रवेश करके अनुभव प्राप्त करना अनिवार्य होता है, तभी जाकर उस जीवन के विभिन्न पक्षों की जानकारी प्राप्त की जा सकती है। दूर से देखकर या कल्पना के आधार पर की जाने वाली अभिव्यक्ति सच्चाई से परे होती है। आदिवासी समाज के सन्दर्भ में यह बात काफी वजन रखती है। मध्यप्रदेश (निमाड़ अंचल) के महान क्रान्तिचेता नायक टंट्या मामा (भील) पर लिखा गया बाबा भांड का उपन्यास पिछले वर्षो में सामने आया है। इस उपन्यास में एक जगह कथाकार लिखता है कि 'टंट्या का बाप जब टंट्या की मां को शराब पीकर पीटता था, तब टंट्या की मां को आनन्द की अनुभूति होती थी। "क्या यह माना सकता है कि कोई किसी दूसरे मनुष्य को पीड़ा पहुंचाए, तो उत्पीड़ित इन्सान को आनन्द की अनुभूति प्राप्त होगी?" अन्दाज लगाकर जीवन के महत्वपूर्ण पक्ष या मानसिकता की इस कदर अतार्किक व मिथ्या अभिव्यक्ति तभी सामने आती है, जब आधिकारिक अनुभव पर बात टिकी हुई नहीं हो।

कथा साहित्य में आदिवासी जीवन से सम्बन्धित सम्भवतया देवेन्द्रनाथ सत्यार्थी का सन् 1952 में छपा 'रथ के पहिये' नामक उपन्यास सामने आता है, जिसमें मध्यप्रदेश के गौण्ड आदिवासी जनजीवन को कथावस्तु बनाया गया है। इस उपन्यास में गौण्ड आदिवासियों की प्रामाणिक और संवेदनशील अभिव्यक्ति हुई है। 'समकालीन जनमत' (सितम्बर-2003) के संपादकीय में रामजी राय ने लिखा है कि "आदिवासियों के जीवन की दशा को गहराई से देखने पर राष्ट्रीयता, लोकतंत्र, सामाजिक न्याय, समानता, सभ्यता, सर्वांगीण विकास जैसे शब्दों के अर्थ खोखले लगते हैं। जिसे राष्ट्रभाषा घोषित किया गया, उसी राष्ट्रभाषा हिन्दी में आदिवासियों की जिन्दगी से सम्बन्धित किताबें या साहित्यक रचनाएं बहुत कम मिलती हैं।" हिन्दी के अधिकांश पाठकों ने आमतौर पर महाश्वेता देवी के उपन्यासों के अनुवाद से आदिवासियों के ऐतिहासिक संघर्ष और उनकी समस्या तथा प्रतिरोधों की वजहों को जाना है। शुरुआती पंक्ति में आने वाले उपन्यासों में रेणु का मैला-आंचल, (1954) को लिया जा सकता है, जिसमें संथाल आदिवासियों के कुछ प्रसंग हैं। देवेन्द्र सत्यार्थी ने ही 'रथ के पहिए' के पश्चात 'बह्मपुत्र' (1956) लिखा। पूर्वोत्तर के आदिवासियों पर आधारित हिन्दी का यह पहला उपन्यास रहा, जिसमें आदिवासियों के जीवन के विभिन्न पक्षों के साथ प्रकृति, बाढ़ और बर्बादी की प्रतीक बह्मपुत्र नदी और उसी को कथा नायिका के रूप में स्थापित किया गया है। सन् 1956 में ही उदयशंकर भट्ट का उपन्यास 'सागर, लहरें और मनुष्य' प्रकाशित हुआ, जो आदिवासी मछुआरों की सामूहिक जिन्दगी,

समुद्र के साथ उनके संघर्ष और अभावों से जूझते हुए जीवन की साकार अभिव्यक्ति है। 'नट' जैसे समुदाय के कबीलाई जीवन पर केन्द्रित प्रसिद्ध उपन्यास 'कब तक पुकारू' (1957) को अध्येताओं ने आदिवासी श्रेणी में रखा है। नृतत्त्वशास्त्रियों, समाज वैज्ञानिकों एवं भारतीय संविधान के प्रावधानों के तहत नट समुदाय को आदिवासी नहीं माना गया है। इसलिए इस उपन्यास को आदिवासी जीवन पर केन्द्रित उपन्यास नहीं कहा सकता। साठोत्तरी उपन्यासों की जब चर्चा की जाती है, तो कथा साहित्य में आदिवासी जीवन सीधे-सीधे दिखाई देना आरम्भ होता है।

यद्यपि इससे पहले योगेन्द्रनाथ सिन्हा का 'हो' आदिवासी समुदाय पर लिखा 'वन लक्ष्मी' (1956) सामने आता है, जिसमें उपन्यास की नायिका बुदनी ईसाई धर्मावलंबी जेफरन से प्रेम करने लगती है और इसी कारण उसे अपने समाज से सपरिवार निष्कासित कर दिया जाता है। कथाकार का कहना है कि "यों तो यहाँ अपने समाज के भीतर अविवाहित जवान लड़की स्वतन्त्र होती है, लेकिन जात की दीवार कोई नहीं तोड़ सकती है। लड़की ऐसा कोई काम नहीं कर पाती, जिससे मां-बाप समाज से बाहर निकलना पड़े। जात और समाज के लिए ही तो मनुष्य का जीवन है, नहीं तो इस नश्वर शरीर का मोल क्या?" बन्द समाजों की यह विडम्बना है कि वे अपनी कठोर प्रथा, परम्पराओं के प्रावधानों से बाहर नहीं झांक सकते। बुदनी का प्रसंग भी ऐसे ही संकेत देता है। जेफरन से शादी करने के बाद आदिवासी पंचायत को बुदनी का परिवार निष्कासन के विरुद्ध हर्जाना अदा कर देता है, तब बुदनी को बाकायदा जेफरन की पत्नी मान लिया जाता है। यहाँ यह देखने वाली बात है कि आदिवासी घटकों के स्तर पर चल रहे इस तरह के बंधन धर्मान्तरण की दशा में स्वतः ही टूट जाते हैं। पूर्वोत्तर भारत इसका श्रेष्ठ उदाहरण है।

डॉ. श्यामाचरण दुबे ने अपने प्रसिद्ध ग्रंथ 'परम्परा, इतिहास-बोध और संस्कृति' में यह टिप्पणी अंकित की है—"हिन्दी उपन्यास की उल्लेखनीय सफलताओं के बावजूद भारत के सामाजिक यथार्थ के आकलन में उसकी सीमा और न्यूनताएँ चुभने वाली हैं...। भूमिहीन खेतिहर बंधुआ मजदूरों और श्रमिकों पर जो लिखा गया है वह नाकाफी है और संतोषजनक भी नहीं। आदिवासियों और दरिद्र समाज का दर्द भी अभिव्यक्त नहीं...। अधिकांश हिन्दी उपन्यास अभी भी नगरों और कस्बों के इर्द-गिर्द घूम रहे हैं, बहुत कम लेखक ग्रामीण और दलित जन से तादात्म्य स्थापित कर सके हैं।"

संजीव के 'जंगल जहां शुरू होता है', श्री प्रकाश मिश्र द्वारा लिखे उपन्यास 'जहां बांस फूलते हैं', मनमोहन पाठक की कृति 'गगन घटा घहरानी' और तेजिन्दर के 'काला पादरी' में आदिवासी जीवन के यथार्थ चित्रण का प्रयास किया गया है। जयसिंह कृत 'कलावे' (1960) का उल्लेखनीय स्थान रहा है, जिसमें भील आदिवासियों के कलावे

नामक समुदाय के अन्तर्संघर्ष अभिव्यक्त हुए हैं। विनोबा भावे के भूदान आंदोलन के सन्दर्भ में यह उपन्यास कलावे समुदाय के साथ सम्पूर्ण गांव का चित्रण करने में कामयाब हुआ है। सन् 1959 में प्रकाशित जयप्रकाश भारती द्वारा लिखे 'कोहरे में खोये चांदी के पहाड़' में देहरादून के एक अंचल में वास करने वाले पहाड़ी आदिवासियों के सांस्कृतिक पक्ष की विस्तृत अभिव्यक्ति हुई है। बहुपति परम्परा के पक्ष को इस उपन्यास में उभारा गया है। इस आदिवासी समुदाय में अतिथि सत्कार को अधिक महत्व दिया जाता है। लेखक ने टिप्पणी की है कि 'अज्ञान एवं अंधविश्वास के कोहरे में चांदी के पहाड़ ढके हुए हैं और जब तक गरीबी, अंधविश्वास, अज्ञान एवं अनैतिक शोषण का अन्त नहीं होगा, तब तक इस अंचल का विकास असम्भव है।'

राजेन्द्र अवस्थी के 'जंगल के फूल' में जंगल के जीवन-यथार्थ से अधिक तवज्जो फूल को प्रतीक मानकर आदिवासी जीवन के यथार्थ से परे रोमांसीकरण को दिया है। जैसे घोटुल का यथार्थ से परे चित्रण, जिसमें युवक-युवतियों के सम्बन्धों की उन्मुक्तता को भौतिक यथार्थ से परे मस्ती के रूप में चित्रित किया गया और स्त्री-पुरुष के सम्बन्धों की समानता एवं विवाह से पूर्व चयन के अवसर को एक तरह से नजरअंदाज कर दिया गया है। इस तरह आदिवासी जीवन के अभावों, असुविधाओं, भूख-प्यास, जीवन की कठोरता जैसे महत्वपूर्ण पक्षों को अछूता व अदृश्य रख दिया गया। आदिवासी जीवन में कथाकार को रोमांस की रंगीनियां दिखाई देती हैं, उनके नंगे-भूखे बदन नहीं। शानी का 'कस्तूरी' उपन्यास 1960 में प्रकाशित हुआ था। उसी उपन्यास का कथानक कमोबेश 1971 में छपे उनके 'सांप और सीढ़ी' उपन्यास में पुनर्प्रस्तुत हुआ है। 'कस्तूरी' के अन्त में लिखा है कि 'टूटी हुई-सी' धानमा वहीं बैठ गई, शायद लोग सच ही कहते हैं कि "मृग अपनी नाभि में छुपी हुई कस्तूरी को नहीं जानता और उसकी तलाश में जीवनभर भटकता रहता है।" 'सांप और सीढ़ी' उपन्यास की अन्तिम पंक्तियां हैं—"धीरे से चाय घर के सामने आकर धान-मा ऐसी खड़ी हो गई है जैसे किसी को पुकारेगी, कोई भीतर लालटेन उठाए हुए आकर दरवाजा खोलेगा,तब जाकर भीतर जाना होगा...। डोली, दयाशंकर, हीरासिंह कोई नहीं। पीछे कोलतार की सड़क अनजान बनी दम साधे पड़ी थी—डस चुके सांप की तरह अलसाई हुई और बेहद तृप्त।" दोनों उपन्यासों का समवेत स्वर इस प्रकार सामने आता है कि धान-मा भले ही एक इंसानी पात्र हो, किन्तु वह अंचल की संक्रमणकालीन दशा को अभिव्यक्त करने का माध्यम बनती है और उपन्यास व्यापक फलक ग्रहण करता है।

शानी का दूसरा उपन्यास 'शाल वनों का द्वीप' (1967) संस्मरणात्मक कृति है। स्वयं शानी मानते हैं कि 'शाल वनों का द्वीप' उपन्यास नहीं है। यात्रा वर्णन भी इसे नहीं कह सकते। मध्यप्रदेश के बस्तर के घोर आदिजातीय भूभाग, अबूझमांड और वहां

के ओरछा नामक एक गांव के सामाजिक जीवन और उसके यथार्थ का यह एक कथात्मक चित्रण है। अंचल के नाडिया गौण्ड समुदाय के जीवन के विभिन्न पक्षों को इस उपन्यास में अभिव्यक्ति दी गई है, जहां हर्ष और विषाद दोनों स्थान पाते हैं। वर्ष 1963 में प्रकाशित डॉ. श्याम परमार की कृति 'मोर झाल' में भील आदिवासियों के जीवन का व्यापक चित्रण मिलता है। कवि होने के नाते लेखक का काव्यात्मक प्रभाव इस उपन्यास में झलकता है लेकिन यहाँ भी भील नायक-नायिका के मध्य विकसित हुए प्रणय को अधिक महत्व दिया गया है और उसका रुचि ले-लेकर रीतिकालिक किस्म का चित्रण किया गया है। निष्कर्ष यह निकलता है कि लेखक का लक्ष्य भील जीवन के यथार्थ को अभिव्यक्त करना कम है तथा रोमांसीकरण के सौन्दर्य को उभारना अधिक।

कई विद्वान मणि मधुकर के 'पिंजरे में पन्ना' उपन्यास को आदिवासी जीवन पर केन्द्रित उपन्यास मानते हैं लेकिन वह वस्तुतः एक खानाबदोश समुदाय से ताल्लुक रखने वाली लोक नर्तकी पन्ना को नायिका के रूप में विकसित करते हुए केन्द्र में रखकर लिखा गया उपन्यास है। यह समुदाय राजस्थान के गाडिया-लुहारों का है, जो कहीं से आदिवासी नहीं हैं। शिवप्रसाद सिंह का 'शैलूष' भी नटों के कबीलाई जीवन पर केन्द्रित है। यह रांघेय राघव के 'कब तक पुकारूं' की श्रेणी का ही उपन्यास है।

तेजिन्दर का उपन्यास 'काला पादरी' सन् 2002 में प्रकाशित हुआ जो कथा साहित्य में आदिवासी जीवन की अभिव्यक्ति की एक आधिकारिक कृति कही जा सकती है। उदय प्रकाश ने इसे सामान्य औपन्यासिक कृति से हटकर अप्रत्याशित कृति कहा है, जिसमें दो संस्कृतियों की टकराहट से पैदा होने वाली जटिलताओं का खूबसूरत चित्रण हुआ है। इस उपन्यास के केन्द्र में धर्मान्तरण है और प्रमुख आदिवासी पात्र अपने परम्परागत धर्म को छोड़कर ईसाई बन जाता है।

वीरेन्द्र जैन का 'पार' उपन्यास काफी प्रसिद्ध हुआ है और आदिवासी जीवन की पीड़ा पर केन्द्रित है। यह एक तरह से 'डूब' उपन्यास के कथानक को आदिवासी जीवन तक पहुँचाता है। राजस्थान व मध्यप्रदेश के सहरिया आदिवासी जीवन पर केन्द्रित पुन्नी सिंह का 'सहराना' उपन्यास सन् 1999 में प्रकाशित हुआ। सहरिया आदिवासियों के शोषण और नाना प्रकार की पीड़ाओं को इस उपन्यास में अभिव्यक्ति मिली है। उपन्यास का नायक 'सोना' है, जो जड़ परम्परा के विरुद्ध प्रतिरोध करता है।

श्री प्रकाश मिश्र के 'जहां बांस फूलते हैं' उपन्यास में मिजोरम के आदिवासी संघर्ष की कथा का वर्णन किया गया है, जो श्री प्रकाश मिश्र के प्रत्यक्ष अनुभव के आधार पर है। डॉ. महेन्द्र भटनागर ने इस उपन्यास के बारे में लिखा है कि "प्रसिद्ध उपन्यास ऐतिहासिक न होते हुए भी इतिहास से सम्बद्ध है, तमाम घटनाचक्र इतिहास

सम्मत है, उसमें कल्पना के लिए कोई स्थान नहीं...। एक सम्पूर्ण जनजाति की गाथा है, उसमें मिजो विद्रोह का क्रमिक विवरण है—किसी भी डाक्यूमेन्ट्री फिल्म की तरह।'' इस उपन्यास का केन्द्रीय तत्व है कि व्यवस्था के विरुद्ध मिजो आदिवासी हथियार उठाने से नहीं चूकते और सामन्ती शोषण के प्रतिनिधियों के विरुद्ध मोर्चा खोलते हैं। शायद हिन्दी में पूर्वोत्तर के जीवन को गहराई से समझने और समझाने वाला यह पहला उपन्यास है। श्री प्रकाश मिश्र का दूसरा उपन्यास 'रूपतिल्ली की कथा' मेघालय के खासी आदिवासियों की कहानी है, जिसमें उन आदिवासियों को हिन्दू और ईसाई धर्म के ठेकेदारों द्वारा परम्परागत धार्मिक आस्थाओं को छोड़कर अपनी-अपनी ओर खींचने का प्रयास किया जाता है और इस प्रक्रिया में जो अन्तर्संघर्ष पैदा होता है वह अन्ततः हिन्दुओं के विरुद्ध एक प्रकार से प्रच्छन्न और फिरंगियों के प्रति जाहिरा तौर पर सशस्त्र संघर्ष के रूप में सामने आता है। वे खासी आदिवासी अपने परम्परागत धर्म के प्रति निष्ठावान बने रहते हैं। यह संघर्ष ऐतिहासिक दृष्टि से सन् 1824 से 1848 की अवधि में हुआ।

मनमोहन पाठक का 'गगन घटा घहरानी' एक महत्वपूर्ण औपन्यासिक कृति है जो सन् 1991 में 'कतार' पत्रिका के वार्षिक विशेषांक में प्रकाशित और चर्चित हुई।

किसी भी भाषा के साहित्य में जब किसी विषय की अभिव्यक्ति के यथार्थ व विस्तार का मूल्यांकन किया जाता है तो उस विषय विशेष के बहुत सारे आयाम जीवन के स्तर पर चिन्हित किए जा सकते हैं। उन बहुआयामी विषय-क्षेत्रों का कितना हिस्सा साहित्य में अभिव्यक्त हुआ है, यह देखना महत्वपूर्ण है। उससे अधिक महत्वपूर्ण है विषय-क्षेत्रों के आधिकारिक अनुभव एवं अभिव्यक्ति की ईमानदारी का। जब हिन्दी कथा साहित्य में आदिवासी जीवन के विभिन्न पक्षों की अभिव्यक्ति पर चर्चा की जाती है तो सबसे पहले हमें आदिवासी जीवन के विषय एवं उसके विस्तार में जो प्रमुख आयाम सामने आते हैं उनको देखना होगा। जीवन के विभिन्न पक्षों, जिनमें आदिवासी जनजीवन के साथ मानवेतर प्राणी जगत व प्रकृति के विभिन्न तत्व, भाव-भंगिमाएं व व्यवहार भी शामिल होगा। इन सबका क्रियात्मक अन्तर्सम्बन्ध ही जीवन की समग्रता का आधार बनता है। आदिवासी जीवन की तलाश जब कथा साहित्य में की जाती है तो निम्न पक्षों के परिप्रेक्ष्य में यह विमर्श होना चाहिये :

1. आर्थिक व सामाजिक जीवन
2. धार्मिक व मिथकीय आस्थाएँ एवं मान्यताएँ
3. मौखिक साहित्य परम्परा
4. संस्कृति व जीवन-शैली
5. मनोविज्ञान

6. परम्परा व इतिहास
7. बाहरी दुनिया से अन्तर्सम्बन्ध
8. विकास की दशा व दिशा
9. भविष्य की चुनौतियां, अपेक्षाएं स्वप्न व मॉडल
10. चेतनाकामी नेतृत्व की मांग
11. स्त्री पुरुषों के संबंध
12. शोषण के विभिन्न रूप एवं उसके विरुद्ध प्रतिरोध व संघर्ष
13. कलात्मक अभिव्यक्ति
14. परम्परागत अनुभवजन्य बहुआयामी ज्ञान

उपरोक्त पक्षों के परिप्रेक्ष्य में जब सृजित कथा साहित्य की मीमांसा की जाती है तो सूचीबद्ध उपन्यासों में से प्रत्येक में कोई न कोई पक्ष निश्चित रूप से अभिव्यक्त हुआ है, यह अलग बात है कि कुछ उपन्यासों में उस पक्ष का अवास्तविक रोमान्सीकरण कर दिया गया है जो निर्भर करता है, लेखक के अनुभव और दृष्टिकोण पर।

विषय की सुसंगतता गहन अनुभव व आधिकारिक अभिव्यक्ति के यथार्थ पक्ष की दृष्टि से जिन उपन्यासों की ओर ध्यान आकर्षित होता है उनमें 'कस्तूरी', 'सांप और सीढ़ी' व 'शालवनों का द्वीप' (शानी), 'काला पादरी' (तेजिन्दर) 'पार' (वीरेन्द्र जैन), सहराना (पुन्नी सिंह), 'जहां बांस फूलते है' व 'रूपतिल्ली की कथा' (श्री प्रकाश मिश्र) 'गगन घटा घहरानी' (मनमोहन पाठक) 'समर शेष है' (विनोद कुमार), 'पठार पर कोहरा' व 'जो इतिहास में नहीं है' (राकेश कुमार सिंह) 'धार' व 'जंगल जहां शुरू होता है' (संजीव) 'जंगल के गीत' (पीटर पॉल एक्का) 'खुले गगन के लाल सितारे' (मधु कांकरिया) 'धूणी तपे तीर' (हरिराम मीणा) शामिल किये जा सकते हैं।

हिन्दी भाषा के अलावा अन्य प्रान्तीय भाषाओं में लिखे गये उपन्यासों की चर्चा की जाये तो महाश्वेता देवी द्वारा बांग्ला में लिखे गये जंगल के दावेदार, चेटिमुण्डा व उसके तीर, हजार चौरासी की मां एवं गोपीनाथ महान्ती (ओडिया) के अमृत सन्तान, माटी-मटाल, दाना-पाणी, परजा आदि उपन्यास ही प्रमुखता से सामने आते हैं। सन् 1942 के नगा संघर्ष पर केन्द्रित वीरेन्द्र भट्टाचार्य का मृत्युजंय (असमिया) उपन्यास महत्वपूर्ग है, जिसमें नगा आन्दोलन के विभिन्न पक्षों को अत्यन्त संवेदना के साथ अभिव्यक्त किया गया है। अंग्रेजी भाषा में आदिवासियों पर लिखा गया एक उपन्यास काफी चर्चित हुआ है, जो अंग्रेजी कथाकार 'सरेल' (sarrell) ने लिखा है, जिसका शीर्षक है 'एन अमेरिकन इन नगालैण्ड।' शीर्षक से आभास होता है कि यह कोई यात्रा वृतान्त होगा। वस्तुतः यह 'कोन्याक' नगा समुदाय के जीवन से सम्बन्धित कथा है, जो आखेटक नगा समुदाय की एक युवती का अमेरिकी प्रोफेसर से प्रेम प्रसंग से

सम्बन्धित है। इस उपन्यास में नगा समुदाय का बाहरी व्यक्तियों से सम्पर्क से पैदा होनेवाली जटिलताओं को गहराई से उभारा गया है।

उक्त उपन्यासों में उपनिवेशवाद, सामन्तवाद व वर्चस्ववादी अन्य वर्गों के शोषण के विरुद्ध प्रतिरोध व संघर्ष विशेषरूप से उभरकर सामने आया है। संस्कृति के विभिन्न उपांग यथा ऋतुएं, पर्वोत्सव आदि की अभिव्यक्ति को 'स्पेस' मिला है, प्रेम-प्रसंग जैसे जीवन के स्वाभाविक पक्ष भी उभरकर सामने आये हैं, रीति-रिवाज, अन्ध-विश्वास, भोलापन, आदि-मानसिकता, स्त्री-पुरुष संबंध, धर्मान्तरण, अवसाद, बाहरी समाज से अच्छे-बुरे अन्तर्सम्बन्ध आदि को भी जगह मिली है। यह सब होने के बावजूद प्रकृति व मानवेतर प्राणी जगत से आदिवासी जन के सह-अस्तित्व की गहराई, अतीत की व्याख्या, प्रजातन्त्र व विकास के दावों का क्रूर यथार्थ, निजी सम्पत्ति की अवधारणा का स्वरूप, शब्देतर सम्प्रेषण यथा स्वर व संकेतात्मक भाषा का उपयोग, परम्परागत बहुआयामी ज्ञान, भौगोलिकता, हर्ष-विषाद, साहित्य की विभिन्न विधाओं की मौखिक परम्परा, आदिवासी के प्रति तथाकथित भारतीय मुख्य समाज का नजरिया तथा विकास व विस्थापन से जुड़े बहुत सारे ऐसे मुद्दे हैं जिन्हें ईमानदार अभिव्यक्ति का अभी भी इन्तजार है।

आदिवासी जीवन को केन्द्र में रखकर लिखे गये उपन्यासों के अलावा उन कहानियों पर चर्चा किया जाना जरूरी है, जिनमें आदिवासी समाज के किन्हीं पक्षों की अभिव्यक्ति की गई है।

कैलाश चन्द्र की कहानी 'अंधेरे में सुरंग' में नक्सलवाद को केन्द्र में रखकर दो पुलिस अधिकारियों के परस्पर विरोधी व्यक्तित्वों को अभिव्यक्त किया गया है। एक संवेदनहीन आपराधिक प्रवृत्ति का पुलिस अधिकारी और दूसरा संवेदनशील भला इन्सान। आदिवासियों के प्रति बाहरी नजरिया इस कहानी का केन्द्रबिन्दु है। नक्सलवाद पर केन्द्रित विजयकांत की कहानी 'समर्पण' एक सशक्त रचना है। नक्सलवाद को लेकर लिखी गई इस कहानी को विवादों के कठघरे में रखा जा सकता है लेकिन अपनी किस्म के यथार्थ को इसमें भली-भांति अभिव्यक्त किया है। नक्सलवाद के विभिन्न पक्षों को बहुत ही गम्भीरता से इस कहानी में स्थान मिला है। रमणिका फाउण्डेशन द्वारा प्रकाशित पत्रिका 'युद्धरत आम आदमी' का पूर्वोत्तर आदिवासी कहानी अंक अत्यन्त महत्वपूर्ण बन पाया है। संकलित कहानियां अंचल की आदिवासी नारी, आदिवासी चेतना व पहचान की समस्या को उभारती है। मधुराम बोरो की 'एक पैसा' शीर्षक से लिखी हुई कहानी में स्त्री की वेदना कुछ इस तरह झलकती है ''रेतीले मैदान में पड़े कछुए के अण्डों से निकले बच्चों की तरह स्वयं भी बड़े हो लेना मेरे बच्चे! मरते दम तक बस मुझे यही सालता रहेगा कि तुम्हारे लिए मैं

इस जीवन में कुछ नहीं कर सकी।'' मेहरून्निशा परवेज की 'मेरी बस्तर की कहानियां' संकलन में कानीबाट, टोना, भानाख्त और जंगली हिरनी आदिवासी जीवन से ताल्लुक रखती हैं। कानीबाट कहानी के केन्द्र में 'घर जंवाई' प्रथा, 'टोना' कहानी में 'बुरा फल देने वाला जादू', 'भानाख्त' में स्त्री का पति के विरुद्ध प्रतिरोध और 'जंगली हिरनी' में बाहरी व्यक्तियों द्वारा स्त्रियों के शोषण को अभिव्यक्त किया गया है।

विपिन बिहारी की कहानी 'विहान' में अजुध्याप्रसाद पाठक को व्यवस्था के द्वारा किये जाने वाले आदिवासियों के शोषण का प्रतिनिधि बताया है। इसमें आदिवासियों के शोषण के विभिन्न पक्षों को उभारने का प्रयास किया गया है। चरणसिंह पथिक की कहानी 'बक्खड़' में नाते गई स्त्री के पुत्र की त्रासदी की अभिव्यक्ति की गई है। 'बक्खड़' एक बेहतरीन कहानी है, जिसमें राजस्थान के करौली, सवाईमाधोपुर व भरतपुर जिलों के अंचल में नाता प्रथा के द्वारा स्त्री की अप्रत्यक्ष रूप से खरीद-फरोख्त के माध्यम से पैदा होने वाली नारी त्रासदी का मार्मिक चित्रण किया गया है। नाता प्रथा में किन्हीं कारणों से पति-पत्नि के पृथक होने के बाद परित्यक्ता अन्य पुरुष को दे दी जाती है। इसके बदले में पूर्व पति के परिवार द्वारा नये पति-पुरुष के परिवार से सहमति के आधार पर धन वसूल किया जाता है। इस वसूली के दौरान कई प्रकार के झगड़े-फसाद भी होते रहे हैं। गांव बनाम गांव तथा गोत्र बनाम गोत्र के मध्य विवाद की स्थिति पैदा हो जाती है। इस सारे झंझट में त्रासदी भुगतनी पड़ती है स्त्री को जिसे एक वस्तु के रूप में समाज देखता है और यह वही समाज है, जो पुरुष वर्चस्व की परम्परा से बंधा हुआ है।

योगेश शर्मा की कहानी 'पीछे छूटे लोग' में यह दर्शाया गया है कि पढ़ लिखकर डाक्टर बन जानेवाला आदिवासी युवक अपने समुदाय के प्रति सारे दायित्वों को भूलकर किस कदर अपनी जड़ों से पृथक हो जाता है। इस चर्चा में पुन्नीसिंह की कहानियों पर गौर किया जा सकता है। ईसाई धर्मान्तरण के मुद्दे को लेकर 'सलीब' (विपिन बिहारी) शीर्षक से कहानी सामने आई है। 'और मादल बजती रही' (योगेश शर्मा) कहानी में आदिवासी युवती के दैहिक शोषण का बहुत ही मार्मिक चित्रण किया गया है। घटना हृदयविदारक है, जिसमें युवती के साथ व्यवस्था के ठेकेदारों द्वारा बलात्कार किया जाकर उसकी निर्मम हत्या कर दी जाती है।

राधाकृष्ण की कहानी 'चरका मुर्गा' बहुत दमदार कहानी है, जिसमें आदिवासी नायक की पत्नी के बीमार हो जाने पर उसे भोपा द्वारा यह सुझाया जाता है कि कहीं से चरका यानी सफेद मुर्गा लेकर आओ, तब इसका इलाज सम्भव होगा। कहानी का नायक कहीं से चरका मुर्गा तलाशता है, लेकिन पकड़ने से पहले इस अन्तर्द्वंद में उलझ जाता है कि मालिक से बिना पूछे मुर्गा कैसे पकड़ा जाये। चरका मुर्गा विरला होता है। नायक का अन्तर्द्वंद्व यह है कि मालिक को तलाश किया जायेगा, तो मुर्गा गायब हो

जायेगा या मालिक मना कर देगा। मामला गम्भीर है उसकी पत्नी की गम्भीर बीमारी से सम्बन्ध रखने वाला। अन्ततः वह मुर्गा को पकड़ लेता है। मालिक द्वारा देख लिया जाता है। मालिक उस आदिवासी नायक को चोर कहता है। यही नहीं वह उसके पूरे खानदान व पुरखों तक को चोर कह देता है। आदिवासी नायक क्रोध में भरकर मुर्गा मालिक की हत्या कर देता है। इस अपराध के बदले उसे फांसी की सजा मिलती है। जेल अधिकारी अंतिम घड़ी में उससे पूछता है कि तुम्हारी पत्नी है वह तुमसे मिलने क्यों नहीं आई, कम से कम इस अंतिम घड़ी में उसको बुलाओ। इस पर सजायाफ्ता आदिवासी नायक उलट जवाब देता है कि मेरी पत्नी यहाँ जेल में क्यों आयेगी। जेल अधिकारी से रहा नहीं जाता। वह सजायाफ्ता कैदी की पत्नी के बारे में पता करता है। उसे नायक की पत्नी के बारे में पता चलता है कि वह 2-3 बच्चों का पालन-पोषण करती है। कुल मिलाकर बात यह सामने आती है कि निःसंतान उस आदिवासी दंपत्ति में पति को मृत्युदण्ड हो रहा है और पत्नी उस व्यक्ति के बच्चों का पालन-पोषण कर रही है, जिसकी हत्या उसके पति द्वारा उसे चोर कहने के कारण कर दी जाती है। मानवीय सरोकारों और संवेदनाओं का एक आदर्श उदाहरण और संदेश की अभिव्यक्ति इस कहानी में की गई है।

आदिवासी समाज के अलग-थलग व दुगर्म अंचलों में बसे रहने के कारण साहित्यकारों का सीधा अनुभव इस समाज से कम हुआ है। यही वजह है कि आदिवासी विषय को एक फैशन या सजावटी आबादी के रूप में रोमान्सीकृत करने की मानसिकता सही अभिव्यक्ति में बाधा बनी है। यहाँ प्रश्न सहानुभूति व स्वानुभूति का नहीं है न ही जन्मना बनाम कर्मणा आदिवासी मुद्दे को बीच में लाया जाना चाहिये। कुल मिलाकर प्रश्न है आधिकारिक अनुभवजन्य ईमानदार अभिव्यक्ति का, जो अवधारणात्मक स्तर पर स्पष्ट दृष्टि की मांग करती है।

समकालीन आदिवासी कविता

बहुत लम्बी यात्रा कर चुकी मानवता के बीच-उसी के ईद-गिर्द एक और मानवता है जो अति प्राचीन काल से प्रकृति के सानिध्य में अपनी अनूठी शैली का जीवन जीती चली आयी और भौतिक प्रगति की दृष्टि से अब भी कमोबेश वहीं की वहीं है- अपने आदिम सरोकारों और संस्कारों के साथ, जिसे हमने 'आदिवासी' नाम दिया है। कम से कम इस महादेश और समाज के लिए यह वह वर्ग है जो निर्विवाद रूप से इस राष्ट्र के मूल वासी हैं—युग युगों से जिन्हें पहले समतलों से पहाड़ों-जंगलों में धकेला जाता रहा और अब वहां से भी खदेड़ा जा रहा है।

साहित्य की अन्य विधाओं की तरह जब हम कविता के सन्दर्भ में समाज के किसी घटक विशेष को लेकर चर्चा करते हैं तो यह सवाल उठाया जाता है कि कविता तो कविता होती है, उसके बारे में यह वर्गीकरण क्यों कि यह दलित कविता, यह स्त्री कविता, यह आदिवासी कविता और इसी क्रम में अन्याय...? समाज के घटकों के आधार पर जब साहित्य की किसी विधा को बांटा जाता है तो अन्यथा प्रतिक्रिया होती रही है। यह प्रतिक्रिया प्रमुख रूप से तथाकथित मुख्यधारा से जुड़े महानुभावों द्वारा की जाती रही है। ये लोग निश्चित रूप से परम्परागत रूप से वर्चस्वकारी प्रभुवर्ग से सम्बन्ध रखते रहे हैं, चाहे जन्मना या कर्मणा। हमें यह ध्यान रखना चाहिए कि अभिव्यक्ति का कोई भी अनुशासन और उसकी विधा जागतिक (भौतिक और मानसिक दोनों) जीवन में अनेकानेक पहलुओं से ताल्लुक रखते आये हैं यथा सभ्यता, संस्कृति, आंचलिकताएं, ऋतुएँ, मनोदशा, तथा दृश्यादृश्य संसार के अनेकानेक पहलू। इसी क्रम में समाज के घटकों से सम्बन्ध रखने वाली साहित्यिक विधाओं को लेकर चर्चा करने में कोई हर्ज नहीं है। और जब यह चर्चा समाज के उन घटकों को लेकर की जाती है जो किन्हीं भी कारणों से हाशिये पर रहते आये हों तो उनके परिप्रेक्ष्य में होने वाला विमर्श उन्हें मुख्य धारा में लाने का काम करेगा ना कि विखण्डन का। विचार के स्तर पर इसीलिए स्त्री, दलित, आदिवासी, अल्पसंख्यक आदि को विषय वस्तु बनाने के प्रयास समय-समय पर किये जाते रहे हैं जो किसी निष्कर्ष तक पहुँचाने में सहायक होता है। इसी पृष्ठभूमि में समकालीन आदिवासी, कविता पर आधारित यह प्रसंग उठाया गया है।

आदिवासी जीवन को लेकर जब कविता की बात की जाती है तो मौखिक परंपरा ही समृद्ध धरोहर के रूप में सामने आती है जो प्रमुख रूप से ज्ञेय परम्परा रही है। आधुनिक या समकालीन कविता की दृष्टि से आंचलिक भाषाओं में अवश्य कविता के माध्यम से जीवन के विभिन्न पक्षों की अभिव्यक्ति होती रही है लेकिन हिन्दी भाषा में आदिवासी कविता अभी शुरुआती दौर मे चल रही है।

आदिवासी इलाको में बाहरी तत्वों की घुसपैठ सबसे बड़ी समस्या रही है। यहीं से आद्रिवासी जीवन की पवित्रता में प्रदूषण शुरू होता है और अंत में आदिवासी अस्तित्व का संकट।

ग्रेस कुजूर की कविता के अंश—

“...हे संगी क्यों घूमते हो
झुलाते हुए खाली गुलेल
क्या तुम्हें अपनी धरती की
सेंधमारी सुनायी नहीं दे रही...?”

नहीं, यह सब 'कूलड़ी में गुड़ फोड़ना' नहीं। यह सब डंके की चोट पर हो रहा है खुले आम। कुछ इस तरह–

"...पृथ्वी की सारी सभ्यता
एक भीमकाय रोड-रोलर की मानिंद
लुढ़कती आ रही है हमारी जानिब
और हम बदहवास
भाग रहे हैं खोह और गुफाओं की ओर..." (हरिराम मीणा)

आदिवासी जीवन की कल्पना प्रकृति के बिना सम्भव नहीं, प्रकृति के साथ छेड़छाड़ आदिवासी के लिए आत्यन्तिक पीड़ा की बात है। संथाली कविता में कहा गया है–

"...ढह गई बड़ी पहाड़ी
भसकी छोटी पहाड़ी
उल्टी पुल्टी हो गई दुनिया
ओ मेरे भाई...।
तो ठीक, नहीं तो–...
हमें सौपा है हमारे पूर्वजों ने
धन सम्पदा से सम्पन्न
अपना राज्य मानवता से परिपूर्ण।"

प्रकृति के साथ बेरहम छेड़खानी केवल आदिवासियों के अस्तित्व का संकट नहीं है बल्कि सम्पूर्ण मानवता व मानवेतर प्राणी जगत के लिए खतरा है। पर्यावरण प्रेमियों के साथ आदिवासी कविता भी सुर मिलाती है।

ग्रेस कुजुर कहती हैं–

"...इसलिए फिर कहती हूँ
न छेड़ो प्रकृति को
अन्यथा यह प्रकृति करेगी भयंकर बगावत
और तब न तो तुम होंगे न हम होंगे।"

इन हालात में मानवेतर प्राणियों के लिए भी सचेत है आदिवासी कविता–

"...चिड़िया भी शायद हमारी ही तरह
भूख, प्यास, बसेरा, मिलन व जुदाई की चिंता से
परेशान हो रही है।"

आदिवासियों ने तो सपने में भी यह नहीं सोचा कि उनके साथ ऐसा होगा। वे तो उन्मुक्त प्रकृति की गोद में रहे हैं–प्रकृति की भाव-भंगिमाओं के साथ गाते-नाचते। इसी उन्मुक्ता के रहते अभावों भरी जिन्दगी की भी उन्होंने परवाह नहीं की। समृद्ध

प्राकृतिक परिवेश में सीमित आवश्यकताओं के साथ एक लंबी, विशुद्ध और सांस्कृतिक परंपरा रही है। जीवन का आधार रही यह प्राकृतिक संपदा, उनकी पुश्तैनी भौम और सांस्कृतिक धरोहर उनसे छीनी जा रही है, जिसके लिए वे कतई तैयार नहीं हैं और कोई माने या न माने वे इसके लिए कभी तैयार हो भी नहीं सकते। यह गंभीर संकट केवल आदिवासी वर्ग को झेलना पड़ रहा है।

प्रकृति एवं सांस्कृतिक गतिविधियों का निकट सम्बन्ध रहा है जो अब गड़बड़ा रहा है। ग्रेस कुजूर के ही शब्दों में—

"...अब कहां है वह अखरा (नृत्य स्थल)
किसने उगाए हैं वहां
विषैले नागफनी
बार-बार उलझता है जहां तोलोंग का फुंदना..."

इस संकट के प्रति अब तक आदिवासी-जन अनजान और मौन रहे। लेकिन अब यह चुप्पी कांवड़े की कविता में टूट रही है—

"...बस्तरिया आदिवासी भी अब
जानने लगे हैं
चुप्पी का दर्द
विद्रोह का सुख
वे समझने लगे हैं
अनपढ़ असंगठित रहने की पीड़ा..."

आदिवासी स्वभाव से बहुत भोले होते हैं सब तरह से मैल-वंचित। वे नहीं समझ पाते उन चालाकियों को जो उनके विरुद्ध पनपती रही हैं। आदिवासी कविता बाहरी लोगो की साजिशों को पहचानने लगी है।

निर्मला पुतुल लिखती है—

"... इन खतरनाक शहरी जानवरों को पहचानो चुड़का सोरेन
...तुम्हारे भोलेपन की ओट में
इस पेचदार दुनिया में रहते
तुम इतने सीधे क्यों हो चुड़का सोरेन?"
....
"...ये वो लोग हैं जो हमारे बिस्तर पर करते हैं
हमारी बस्ती का बलात्कार
और हमारी ही जमीन पर खड़ा हो पूछते
हमसे हमारी औकात!"

आदिवासा उसी तैयारी और तेवर के साथ मोर्चा बंद होंगे जिस तरह अंग्रेजों के सामने मानगढ़ की पहाड़ी और अबेर्दीन (अण्डमान) के जंगलों में अकेले वे ही भिड़े थे। कोई साथ दो तो ठीक, न दे तो परवाह नहीं।

सामाजिक-राजनीतिक दृष्टि से आदिवासी स्वायत रहते आये हैं। किसी बाहरी सत्ता की अधीनता का उन्होंने सदा विरोध किया है। देखिये बनजारा गीत–

"सुनो राजा मेरा कहना
मेरी सलामी तुझे नहीं मिलेगी।"

आज आदिवासी अस्तित्व का संकट गहरा रहा है। मनुष्य ने मनुष्य को बहुत सताया है। स्त्री के रूप में आधी मानवता और दलितों के रूप में एक बड़ा वर्ग जीता-जागता उदाहरण है हमारे सामने। (अब तक) बहुत कुछ लिखा और बोला गया है, इस बड़े शोषित दलित वर्ग के लिए। इसी में हम अब तक मानते रहे आदिवासियों को भी। चीजों को सामान्यीकृत करने से पहले हम प्रत्येक स्वतन्त्र घटकों का अध्ययन करते हैं–उनकी विशिष्टताओं के आधार पर। इसलिए 'विविधता में एकता और एकता में विविधता' एक स्वीकृत सत्य है। इस सूत्र को पकड़कर अगर बात की जाए तो इस बड़े, और अरसे से सताए गए वर्ग की एकजुटता में आड़े नहीं आते हुए, हमें आदिवासियों पर कुछ अलग और सही दृष्टि से चर्चा करनी चाहिए। गैर-आदिवासी व्यापक समाज की स्त्रियों ने पुरुष वर्चस्व की त्रासदी भोगी है। शब्द के सीमित अर्थ में दलित वर्ग ने छुआ-छूत, जूठन, बेगार और मैला ढोने तक की अनेक त्रासदियों के बावजूद दुत्कार-फटकार-अस्वीकार झेला है। इस वर्ग की मूल समस्या समाज में रहकर भी सम्मान, गरिमा और अस्मिता के नकार की रही है, जबकि आदिवासियों की मूल समस्या अंततः अस्तित्व के संकट की बन चुकी है। दलित वर्ग अपने साथ हुए अन्याय और अन्यायकर्ताओं को भली-भांति पहचानता है और इसी आक्रोश को वह दलित साहित्य में व्यक्त कर रहा है। इस प्रक्रिया में उनके संकट से उबरने की प्रबल संभावनाएं हैं- संगठित प्रतिरोध की ताकत के साथ। आदिवासियों को तो यह भी पता नहीं कि उन पर यह अस्तित्व का संकट क्यों है? वे भौंचक्का हैं, किन्तु मौन। इसलिए आदिवासी साहित्य के तेवर अलग होंगे। अस्तित्व के संकट की चरम सीमा मैंने अण्डमान में देखी है। कविता में कुछ इस तरह–

"...जिन्होंने हमें गोलियों से भूना
वे इंसान थे
जिन्होंने हमें टापुओं से इधर-उधर खदेड़ा
वे इंसान हैं
और जो हमारी नस्ल को उजाड़ेंगे
वो इंसान होंगे...।"

अस्तित्व का संकट है तो उसका विरोध विद्रोह के रूप में प्रकट होगा।

ग्रेस कुजूर लिखती है—

“हे संगी
सम्भालो अपना तरकस
नहीं हुआ है भोंथरा अब तक
बिरसा आबा का तीर
...और अगर
अब भी तुम्हारे हाथों की अंगुलियां थरथराईं
तो जान लो
मैं बनूंगी एक बार और सिनगी दई।”

आदिवासी कविता को विश्वास है अपने पर। वह शब्दों का नटी खेल नहीं है। वह शास्त्रीयता और जार्गन में छुपी बांझ रचना नहीं होगी।

पुनः ग्रेस कुजूर के शब्द—

“...देखा कलम की धार
तुम्हारे लिए
हां तुम्हारे लिए
कलम मौसम बदलेगी
कलम मौसम बदलेगी।”

वक्त की रफ्तार के साथ उन्हें पहाड़ों-जंगलों में धंसा दिया गया। फिर भी कोई बात नहीं, हजारों सालों से प्रकृति से अटूट रिश्ता जोड़े रहे। उसे प्रगाढ़ करते चले गए। अब वहां से भी किसी न किसी योजना के बहाने खदेड़ने की खतरनाक साजिशें, किसी बड़े राजमार्ग या जनपथ में रोड़ा बना ‘पत्थर’ किसी समुदाय की भावना बन कर ताकतवर सरकार से नहीं हटता। प्रशासन अपनी छेड़खानी की मनसा पर लमलेट होकर माफी मांगकर पीछा छुड़ाता दिखता है और यहाँ लाखों की तादाद में बिना किसी पूर्व सूचना, बिना पर्याप्त विकल्प के इन आदिवासियों को विस्थापित कर ही दिया जाता है। कोई मेधा पाटेकर बोले तो उसे विदेशी साजिशों का हिस्सा या राष्ट्रीय विकास विरोधी करार दिया जाता है। आदिवासी कुछ नहीं मांगते। उनके नाम पर चल रही योजनाओं के हिस्से को कौन डकार रहा है—वे तो कोई प्रश्न भी नहीं पूछते और उन्हें उनकी पुश्तैनी जमीनों से और जीवन में रची-रमी प्रकृति से इस कदर खदेड़ा जाए—यह कहां का न्याय है? इन साजिशों के खिलाफ आदिवासी कविता ही बोलेगी। ग्रेस कुजूर के यहाँ झारखण्ड है तो भुजंग मेश्राम के यहाँ महाराष्ट्र में भी वैसा ही दर्द अभिव्यक्त होता दिख रहा है—

"...उठो कि अपने अंधेरे के खिलाफ उठो
उठो अपने पीछे चल रही साजिशों के खिलाफ
अब उन्हें पता लग गया है
...आज ना घने बीहड़ हैं
ना तू है/ है केवल बीहड़ों में फैलता अंसतोष
...सच बताऊं/ अब हमें जल्दी है
नहीं चाहते अब हम ओढ़ी हुई सभ्यता
...बिरसा तुम्हें कहीं से भी आना होगा।"

मानवीय मूल्यों से भरपूर स्वायत्तता पर अभी भी भरोसा है चाहे यह सब अब स्मृति बनता जा रहा है। सत्यनारायण मुंडा कहते हैं–

लोकोन्मुखी कविता ने जीवन के अजस्र संघर्ष को नापा है, उसकी पैनी धार को परखा है। आदिवासी-जन व्यापक लोक का अभिन्न अंग है, चाहे वह उससे अलग-थलग ही क्यों न रहते आया है। आखिर दुनिया के सारे मेहनतकश एक-सा जीवन जीते हैं। भद्र-वर्ग की विश्वव्यापी साजिशों का एक जैसा शिकार रहा है यह व्यापक लोक, लेकिन फिर भी श्रम और संघर्ष के सौंदर्य को निखारता चला आ रहा है। वह कभी नहीं हारता...।

इसी सन्दर्भ में भुवन लाल सोरी की अभिव्यक्ति है–

"हर सुबह वे निकलते हैं
नई आस लेकर विरक्तियों में ढूंढ़ते उजाले का पता
हम जोतेंगे बार-बार कठोर धरती...।"

आदिवासी सांस्कृतिक विरासत, अब से पहले हजारों सालों तक अक्षुण्ण और अप्रदूषित रही है। यह भी अतिशयोक्ति नहीं कि यही धरोहर इस देश की सम्पूर्ण सांस्कृतिक गतिविधियों का आधार रही है। इस आदिवासी सांस्कृतिक रिक्थ की मौलिकता को किस कदर विरूपित किया जा रहा है, यह सबको पता होना चाहिए।

आदिवासियों को 'टारगेट' बनाकर आभिजात्य सौंदर्य-बोध किस प्रकार अभिव्यक्त हो रहा है और थोपा जा रहा है, यह इससे जाहिर है कि यह भद्र दृष्टि वन-युवतियों के गोल-गोल गाल, उन्नत उरोज, पुष्ट जंघाओं के अलावा उनके यथार्थ पर नहीं जाती है। उनके पसीने में भद्र कवि को बदबू आती है, हथेलियों की आंटण और पैरों के छाले उन्हें नहीं दिखते, भीतर कितना अभाव है वे उसे नहीं परख सकते, चूंकि उन्हें 'शो-पीस' बनाना है। इसके अलावा और कोई मकसद नहीं। इसके प्रति जागरूक है आदिवासी कविता।

निर्मला पुतुल लिखती हैं–

"...किसने कहा है उनके परिचय में
इतना बड़ा-बड़ा झूठ/ किसने...?
जरूर वह शब्दों में धोखा करता हुआ
कोई कवि होगा मस्तिष्क से अपाहिज।"...
"...वे दबे पांव आते हैं तुम्हारी संस्कृति में
वे तुम्हारे नृत्य की बड़ाई करते है
वे तुम्हारी आंखों की प्रशंसा में कसीदे पढ़ते हैं
वे कौन हैं? सौदागर है वे..."।...
"...दिल्ली की गणतंत्र झांकियों में
अपनी टोली के साथ
नुमाइश बनकर कई-कई बार पेश किए गए तुम
पर गणतंत्र नाम की कोई चिड़िया
कभी आकर बैठी तुम्हारे घर की मुंडेर पर?"

करीब दो शताब्दियों तक आदिवासियों ने अंग्रेजों से डटकर लोहा लिया। अंचल-अंचल में आग-पूरे देश में अलखनाद। युगों-युगों तक चलने वाला संघर्ष का लम्बा सिलसिला। इस लम्बे संघर्ष की गाथाएं और गीत आदिवासी साहित्य को समृद्ध करते हैं। निःसन्देह, आदिवासियों के इस ऐतिहासिक योगदान को इतिहास में अपेक्षित स्थान नहीं मिला। यह पीड़ा भी आदिवासी कविता में महादेव टोप्पो के माध्यम से व्यक्त होती है–

"...तुम्हारी विजय गाथाओं और संघर्षो के गवाह
पेड़ हैं, नदियां हैं, चट्टानें हैं
पुरखों की आत्माएं हैं
ससनदिरी हैं
जाहेर थान हैं
तुम्हारे लोक-गीत हैं..."

यह अनवरत परम्परा और कहीं न भी लिपिबद्ध हो, परन्तु आदिवासियों की जुबान पर है। यह आदिवासी काव्य परम्परा भरी पड़ी है–प्रकृति-प्रेम से, श्रम के सौंदर्य से और मुक्ति संघर्षो से और इसलिए कविता आदिवासियों की आदि-परम्परा रही है। उस सबको समेटना मुश्किल होगा। अतीत से अब तक पग-पग और पल-पल स्वतः स्फूर्त भाव-संवेग की तरह यह काव्य-धारा बहती चली आ रही है। किस कवि ने, किन-किन क्षणों में क्या-क्या, किसी भाव-दशा में रचा-इसे तलाशना असम्भव है। इस परम्परा में कविता कर्म का कोई प्रयास नहीं रहा, प्रत्युत आदिवासियों के प्राकृतिक

जीवन की तरह स्वाभाविक रूप और लय में यह सर्जना होती चली गई। इसलिए यह रचाव उनके जीवनानुभव से पूरी तरह मेल खाता है।

आदिवासी विषयों पर गैर-आदिवासी कवियों की रचनाओं पर विचार किया जाये। अत्यन्त सीमित भौतिक सुविधाओं की इच्छा होती है आदिवासी जन की। इस सन्तोष को शिमला निवासी तेजराम शर्मा ने इस प्रकार अभिव्यक्त किया है–

''बीहड़ जंगल के मध्य
उस आदिवासी महिला ने चुने–
दो चार खेत
दो चार पशु
झोंपड़ी के अन्दर छोटे बरामदे में
मौसमों के विरुद्ध चुना केवल–
अपने आप को।''

दुमका (झारखंड) में कार्यरत अशोक सिंह लिखते हैं–

''संथाल परगना को दुःख है कि
और तो और
जंगल के साथ-साथ कम पड़ते जा रहे है–
जंगल के लोग।''

इसी प्रकार आदिवासी जीवन को अभिव्यक्त करते हुए झारखंड से ही सुशील कुमार कहते हैं–

''हम वीर सिदो-कान्हू की संतान हैं
भूलकर भी परदेश कमाने मत जाओ
–मेरे भाई।'

छत्तीसगढ़ अंचल के आदिवासी जीवन का गहरा अनुभव व बोध रखने वाले चिर-परिचित कवि विनोद कुमार शुक्ल ने बस्तर पर केन्द्रित कविताएं लिखी हैं। लक्ष्मीनारायण 'पयोधि' ने 'सोमारू' एवं 'अंत में बची कविता' शीर्षक वाले सग्रंहों में बस्तर पर केन्द्रित बेहतरीन कविताएं लिखी हैं। सुदीप बनर्जी ने भी कुछ कविताएं बस्तर के आदिवासी जीवन पर लिखी हैं। कोयला खदानों में काम करने वाले आदिवासी मजदूरों पर रमणिका गुप्ता ने भी कई कविताएं लिखी हैं। बस्तर से सम्बन्धित चन्द्रकान्त देवताले ने बहुत अच्छी कविताएं लिखी हैं यथा–

''पर मैं देख रहा हूं
बस्तर के जंगल में जन्मांध अंधेरे का दमा
पेड़ों पर टंगे घोंसलों में कैद

चिंताओं के छिन्न-भिन्न केंचुल
इंद्रावती के पानी में ऊभ-चूभ होती हुई गुमनाम सिसकियां
....
कहां है हमारा गाढ़ा खून
हमारा पैतृक मस्तक
स्वाभिमान से दमकता हुआ
पसीने को पीता
आदमी का लोहा यहाँ
पेड़ रेहन पड़े साहूकारों के बही-खातों में
बहीखातों में बंद चलती-फिरती हड्डियां
जकड़े हुए तिजोरी में
गोश्त और भूख की आंतों के गुंच्छे
....

सुनो, शहरों के लोगो
सुनो, कपड़ों के लोगो
मशीनों, शब्दों, विचारों के लोगो, सुनो

अपने इसी बस्तर का
हल्दी मंडा पंजा अब
पपड़ी-सा टूटकर बिखर रहा है
देखो
बस्तर की पीठ पर
कितने ही चाबुक के निशान हैं।"

सुदीप बनर्जी द्वारा बस्तर पर लिखी कविताओं में से एक के अंश इस प्रकार हैं—

एक और बच्चा मर गया
गिनती में शुमार हुआ
तमाम मेहनत से सीखे ककहरे
पहाड़े गुना भाग धरे रह गए

शहर के स्कूल से जाकर
सैकड़ों नंग-धड़ंग बच्चों के

रक्से-फना में शरीक, गो कि थोड़ा शरमाता हुआ
आखिरकार आदिवासी बन गया
कोई तारा नक्षत्र नहीं बना फलक पर

इतनी चिताएँ जल रही हैं
पर रोशनी नहीं, थोड़ी गर्मी भी नहीं
इतने हो रहे जमींदोज पर
भूकंप नहीं

ईश्वर होता आदमकद तो जरूर उदास होता
यह सब देखकर
सिर झुकाए चला गया होता
पर आदमकद आदमी भी तो नहीं

ईश्वर का क्या गिला करें
सिर्फ शायरों की मजबूरी है
दुआएँ माँगना या श्राप देना
इस निरीश्वर बिखरे को
बिलावजह वतन को

जंगलों को चीर कर
आते नहीं दीखते कोई धनुर्धर
आकाश रेखा पर कोई नहीं गदाधर

केवल उनके इंतजार में गाफिल
मैं खुद को नहीं बख्शूंगा सुकून
इस मुल्क के बच्चों के वुजूद से
बेखबर, बेजबाँ।

....

ज्ञानेन्द्रपति ने 'कड़कनाथ'[1] शीर्षक से एक अच्छी रचना निर्मित की है। देखिए इसकी कतिपय पंक्तियां—

बस्तर में अपना बिस्तरा
बिछाना चाहता है स्वार्थ-लोलुप उद्योगपति

---

1. मुर्गा की एक प्रजाति। (बस्तर पर ही सुधीर सक्सेना के कवितांश)

बरजती है उसे
कड़कनाथ की कुकड़कूँ
जगाती है गाँव को
मुँह अंधेरे
भले ही न बच सके
स्वाद-लोलुप पेटुओं से
बाँधा जाये राँधे जाने को उसी दिन
कड़कनाथ
या फिर आ जाये
व्यग्र पहियों के नीचे
बस्तर की लंबी, दीठ तक सीधी,
विजन सड़क का वह ताज़दार बादशाह

यही है
वह जगह,
जहाँ पेड़ों और आदमियों से
एक साथ बतियाना मुमकिन है।

और मुमकिन है
पेड़ की गुनगुन
आदमी की देह में सुनना
और आदमी के मुस्कराने पर
पेड़ की बिरादरी का खिलखिलाना।

....

कविता का जब हम विश्लेषण करेंगे तो मुझे लगता है कविता में प्रमुख रूप से चार तत्व होते हैं। इन्हें 'स' धातु के स्तर पर सामान्यीकृत किया जा सकता है यथा स्रोत, शब्द, शिल्प और संदेश। 'स्रोत' से तात्पर्य जीवनानुभव की उस जमीन से है जहां से कविता उपजती है। जब कवि का किसी दृश्यादृश्य स्थिति से साक्षत्कार होता है और वह उसे आत्मसात् कर हर्ष-विषाद की बेचैन कर देने वाली मनोदशा में अभिव्यक्त करने को विवश या प्रेरित होता है तो कविता की रचना होता है। यह स्रोत या जमीन कविता के होने की पहली आवश्यकता होती है। निश्चित रूप में यह अभिव्यक्ति भाषा के स्तर पर ही सम्भव है जिसे 'शब्द' तत्व कहा गया है। तीसरा

तत्व है 'शिल्प' जो कविता को सुन्दर, प्रभावी, संप्रेषणीय, हृदय को छूनेवाली बनाता है। हम इसे 'अंदाजे बयां' भी कह सकते हैं। 'संदेश' को मैं अन्तिम तत्व के रूप देखता हूँ जो अनिवार्यतः होना चाहिए। संदेश का अर्थ नारेबाजी, नीति-पाठ या प्रवचन नहीं, प्रत्युत् कवि अपनी रचना से बेहतरीन भविष्य के लिए किस तरह पाठक या श्रोता को विषय विशेष से जोड़ने की स्थिति में हो पाता है—इस ध्येय से है। संदेश-विहीन और निर्लक्ष्य कविता बांझ रचना होगी। फिर आप स्वांतः सुखायः रचते रहिये। दुनियादारी से ऐसी कविता का कोई वास्ता नहीं होता। कविता मात्र मनोरंजन भी नहीं। इसलिए शक्तिशाली कविता आत्मालाप और मनोरजंन से आगे ले जाती है जहाँ वह मानव, मानवेतर प्राणी जगत और प्रकृति से बनी सृष्टि को अभिव्यक्त भी करती है और इनके मध्य और स्वतंत्र रूप से बेहतर भविष्य की कल्पना और प्रेरणा का काम भी करती है।

इस दृष्टि से आदिवासी कविताओं का विश्लेषण किया जायेगा तो कविता के लिए आदिवासी जीवन का गहन अनुभव, विषयानुरूप भाषा का मुहावरा, सम्प्रेषणीयता और प्रकृति तथा मानवता के दुःख-सुख में शामिल होने की प्रेरणा आदि की बात सामने आयेगी। इन कविताओं में आप आदिवासी जीवन के अतीत, प्रकृति-प्रेम, श्रम की महत्ता और सौन्दर्य, दुःखों के विरुद्ध संघर्ष, अच्छे दिनों के स्वप्न आदि की अभिव्यक्ति देखेंगे।

हिन्दी भाषा के परिप्रेक्ष्य और परम्परा में जब हम आदिवासी कविता की बात करेंगे तो पायेंगे कि हिन्दी पट्टी में पैदा हुए कवियों की रचनाओं में आदिवासी विषय बहुत कम अभिव्यक्त हुआ है। यह विमर्श समकालीन या कहें आधुनिक हिन्दी कविता से सम्बन्ध रखता है, इसलिए हिन्दी कविता की महान परम्परा अर्थात् प्रसाद, पंत, महादेवी वर्मा, निराला, केदार बाबू, त्रिलोलन, शमशेर, नागार्जुन, धूमिल, रघुवीर सहाय, राजेश शर्मा और भी कवियों के एजेण्डा में आदिवासी एक तरह से नादारद मिलेगा। इसकी प्रमुख वजह रही कि उन्हें आदिवासी जीवन का अनुभव नहीं था। भौगोलिकता निश्चित रूप से बड़ा कारण बनी। इसीलिए मुख्यधारा की कविता में जो कवि आदिवासी अँचल के इर्द-गिर्द रहे उनकी कविताओं में आदिवासी विषय वस्तु मिलना संभव हुआ जैसे कि लक्ष्मी नारायण 'पयोधि', चन्द्रकांत देवताले, विनोद कुमार शुक्ल, सुदीप बनर्जी, रमणिका गुप्ता।

जहाँ तक जन्मना आदिवासी कवियों का प्रश्न है तो कविताएँ प्रमुख रूप से आंचलिक भाषाओं में रची गयी जिनका हिन्दी अनुवाद कम और धीरे-धीरे हुआ। आदिवासी कविता का मौखिक गेय परम्परा तक ही लम्बे समय तक सीमित रहना भी एक बड़ा कारण रहा जिससे आदिवासी कविता का प्रचार-प्रसार अपेक्षित नहीं हो सका।

यहाँ उद्धृत अधिकांश कविताएं आधुनिक काव्य-जगत में अनिवार्य और गम्भीर हस्तक्षेप है। विषय, भाषा, शिल्प और सन्देश के स्तर पर मुख्य धारा की समकालीन कविता से किसी भी रूप में कम नहीं। अपनी अलग पहचान रखते हुए भी व्यापक लोक के यथार्थ के निकट हैं। ये आदिवासी स्वर की कविताएं केवल आदिवासी जीवनानुभव में सीमित रचनाएं ही नहीं हैं, प्रत्युत अंततः सम्पूर्ण मानवीय सरोकारों की अभिव्यक्ति हैं।

समकालीन आदिवासी कविताओं में आदिवासी अतीत की कुछ झलकियां, उनकी वर्तमान दशा और भविष्य के बारे में उनकी सोच और संवेदना काफी हद तक अन्य जन तक संप्रेषित होगी। जिन बुद्धिजीवियों ने अध्ययन, शोध और साहित्य के स्तर पर आदिवासी जीवन को समझने की ईमानदार कोशिशें की हैं उन्हें कुछ और नयापन मिलेगा। उम्मीद है कि आलोचना की सही दिशा और दृष्टि इन रचनाओं को बिना किन्हीं पूर्वाग्रहों के परखेगी ताकि आदिवासी कविता और अधिक समृद्ध एवं संप्रेषित होकर व्यापक लोक की अभिव्यक्ति का अनिवार्य हिस्सा बन सकें।

आदिवासी साहित्य–समस्या और संभावनाएँ

आदिवासी साहित्य की बात जब की जाती है तो इस साहित्य की दो प्रमुख विशेषताएँ सामने आती हैं :

1. आदिवासी साहित्य की मौखिक परम्परा
2. उपनिवेशवादी प्रभाव से सृजित आदिवासी साहित्य

आदिवासी विषय के विशेषज्ञ श्री जी.एन. देवी का मानना है कि आदिवासी साहित्य के प्रति जो दृष्टिकोण तथाकथित मुख्य धारा के विद्वानों द्वारा अपनाया गया है वह पूर्णतः गलत है, इसलिए इन विद्वानों ने आदिवासी मौखिक साहित्य को केवल लोक किवदन्तियों तक ही स्वीकार किया है।

मौखिक साहित्य के बारे में निम्न बिन्दुओं पर गहराई से विचार किया जाना चाहिए।

1. हिन्दी, अंग्रेजी, अन्य प्रान्तीय भाषाओं की बजाय आदिवासी भाषाओं में यह साहित्य प्रचुर मात्रा में उपलब्ध है।
2. आदिवासी बोलियों को आदिवासी भाषा के रूप में जब तक स्वीकार नहीं किया जायेगा तब तक आदिवासी साहित्य को उचित स्थान नहीं मिल सकेगा।
3. इस साहित्य की विषयवस्तु में प्रकृति, मनुष्य एवं मानवेतर प्राणी जगत से संबंधित जीवन की समग्रता शामिल है।

4. आदिवासी साहित्य संविधान की पाँचवी एवं छठी सूची में सम्मलित आदिवासी समुदायों तक ही सीमित नहीं है, प्रस्तुत इसमें D-Notified एवं अन्य कबीले भी शामिल माने जाने चाहिए।
5. प्रायः आदिवासी साहित्य को दलित साहित्य के समकक्ष माना जाता जो एक से आगे है। आदिवासी समाज भारतीय मुख्य समाज का हिस्सा नहीं रहा जबकि दलित जातियां मुख्य समाज का हिस्सा रही हैं जहां उनका स्थान निम्न स्तर का रहा है। ऐसे सामाजिक परिप्रेक्ष में आदिवासी साहित्य को पृथक से देखा जाना चाहिए।
6. इस साहित्य में स्त्री का स्थान किसी भी स्तर पर पुरुष से कम नहीं पाया जाता है। बाहरी तत्वों द्वारा आदिवासी स्त्रियों का शोषण पृथक विषय होता है।
7. आदिवासी मौखिक साहित्य में आदिवासी मिथक किवदन्तियां व लोकोक्तियां पाई जाती हैं जिनके मूल यथार्थ को समझने के लिये अतीत एवं गहराई में जाना पड़ता है। इस संदर्भ में सृष्टि की उत्पत्ति संबंधी आदिवासी मिथकों को देखा जा सकता है।
8. यह साहित्य प्रमुख रूप से करीब 100 आदिवासी भाषाओं में उपलब्ध है जिनमें भीली, गोंडी, मिजो, गारो, सन्थाली, किन्नोरी, गढ़वाली, बारली, खासी प्रमुख है।

आदिवासी लिपिबद्ध साहित्य का इतिहास पुराना नहीं है। यह अभी शैशव अवस्था में है जिसे गत करीब दो दशकों में देखा जा सकता है। इससे जुड़े प्रमुख मुद्दे निम्न प्रकार हैं—

1. व्यवस्थित लिपिबद्ध साहित्य का संकलन 'युद्धरत आम आदमी' के आदिवासी विशेषांकों में वर्ष 2001 में प्रथम बार किया गया।
2. इसके बाद अन्य पत्रिकाओं ने सहयोग दिया जिनमें 'दस्तक' व 'अकार' आदि प्रमुख हैं।
3. गत करीब 25 वर्ष से निकल रही त्रैमासिक पत्रिका 'अरावली उद्घोष' केवल आदिवासियों को समर्पित रही है जिसका सम्पादन उदयपुर, राजस्थान से श्री वी.पी. वर्मा, 'पथिक' कर रहे हैं।
4. इस साहित्य की दृष्टि से आदिवासी साहित्य सम्मेलनों की भूमिका महत्वपूर्ण रही है। दो राष्ट्रीय सम्मेलन अब तक दिल्ली एवं रांची में हो चुके हैं।
5. इसी क्रम में अखिल भारतीय आदिवासी लेखक मंच की स्थापना के महत्व को देखा जा सकता है। इस साहित्य में परम्परागत विषयवस्तुओं से पृथक

नये विषयों का समावेश हो रहा है जिसकी वजह आदिवासी क्षेत्रों पर बाहरी दबाव, विकास बनाम विस्थापन, वैश्वीकरण, राष्ट्र की मुख्य धारा में लाने के तथाकथित प्रयास एवं आधुनिकीकरण आदि शामिल हैं।

6. चौतरफा दबावों के चलते सहज, सरल व स्वाभाविक साहित्य के स्थान पर दबाव, अन्तर्विरोध, आशंका, चिन्ता, भय जैसी मनोदशा की अभिव्यक्ति प्रमुखता से सामने आ रही है।

आदिवासी साहित्य के सौन्दर्यशास्त्र का जहां तक प्रश्न है तो यह कहना उचित होगा कि लिपिबद्ध आदिवासी साहित्य अभी नया-नया है इसलिए इसका मूल्यांकन, प्रतिमान-विश्लेषण, प्रवृत्तियों की पहचान, शिल्प एवं सौन्दर्यशास्त्र संबंधी अन्य विषयों पर शोध कार्य एवं चिन्तन किया जाना शेष है, फिर भी कुछ प्रवृत्तियों पर चर्चा की जानी चाहिए।

1. अभिव्यक्ति की भाषा एवं मुहावरा आदिवासी परम्परा की मौलिकता से जुड़ा हुआ है। बाहरी प्रभाव कम मात्रा में है। यह स्थिति आदिवासी लेखकों के संदर्भ में स्पष्टतः देखी जा सकती है।
2. जहाँ तक आदिवासी विषयों पर गैर-आदिवासी साहित्यकारों के लेखन का प्रश्न है तो उनके यहाँ परिष्कृत भाषा व मुहावरा है जो राष्ट्रीय मुख्य धारा से संबंध रखता है चाहे वह लेखन हिन्दी, अंग्रेजी या अन्य भाषाओं में किया जा रहा हो। उदाहरण के तौर पर महाश्वेता देवी, अरुंधती राय, सुदीप बनर्जी, चन्द्रकान्त देवताले आदि के लेखन में देखा जा सकता है।
3. आदिवासी साहित्य के शिल्प व सौन्दर्य बोध को समझने के लिये मुख्य धारा के प्रचिलित प्रतिमान काम नहीं आयेंगे। इस साहित्य को समझने के लिए आदिवासी समाज के अतीत, लम्बी परम्परा, संस्कृति, समग्र जीवन, भविष्य की आपेक्षाओं एवं आकांक्षाओं आदि को समझना होगा।
4. आदिवासी साहित्य अपने शिल्प व भाषिक मुहावरा के साथ सामने आयेगा। इसे समझने के लिए जापानी कविता के प्रेरणा-पुरुष इशिकावा ताकुबोको के इन शब्दों को यहाँ उद्धृत किया जाना ठीक होगा—"शिल्प और भाषा, वस्तु और जीवन-दृष्टि के अनुरूप स्वयं बदलते चलते हैं, उन्हें अलग से बदलने की जरूरत नहीं पड़तीं।"

दरअसल, होता यह है कि जब हम चीजों को गहरायी में नहीं देखते तो कई भ्रांतियों के शिकार हो जाते हैं। ऐसा ही कुछ आदिवासियों के जीवन और उस पर लिखे गये साहित्य के साथ होता आया है। उदाहरणार्थ, बेणेश्वर धाम के सालाना मेले में लाखों आदिवासी इकट्ठा होते हैं, तो सैलानी वहाँ जाकर अर्द्धनग्न नहाती हुई

युवतियों के फोटो खींचने का मानस बनाते हैं। गैर-आदिवासियों का यह पूर्वाग्रही सोच होता है कि "समृद्ध प्रकृति की गोद में आदिवासीजन उन्मुक्त व मस्त जीवन जीते हैं।" आदिवासी युवतियों की देह में उन्हें गोल-गोल गाल, उन्नत उरोज, पुष्ट जंघाएँ, मदमाता यौवन और न जाने क्या-क्या नजर आने लगता है। ऐसे लोग भूल जाते हैं कि आदिवासी लोग कितने पिछड़े हैं। वहाँ सौ तरह के अभाव हैं–अशिक्षा, बेरोजगारी, बीमारी, दुर्गम रास्ते, अपर्याप्त आवास, दिनभर की थकान और रातों का अंधेरा...। कितनी तकलीफें हैं उनके जीवन में, यह कोई नहीं देख पाता। ऐसे ही पूर्वाग्रहों और भ्रमों से युक्त अभिव्यक्ति आदिवासियों पर लिखे गये साहित्य में हुई।

इसका तात्पर्य यह नहीं कि आदिवासी जीवन पर गैर-आदिवासी रचनाकारों ने अब तक जो लिखा है वह सब खारिज करने लायक है।

आदिवासी लेखकों द्वारा लिखा आदिवासी हिन्दी साहित्य

हम इस मान्यता में विश्वास करते हैं कि साहित्य साहित्य होता है, वह कोई घटकों का साहित्य नहीं होता। जब घटकों अर्थात दलित, स्त्री, आदिवासी आदि के स्तर पर साहित्य की चर्चा की जाती है तो इसका अर्थ वैसे ही होता है जैसे भौतिक विकास की यात्रा में समाज का कोई तबका पीछे रह जाता है तो समग्र विकास की दृष्टि से उसे आगे लाने के लिए पीछे रह जाने के कारणों का विश्लेषण किये जाने के बाद उन कारणों को समाप्त करना होता है। इसी तरह साहित्य को सम्पूर्णता में समझने के लिए समाज के विभिन्न समुदायों के साहित्य की परम्परा को उस सीमा तक देखना अनिवार्य हो जाता है जिस सीमा तक साहित्य की वह धारा प्रमुख धारा से विशिष्ट स्थान रखती है।

जब आदिवासी साहित्य की बात आती है तो यह प्रश्न भी उठता है कि जन्मना आदिवासी लेखकों द्वारा रचे गये और गैर-आदिवासियों द्वारा रचे गये साहित्य में जीवनानुभव, विषय वस्तु और शिल्प के स्तर पर कहां तक अन्तर है। केवल इस बात को ध्यान में रखते हुए इस विषय पर बात की जा सकती है।

उल्लेखनीय है कि भारतीय साहित्य के सन्दर्भ में जब आदिवासी साहित्य को देखा जाता है तो मौखिक साहित्य की लम्बी और समृद्ध परम्परा हमारे सामने है जिसमें कहानी-किस्से, गीत, पहेलियां, कहावतें विभिन्न रस-रंगों में उपलब्ध हैं चाहे उनका भाषिक मुहावरा आंचलिक स्तर पर वैविध्य रखता हो। आदिवासी भाषाओं में लिखा गया साहित्य प्रचुर मात्रा में उपलब्ध है। मराठी, खड़िया, संथाली, कुड़ुख, बोडो, राभा, गारो, कोक बोरोक (त्रिपुरा), मिजो, खासी, भीली, गोरबोली आदि भाषाओं में लिखा गया साहित्य आंचलिक होने के कारण और उसका हिन्दी में अनुवाद लम्बे समय तक

नहीं होने के कारण उसका मूल्यांकन नहीं के बराबर हुआ। जब हिन्दी भाषा में आदिवासी जीवन के चित्रण का सवाल उठता है तो यह मानना होगा कि ऐसा चित्रण एक ओर तो मात्रा की दृष्टि से कम हुआ है, दूसरे, अनुभव के पर्याप्त न होने के कारण अभिव्यक्ति की आधिकारिता कमजोर दिखायी देती है। जब कथा साहित्य व कविता का विश्लेषण किया जाता है तो यह बात सामने आती है कि आदिवासी जीवन के यथार्थ के चित्रण की जगह आदिवासियों के झांकीनुमा रोमांटीकरण में ही अधिक रूचि दिखायी जाती रही है। इस कदर हिन्दी में जो साहित्य लिखा गया करीब-करीब वह सारा गैर-आदिवासी लेखकों द्वारा रचित है। डॉ. श्यामाचरण दुबे ने अपने प्रसिद्ध ग्रंथ 'परम्परा, इतिहास-बोध और संस्कृति' में यह टिप्पणी अंकित की है कि "हिन्दी उपन्यास की उल्लेखनीय सफलताओं के बावजूद भारत के सामाजिक यथार्थ के आकलन में उसकी सीमा और न्यूनताएं चुभने वाली हैं...। भूमिहीन खेतिहर बंधुआ मजदूरों और श्रमिकों पर जो लिखा गया है वह नाकाफी है और सन्तोषजनक भी नहीं। आदिवासियों और दरिद्र समाज का दर्द भी अभिव्यक्त नहीं।"

मुश्किल से गत एक दशक में आदिवासी लेखकों द्वारा हिन्दी में लिखे गये साहित्य पर चर्चा होने लगी है जिसमें रमणिका गुप्ता की पहल विशेष रूप से रही जिन्होंने 1 जून, 2002 को केन्द्रीय साहित्य अकादमी के सहयोग से पहला अखिल भारतीय आदिवासी साहित्य सम्मेलन नई दिल्ली में आयोजित करवाया।

जब आदिवासी लेखकों द्वारा हिन्दी में लिखे गये साहित्य की बात की जाती है तो कविता विधा को लेकर सन्तोषजनक स्थिति सामने आती है। कुछ कहानियां भी प्रकाश में आयी हैं लेकिन अन्य विधाओं का केवल टोटा ही कहा जा सकता है। जो कुछ अब तक जानकारी में आया है उसका ब्योरा निम्न प्रकार है—

कविता

आदिवासी जीवन को लेकर जब कविता की बात की जाती है तो मौखिक परम्परा ही समृद्ध धरोहर के रूप में सामने आती है जो प्रमुख रूप से गेय परम्परा रही है। आधुनिक या समकालीन कविता की दृष्टि से आंचलिक भाषाओं में अवश्य कविता के माध्यम से जीवन के विभिन्न पक्षों की अभिव्यक्ति होती रही है लेकिन हिन्दी भाषा में आदिवासी कविता अभी शुरुआती दौर में चल रही है। आदिवासी रचनाकारों की कविताओं पर पिछले अध्याय में चर्चा की जा चुकी है।

उपन्यास

इस श्रेणी में केवल चार उपन्यास सामने आये हैं। झारखण्ड के पीटर पॉल एक्का द्वारा रचित *जंगल के गीत* में कथा वस्तु आदिवासी प्रेमी युगल के इर्द-गिर्द घूमती है फिर भी

आंचलिक भौगोलिकता, प्रकृति, पर्वोत्सव, आदिवासी संस्कृति के अन्य पक्षों तथा जीवन् के कई प्रसंग भी यहाँ-वहां अभिव्यक्त हुए हैं।

दूसरा उपन्यास हरिराम मीणा का *धूणी तपे तीर* है जिसमें ब्रिटिश कालीन आदिवासी विद्रोह, संघर्ष व बलिदान की घटना का चित्रण है जो वर्ष 1913 में राजस्थान के बांसवाड़ा जिला के मानगढ़ पर्वत पर घटित हुई और जिसमें अग्रेजी व रियासती फौजों से लड़ते हुए करीब 1500 आदिवासी लडाकू शहीद हुए। विभिन्न प्रकार के शोषण से तंग आकर गोविन्द गुरू के नेतृत्व में प्रमुख रूप से भील आदिवासियों ने यह लड़ाई लड़ी थी।

तीसरा उपन्यास मंगल सिंह मुण्डा द्वारा लिखा गया है। इसका कथानक एक प्रेम कहानी पर आधारित है। दासोक नामक प्रपात के इस पार प्रेमी का गांव है और उस पार प्रेयसी की बस्ती। प्रपात को तैरकर पार करना असम्भव है। बांदुलता नामक बेल को पकड़कर झूलते हुए कथा का नायक इस पार से उस पार अपनी प्रेमिका से मिलने आता-जाता रहता है। दुर्भाग्य से एक दिन प्रपात में गिरकर नायक की मौत हो जाती है। यही पटाक्षेप है उपन्यास का। कृति का शीर्षक नायक के नाम पर *छैला संदु* रखा गया है अर्थात् आशिक संदु।

'लौटते हुए' वाल्टर भेंगरा 'तरुण' का उपन्यास है। इस कृति में झारखण्ड अंचल की ऐसी महिलाओं के दुःख व शोषण को अभिव्यक्ति दी गयी है जिन्हें रोजगार की तलाश में दूरस्थ महानगरों एवं अन्य राज्यों की ओर पलायन करना पड़ता है। ऐसा पलायन तो पुरुष भी करते रहे हैं लेकिन स्त्रियों की पीड़ा विशेष स्वरूप रखती है। उनका शोषण बहुआयामी होता है जिसमें दैहिक शोषण अलग किस्म की पीड़ा देता है। अपनी जमीन से विस्थापन आदिवासी समाज के सामने सब से बड़ी चुनौती है, चाहे वह जबरन हो या रोजगार की तलाश में। ऐसी चुनौती के एक जरूरी पक्ष को उजागर करना इस उपन्यास को महत्वपूर्ण बनाता है।

कहानी

रोज केरकेट्टा की कहानी *भंवर* नारी की दशा विशेष रूप से पुरुष वर्चस्व को अभिव्यक्त करते हुए उसे मुक्ति के पथ पर अग्रसर होने के संकेत देती है। पीटर पॉल एक्का की रचना *राजकुमारों के देश में* एक ऐसी कहानी है जिसमें मंगलू काका जैसे स्वाभिमानी नायक को केन्द्र में रखा गया है जो अच्छा मांदल भी बजाता है और देशी दवाओं से ईलाज भी करता है। कहानी के माध्यम से बाहरी दबाओं के चलते आदिवासी जीवन में आये परिवर्तन को संकेतित किया गया है। डॉ. मंजु ज्योत्सना की कहानी *प्रायश्चित* में नायक डोमना के जीवन के प्रसंग अभिव्यक्त हुए हैं डोमना का

पूरा परिवार लोक गीत-संगीत-नृत्य में रमा होता है। डोमना की शादी होती है। कोई सन्तान ना होने से उसकी पत्नी को इधर-उधर से उलाहने सहने पड़ते हैं जिसमें डोमना स्वयं भी परिस्थितियों के दबाव में शामिल हो जाता है और आखिर पत्नी को उत्पीड़ित करने लगता है। दुखी होकर उसकी पत्नी आत्महत्या कर लेती है। बतौर प्रायश्चित डोमना एक गर्भवती विधवा से से शादी कर लेता है और पुनः नये जीवन में प्रवेश करता है। शंकर लाल मीणा का कहानी संग्रह *आखिर कब तक* सन् 1992 में प्रकाशित हुआ। उनकी *कुज्जीव* शीर्षक से एक कहानी *हंस* पत्रिका में प्रकाशित हुई जो काफी चर्चा में रही। इस कहानी का प्रमुख पात्र एक ऐसा युवा है जो अनाथ है लेकिन अपने स्वभाव व व्यवहार से पूरी बस्ती के लोगों का चहेता बन जाता है। व जिस घर जाता है वहां उसे खाने को कुछ ना कुछ दिया जाता है, लेकिन उसका अपना कहीं कुछ नहीं है। एक प्रसंग है जब वह हाथ में लेकर रोटी खा रहा होता है। उधर एक कौआ की कुदृष्टि उसकी रोटी पर है, यह बात युवक कुज्जीव भली-भांति जान लेता है। वह अति का एक कदम उठाता है और लकड़ी काटने के औजार वसूला से अपनी छोटी अंगुली का हिस्सा काटकर कौवे की ओर फेंक देता है, यह कहते हुए कि ''अंगुली खा ले पर तुझे रोटी का टुकड़ा नहीं दूंगा।'' शंकर लाल की एक अन्य कहानी है *बूढ़ी शाखों का वार्तालाप* जिसमें दो वृद्ध औरतों के वार्तालाप की अभिव्यक्ति है जब वे अपने दुख-सुख बांटती हुई गुजरे जीवन की यादों में खो जाती हैं। यह बातचीत उनका पूरा का पूरा अतीत का कथानक बन जाता है। केदार मीणा की एक कहानी है *कॉमरेड मीणा* जो हंस पत्रिका में छपी। इस कहानी में एक युवक दूर-दराज के इलाके में जाकर नक्सलवादी बन जाता है। पीछे से उसका घर-गांव उसे काफी तलाशता है। मोहभंग की स्थिति से गुजरते हुए वह युवक गांव लौटता है और प्रिय काका को सारा प्रसंग सुनाता है जिसमें बहुत कुछ वह है जो वर्तमान में घटित हो रहा है। रामधन लाल की कहानी *अप्रत्याशित* में सरपंच व पटवारी किस कदर भोले ग्रामीणों को तंग करते हैं, इसे अभिव्यक्त करते हुए सूद की समस्या को उजागर किया है। हरिराम मीणा की कहानी *सांवलिया* (वर्तमान साहित्य) व *पांच्या के भूत* (युद्धरत आम आदमी) चर्चा में रही है जिनमें दो ऐसे बुजुर्गों का अलग-अलग किस्सा है जिनमें से एक अपने जमाने का देशी पहलवान और दूसरा किस्सागो के रूप में अंचल में विख्यात रहे। प्रभात की कहानी *अकाल में गन्ना* में रोटी के लिए संघर्ष तथा नरेगा और अकाल के विभिन्न पक्षों को अभिव्यक्त किया गया है। उन्हीं की एक अन्य कहानी है *गड़रिये की किलकारी*। इसमें बकरियों के बीच रहने वाले एक ऐसे युवा के जीवन की कहानी है जो बकरी और जंगल में रहते हुए इतना एकाकी हो जाता है कि मनुष्य के रूप में अपनी पहचान को ही भूल जाता है।

नाटक

सुनील कुमार 'सुमन' ने एक चर्चित नाटक लिखा है जिसका शीर्षक है *एक बार फिर*। इस नाटक में आदिवासी समाज की विभिन्न समस्याओं को उजागर करते हुए माओवाद, सरकार के प्रतिक्रियावादी दृष्टिकोण तथा चालाक लोगों द्वारा दलित व आदिवासियों के बीच मतभेद पैदा करने जैसे पक्षों को समेटा गया है। प्रभात का नाटक *कालीबाई* एक ऐसी साहसी युवती के जीवन पर केन्द्रित है जो सन् 1940 के दशक में दक्षिणी राजस्थान के एक आदिवासी गांव में पैदा हुई और एक समाजसेवी व शिक्षक नान्या खांट को ब्रिटिश पुलिस की गिरफ्त से मुक्त कराने के लिए स्वयं शहीद हो गई थी।

यात्रा वृतान्त

हरिराम मीणा द्वारा यात्रावृत्त की दो पुस्तकें अब तब प्रकाशित करवाई हैं। *साईबर सिटी से नंगे आदिवासियों तक* की यात्रा हैदराबाद से आरम्भ होकर पूर्वी घाट के विभिन्न अंचलों से गुजरती हुई कोलकाता होती अन्ततः अण्डमान के आदिवासियों तक पहुंचती है। वहां के ग्रेट अण्डमानी, सेन्टेनली, जारवा व ओंग आदिवासी समुदायों के बारें में रोचक व तथ्यात्मक जानकारी यह वृतान्त देता है। दूसरा यात्रा वृतान्त *जंगल-जंगल जलियांवाला* है जिसमें ब्रिटिश कालीन तीन आदिवासी संघर्षों को समेटा गया है, जिनमें से दो घटनायें राजस्थान की तथा एक घटना गुजरात प्रान्त में घटित हुई। यह घटनायें क्रमशः सन् 1913 व 1922 की है जिनमें कुल मिलाकर साढ़े तीन हजार आदिवासियों ने अंग्रेजी व रियासती फौजों से लड़ते हुए अपनी कुर्बानी दी थी।

चिन्तनपरक आलेख

आदिवासी लेखकों के द्वारा लिखे आदिवासी मुद्दों से सम्बन्धित लेख विभिन्न पत्र-पत्रिकाओं एवं सम्पादित पुस्तकों में प्रकाशित होते रहे हैं। केदार मीणा (दिल्ली विश्वविद्यालय), हरिराम मीणा (जयपुर), गंगा सहाय मीणा (जवाहरलाल नेहरू विश्वविद्यालय), सुनील कुमार सुमन (अन्तर्राष्ट्रीय महात्मा गांधी विश्वविद्यालय, वर्धा) आदि के विशेष रूप से 'जनसत्ता' में छपे लेख चर्चा में रहे। लोक कलाओं पर मदन मीणा ने काफी लिखा है जो प्रतिष्ठित पत्रिकाओं में यहाँ-वहां प्रकाशित हुआ है। झारखण्ड की नारी समस्या से जुड़े महत्वपूर्ण मुद्दों पर निर्मला पुतुल एवं वासवी ने खूब लिखा है। बनजारा समाज पर मोतीराज राठौड़ (औरंगाबाद) एवं केशव फाल्के (पुणे) ने बहुत कुछ शोधपरक लिखा हैं। डॉ. हेमराज मीणा, डॉ. पी. रामाकोट्टी (हैदराबाद), लक्ष्मण गायकवाड़, वाहरू सोनवणे आदि विद्वान निरन्तर हस्तक्षेप करते रहे हैं।

आदिवासी लेखकों द्वारा सृजित हिन्दी साहित्य अभी शुरुआती दौर में है, चाहे कविता जैसी विधा की रचनाएं प्रचुर मात्रा में उपलब्ध हो। कुल मिलाकर यह बात तय है कि गहन जीवनानुभव किसी भी रचना को ताकतवर बनाने की आधारभूमि तैयार करते हैं। ये ही अनुभव शिल्प के स्तर पर भाषा का अपना मुहावरा और सौन्दर्य के विशिष्ट भाव अभिव्यक्ति के लिए प्रस्तुत करते हैं। हम उम्मीद करते हैं कि ऐसा साहित्य समग्र हिन्दी साहित्य को और अधिक समृद्ध करेगा।

आदिवासी साहित्य सम्मेलन

एक

वह एक अद्भुत आयोजन था, निहायत जरूरी। 35, फिरोजशाह रोड, नई दिल्ली, साहित्य अकादमी का सभागार, दिनांक एक जून, सन् 2002, जंगलों, पहाड़ों, दुर्गम अंचलों में बसे करीब दो दर्जन आदिवासी साहित्यकार एकत्रित हुए। राष्ट्रीय आदिवासी साहित्य सम्मेलन के नाम से यह कार्यक्रम रमणिका फाउण्डेशन की पहल पर साहित्य अकादमी ने आयोजित किया।

आखिर इस महत्वपूर्ण आयोजन का विचार कब, कैसे और किसके मन में आया, यह जानना बहुत जरूरी है। हुआ यूँ कि नारी चेतना और अछूत के अर्थ में दलित विमर्श पिछले कुछ दशकों से हिन्दी बेल्ट में हाशिए से साहित्य के केन्द्र में आ चुका था। इस आंदोलन में हजारीबाग से निकलने वाली त्रैमासिक पत्रिका 'युद्धरत आम आदमी' के माध्यम से पत्रिका की संपादक रमणिका गुप्ता की भी महत्वपूर्ण भूमिका रही है। 'अरावली उद्घोष' के संस्थापक संपादक बी.पी. वर्मा 'पथिक' आदिवासियों के लिए समर्पित होकर काम करते रहे हैं। उनसे जब भी बात होती वे यही कहते कि दलित समुदाय (अछूत के अर्थ में) साहित्य के माध्यम से आगे बढ़ता जा रहा है। इन्होंने अपनी एक पहचान बना ली है। मगर आदिवासियों में साहित्य के मार्फत चेतना कैसे आये?

कुछ अरसा पूर्व पथिक बाबा ने एक पत्र रमणिका जी को लिखा। पत्र का मजमून कुछ इस तरह था कि दलितों की बात करने वाले आप जैसे लोग समाज की मुख्य धारा से ही नहीं अपितु भौगोलिक दृष्टि से हजारों सालों से अलग थलग पड़े आदिवासीजन के बारे में क्यों नहीं सोचते? अलग-अलग समूहों में बँटा यह समुदाय क्या दलित-दमित-शोषित नहीं है? विकास के नाम पर अपनी पुश्तैनी भौम से खदेड़े जा रहे अपने अस्तित्व को पैदा हुए घोर संकट से जूझते इन आदिवासियों की सुध लेने के लिए आप आगे क्यों नहीं आतीं?

यह पत्र एक ऐतिहासिक दस्तावेज साबित हुआ। इसका असर रमणिका जी पर पड़ा और उन्होंने आदिवासी साहित्य को आगे लाने का बीड़ा उठा लिया। कहने की आवश्यकता नहीं कि रमणिका जी जीवनभर स्त्री, दलित और आदिवासियों के लिए संघर्षरत रही हैं, मगर आदिवासी साहित्य की ओर उनका विशेष ध्यान बाबा के उक्त पत्र ने दिलाया। दूसरा सुखद परिणाम यह निकला कि तीन वर्षों की कड़ी मेहनत के बाद 'युद्धरत आम आदमी' पत्रिका के दो महत्वपूर्ण विशेषांक निकले। इनका नाम रखा गया 'आदिवासी स्वर और नयी शताब्दी'। आदिवासी विशेषांक के इन दोनों खण्डों में केवल आदिवासी रचनाकारों को ही इस मकसद से शामिल किया गया ताकि हम यह जान सकें कि आखिर इनकी दृष्टि से इस समुदाय के दुख-सुख कौन से हैं। यह इसलिए भी कि ऐसी कोशिश आदिवासियों की आधिकारिक अभिव्यक्ति होगी। पहले खंड का लोकार्पण 23 व 24 फरवरी 2001 को जयपुर में हुए राष्ट्रीय लघु पत्रिका सम्मेलन के दौरान प्रख्यात चिंतक-साहित्यकार-पत्रकार रामशरण जोशी ने किया और दूसरे खंड का विमोचन साहित्य अकादमी में सुविख्यात साहित्यकार महाश्वेता देवी जी के हाथों किया गया।

एक नीतिगत निर्णय के तहत यह तय किया गया कि मंच से केवल आदिवासी (जन्मना) लेखक ही बोलेंगे। हाँ, उद्घाटन सत्र में मुख्य अतिथि के रूप में महाश्वेता देवी एवं साहित्य अकादमी के सचिव के. सच्चिदानंदन, उपाध्यक्ष गोपीचन्द नारंग एवं सामाजिक कार्यकर्त्ता एवं साहित्यकार रमणिका गुप्ता को विशिष्ट अतिथियों के रूप में अवश्य अवसर दिया गया।

इस ऐतिहासिक कार्यक्रम में बंगाल, बिहार, झारखंड, राजस्थान, उड़ीसा, गुजरात, महाराष्ट्र, केरल के दूरदराज के इलाकों से करीब दो दर्जन साहित्यकार आमंत्रित किए गये, जो वहाँ आये। इन आदिवासी लेखकों ने जो साहित्य रचा उसके तेवर और तासीर अनूठी दिखायी दी। महाराष्ट्र से आये चर्चित लेखक वाहरू सोनवणे ने संस्कृति को लेकर कहा कि सब लोग कहते हैं, "आदिवासी संस्कृति बहुत अच्छी है।" कोई यह नहीं बताता उसमें क्या अच्छा है। उन्होंने उदाहरण दे-देकर अपनी बात को समझाया। उसी इलाके के विनायक तुमराम ने कहा आदिवासियों को जबरन या बहकाकर हिंदू, मुस्लिम, ईसाई वगैरा बनाया जाता रहा। वास्तव में आदिवासी धर्म बिल्कुल अलग है। उनकी 'जमीन' और परिवेशगत प्रकृति से जुड़ा हुआ। उनकी धार्मिक परंपरा के संरक्षण की बात कोई नहीं करता। रामदयाल मुंडा ने बताया कि गैर-आदिवासियों द्वारा जो साहित्य आदिवासी जीवन को केंद्र में रखकर लिखा गया, उसे लेकर जब हम आदिवासी लोगों के बीच जाते हैं, तो वे हंसते हैं। कविता, कहानी उनके पल्ले नहीं पड़ती। वे लोग ऐसे साहित्य से जुड़ते ही नहीं, जुड़ भी नहीं सकते, चूँकि ऐसा साहित्य

उनका है ही नहीं। कवि-लेखक हरिराम मीणा ने कहा आदिवासियों का वास्तविक इतिहास लिखा ही नहीं गया। उन्होंने मानगढ़ (बांसवाड़ा) में सन् 1913 में डेढ़ हजार आदिवासियों की शहादत (अंग्रेजी-रियासती फौजों के साथ आजादी की लड़ाई) का जिक्र किया।

गुजरात से आये भगवानदास पटेल ने 'भीलों के भारथ' (महाभारत) के बारे में विस्तार से बताया। उन्होंने करीब 15 वर्षो के अथक श्रम के बाद भीलों की मौखिक परंपरा में गाये जाने वाले महाभारत एवं रामायण पर गहन शोध किया है। 'भीलों का भारथ' साहित्य अकादमी ने प्रकाशित किया है। इस संकलित ग्रंथ में पात्र, स्थल करीब वही हैं मगर कथा एवं संदर्भ बहुत कुछ बदले हुए दिखायी देंगे। भगवानदास पटेल को सुनकर लगा महाभारत का यथार्थवादी संस्करण भीलों की गेय परंपरा में है। यह भी सिद्ध होता है कि शास्त्र की परंपरा एक वर्ग विशेष के हितों को केंद्र में रखकर बनती रही है। आदिवासी पत्रिका 'अरावली उद्घोष' (उदयपुर) के संपादक बी.पी. वर्मा पथिक ने इस बात पर गहरा दुख और क्षोभ प्रंकट किया कि आज विकास के नाम पर आदिवासीजन विस्थापन और पलायन की त्रासदी भुगत रहे हैं। साहित्य व मीडिया इस त्रासदी पर मौन दिखायी देता है।

उद्घाटन सत्र के अलावा इस कार्यक्रम को चार सत्रों में बाँटा गया। कार्यक्रम का विषय रखा गया—"आदिवासी साहित्य की समस्या, संभावनाएँ और लघु-पत्रिकाओं की भूमिका।" इस विषय के बहाने साहित्य के माध्यम से आदिवासियों की समस्याओं पर गंभीर चर्चा की गई।

उद्घाटन सत्र की अध्यक्षता साहित्य अकादमी के उपाध्यक्ष गोपीचंद नारंग ने की। सर्वप्रथम स्वागत भाषण अकादमी के सचिव चर्चित कवि के. सच्चिदानंदन ने दिया। उनके वक्तव्य में महत्वपूर्ण बात यह रही कि आदिवासी धरती के आदिपुत्र हैं और आज अपने अस्तित्व के घोर संकट की चपेट में हैं, यह चिंता का विषय है जिस पर सबका ध्यान जाना चाहिए।

अपने उद्घाटन भाषण में महाश्वेता देवी ने मानवता पर छा रहे इस चौतरफा संकट के दौर में राष्ट्रीय व अंतर्राष्ट्रीय दुष्चक्रों की चपेट में आ चुके आदिवासियों का पक्ष लेते हुए कहा कि इस समुदाय की सबसे बड़ी समस्या है उनकी जमीन का छिनते चले जाना। हम सबको एकजुट होकर इस संकट का विरोध करना चाहिए। सत्र का बीज भाषण देते हुए गणेश देवी ने आदिवासी भाषाओं की समृद्ध परंपरा, उनकी वैज्ञानिकता, संप्रेषणीय क्षमता एवं इन भाषाओं के माध्यम से आदिवासी साहित्य की संभावनाओं पर विस्तार से प्रकाश डाला।

विषय प्रवर्तन करते हुए 'युद्धरत आम आदमी' की संपादक एवं रमणिका

फाउण्डेशन की अध्यक्ष रमणिका गुप्ता ने आदिवासी साहित्य की समृद्ध मौखिक परंपरा, गत्यात्मकता, लिखित रूप में उसके आने की संभावनाओं तथा लघु-पत्रिकाओं की भूमिका के विशेष पक्षों पर जोर देते हुए अपनी बात कही। आदिवासी विषयों के महान विद्वान, चिंतक व साहित्यकार रामदयाल मुंडा ने कविता एवं गीतों के बहाने उस आदिवासी साहित्य के पक्ष पर जोर दिया जो आदिवासीजन के बीच संप्रेषणीय व स्वीकारणीय हो। कहने का तात्पर्य यह रहा कि आदिवासी परंपरा का हिस्सा बन कर ही आदिवासी साहित्य रचा जा सकता है, बाहरी दबाव या आकर्षण से प्रभावित होकर नहीं। उन्होंने व्यवस्था और परंपरा के अंतर्विरोधों पर विस्तार से चर्चा की। मराठी आदिवासी लेखक लक्ष्मण गायकवाड़ ने आदिवासी साहित्य पर चर्चा करते हुए सरकार एवं भद्र लोगों के उस नजरिये की पोल खोली जिसकी वजह से इस धरा के मूलवासियों को अब तक आपराधिक समुदाय के रूप में प्रचारित करने का षड्यंत्र रचा गया। उन्होंने स्वयं के कटु अनुभव बहुत ही तल्खी और प्रतिरोध के साथ सुनाये। चर्चित लेखक एवं कवि भुजंग मेश्राम ने आदिवासी साहित्य परंपरा, संभावनाएँ और लघुपत्रिकाओं की अपेक्षित भूमिका पर अपना सारगर्भित वक्तव्य प्रस्तुत किया। यह सत्र थोड़ा लंबा खिंच रहा था और सत्र के अध्यक्ष श्री गोपीचंद नारंग को अन्यत्र जाना था, अतः उन्होंने बीच में अपनी बात कही और आदिवासियों की समस्याओं, उनके साहित्य की महत्ता और संभावनाओं को केंद्र में रखकर अपना अध्यक्षीय उद्बोधन दिया।

उद्घाटन सत्र के चलते साहित्य अकादमी का वह सभागार आदिवासीमय बनता गया था। आदिवासी लेखकों के अलावा विशेषरूप से हिन्दी के प्रतिष्ठित साहित्यकार वहाँ मौजूद थे। हॉल छोटा पड़ रहा था।

चायपान के बहाने छोटा-सा ब्रेक, मगर उस दौरान भी आत्मीय मिलन-परिचय, सार्थक चर्चा के बाद का सत्र आरंभ हुआ जिसकी अध्यक्षता सरकार में मंत्री रह चुके साहित्यकार चेतन माँझी ने की।

इस सत्र के मुख्य वक्ता थे 'अरावली उद्घोष' के संपादक मंडल के सदस्य एवं कवि-लेखक हरिराम मीणा। उन्होंने अपने उद्बोधन में आदिवासियों के हजारों सालों से चले आ रहे अस्मिता-संघर्ष पर प्रकाश डालते हुए अंग्रेजों के विरुद्ध लड़ाई में आदिवासियों के महान बलिदान की महत्वपूर्ण घटनाओं का जिक्र करते हुए अफसोस जताया कि आदिवासी संघर्ष का जिक्र इतिहास में नहीं किया गया। आदिवासी संस्कृति, साहित्य, इस समुदाय की बहुआयामी समस्याओं, लघुपत्रिकाओं की भूमिका पर अपनी बात कहते हुए 'युद्धरत आम आदमी' एवं 'अरावली उद्घोष' जैसी पत्रिकाओं का विशेष उलेख किया और साहित्य अकादमी तथा रमणिका फाउण्डेशन

के द्वारा आयोजित इस कार्यक्रम के लिए आभार व्यक्त किया। झारखंड की प्रतिष्ठित लेखिका एवं कवयित्री ग्रेस कुजूर इस सत्र की दूसरी महत्वपूर्ण वक्ता थीं, जिन्होंने आदिवासियों की भौतिक समस्याओं, संस्कृति एवं साहित्य की परंपरा एवं संभावनाओं और मीडिया की भूमिका पर अपनी गंभीर बातें कहीं। अपने अध्यक्षीय भाषण में चेतन माँझी ने देशभर में अलग-थलग पड़े और अनगिनत कष्टों को सहते आदिवासियों को केंद्र में रखकर महत्वपूर्ण सूत्र समझाये।

भोजनावकाश के बाद अगला सत्र आरंभ हुआ। अपनी वृद्धावस्था और बीमारी के बावजूद 'अरावली उद्घोष' पत्रिका के संस्थापक संपादक श्रद्धेय बी.पी. वर्मा 'पथिक' इस आयोजन में शामिल होने के लिए उदयपुर से चलकर दिल्ली पहुँचे थे। उन्होंने इस सत्र की अध्यक्षता की। ऊँचा सुनने की ऐंद्रिक कमजोरी के बाद भी हाव-भावों की भाषा और उच्चरित होते आदिवासी स्वर को वे गंभीर होकर पकड़ रहे थे।

सत्र की प्रमुख वक्ता आदिवासी भाषा खड़िया की सुपरिचित विदुषी एवं लेखिका रोज केरकट्टा थी। उन्होंने आदिवासी भाषाओं, हजारों सालों से चली आ रही मौखिक साहित्य की परंपरा और लघु-पत्रिकाओं की वांछित भूमिका पर प्रकाश डाला। सत्र के अन्य वक्ताओं में केरल के नारायण ने अपनी बात अंग्रेजी में कही, वजह कि वे हिन्दी नहीं जानते और कार्यक्रम में मौजूद लोगों के लिए मलयालम समझना मुश्किल था। उल्लेखनीय है कि नारायण का 'पहाड़िन' शीर्षक से लिखा उपन्यास काफी चर्चित रहा है। बहुत गंभीर होकर नारायण ने आदिवासियों से जुड़े मुद्दों को उठाया।

चर्चित संथाली कवयित्री निर्मला पुतुल ने अपने संबोधन में आदिवासियों की अन्य समस्याओं के साथ सरकारी एवं गैरसरकारी लोगों द्वारा आदिवासी स्त्रियों के शोषण के अनेक रूपों को उजागर किया। उनके चेहरे के हावभावों से लग रहा था कि उनके भीतर कितना विद्रोह भरा हुआ है। कहने की आवश्यकता नहीं कि वे स्वयं आदिवासी श्रम के शोषण की साक्षात साक्षी रही हैं। निर्मला पुतुल मुख्यतः अपनी भाषा संथाली में लिखती हैं। उनकी रचनाओं का अधिकांश अनुवाद अशोक सिंह ने किया है। वे भी सत्र में बोले। उनके भीतर आदिवासियों के लिए कितना दर्द है, यह उनके वक्तव्य से स्पष्ट हुआ। युवा लेखक अशोक का अब तक का जीवन झारखंड के आदिवासी अंचल में गुजरा है। इसी आदिवासी परिवेश में उनके संस्कार पले और बढ़े हैं। आदिवासी भाषा और व्याकरण के अध्येता तथा आदिवासी एवं क्षेत्रीय भाषा विभाग, राँची विश्वविद्यालय में संथाली प्राध्यापक के पद पर कार्यरत डॉ. कृष्णचंद्र टुडू ने इस सत्र में सक्रिय भूमिका निभाते हुए आदिवासियों की समस्याओं, साहित्य की संभावनाओं और लघु पत्रिकाओं के अपेक्षित अवदान पर अपना वक्तव्य दिया।

अध्यक्षीय भाषण में पथिक बाबा ने बताया कि ''आदिवासियों को केंद्र में रख कर किन तकलीफों के चलते वे गत 15 वर्षो से 'अरावली उद्‌घोष' पत्रिका प्रकाशित कर रहे हैं। निस्संदेह, लघु पत्रिका निकालना तलवार की धार पर चलना है—बहुत कठिन है डगर... फिर भी यह एक महत्वपूर्ण काम है, कम से कम समाज के उन वर्गो में चेतना लाने की दृष्टि से, जो सभ्यता की दौड़ में बहुत पीछे रख दिए गये।''

यह इतना महत्वपूर्ण आयोजन था। वक्ताओं के दिलो-दिमाग में बहुत-सी बातें थीं, जिन्हें वे यहाँ अभिव्यक्त करना चाह रहे थे। दूर-दराज के अंचलों से यहाँ इसलिए पहुँचे कि बरसों से एकत्रित अपने विचारों को देश की राजधानी में लोगों को बतायें। सभी महसूस कर रहे थे कि ''जगह भी छोटी पड़ रही है और कार्यक्रम को एक दिन की जगह कम से कम तीन दिन का होना चाहिए था।'' समय की पाबंदी के रहते बहुत-सी बातें मन में रह गयी। यही वजह रही कि दूसरे सत्र के साथ ही तीसरा सत्र बिना किसी अंतराल के शुरू करना पड़ा।

तीसरे सत्र के मुख्य वक्ता थे महाराष्ट्र के वाहरू सोनवणे। उन्होंने सन् 1970 में मैट्रिक की परीक्षा दी। उसके बाद अंबरसिंग महाराज के नेतृत्व में जारी आदिवासी आंदोलन में कूद पड़े। पिछले 30 वर्षो से वे 'श्रमिक संघटना' (आदिवासी संगठन) में सक्रिय कार्यकर्ता हैं। फिलहाल आदिवासी साहित्य परिषद के अध्यक्ष हैं। सोनवणे का यह परिचय इसलिए कि कोरा साहित्य रचने से काम नहीं चलेगा, संघर्ष की ठोस जमीन पर उतरना भी जरूरी है। सोनवणे ने अपने विशिष्ट व्यंगात्मक अंदाज में सबसे महत्वपूर्ण प्रश्न यह उठाया कि आदिवासी संस्कृति महान है, पुरानी है, इसकी समृद्ध परंपरा अब तक जीवित है वगैरह-वगैरह... लेकिन इसमें क्या खासियत है, क्या सीखने लायक है, इसका गंभीर विश्लेषण बहुत कम लोग कर पाते हैं। ऐसा वे ही कर सकते हैं जो आदिवासी संस्कृति को निकट से जानते हैं। दूर बैठकर कल्पना करने से यह संभव नहीं। उन्होंने जीवन से जुड़े साहित्य की पैरवी करते हुए अपनी बात समाप्त की।

अन्य वक्ताओं में आंध्रप्रदेश के बनजारा आदिवासी परिवार से जुड़े बी.चीनिया नायक ने बनजारा आदिवासी समुदाय के बारे में जानकारी देते हुए बताया कि देश में इस समुदाय की जनसंख्या आठ करोड़ है। ये लोग कश्मीर से कन्याकुमारी और उत्तर-पूर्वांचल से देश की पश्चिमी सीमाओं तक बिखरे हुए हैं, फिर भी इनकी एक भाषा है 'गोर बोली'। कहावत ही नहीं, सच्चाई है कि हर बारह कोस पर बोली बदल जाती है, मगर हिंदुस्तान में बनजारों की गोरबोली ऐसी भाषा है जो देश के सारे बनजारों द्वारा बोली जाती रही है, चाहे वे कही भी हों। भाषा के स्तर पर इस आदिम समुदाय की इकजुटता अनुकरणीय है। उन्होंने बनजारा लोकगीत सुनाये। नायक के

वक्तव्य एवं गीतों का त्वरित अनुवाद वाई.सी.पी. वेंकटरेड्डी ने किया। इस सत्र के वक्ता भगवानदास पटेल ने महाभारत एवं राम कथा को लेकर आदिवासी मौखिक परंपरा के आधार पर बहुत महत्वपूर्ण काम किया है। गुजराती में मूल तथा हिन्दी में अनुदित 'भीलों का भारथ' साहित्य अकादमी ने छापा है। मनुवादी वर्चस्व के कारण किस कदर तथ्यों को तोड़-मरोड़कर सामने रखा गया, यह सारी पोल-पट्टी पटेल के उक्त दो प्रोजेक्टों से खुल जाती है। त्रैकालिक संदर्भ में पटेल ने आदिवासियों को केंद्र में रखकर अपना महत्वपूर्ण वक्तव्य प्रस्तुत करते हुए कहा कि आज आदिवासियों के अस्तित्व व अस्मिता पर चौरतफा संकट छा रहा है, तो प्रतिरोधी चेतना जागृत करने में आदिवासी साहित्य का महत्व और अधिक बढ़ जाता है। अनेक विषयों पर बहुविधायी रचनाकार एवं कवि महादेव टोप्पो ने अपने उद्‌बोधन में आदिवासियों से जुड़े गंभीर एवं जरूरी मुद्‌दों को उठाया। इस बात पर जोर दिया कि आदिवासी साहित्य सृजन एवं प्रकाशन के लिए स्वयं आदिवासी साहित्यकारों को आगे आना होगा। बैसाखियों के सहारे यह काम होने वाला नहीं। उन्होंने आदिवासी साहित्य की संभावनाओं और लघु पत्रिकाओं की भूमिका पर की प्रकाश डाला।

चर्चित पत्रकार वासवी ने अपने वक्तव्य में आदिवासी समाज की समस्याओं, साहित्य एवं सस्कृति से जुड़े मुद्‌दों तथा लघु पत्रिकाओं की भूमिका पर प्रकाश डाला। सुश्री वासवी ने अपनी बात को तथ्यों एवं तर्कों के आधार पर रखा जिससे कार्यक्रम में उपस्थित श्रोता प्रभावित हुए।

सत्र की अध्यक्षता करते हुए मराठी आदिवासी आंदोलन को सार्थक नेतृत्व देने वाले प्रखर चिंतक, विद्वान एवं साहित्यकार विनायक तुमराम ने अपने भाषण में सबसे पहले यह कड़ी आपत्ति की कि आदिवासियों को 'जनजाति' नाम देकर उनमें वर्णाश्रमी जातिवादी जहर फैलाने की साजिश रची गयी है। संविधान निर्मात्री सभा में ब्राह्मणवादी सोच हावी था, इसलिए यह सब किया गया। आज भी यहाँ इस आयोजन को 'राष्ट्रीय जनजाति साहित्य सम्मेलन' नाम देना उसी षड्‌यंत्र का शिकार होना है। आदिवासी समाज में जाति की बीमारी नहीं रही, मगर उन्हें जनजाति कहकर इस बीमारी का 'वायरस' फैलाया जा रहा है ताकि वे अपनी मूल परंपरा से भटक जायें। तुमराम ने आदिवासी समाज की समस्याओं, उनकी एकजुटता में आने वाली बाधाओं, साहित्य एवं संस्कृति के संरक्षण व संवर्द्धन की कठिनाइयों एवं लघु पत्रिकाओं की भूमिका पर विस्तार से प्रकाश डाला। उनकी बातों की सीख यह रही कि आदिवासी आंदोलन जिस कदर और तेवरों, अर्थात् दिशा, दृष्टि व लक्ष्य के साथ महाराष्ट्र में चल रहा है, वह सारे देश के आदिवासीजन एवं उनसे सहानुभूति रखने वाले सामाजिक कार्यकर्ताओं के लिए महत्वपूर्ण है।

कार्यक्रम का आखिरी हिस्सा चुनिंदा आदिवासी रचनाकारों की काव्य-गोष्ठी रहा। इस काव्य-गोष्ठी में निर्मला पुतुल, हरिराम मीणा, महादेव टोप्पो, भुजंग मेश्राम, वाहरू सोनवणे, रामदयाल मुंडा के अलावा विशेष आग्रह पर रमणिका गुप्ता एवं के. सच्चिदानंदन ने भी अपनी कविताएं सुनाकर श्रोताओं को प्रभावित किया।

हिन्दी जगत के जाने माने साहित्यकार इस आयोजन के दौरान साहित्य अकादमी में अपने-अपने समय के हिसाब से उपस्थित रहे। इनमें सर्वश्री नामवर सिंह, राजेन्द्र यादव, केदारनाथ सिंह, गिरधर राठी, इब्बार रब्बी, विष्णु नागर, विष्णु खरे, भारत भारद्वाज आदि थे। दलित साहित्यकारों में डॉ. तेजसिंह, सूरजपाल चौहान, डॉ. जयप्रकाश कर्दम आदि शामिल थे। मैत्रेयी पुष्पा एवं अन्य लेखिकाएँ भी मौजूद रहीं।

राष्ट्रीय स्तर पर आदिवासी साहित्य पर आदिवासी साहित्यकारों को ही मुख्य रूप से सम्भागी बनाने का यह पहला अवसर रहा। आदिवासी हो या गैर-आदिवासी, सभी की यह मनसा और उम्मीद थी कि कम से कम साल में एक बार ऐसा वृहद आयोजन राष्ट्रीय स्तर पर होना ही चाहिए।

आदिवासी साहित्य का प्रकाशन अपने-आप में एक बड़ी समस्या है। आदिवासी लेखक अपने खर्चे से पुस्तकें छपवायें, यह काफी मुश्किल है। साहित्य अकादमी जैसी उनकी कोई संस्था नहीं। इस उपभोक्तावादी दौर में जब मुख्य धारा के साहित्य के सामने ही प्रकाशन की कड़ी चुनौती है तो साहित्य को विभिन्न प्रकाशन संस्थान कितनी तवज्जो देंगे, यह सवाल अपनी जगह है। आयोजन के दौरान साहित्य अकादमी एवं रमणिका फाउण्डेशन की ओर से इस दिशा में आशाजनक संकेत मिले है, फिर भी आदिवासी साहित्यकारों को इस मुद्दे पर गंभीरता से सोचना पड़ेगा।

इस ऐतिहासिक आयोजन को मीडिया द्वारा जितना कवरेज देना चाहिए था, वह तत्काल नहीं दिया गया। हाँ, जनसत्ता व राष्ट्रीय सहारा जैसे अखबारों में संतोषजनक खबर प्रकाशित की गई। इलेक्ट्रोनिक मीडिया में दूरदर्शन, जैन टी.वी. व ई टी.वी. ने वीडियो रिकार्डिंग अवश्य की।

एक बात और इस आयोजन में आदिवासी साहित्यकारों का पूरा प्रतिनिधित्व नहीं हो सका। बहुत सारे लेखकों से संपर्क न हो सका, बहुत सारे अंचल छूट गये—पूरा का पूरा उत्तर पूर्वी भारत शामिल न हो पाया। साहित्य अकादमी एवं रमणिका फाउण्डेशन की अपनी अर्थ-सीमाएँ रहीं। इस सबके बावजूद यह एक उत्साहजनक शुरुआत रही। कार्यक्रम के विभिन्न सत्रों से जो एक बात उभरकर आयी, वह यह कि आदिवासी साहित्य की बड़ी मौखिक परंपरा रही है। यह परंपरा अब आदिवासी जीवन पर चौतरफा बाहरी दबावों के रहते खतरे में है। इस समृद्ध परंपरा को लिपिबद्ध किया जाये और परंपरा को संरक्षित करते हुए आगे बढ़ाया जाये।

दो

2 जून को रमणिका फाउण्डेशन कार्यालय में दिन भर आदिवासी विमर्श चला। लंच के बहाने यह अत्यन्त महत्वपूर्ण अनौपचारिक चर्चा थी जिसमें आदिवासी साहित्यकारों के अलावा केदारनाथ सिंह, राजेन्द्र यादव, वीर भारत तलवार, मैत्रेयी पुष्पा, रजनी तिलक, डॉ. जयप्रकाश कर्दम, कुमार सुरेश सिंह, इब्बार रब्बी, एवं सिनेकर्मी श्री प्रकाश, मेघनाथ व बिजू टोप्पो आदि ने शिरकत की। आदिवासी साहित्य और चेतना के मुद्दों पर गंभीर विचारणा हुई।

शाम को रामदयाल मुंडा जी की अध्यक्षता में फाउंडेशन के ही कार्यालय में आदिवासी प्रतिनिधियों ने एक बैठक करके आदिवासी साहित्यिक मंच का गठन किया गया, जिसका नाम 'अखिल भारतीय आदिवासी साहित्यिक मंच' रखा गया। रामदयाल मुंडा जी अध्यक्ष, वाहरू सोनवणे महासचिव चुने गए और रमणिका फाउंडेशन की ओर से रमणिका गुप्ता समन्वयक (कोअर्डिनेटर) चुनी गई। पत्रकार वासवी एवं हरिराम मीणा को संयुक्त सचिव का दायित्व सौंपा गया। इस मंच को रमणिका फाउंडेशन की ही एक सहायक इकाई के रूप में माना गया, जिसकी शाखाएं पूरे आदिवासी क्षेत्रों में बनाना तय हुआ। इसे आर्थिक सहयोग रमणिका फाउंडेशन ने देना स्वीकार किया और उनके दिल्ली कार्यालय से ही इसे संचालित करने का निर्णय लिया गया।

बैठक में 9 सूत्रीय एजेंडा पास किया गया। इसे बाद में 23 सितम्बर 2002 को मुंबई में हुई अभासम की कार्यकारिणी की बैठक में 11 सूत्रीय बना दिया गया। इस एजेंडे के तहत तय किया गया कि आदिवासी साहित्य लिखा जाए और फाउंडेशन द्वारा संकलित व संपादित कर प्रकाशित किया जाय ताकि आदिवासी एक मंच पर आएं और सरकारी नीतियों पर दबाव डालकर उन्हें अपने अनुकूल बनवा सकें। यह भी तय पाया कि 'युद्धरत आम आदमी' भी आदिवासी साहित्यकारों को विशेष महत्त्व दे तथा उनके मुद्दों को उठाने का विशेष मंच बने। एक 11 सूत्रीय एजेंडे तैयार किया गया–

(क) 'विकास के नाम पर विनाश' की वर्तमान सरकारी नीति का विकल्प, जमीन व जंगल के अधिकारों की सुरक्षा एवं आदिवासियों की हड़पी हुई जमीन की वापसी,

(ख) आदिवासी अस्मिता, आत्मविश्वास और आत्मसम्मान का निर्माण एवं 'वनवासी' और 'जनजाति' शब्द का नकार,

(ग) आदिवासी इतिहास की खोज और पुनर्रचना,

(घ) साहित्य और मिथकों, खासकर भारतीय साहित्य और शास्त्रों में आदिवासियों के अपमानजनक चित्रण का नकार एवं पुनर्मूल्यांकन,

(ङ) आदिवासियों की शिक्षा उनकी मातृभाषा में एवं पाठ्यपुस्तकों और पाठ्यक्रम में आदिवासी भाषा और साहित्य का समावेश,

(च) आदिवासी संस्कृति में स्त्रियों का स्थान एवं सम्पत्ति में बराबर हिस्सा,

(छ) भारतीय संस्कृति और इतिहास के निर्माण में आदिवासियों के योगदान को मान्यता,

(ज) घुमंतू व विमुक्त जनजातियों के मूल नागरिक और संवैधानिक अधिकार,

(झ) उपेक्षित आदिम जनजातियों की उन्नति और विकास हेतु विशेष योजनाएं, अध्ययन एवं शोध,

(ञ) संवाद, वार्ता और एकजुटता हेतु आदिवासी साहित्य का अनुवाद।

तीन

घुमन्तू व डी-नोटिफाइड (विमुक्त) आदिवासियों का स्वर्ण जयंती-दिवस सम्मेलन 31 अगस्त 2002

31 अगस्त को घुमन्तू व डी-नोटिफाइड (विमुक्त) जनजातियों के मुक्त होने का स्वर्ण जयंती दिवस मनाने का फैसला लिया। लक्ष्मण गायकवाड़ और भुजंग मेश्राम ने मुम्बई में आयोजित कार्यकारिणी की बैठक का पूरा भार उठाया था। लक्ष्मण गायकवाड़ ने ही इस दिवस को दिल्ली में मनाने का सुझाव दिया। इसके लिए अजीत कौर जी से भी रमणिका जी ने संपर्क साधा कि वह अपने कला केन्द्र से हमें सहयोग दें। एक बड़ा समारोह दिल्ली में 31 अगस्त 2002 को रमणिका फाउंडेशन, विमुक्त घुमंतू आदिवासी महासंघ, मुंबई एवं अकादेमी ऑफ फाईन ऑर्ट्स एंड लिटरेचर के संयुक्त तत्वावधान में किया गया, जिसमें भारतभर के घुमन्तू, विमुक्त जनजातियों के लोग जुटे। भारी तादाद में दिल्ली के सांसी और बंजारों ने भाग लिया। उनके दिल्ली के नेता सूरजपाल नांगिया ने भरपूर सहयोग दिया। पूरे दिन के इस सम्मेलन में दिल्ली के सांसी, बंजारे, पंजाब के बंजारे, बुद्धिजीवी और एक्टिविस्ट, कर्नाटक के लाम्बाड़ी और घंटीचोर, तामिलनाडु के बंजारे तथा नायक,राजस्थान के सहरिया और बंजारे भी शामिल हुए। उनके नेता रतन कात्यायनी भी राजस्थान से आए। मुम्बई के रंजीत नायक जी ने सम्मेलन की अध्यक्षता की। पूर्व प्रधानमंत्री वी.पी.सिंह इस सम्मेलन के मुख्य अतिथि थे। महाश्वेता देवी ने सम्मेलन का उद्घाटन किया। रमणिका जी ने बीज भाषण पढ़ा और लक्ष्मण गायकवाड़ ने विषय प्रवर्तन किया। अजीत कौर जी ने सबका स्वागत किया। कमलेश्वर, राजेन्द्र यादव आदि गणमान्य लेखकों ने इस सभा को सम्बोधित किया। कई सांसी, बंजारा व अन्य घुमन्तू जनजातियों की महिलाओं की बाइट टीवी वालों ने ली। उन्होंने बयान किया कि किस तरह उन्हें 15 अगस्त और 26 जनवरी को

पुलिस चार दिन पहले ही शांति-भंग के नाम पर गिरफ्तार करके ले जाती है। उनकी यह दास्तान एक सप्ताह तक दूरदर्शन पर आती रही। इस कार्यक्रम की एक बृहद् रिपोर्ट तैयार की गयी, जिसका एक हिस्सा युद्धरत आम आदमी में छपा लक्ष्मण गायकवाड़ और रमणिका फाउंडेशन ने इसमें आगे बढ़कर काम किया। अजीत कौर जी ने भी अपनी तरफ से सहयोग स्वरूप अपने कला केन्द्र में सभा के लिए स्थान व दोपहर के भोजन की व्यवस्था की। इस सम्मेलन में इन जातियों पर हो रही अत्याचार की चर्चा करते हुए इस बात के लिए रोष प्रकट किया गया कि अंग्रेजों के जाने के बाद भी अपनी सामंती मानसिकता के कारण सरकार, प्रशासन, पुलिस व समाज इनके साथ अपराधियों जैसा सलूक कर रहा है। इसलिए इनके लिए तृतीय आयोग तय कर अलग से आरक्षण देना चाहिए। इन्हें मां के पेट में ही अपराधी मान लिया जाता है। अभी भी इन पर से 'अपराधी' का ठप्पा नहीं हटा। न तो पुलिस और न ही समाज इन्हें आम नागरिक मानने को तैयार हैं। अपराधियों को तो समाज के लोग श्मशान में अपने मुर्दे भी जलाने नहीं देते। उन्हें मजबूरन मुर्दे को नोचने-खाने के लिए जंगल में जानवरों के हवाले छोड़ना पड़ता है।

चार

पूर्वोत्तर राज्यों का क्षेत्रीय सम्मेलन, गोहाटी, 21 दिसंबर 2002

21 दिसंबर, 2002 को लक्खीराम बरूआ सदन, गोहाटी में मंच का पूर्वोत्तर राज्यों का क्षेत्रीय सम्मेलन संपन्न हुआ। इसका उद्घाटन असम विधान सभा के अध्यक्ष पृथ्वी मांझी ने किया और अध्यक्षता रामदयाल मुंडा जी ने की। इस बैठक में पूर्वोत्तर के राज्यों के अतिरिक्त महाराष्ट्र से उषा आत्राम, उड़ीसा से चेतन मांझी, बोडो समुदायों से करींद्र बासुमैत्री और त्रिपुरा के बिमल देव वर्मा ने भाग लिया। विधायक प्रमिला बोडो इस सम्मेलन में स्वागताध्यक्ष थीं। इस सम्मेलन में साहित्य अकादेमी की तरफ से दो पर्यवेक्षक—भट्टाचार्या जी और गिरधर राठी जी भी शामिल हुए। इस आयोजन में सभी पूर्वोत्तर के राज्यों की भाषाओं का कविता-पाठ भी हुआ, जिसमें खासी, कोकबरोक, मिजो, बोडो, कार्बी, राभा व टीवा के अतिरिक्त गौण्डी, नागपुरी, मुंडारी, उड़िया व हिन्दी कविताएं भी पढ़ी गयीं। विस्थापन के ज्वलंत मुद्दे पर बनी श्रीप्रकाश की फिल्म 'फायर विद इन' यहाँ दिखाई गई। इस सभा में छह प्रस्ताव पारित हुए, जिसमें—

1. बोडो, संथाली, खासी, कार्बी तथा अन्य आदिवासी भाषाओं को आठवीं सूची में लेने,
2. आदिवासी भाषाओं का हिन्दी तथा अन्य भाषाओं में अनुवाद कराने के लिए कोष उपलब्ध कराने,

3. आदिवासी लोककथाओं, गीतों, वीरगीतों और मिथकों का हिन्दी में अनुवाद करने और
4. आदिवासी लेखन को प्रोत्साहित करने हेतु लेखकों को पुरस्कृत करने,
5. आदिवासी लेखकों की हिन्दी और अंग्रेजी में बिब्लियोग्राफी तैयार करवाने तथा
6. आदिवासी बच्चों को प्राइमरी स्कूल से लेकर विश्वविद्यालय तक सरकार द्वारा मातृभाषा में शिक्षा देने का प्रावधान किये जाने के प्रस्ताव भी पारित हुए।

इस सम्मेलन में तय पाया गया कि आदिवासी संस्कृति और भाषा का गहन अध्ययन कर सत्य को सामने लाया जाय और आदिवासी पहचान और संस्कृति को बरकरार रखा जाय। इसी सम्मेलन में 18-19 जनवरी, 2003 को दक्षिणी राज्यों के क्षेत्रीय सम्मेलन, कर्नाटक राज्य के हम्पी विश्वविद्यालय में होने की घोषणा भी श्री रामदयाल मुंडा जी ने की। रमणिका फाउंडेशन ने उपरोक्त छह प्रस्तावों में से चार प्रस्तावों पर यानी दो, तीन, चार और पांच पर अपने तईं कार्यान्वयन शुरू कर दी। तब से पूरे जोश से शुरू है आदिवासी विशेषांकों और पुस्तकों के संकलन, संपादन और अनुवाद का काम। भारत आदिवासी सम्मान की योजना भी रमणिका फाउंडेशन ने मंच के एक फैसले के अनुसार सन 2004 में ही मंजूर कर ली थी और 2005 में उसे लागू भी कर दिया था।

पाँच

दक्षिण राज्यों का आदिवासी साहित्यिक मंच का द्वि-दिवसीय सम्मेलन, कन्नड़ विश्वविद्यालय हम्पी, 18-19 जनवरी, 2003

दक्षिण भारत में 18-19 जनवरी 2003 को हम्पी में विद्यारण्य कन्नड़ यूनिवर्सिटी के कैम्पस में संपन्न हुआ। इसका आयोजन अभासम के दक्षिण क्षेत्र के सचिव डॉ. के एन मित्री ने कन्नड़ यूनिवर्सिटी के सहयोग से किया। इस सम्मेलन में 24 आदिवासी समुदाय के लोगों ने भाग लिया। इस सम्मेलन में आन्ध्रप्रदेश, गोवा, कर्नाटक, केरल व तामिलनाडु के कुल मिलाकर 182 प्रतिनिधि शामिल हुए। ये सम्मेलन विश्वविद्यालय के भीतर ही एक लघु विश्वविद्यालय के रूप में आदिवासी-ग्रामीण परिवेश में स्थापित 'गिरीसीम' हॉल में संपन्न हुआ। इसका आरम्भ श्रीमती कुर्ताज वसामल्ली के 'टोडा' आदिवासी गीत से हुआ। श्री के.एम. मित्री सम्मेलन के सचिव एवं कन्नड़ विश्वविद्यालय के ट्राइबल स्टडी विभाग के रीडर ने अतिथियों का स्वागत किया। रामदयाल मुंडा जी ने सम्मेलन का उद्घाटन किया। इस सम्मेलन में कन्नड़ यूनिवर्सिटी के कुलसचिव के बी नारायण जी, मंगलोर यूनिवर्सिटी के कुलसचिव बी के सुंदरनायक

जी तथा कन्नड़ यूनिवर्सिटी के ही लोकगीत अध्ययन विभाग के अध्यक्ष डॉ. मंजूनाथ बेविनाकट्टी ने भी शिरकत की। सत्र की अध्यक्षता डॉ. तेजस्वी कुट्टीमणि और उसकी रिपोर्टिंग सुन्हेर सिंह ताराम जी ने की। सम्मेलन के विषय थे—(1) आदिवासी अस्मिता (2) आदिवासियों का रूपांतरण (3) आदिवासी शिक्षा का समायोजन और (4) आदिवासी आस्थाएं। सम्मेलन में आदिवासी अस्मिता पर 15, आदिवासी रूपांतरण पर 10, शिक्षा और एकीकरण पर 12 और आदिवासी आस्थाओं पर 13 यानी चारों सत्रों में कुल पचास लेख पढ़े गये और उन पर जीवंत बहस हुई। इन आलेखों को अंग्रेजी में संकलित करवाने का जिम्मा कन्नड़ विश्वविद्यालय ने लिया और उन्हें हिन्दी में अनूदित करवाकर प्रकाशित करवाने का दायित्व रमणिका फाउंडेशन ने। इस सम्मेलन में निर्णय लिया गया कि आदिवासी खुद अपने अधिकारों की लड़ाई लड़ेंगे। इस सम्मलेन में चार प्रस्ताव पारित हुए—(1) समानार्थी आदिवासी नामों को मान्यता देने हेतु राज्य सरकारों की सिफारिशों को स्वीकृत कर भारतीय संविधान के आर्टिकल 342(2) में संशोधन करना और इन आदिवासी समुदायों पर लगाये गये क्षेत्रीय प्रतिबंध समाप्त करना (2) हर राज्य के विश्वविद्यालय में आदिवासी अध्ययन तथा शोध विभाग की स्थापना सुनिश्चित करना (3) दूसरे राज्यों में एक या अधिक विश्वविद्यालयों की स्थापना करना (4) राज्यों और केंद्र में आदिवासियों के आरक्षण का प्रतिशत बढ़ाना।

कन्नड़ विश्वविद्यालय के कुलपति ने अपने अध्यक्षीय भाषण में कन्नड़ विश्वविद्यालय में एक आदिवासी अजायबघर तथा पुस्तकालय स्थापित करने की घोषणा की। इस सम्मेलन में 11 सूत्रीय एजेंडे का अनुमोदन किया।

छह

9-10 जून 2004 अखिल भारतीय आदिवासी साहित्यिक मंच का पूर्वी राज्यों का जोनल सम्मेलन गोस्नर हॉल रांची तथा निर्मला पुतुल की पुस्तक का विमोचन

सन् 2004 से 9-10 जून को गौस्नर हॉल, रांची में अभासम का पूर्वी राज्यों का क्षेत्रीय सम्मेलन रमणिका फाउंडेशन ने आयोजित किया, जिसमें—झारखंड, बिहार, पश्चिम बंगाल व उड़ीसा से प्रतिनिधियों ने भागीदारी की।

इस सम्मेलन में रमणिका फाउंडेशन द्वारा प्रकाशित निर्मला पुतुल की पुस्तक 'अपने घर की तलाश में' का विमोचन 'साहित्यिक मंच' के उपाध्यक्ष और दक्षिण राज्यों के प्रभारी श्री के.एम. मैत्री ने किया। सम्मेलन में कवि गोष्ठी भी हुई तथा रमणिका फाउंडेशन द्वारा प्रकाशित पुस्तकों की प्रदर्शनी भी लगाई गई। बंगाल के साथियों ने तथा मेघनाथ जी ने भी आदिवासी पुस्तकों की प्रदर्शनी लगाई। झारखंड से तो हर जिले व ब्लॉक स्तर के प्रतिनिधियों ने इस सम्मेलन में शिरकत की। आदिवासी

साहित्य के विभिन्न पहलुओं पर कई सत्रों में बहस हुई। विभिन्न भाषाओं में काव्य-गोष्ठी भी हुई।

इस सम्मेलन में झारखंड की नौ भाषाओं—संथाली, मुंडारी, हो, खड़िया, कुडुख (आदिवासी भाषाएं) और नगपुरिया, खोरठा, पंचपरगनिया, कुरमाली को राज्यभाषा बनाने एवं शिक्षा का माध्यम मातृभाषा करने का प्रस्ताव पारित हुआ। इसके अतिरिक्त आदिवासियों को जिलावार-प्रखण्डवार स्वायत्त शासन की सुविधा देने का प्रस्ताव भी पारित हुआ ताकि वे अपने विकास, इतिहास, साहित्य, संस्कृति, भाषा व शिक्षा का अपनी जरूरत के अनुसार विकास कर सकें और संसाधनों के उपभोग की उचित नीति बना सकें।

प्रभात खबर के संपादक हरिवंश जी ने अपने अखबार की तरफ से और महादेव टोप्पो, रोज केरकेट्टा, मेघनाथ महतो ने निजी तौर पर आर्थिक सहयोग भी दिया।

सात

अखिल भारतीय आदिवासी लेखक सम्मेलन, रांची-26 से 28 अप्रेल, 2005

तत्पश्चात् साहित्य अकादेमी ने अखिल भारतीय आदिवासी सम्मेलन करवाने के लिए रमणिका फाउंडेशन का सहयोग मांगा। यह सम्मेलन रांची में होना तय हुआ। यह त्रि-दिवसीय सम्मेलन 26, 27, 28 अप्रेल को रांची के युवराज होटल में साहित्य अकादेमी, दिल्ली द्वारा रमणिका फाउंडेशन और अखिल भारतीय आदिवासी साहित्यिक मंच के सहयोग से संपन्न किया गया। इस सम्मेलन में पूर्वोत्तर सहित भारत के सभी राज्यों जैसे—गोवा, महाराष्ट्र, राजस्थान, गुजरात, तमिलनाडु, तेलुगु, कन्नड़ तथा मध्य प्रदेश, उड़ीसा, बिहार, झारखंड, बंगाल के लेखकों ने भागीदारी की। इनमें 27 आदिवासी भाषा-भाषी लेखक आए थे। इसकी पूरी कार्यवाही युद्धरत आम आदमी के अखिल भारतीय आदिवासी विशेषांक-80 में दर्ज हुई। इसमें 30 आलेख, 16 कवियों की कविताएं, 8 कहानीकारों की कहानियां और 7 लोककथाएं पढ़ी गयीं। इसमें प्रोफेसर के. सच्चिदानंदन और रमणिका फाउंडेशन की अध्यक्ष रमणिका गुप्ता के स्वागत भाषण के बाद कमलेश्वर जी का उद्घाटन भाषण पढ़कर सुनाया गया। अखिल भारतीय साहित्यिक आदिवासी मंच के तथा उस सम्मेलन के अध्यक्ष रामदयाल मुंडा जी ने अध्यक्षीय भाषण दिया और गणेश नारायण देवी के बीज भाषण पढ़ा। असम विधानसभा के अध्यक्ष पृथ्वी मांझी और राष्ट्रभाषा परिषद, पटना के सदस्य रामवचन राय ने विशिष्ट अतिथि के नाते सभा को संबोधित किया।

उसके बाद प्रथम सत्र में-आदिवासी भाषा, संस्कृति और साहित्य में अस्मिता के प्रश्न पर चार, दूसरे सत्र में 'साहित्य और मिथकों में आदिवासी का चित्रण विषय' पर

पांच वक्ताओं ने अपने पत्र-वाचन किये। हरिराम मीणा ने विस्तार से प्रागैतिहासिक और मिथकैतिहासिक युगों से गुजरते हुए वर्तमान तक के मिथकों का डि-कोडीकरण करते हुए अपनी बात कही। तीसरे सत्र में 'आदिवासी वाचक और समकालीन साहित्य' पर चर्चा हुई, जिसमें तीन आलेख पढ़े गये। चौथे सत्र में आदिवासी संस्कृति और साहित्य : स्त्री का दर्जा में 5 आदिवासी लेखिकाओं ने भागीदारी की। पांचवें सत्र 'आदिवासी साहित्य का भविष्य', में तीन लेखक शामिल हुए और 'समापन सत्र' में मिजोरम के श्री दरछावना ने साहित्य का महत्त्व दर्शाते हुए आलेख पढ़ा। इसी सत्र में पृथ्वी मांझी ने अध्यक्षीय भाषण पढ़ा। रमणिका फाउंडेशन की अध्यक्षा रमणिका गुप्ता और साहित्य अकादेमी के उपसचिव ब्रजेंद्र त्रिपाठी ने यात्रा को आगे जारी रखने का आश्वासन दिया। हर दिन सत्र के अंत में आदिवासी नृत्य व सांस्कृतिक कार्यक्रम होते रहे। एक दिन आदिवासियों पर निर्मित फिल्म भी प्रदर्शित की गई।

महाराष्ट्र के वाहरू सोनवणे, जो 'अखिल भारतीय आदिवासी साहित्यिक मंच' के जनरल सेक्रेटरी और मिजोरम के 'अभासम' के सचिव डॉ. एल.टी. लियाना खियांगते ने क्रमशः इस पूरी रपट को छापने और ऐसे सृजन सम्मेलनों को हर राज्य में करवाने का एक प्रस्ताव रखा। इन सत्रों के दौरान ही कहानी, कविता और लोककथाओं पर भी तीन सत्र रखे गये। 'कविता सत्र' में झारखंड और पश्चिम बंगाल के पांच संथाली कवियों के अतिरिक्त—मेघालय से खासी, त्रिपुरा से कोकबरोक, असम से राभा और नगालैण्ड से टैनिडे, केरल से मलयालम, मणिपुर के पैतेई, गोवा से कोंकणी और झारखंड से खड़िया और हो भाषा-भाषी आदिवासी कवियों ने अपनी-अपनी भाषाओं में एक-एक कविता पढ़ी, जिनका हिन्दी अनुवाद भी साथ-साथ पढ़ा गया।

कहानी सत्र अरुणाचल प्रदेश के शार्दुकपेन भाषी येशे दोरजी थोंगजी की अध्यक्षता में सम्पन्न हुआ। इसमें अरुणाचल प्रदेश की शार्दुकपेन, झारखंड की हो, खड़िया और संथाली, उड़ीसा की संथाली और मराठी में एक-एक कहानियां पढ़ी गयी।

लोककथा सत्र में खड़िया, खासी, कार्बी, आपातानी, कोकबोरोक, बोडो तथा तेलुगु लेखकों ने लोककथाएं पढ़ीं। ये सारी की सारी सामग्री 'युद्धरत आम आदमी' ने अपने अखिल भारतीय आदिवासी विशेषांक-80 में दिसम्बर 2005 में प्रकाशित की।

मीडिया और आदिवासी

इस विषय पर जब चर्चा की जाती है तो पहला सवाल यह उठता है कि मुख्य धारा के जन संचार माध्यम अर्थात मास मीडिया में आदिवासियों को कितना स्पेस दिया जाता रहा है? इस सवाल का जबाव तलाश करते वक्त यह मुद्दा भी सामने आता है कि

उस दिये गये स्पेस में आदिवासियों के प्रति मीडिया का दृष्टिकोण कहां तक यथार्थ के निकट है? दूसरा सवाल यह उठता है कि आदिवासियों का अपना मीडिया कहां तक विकसित हुआ है चाहे उस मीडिया में योगदान देने वाले व्यक्ति आदिवासी समुदाय के सदस्य हों या आदिवासी जीवन में रुचि रखने वाले गैर-आदिवासी लोग?

इस क्षेत्र में जनसंचार के सभी माध्यमों को शामिल माना गया है जिसमें प्रिन्ट मीडिया अर्थात समाचार-पत्र एवं सावधिक या अनियतकालीन पत्रिकाएं शामिल हैं जो वितरण-विक्रय के स्तर पर सीमित-प्रतिबन्धित न होकर जन-सामान्य के लिए उपलब्ध कराई जाती हैं। इलेक्ट्रॉनिक मीडिया में दूरदर्शन, सिनेमा एवं एक सीमा तक ब्लॉग, ट्वीटर, आरकुट, फेसबुक, वेबसाईट्स व अन्य ई-मेल संचार को भी शामिल किया जा सकता है। इसी श्रेणी में डी.वी.डी., वी.सी.डी एवं अन्य डिजीटल सामग्री शामिल होंगी।

जब हम संचार माध्यमों में आदिवासी की बात करेंगे तो यह भी देखना होगा कि आदिवासी समाज के बुद्धिजीवी व मीडिया-कर्मियों का मुख्य धारा के मीडिया में सीधा हस्तक्षेप कितना है अर्थात् मीडिया मैनेजमेंट या संवाददातागण इसका कितना प्रतिनिधित्व करते हैं?

उक्त सवालों के उत्तर ढूँढ़ने से पहले इस सच्चाई के निकट जाना जरूरी है कि आखिर मास मीडिया में आम आदमी को कितना स्थान दिया जाता रहा है? पत्र-पत्रिकाओं के स्तर पर हमारे देश की प्रेस की परम्परा करीब दो शताब्दी पुरानी है जिसका सक्रिय कालखण्ड आजादी की लड़ाई को माना जा सकता है। आजादी की लड़ाई निःसन्देह हिन्दुस्तान की अवाम की लड़ाई थी इसलिए मीडिया में स्वतंत्रता सेनानियों व अन्य नायकों के साथ जनप्रतिरोधों एवं अन्य क्रांति-चरणों को स्थान दिया गया। आजादी के बाद हिन्दुस्तान के राजनैतिक नेतृत्व पर पं. जवाहरलाल नेहरू एवं श्रीमती इन्दिरा गांधी के शासन काल में समाजवादी विचारधारा का प्रभाव था। इसके साथ ही जनवादी व प्रगतिशील वामपंथी बुद्धिजीवियों का खासा असर बौद्धिक जगत में रहा था। इसका पश्चात्वर्ती प्रभाव अस्सी के दशक तक देखा जा सकता है, यद्यपि उससे पहले सत्तर के दशक तक यह पुरजोर दशा में था। वामपंथी आन्दोलन भी इसी समयावधि में सामने आये थे। मीडिया में आम आदमी को इस कदर दिये गये स्पेस को देखते हुए जब आदिवासियों की बात सामने आती है तो यह दुर्भाग्यपूर्ण स्थिति दिखाई देती है कि आजादी की लड़ाई में सन् 1770-71 के पहाड़िया विद्रोह से 1947 तक नागारानी गाईदिल्ल्यू के संघर्ष तक भारत के विभिन्न आदिवासी क्षेत्रों में हुए विद्रोहों को इतिहास के साथ तत्कालीन मीडिया यथा पत्र-पत्रिकाओं में कोई स्थान नहीं दिया गया। आजादी के बाद भी नक्सलवाद जैसे मुद्दों के अलावा मीडिया में अगर

आदिवासियों को अभिव्यक्त किया है तो बतौर फैशन या अमूर्त्त रोमांटिक दृष्टिकोण अपनाते हुए किया गया है। आदिवासी जीवन का यथार्थ अपेक्षित स्थान के साथ मीडिया में नहीं देखा गया।

सोवियत संघ के विघटन और तज्जन्य एक-ध्रुवीय विश्व तथा पूँजी का ध्वज उठाये अमरीका की अगुवाई में पाश्चात्य देशों की दरोगागिरी का उग्र रूप इस तथाकथित भू-मण्डलीय दौर में सामने आ रहा है। उसमें मास मीडिया पर केवल और केवल पूँजी के विभिन्न रूपों यथा बाजार, विज्ञापन, उच्च तकनीकी, ग्लैमर, व्यक्ति को पण्य में बदलने के षड्यंत्र तथा समग्र व्यवस्था के भीतर अवांछनीय अतिक्रमण दृश्य-अदृश्य वातावरण के अतिरिक्त कुछ सामने नहीं आ रहा है। ऐसी स्थिति में आम आदमी ही मुश्किल से स्पेस पा रहा है, आदिवासी जीवन की बातें तो अलग हैं।

इलेक्ट्रॉनिक मीडिया की बात करें तो सिनेमा में आदिवासियों के यथार्थ को चित्रित करने वाली गिनी-चुनी फिल्में सामने आती हैं। आदिवासियों पर केन्द्रित 'लाल सलाम' नामक फिल्म करीब एक दशक पहले आई, लेकिन जैसा कि ऊपर जिक्र किया गया है, यहाँ नक्सलवाद प्रमुख है और आदिवासी बाद में। मृणाल सेन की 'मृगया' फिल्म में आदिवासियों के शोषण को काफी आधिकारिकता के साथ दिखाया गया है। महबूब की फिल्म 'रोटी' में पूर्वोत्तर के आदिवासी जीवन का चित्रण शामिल है। हाँ, बांगला भाषा में सत्यजीत रे ने आदिवासी जीवन को लेकर एक दमदार फिल्म बनाई जिसमें सिम्मी को नायका के रूप में प्रस्तुत किया है। इस फिल्म का नाम 'अरण्येर दिन रात' है जिसका हिन्दी संस्करण 'जंगल में एक दिन-रात' के रूप में आया। फिल्म में गैर-आदिवासी युवकों का एक दल पिकनिक मनाने आदिवासी अंचल में जाता है। एक दिन और रात दल के सदस्य जंगली इलाके में गुजारते हैं। तब ही उनका सम्पर्क आदिवासियों से होता है। यह सम्पर्क आदिवासी जीवन-शैली के प्रभाव के रूप में सामने आता है और युवकों की जीवन दृष्टि को बदल सकने की ताकत दिखाता है। उन युवकों को आदिवासी जीवन में ऐसा बहुत कुछ मिला जो उनके जीवन में सीखने के लायक था। शानी की कहानियों पर आधारित एक सीरियल बहुत पहले प्रसारित हुआ था जिसका नाम था 'कालाजल'। यह सीरियल बस्तर के इलाके को लेकर बनाया गया था, जिसमें वहां के आदिवासी जीवन की झलक मिलती है। इन गिने चुने दृष्टांतों को छोड़कर सिनेमा व सीरियलों में आदिवासियों का चित्रण रोमांटिक या जंगली सिद्ध करने जैसे नजरिये से ही किया गया है। यहाँ तक कि राजकपूर जैसे फिल्मी निर्देशक ने अपनी फिल्म 'राम तेरी गंगा मैली' में पहाड़ी इलाके की आदिवासी लड़की द्वारा स्वंयवर में माला पहनाकर अपना साथी चुनने का दृश्य शामिल किया गया जबकि ऐसी कोई परम्परा आदिवासियों में नहीं है, चयन के आधार पर इच्छानुसार पति चुनना

अलग बात है। मुम्बइया हिन्दी फिल्मों में आदिवासी जीवन पर आधारित कोई फिल्म अभी तक सामने नहीं आई है।

जहां तक डॉक्यूमेंट्रीज का सवाल है, इस क्षेत्र में बीजू टोप्पो, श्रीप्रकाश, अश्वनी पंकज, मेघराज (सभी झारखण्ड से) आदि ने आदिवासियों पर महत्वपूर्ण डॉक्यूमेंट्रीज बनाई हैं। डॉक्यूमेंट्रीज के साथ यह दिक्कत है कि वह मास मीडिया की श्रेणी में पूरी तरह नहीं आती बल्कि एक सीमित अर्थ में ही उन्हें मास मीडिया का हिस्सा माना जा सकता है। इलैक्ट्रॉनिक मीडिया में एकाधिक ब्लॉग यथा 'आदिवासी जगत' जैसे कुछ कदम उठाये गये अन्यथा ब्लॉग सहित आरकुट, ट्वीटर, वेबसाईट या फेसबुक वगैरह में आदिवासी कवरेज नहीं के बराबर है।

राष्ट्रीय स्तर के हिन्दी-अंग्रेजी के प्रमुख समाचार पत्रों के न्यूज कवरेज का विश्लेषण किया जाये तो नब्बे के दशक के बाद आदिवासियों से संबंधित खबरें या फीचर बहुत कम देखने को मिलते हैं। इस क्षेत्र में 'हिन्दू' (अंग्रेजी) एवं 'जनसत्ता' (हिन्दी) अखबार जरूर गम्भीर रहे हैं। खासकर 'जनसत्ता' ने आदिवासी मुद्दों को न्यूज एवं फीचर दोनों का ही हिस्सा बनाने का महत्वपूर्ण काम किया है। बौद्धिक, वैचारिक व साहित्यक पत्रिकाओं का जहाँ तक सवाल है तो इस क्षेत्र में गिनी-चुनी पत्रिकाओं या कुछ पत्रिकाओं के चुनिन्दा विशेषांक सामने दिखते हैं। इनमें उदयपुर से प्रकाशित 'अरावली उद्घोष' (सम्पादक-पथिक वर्मा) को राष्ट्रीय स्तर पर हिन्दी की नियमित त्रैमासिक पत्रिका के रूप में देखा जा सका है। अन्य पत्रिकाओं में 'युद्धरत आम आदमी' (रमणिका गुप्ता) ने वर्ष 2002 में आदिवासियों पर केन्द्रित दो महत्वपूर्ण अंक निकाले, जो बाद में पुस्तकाकार रूप में प्रकाशित हुए। स्व. राघव आलोक द्वारा सम्पादित 'दस्तक' पत्रिका का एक महत्वपूर्ण अंक इस सदी के शुरुआत में निकला था। डॉ. गिरिराज किशोर द्वारा सम्पादित 'अकार' ने भी एक खण्ड के रूप में आदिवासी कविताएँ प्रकाशित की थी। रायपुर से आदिवासियों पर केन्द्रित आर.के. शाह द्वारा सम्पादित 'आदिवासी सत्ता' नामक एक मासिक पत्रिका प्रकाशित होती है। इसी तरह 'अखड़ा' नामक पत्रिका वन्दना टेटे द्वारा राँची से प्रकाशित की जाती है, लेकिन प्रमुख रूप से उसमें झारखण्ड अँचल को शामिल किया जा रहा है। आँचलिक भाषाओं के स्तर पर देखा जाये तो महाराष्ट्र से 'गोण्डवाना संदेश' जैसी कुछ पत्रिकाओं की जानकारी हमारे सामने है। इस प्रकार प्रिन्ट मीडिया के दृष्टिकोण से देखा जाये तो कुल मिलाकर अत्यल्प कार्य हुआ है।

चाहे बात प्रिन्ट मीडिया की हो या इलेक्ट्रॉनिक मीडिया की, आदिवासी जीवन को दिया जाने वाला स्पेस नगण्य है और जो स्पेस दिया जा रहा है उसमें रोमांटिक दृष्टिकोण अधिक नजर आता है यथा 1960-70 के दशकों की काफी फिल्मों में

आईटम सोंग के रूप में आदिवासियों को प्रदर्शित किये जाने की एक प्रवृत्ति देखी जा सकती है। यह वैसा ही है जैसा कि गणतंत्र दिवस की झांकियों में आदिवासी।

विषय के इस पक्ष पर भी चर्चा किया जाना मुनासिब होगा कि मुख्य धारा से जुड़े मीडिया में आदिवासी समुदाय के कितने बुद्धिजीवी पत्रकारिता, अभिनय व प्रबन्धन से जुड़े हैं? यद्यपि यहाँ जोर आदिवासी विषय-वस्तु है ना कि आदिवासियों का प्रतिनिधित्व या आरक्षण का सवाल, फिर भी मुख्य धारा की मानसिकता समझने के लिए यह मुद्दा प्रासांगिक हो जाता है। वास्तविकता को जानने के लिए कोई शोध हमारे सामने उपलब्ध नहीं है। जितनी सूचनाएं सामने आयी हैं उनके आधार पर यह कहा जा सकता है कि इक्के-दुक्के को छोड़कर प्रतिनिधित्व नगण्य है। आदिवासी जीवन से जुड़ी विषय-वस्तु के विभिन्न पक्षों के सवालों, समस्याओं, उनके समाधानों के भीतर प्रवेश के लिए जरूरी है कि जो लोग आदिवासी जीवन से सीधे-सीधे जुड़े हुए हैं उनका सहयोग प्रतिनिधित्व के स्तर पर लिया जाये तो आदिवासी जीवन की वास्तविकता काफी हद तक सामने आ सकेगी। यह इसलिए कि आदिवासी-लोक भारतीय समाज का एकमात्र तबका है जो अलग थलग पड़ा हुआ है और शेष समाज से अभी तक अपेक्षित स्तर पर नहीं जुड़ पाया है।

दुखद आश्चर्य पैदा करने वाला एक ऐसा उदाहरण यहाँ देना उचित लग रहा है जिसमें आदिवासी को कैसे प्रचारित व प्रसारित किया गया, यह देखने वाली बात है। घटना यूँ है कि एक आदिवासी परिवार जंगल के जिस कोने में पीढ़ियों से रहता आया है, उसे अदालत में यह साबित करना है कि वह जगह उसी परिवार की है। परिवार का मुखिया अदालत में हाजिर होता है। अदालत उससे पूछती है कि ''जहाँ तुम रह रहे हो वह जगह तुम्हारी है इसका क्या प्रमाण है?'' कई तारीख पेशियों में वह आदिवासी कोई सबूत पेश नहीं कर पाता है। उसके पास कोई दस्तावेज नहीं है जो यह सिद्ध कर सके कि वह जमीन उसकी है। बहुत सोच-विचारकर वह व्यक्ति अदालत में संकल्प करता है कि ''मेरा मुकदमा खारिज मत करो, मैं अगली तारीख पेशी पर प्रमाण प्रस्तुत कर दूँगा।'' अदालत उसे अन्तिम अवसर दे देती है।

नियत तारीख पर वह व्यक्ति अदालत में पेश होता है। बतौर सबूत पत्थर का एक टुकड़ा और संकुआ वृक्ष की एक टहनी अदालत को दिखाते हुए पूरे विश्वास के साथ यह दावा करता है कि ''हुजूर चट्टान का यह टुकड़ा सैकड़ों वर्षों से मेरे घर के आँगन की चट्टान का हिस्सा है और यह हरी टहनी सकुआ के उस वृक्ष की है जो मेरे बुजुर्गों ने मेरे घर के आँगन में लगाया था।''

अदालत यह दावा और दृश्य सुन-देखकर स्तब्ध रह जाती है। जज उस व्यक्ति और उसके प्रमाणों की तरफ अचम्भे से देखता है और कुछ क्षणों के लिए मौन धारण

कर लेता है। वह इस उधेड़-बुन में है कि इन प्रमाणों को मान लिया जाए या नहीं।

अदालत का फैसला अपनी जगह। बहरहाल, मीडिया ने अपना फैसला इस खबर शीर्षक से दे दिया—'पागल पहुँचा अदालत में'। खबर के शीर्षक के निहितार्थ बहुत गहरे और व्यापक हैं, अगर इस पर गहराई से सोचा जाये।

न्याय प्रणाली उन कानूनों पर आधारित होती है जिन्हें किसी राष्ट्र-समाज की मुख्य धारा के जन-मानस की परम्पराओं, भावनाओं, आवश्यकताओं, अपेक्षाओं के अनुरूप बनाये जाते हैं। जमीन के मालिकाना हक से संबंधित कानून के ये प्रावधान हैं कि जमीन का कोई टुकड़ा किसी व्यक्ति की मिल्कियत तभी होगा जब वह वंशानुगत या क्रय किया हुआ अथवा भेंट दान-बख्शीस में प्राप्त और तद्नुसार हस्तांतरित हो। इसका बाकायदा, विशेष रूप से वर्तमान काल में, दस्तावेज तैयार किया जाता है जो राजस्व रिकार्ड का हिस्सा होता है। ठेठ आदिवासी समाज आज भी इस प्रक्रिया से अनभिज्ञ है। यही वजह है कि वनाधिकार अधिनियम 2005 के बन जाने के बावजूद आदिवासियों को उनकी पुश्तैनी जमीन पर मालिकाना हक मिलने में कई प्रकार की कठिनाइयां आ रही हैं। उनके पास जमीन होने का एकमात्र आधार वंशानुगत कब्जा है और उस कब्जे का अभिलेखीय नियमन नहीं हुआ। ऐसी दशा में एक आदिवासी चट्टान का टुकड़ा या पेड़ की टहनी को बतौर सबूत अदालत में पेश करता है जो मुख्य धारा के कानूनी प्रावधानों में नहीं आता है, चूंकि ऐसा विधि निर्माताओं ने कभी सोचा ही नहीं था। मुख्य धारा की व्यवस्था की सीमाएं अपनी जगह हैं, उस आदिवासी पक्षकार के दावे में भी दम है, जिसे प्राकृतिक अधिकार की दृष्टि से नकारना उसके लिए अन्याय की बात है।

मीडिया की दृष्टि क्या हो? इस सवाल का जवाब अभी भी शेष है। मीडिया की भूमिका में तथ्यात्मक सूचना का प्रचार-प्रसार, मनोरंजन एवं जन-चेतना फैलाना मुख्यतः है। प्रजातांत्रिक व्यवस्था में सूचना उपलब्ध करवाना भी जन-चेतना का ही हिस्सा है और स्वस्थ मनोरंजन जीवन में अपनी महत्ता रखता ही है। यहाँ आदिवासी समाज में जन-चेतना पैदा करने का मुद्दा सामने आता है। प्रजातांत्रिक प्रणाली में संश्लिष्ट समाज के निर्माण का दूसरा मुद्दा सामने आता है। प्राकृतिक अधिकारों की दृष्टि से उस आदिवासी परिवार की पुश्तैनी जमीन पर उसका आधिपत्य स्वीकार करने का मुद्दा केन्द्र में है ही। इन सारे पक्षों को देखते हुए मीडिया की भूमिका क्या होनी चाहिए और मीडिया ने पूर्वोक्त शीर्षक से खबर साया करके कौन-सी भूमिका निभाई, यह गम्भीर विचारणीय विषय है।

हम जिस दौर में जी रहे हैं उसमें मीडिया के लिए बाजार में बिक्री योग्य तथाकथित सेलेब्रिटीज, न्यूज मेनिप्यूलेशन, टी.आर.पी., 'पेड न्यूज', 'स्टिंग ऑपरेशन',

'मीडिया ट्रायल', आदि महत्वपूर्ण है न कि किसी के मौलिक-प्राकृतिक अधिकारों का प्रश्न। इस खबर की घटना की पृष्ठभूमि में जमीन का मालिकाना हक जैसा जीवनाधार अधिकार 'ट्रायल' पर है और मीडिया उस अधिकार के दावेदार को पागल करार दे रहा है। यह सवाल उठाया जाना कितना तार्किक होगा कि वह आदिवासी पागल है या मीडिया? अपने अधिकारों के लिए लड़ने वाले उस आदिवासी के लिए क्या सत्य पर आधारित 'मीडिया ट्रायल' सम्भव नहीं था?

जमीन के हक की लड़ाई लड़ने वाले झारखण्ड के उस आदिवासी परिवार का यह उदाहरण एकाकी घटना नहीं है, प्रत्युत आदिवासी समाज के जल-जंगल-जमीन के लिए लड़ाई का व्यापक मुद्दा है जो उस समाज का मौलिक अधिकार है जिसे सरकार ने भी वनाधिकार अधिनियम के तहत स्वीकार किया है। इसी संदर्भ में सर्वोच्च न्यायालय ने नन्दी बाई के प्रकरण में 5 जनवरी 2011 को अत्यन्त महत्वपूर्ण न्यायादेश पारित किया है जिसका जिक्र इस पुस्तक में अन्यत्र कर दिया गया है। ऐसी वास्तविकता को नजरन्दाज करने वाले मीडिया का चरित्र और दृष्टिकोण यहाँ परिलक्षित होता है। इसलिए जब 'मीडिया और आदिवासी' जैसे विषय पर चर्चा होती है तो मीडिया से बहुत जिम्मेदार व गम्भीर होने की अपेक्षा की जायेगी।

भारत के आदिवासियों की सूची

परिशिष्ट-'अ'

अनुसूचित आदिवासियों की सूची

क्र.स.	जाति का नाम	राज्य का नाम
1	अबोर	अरुणाचल प्रदेश
2	अधिकारी	पश्चिम बंगाल
3	अडियन	तमिलनाडु, कर्नाटक, केरल
4	अडिविचिनचर	गुजरात, कर्नाटक, महाराष्ट्र
5	अगरिया	छत्तीसगढ़, मध्यप्रदेश, महाराष्ट्र
6	आईमॉल	मणिपुर
7	अका	अरुणाचल प्रदेश
8	अनल	मणिपुर
9	अन्ध	आन्ध्रप्रदेश, छत्तीसगढ़, मध्यप्रदेश
10	अन्गामी नगा	मणिपुर
11	एओ	नगालैण्ड
12	अपाटानी	अरुणाचल प्रदेश
13	अरणादन	तमिलनाडु, केरल
14	अरख	छत्तीसगढ़, मध्यप्रदेश, महाराष्ट्र
15	असुर	पश्चिम बंगाल, झारखण्ड, महाराष्ट्र, छत्तीसगढ़
16	बड़ा मारिया	छत्तीसगढ़, मध्यप्रदेश, महाराष्ट्र
17	बगाता	आन्ध्रप्रदेश, उड़ीसा
18	बहेलिया	महाराष्ट्र, मध्यप्रदेश, छत्तीसगढ़
19	बैगा	छत्तीसगढ़, मध्यप्रदेश, महाराष्ट्र, उड़ीसा, झारखण्ड
20	बकी	महाराष्ट्र
21	बलाही	गुजरात
22	बामचा	गुजरात, महाराष्ट्र, कर्नाटक
23	बन्दारू	असम
24	बंजारा	उड़ीसा, झारखण्ड, आन्ध्रप्रदेश

क्र.स.	जाति का नाम	राज्य का नाम
25	बंजारी	उड़ीसा
26	बारडा	गुजरात, महाराष्ट्र, कर्नाटक
27	बरेला	मध्यप्रदेश
28	बरमांन	असम
29	बरोडिया	गुजरात, कर्नाटक, महाराष्ट्र
30	बारोकाचरी	असम, मेघालय
31	बरटिका	आन्ध्रप्रदेश
32	बस्तर	छत्तीसगढ़
33	बाथूडी	उड़ीसा, झारखण्ड
34	बाबा चा	गुजरात, महाराष्ट्र, कर्नाटक
35	बेड़िया, बेड़ीया	झारखण्ड, पश्चिम बंगाल
36	बेंथो ओरिया	आन्ध्रप्रदेश
37	बेसरा	उड़ीसा
38	भगालिया	गुजरात, राजस्थान, कर्नाटक, महाराष्ट्र
39	भैना	छत्तीसगढ़, मध्यप्रदेश
40	भंगी	गुजरात
41	भर	छत्तीसगढ़, मध्यप्रदेश, महाराष्ट्र
42	भारिया	छत्तीसगढ़, मध्यप्रदेश
43	भारिया भूमिया	छत्तीसगढ़, मध्यप्रदेश, महाराष्ट्र
44	भरबाड	गुजरात
45	भटोला	छत्तीसगढ़, मध्यप्रदेश, महाराष्ट्र
46	भटरा	छत्तीसगढ़, मध्यप्रदेश, महाराष्ट्र
47	भील	आन्ध्रप्रदेश, कर्नाटक, छत्तीसगढ़, मध्यप्रदेश, राजस्थान, गुजरात, महाराष्ट्र, त्रिपुरा
48	भिलाला	गुजरात, राजस्थान, कर्नाटक, मध्यप्रदेश
49	भिलाला पावरा	महाराष्ट्र
50	मिम्मा	छत्तीसगढ़, मध्यप्रदेश, महाराष्ट्र, उड़ीसा, झारखण्ड
51	भिन कोया	आन्ध्रप्रदेश, कर्नाटक, महाराष्ट्र
52	भोई	असम, मिजोरम
53	भोटिया	उत्तराखण्ड
54	भोटाडा	उड़ीसा
55	भूंईहार भूमिया	छत्तीसगढ़, मध्यप्रदेश, महाराष्ट्र

क्र.स.	जाति का नाम	राज्य का नाम
56	भूईयां	उड़ीसा
57	भूमिया	उड़ीसा
58	भूमिज	उड़ीसा, पश्चिम बंगाल
59	भूमीया	छत्तीसगढ़
60	भूंजिया	मध्यप्रदेश, छत्तीसगढ़, महाराष्ट्र, उड़ीसा
61	भूरिया	सिक्किम
62	भूटा	छत्तीसगढ़, मध्यप्रदेश, महाराष्ट्र
63	भूटिया	पश्चिम बंगाल, त्रिपुरा
64	भूयान	उड़ीसा
65	ब्यार	छत्तीसगढ़
66	ब्याटे	असम, मेघालय, मिजोरम
67	बिंझाल	उड़ीसा
68	बिंझिया	उड़ीसा, झारखण्ड
69	बिंझोआ	उड़ीसा
70	बिंझवार	छत्तीसगढ़, मध्यप्रदेश, महाराष्ट्र
71	बिरहोर	छत्तीसगढ़, पश्चिम बंगाल, मध्यप्रदेश, उड़ीसा, झारखण्ड
72	बिरहुई	महाराष्ट्र
73	बिरजिया	पश्चिम बंगाल, झारखण्ड
74	बिसनहोरन मारिया	छत्तीसगढ़, मध्यप्रदेश, महाराष्ट्र
75	बियार	छत्तीसगढ़, मध्यप्रदेश
76	बोध	हिमाचल प्रदेश
77	बोडो	असम
78	बोन्डा	उड़ीसा
79	बोन्डेया	छत्तीसगढ़, मध्यप्रदेश, महाराष्ट्र
80	बोन्दी	छत्तीसगढ़, मध्यप्रदेश, महाराष्ट्र
81	बोंन्डो पारजा	उड़ीसा
82	बोपची	छत्तीसगढ़, महाराष्ट्र, मध्यप्रदेश
83	बोरजी	महाराष्ट्र
84	बुक्सा	उत्तराखण्ड
85	बूरिया सिक्ख	असम
86	चैमल	त्रिपुरा

क्र.स.	*जाति का नाम*	*राज्य का नाम*
87	चखेसंग	नगालैण्ड
88	चकमा	असम, त्रिपुरा, पश्चिम बंगाल, मेघालय, मिजोरम
89	चमार	गुजरात
90	चंग	नगालैण्ड
91	चंगसन	असम, मेघालय, मिजोरम
92	चारन	गुजरात
93	चटरी	छत्तीसगढ़, मध्यप्रदेश, महाराष्ट्र
94	चौधरी	गुजरात
95	चैंच्यू	आन्ध्रप्रदेश, कर्नाटक, उड़ीसा
96	चैंचवार	आन्ध्रप्रदेश, कर्नाटक
97	चेरो	पश्चिम बंगाल, झारखंड
98	चरवा	छत्तीसगढ़, महाराष्ट्र, मध्यप्रदेश
99	चिकबारायका	पश्चिम बंगाल, झारखंड
100	चिकवा, चिकवी	गुजरात
101	चिरू	मणिपुर
102	चिता पारदी	महाराष्ट्र, मध्यप्रदेश, छत्तीसगढ़
103	चोधरा	गुजरात, कर्नाटक, महाराष्ट्र
104	चोलानायकन	केरल
105	चोंगलोई	असम, मेघालय, मिजोरम
106	छोटा मारिया	छत्तीसगढ़, मध्यप्रदेश, महाराष्ट्र
107	चोथे	मणिपुर
108	चोंलीवाला नायक	गुजरात, राजस्थान, कर्नाटक, महाराष्ट्र
109	डाफ्ला	अरुणाचल प्रदेश
110	डाल	उड़ीसा
111	डमारिया	छत्तीसगढ़, मध्यप्रदेश, राजस्थान
112	डन्डामि मारिया	छत्तीसगढ़, मध्यप्रदेश, महाराष्ट्र
113	डारलोंग	असम, मेघालय, मिजोरम, त्रिपुरा
114	डारोई	छत्तीसगढ़, मध्यप्रदेश
115	डेवरी	असम
116	डेसाया कोन्डस	आन्ध्रप्रदेश
117	देशु भूमजी	उड़ीसा

क्र.स.	जाति का नाम	राज्य का नाम
118	घांगड़	छत्तीसगढ़, उत्तराखण्ड, महाराष्ट्र, पश्चिमी बंगाल, त्रिपुरा, मध्यप्रदेश, उड़ीसा
119	धांगर	उत्तराखण्ड, छत्तीसगढ़, पश्चिमी बंगाल, त्रिपुरा, महाराष्ट्र, उड़ीसा, मध्यप्रदेश, झारखण्ड
120	धानका	छत्तीसगढ़, गुजरात, महाराष्ट्र, राजस्थान, मध्यप्रदेश
121	धनवार	छत्तीसगढ़, मध्यप्रदेश, महाराष्ट्र
122	धारूआ	उड़ीसा
123	ढेड	गुजरात
124	ढोबा	छत्तीसगढ़, मध्यप्रदेश, महाराष्ट्र
125	ढोढिया	गुजरात, महाराष्ट्र
126	ढोली भील	गुजरात, महाराष्ट्र, कर्नाटक, राजस्थान
127	ढोर कथोड़ी	गुजरात, महाराष्ट्र, कर्नाटक, राजस्थान
128	ढोर कटकरी	गुजरात, राजस्थान, कर्नाटक, महाराष्ट्र
129	ढोटाडा	उड़ीसा
130	धूलिया	आन्ध्रप्रदेश, छत्तीसगढ़, महाराष्ट्र, मध्यप्रदेश
131	धुरू	छत्तीसगढ़, मध्यप्रदेश, महाराष्ट्र
132	धूरवा	छत्तीसगढ़, मध्यप्रदेश, महाराष्ट्र
133	दिदाई	उड़ीसा
134	दिमासा	असम, मेघालय, मिजोरम
135	डोंगर कोली	महाराष्ट्र
136	डोंगरिया कोन्ड	आन्ध्रप्रदेश
137	डोरला	छत्तीसगढ़, मध्यप्रदेश, महाराष्ट्र
138	डोन्गेल	असम, मेघालय, मिजोरम
139	डुबली	गुजरात, कर्नाटक, महाराष्ट्र
140	डुक्पा	पश्चिम बंगाल
141	डूलिया	आन्ध्रप्रदेश
142	एरावल्लान	तमिलनाडु, केरल
143	गडाबा	छत्तीसगढ़, उड़ीसा, मध्यप्रदेश
144	गडाबा	आन्ध्रप्रदेश
145	गडी सिपी	हिमाचल प्रदेश
146	गैकी	छत्तीसगढ़, मध्यप्रदेश
147	गैता	छत्तीसगढ़, मध्यप्रदेश, महाराष्ट्र

क्र.स.	जाति का नाम	राज्य का नाम
148	गालोंग	अरुणाचल प्रदेश
149	गामालहू	असम, मेघालय, मिजोरम
150	गामित	गुजरात, कर्नाटक, महाराष्ट्र
151	गामटा	गुजरात, कर्नाटक, महाराष्ट्र
152	गान्डिया	उड़ीसा
153	गांगटे	मणिपुर, असम, मेघालय, मिजोरम
154	गारो	असम, त्रिपुरा, पश्चिम बंगाल, मेघालय, मिजोरम, नगालैण्ड
155	गाटा, गाटी	छत्तीसगढ़, मध्यप्रदेश, महाराष्ट्र
156	गाविट	गुजरात, कर्नाटक, महाराष्ट्र
157	गावड़ा	गोवा
158	गवली	गोवा
159	घारा	उड़ीसा
160	गौण्ड	बिहार, छत्तीसगढ़, गुजरात, पश्चिम बंगाल, महाराष्ट्र, उड़ीसा, मध्यप्रदेश, झारखण्ड
161	गौन्ड़ नायकपोड	आन्ध्रप्रदेश
162	गोन्डी ग्वाला	गोवा
163	गोरायत	पश्चिम बंगाल, झारखण्ड
164	गोडू	आन्ध्रप्रदेश
165	गोवरी हिलमारिया	छत्तीसगढ़, मध्यप्रदेश, महाराष्ट्र
166	गोवडलू	कर्नाटक
167	गूईटे	असम, मेघालय, मिजोरम
168	गरासिया	गुजरात, महाराष्ट्र, कर्नाटक, राजस्थान
169	हजंग	पश्चिम बंगाल
170	हजोंग	असम, मिजोरम, मेघालय
171	हक्कीपिक्की	कर्नाटक
172	हलाम	त्रिपुरा
173	हलबा, हलबी	छत्तीसगढ़, मध्यप्रदेश, महाराष्ट्र
174	हलपती	गुजरात, कर्नाटक, महाराष्ट्र
175	हनैन्ग	मेधालय, असम, मिजोरम
176	हाओकीप	असम, मेघालय, मिजोरम
177	हाओलाई	असम, मेघालय, मिजोरम

क्र.स.	जाति का नाम	राज्य का नाम
178	हारंगखवाल	असम
179	हसलारू	कर्नाटक
180	हथकर	उत्तराखण्ड, छत्तीसगढ़, पश्चिम बगाल, त्रिपुरा, झारखण्ड, महाराष्ट्र, गोवा, उड़ीसा
181	हथकर धांगर	मध्यप्रदेश
182	होपिट	असम, मेघालय, मिजोरम
183	हैंगना	असम, मेघालय, मिजोरम
184	हिल रेड्डिस	आन्ध्रप्रदेश
185	हमार	असम, मेघालय, मिजोरम, मणिपुर
186	हो	उड़ीसा, झारखण्ड, पश्चिम बंगाल
187	होजाई	असम
188	होल्वा	आन्ध्रप्रदेश, उड़ीसा,
189	होंगसघं	मेधालय, असम, मिजोरम
190	हरंगखवल	मेधालय
191	इन्दोरे	मध्यप्रदेश
192	इरूला	तमिलनाडु, केरल, कर्नाटक
193	इरूलिगा	कर्नाटक
194	जैनतिया	असम, मिजोरम, मेघालय
195	जमातिया	त्रिपुरा
196	जटापू	उड़ीसा
197	जटापू	आन्ध्रप्रदेश
198	जोनसरी	उत्तराखण्ड
199	जैनू कूरूबा	कर्नाटक
200	झरेखा	छत्तीसगढ़, मध्यप्रदेश, महाराष्ट्र
201	झोन्डा	आन्ध्रप्रदेश
202	जोन्गबी	असम, मेघलय, मिजोरम
203	जोन्ग	उड़ीसा
204	का ठाकुर	महाराष्ट्र
205	कबुई	मणिपुर
206	काचरी	असम, नगालैण्ड, मेघालय, मिजोरम
207	कादर	तमिलनाडु, केरल
208	काडू कूरूबा	कर्नाटक

क्र.स.	जाति का नाम	राज्य का नाम
209	कगाते	पश्चिम बंगाल
210	कलंगा	छत्तीसगढ़, मध्यप्रदेश
211	कामर	छत्तीसगढ़, मध्यप्रदेश, महाराष्ट्र
212	कम्मारा	आन्ध्रप्रदेश, कर्नाटक, तमिलनाडु, केरल
213	कनोवरा	हिमाचल प्रदेश
214	कान्ध	छत्तीसगढ़, महाराष्ट्र, उड़ीसा
215	कान्ध गोड़ा	उड़ीसा
216	कान्द्रा	छत्तीसगढ़, मध्यप्रदेश, महाराष्ट्र
217	कनीकरण	तमिलनाडु, केरला
218	कनीवान	कर्नाटक
219	कंवर	छत्तीसगढ़, महाराष्ट्र, मध्यप्रदेश
220	कनयान	तमिलनाडु, कर्नाटक
221	कपाड़िया नायक	राजस्थान, कर्नाटक, महाराष्ट्र, गुजरात,
222	कपू सावर	आन्ध्रप्रदेश
223	कारकू	छत्तीसगढ़, मध्यप्रदेश
224	करमाली	पश्चिम बंगाल, झारखण्ड
225	कथोडी	गुजरात, महाराष्ट्र, कर्नाटक, राजस्थान
226	कटकरी	गुजरात, महाराष्ट्र, कर्नाटक, राजस्थान
227	कट्टूनायकन	आन्ध्रप्रदेश, तमिलनाडु, कर्नाटक, केरल
228	कोर	छत्तीसगढ़, महाराष्ट्र, मध्यप्रदेश
229	कावर	छत्तीसगढ़, महाराष्ट्र, उड़ीसा, मध्यप्रदेश
230	कीर	मध्यप्रदेश
231	खैरवार	छत्तीसगढ़, महाराष्ट्र, मध्यप्रदेश
232	खमपती	अरुणाचल प्रदेश
233	खाण्ड	मध्यप्रदेश
234	खाण्ट	गुजरात
235	खारिया	बिहार, छत्तीसगढ़, पश्चिम बंगाल, महाराष्ट्र, मध्यप्रदेश, झारखण्ड
236	खारियान	उड़ीसा
237	खरवार	उड़ीसा, झारखण्ड, पश्चिम बंगाल
238	खासी	असम, मेघालय, मिजोरम
239	खाटोला	छत्तीसगढ़, मध्यप्रदेश, महाराष्ट्र

क्र.स.	जाति का नाम	राज्य का नाम
240	खावथलंग	असम, मेघालय, मिजोरम
241	खावचंग	असम, मेघालय, मिजोरम
242	खेलमा	असम, मेघालय, मिजोरम
243	खेरिया	पश्चिम बंगाल
244	खीयमन्यूंगन	नगालैण्ड
245	खीरवारा	छत्तीसगढ़, मध्यप्रदेश, महाराष्ट्र
246	खोलहू	असम, मेघालय, मिजोरम
247	खोण्ड	छत्तीसगढ़, मध्यप्रदेश, महाराष्ट्र, उड़ीसा, पश्चिम बंगाल
248	खोथलोंग	असम, मेघालय, मिजोरम
249	खोवा	अरुणाचल प्रदेश
250	खूट्टो सावर	आन्ध्रप्रदेश
251	कीपगैन	असम, मेघालय, मिजोरम
252	किसान ट्राई	उड़ीसा
253	कोच	मेघालय
254	कोचूवेलान	तमिलनाडु, केरल
255	कोड़कू	छत्तीसगढ़, मध्यप्रदेश
256	कोधू	आन्ध्रप्रदेश
257	कोड़ी	आन्ध्रप्रदेश
258	कोयला भूटा	छत्तीसगढ़, मध्यप्रदेश, महाराष्ट्र
259	कोयरावो	मणिपुर
260	कोयरेंग	मणिपुर
261	कोयतार	छत्तीसगढ़, मध्यप्रदेश, महाराष्ट्र
262	कोकणा	गुजरात, राजस्थान, कर्नाटक, महाराष्ट्र
263	कोल	छत्तीसगढ़, महाराष्ट्र, उडीसा, मध्यप्रदेश
264	कोल लोहाराज	उड़ीसा
265	कोलाम	आन्ध्रप्रदेश, महाराष्ट्र, छत्तीसगढ़, मध्यप्रदेश
266	कोलचा	गुजरात, राजस्थान, कर्नाटक, महाराष्ट्र
267	कोलघा	गुजरात, राजस्थान, कर्नाटक
268	कोल्हा	उड़ीसा
269	कोली	गुजरात, उड़ीसा
270	कोली भूटी	छत्तीसगढ़

क्र.स.	जाति का नाम	राज्य का नाम
271	कोली महादेव	महाराष्ट्र
272	कोली मल्हार	महाराष्ट्र
273	कोलिया भूटी	मध्यप्रदेश
274	कोलीढोर	गुजरात, राजस्थान, कर्नाटक, महाराष्ट्र
275	कोलखा	महाराष्ट्र
276	कोम	मणिपुर
277	कोण्ड	उड़ीसा
278	कोण्ड धोरा	आन्ध्रप्रदेश
279	कोण्डा कापू	आन्ध्रप्रदेश, कर्नाटक, केरल, तमिलनाडु
280	कोण्डा रेड्डि	आन्ध्रप्रदेश, करेल, तमिलनाडु
281	कोण्डाडोरा	उड़ीसा
282	कोण्डार	छत्तीसगढ़, मध्यप्रदेश
283	कोण्ढ	छत्तीसगढ़, मध्यप्रदेश, झारखण्ड, महाराष्ट्र
284	कोण्ढ	आन्ध्रप्रदेश
285	कोन्याक	नगालैण्ड
286	कोरा	उड़ीसा, पश्चिम बंगाल
287	कोरगा	तमिलनाडु, केरल, कर्नाटक
288	कोरी	मध्यप्रदेश, गुजरात
289	कोरकू	छत्तीसगढ़, महाराष्ट्र, मध्यप्रदेश
290	कोरूआ	उड़ीसा
291	कोरवा	छत्तीसगढ़, मध्यप्रदेश, पश्चिम बंगाल, झारखण्ड
292	कोटा	तमिलनाडु, केरल, कर्नाटक
293	कोटिया	आन्ध्रप्रदेश, उड़ीसा,
294	कोटू कोया	आन्ध्रप्रदेश
295	कोटवाल	गुजरात
296	कोटवालिया	गुजरात, कर्नाटक, महाराष्ट्र
297	कोया	आन्ध्रप्रदेश, छत्तीसगढ़, महाराष्ट्र, मध्यप्रदेश, कर्नाटक, उड़ीसा
298	कूचकी मारिया	छत्तीसगढ़, महाराष्ट्र
299	कूचा मारिया	छत्तीसगढ़, मध्यप्रदेश, महाराष्ट्र
300	कूड़िया	तमिलनाडु, केरल, कर्नाटक
301	कूडूबी	कर्नाटक

क्र.स.	*जाति का नाम*	*राज्य का नाम*
302	कुकी	असम, मेघालय, त्रिपुरा, नगालैण्ड, मिजोरम
303	कुकणा	गुजरात, राजस्थान, कर्नाटक, महाराष्ट्र
304	कुलिस	उड़ीसा
305	कुम्बारा	कर्नाटक
306	कुन्बी	गुजरात
307	कुरीचचान	तमिलनाडु, केरल
308	कुरूबा	कर्नाटक
309	कुरूमान	कर्नाटक
310	कुरूमा	तमिलनाडु, केरल
311	कुरूम्बास	तमिलनाडु, केरल
312	कुटिया कोन्ड	आन्ध्रप्रदेश
313	लाई	तमिलनाडु,
314	लाखेर	असम, मिजोरम, मेघालय
315	लालूग	असम
316	लामबडी	आन्ध्रप्रदेश
317	लाम्बू(सुब्बा)	सिक्किम, पश्चिम बंगाल
318	लामगंग	मणिपुर
319	लागोली पारदी	महाराष्ट्र, मध्यप्रदेश, छत्तीसगढ़
320	लेंगथंग	असम, मेघालय, मिजोरम
321	लेपचा	पश्चिम बंगाल
322	लेपेहा	सिक्किम, त्रिपुरा
323	ल्हान्गम	असम, मेघालय, मिजोरम
324	ल्हौजेम	असम, मिजोरम
325	ल्हौजेन	मेघालय
326	ल्हौवुन	असम, मिजोरम, मेघालय
327	लिंगाधारी कोया	आन्ध्रप्रदेश
328	लोधा	उड़ीसा, पश्चिम बंगाल
329	लोहरा	पश्चिम बंगाल, झारखण्ड
330	लोथा	नगालैण्ड
331	लूफेंग	असम, मिजोरम, मेघालय
332	लूसाई	मिजोरम
333	लिंगंगम	असम, मिजोरम

क्र.स.	जाति का नाम	राज्य का नाम
334	मीणा, मीना	छत्तीसगढ़, मध्यप्रदेश, राजस्थान
335	मा ठाकुर	महाराष्ट्र
336	माडिया	उड़ीसा, छत्तीसगढ़, मध्यप्रदेश, महाराष्ट्र
337	माघ	पश्चिम बंगाल
338	महा मलासर	तमिलनाडु, केरल, कर्नाटक
339	महाली	उड़ीसा, पश्चिम बंगाल, झारखण्ड
340	माझी	छत्तीसगढ़
341	मझवार	छत्तीसगढ़, मध्यप्रदेश
342	मलई आरयान	तमिलनाडु, केरल
343	मलई पण्डारम	तमिलनाडु, केरल
344	मलई वेदन	तमिलनाडु, केरल
345	मालाक्कूरावन	तमिलनाडु, केरल
346	मलासर	तमिलनाडु, केरल, कर्नाटक
347	मलयाली	तमिलनाडु
348	मलायन	केरल
349	मलायारायर	केरल
350	मलायेकन्डी	तमिलनाडु, कर्नाटक
351	मालेरू	कर्नाटक
352	मल्हार	उड़ीसा
353	मलिस	आन्ध्रप्रदेश
354	मालिया सावर	आन्ध्रप्रदेश
355	मालपाहरिया	पश्चिमी बंगाल झारखण्ड
356	मान	असम, मेघालय, मिजोरम
357	माना	छत्तीसगढ़, मध्यप्रदेश, महाराष्ट्र
358	मंगजैल	असम, मिजोरम, मेघालय
359	मांझी	मध्यप्रदेश
360	मनकिडी	उड़ीसा
361	मनकिरडीया	उड़ीसा
362	मान इरवारलू	महाराष्ट्र
363	माना ढोरा	आन्ध्रप्रदेश
364	मानान	तमिलनाडु, केरल
365	मान्नेरवारलू	आन्ध्रप्रदेश

क्र.स.	*जाति का नाम*	*राज्य का नाम*
366	मान्नेवर	छत्तीसगढ़, मध्यप्रदेश, महाराष्ट्र
367	माओ	मणिपुर
368	मारम	मणिपुर
369	मराठा हथकर	कर्नाटक
370	मराठी, मराती	कर्नाटक, केरल
371	मारिया	छत्तीसगढ़, मध्यप्रदेश, महाराष्ट्र
372	मारिंग	मणिपुर
373	मात्या	उड़ीसा
374	मावची	गुजरात, महाराष्ट्र, कर्नाटक
375	मवासी	छत्तीसगढ़, मध्यप्रदेश
376	मयंक	पश्चिम बंगाल
377	मेक	असम, पश्चिम बंगाल
378	मेडा	कर्नाटक
379	मेहतर	गुजरात
380	मैलाकूडी	तमिलनाडु, केरल
381	मेवासी भील	गुजरात, राजस्थान, कर्नाटक, महाराष्ट्र
382	मिकिर	असम, मिजोरम, मेघालय
383	मिर्धा	उड़ीसा
384	मिसाओ	असम, मेघालय
385	मिश्मी	अरुणाचल प्रदेश
386	मिसिंग	असम
387	मिसावो	मिजोरम
388	मिजो	असम
389	मीजो (लूशाई)	मणिपुर, मेघालय, मिजोरम, त्रिपुरा
390	मोग	त्रिपुरा
391	मोगिया	छत्तीसगढ़, मध्यप्रदेश, महाराष्ट्र
392	मोंगया	छत्तीसगढ़, मध्यप्रदेश, महाराष्ट्र
393	मोन्पा	अरुणाचल प्रदेश
394	मोन्संग	मणिपुर
395	मोटा नायक	गुजरात, राजस्थान, कर्नाटक, महाराष्ट्र
396	मोओसी	छत्तीसगढ़, महाराष्ट्र, मध्यप्रदेश
397	मोयन	मणिपुर

क्र.स.	जाति का नाम	राज्य का नाम
398	मरू	पश्चिमी बंगाल
399	मूडिया	छत्तीसगढ़, मध्यप्रदेश, महाराष्ट्र
400	मुडूगर	तमिलनाडु, केरल
401	मुडूवन	तमिलनाडु, केरल
402	मुखाडोरा	आन्ध्रप्रदेश
403	मुण्डा	छत्तीसगढ़, त्रिपुरा, उड़ीसा, पश्चिम बंगाल, झारखण्ड, मध्यप्रदेश
404	मुण्डा लोहरा	उड़ीसा
405	मुण्डा महालिस	उड़ीसा
406	मुरिया	छत्तीसगढ़, मध्यप्रदेश, महाराष्ट्र
407	मुस्लिम वन गूज्जर	हिमाचल प्रदेश
408	मुथान	केरल
409	मुथुवन	तमिलनाडु, केरल
410	नगा	असम,
411	नागारची	छत्तीसगढ़, मध्यप्रदेश, महाराष्ट्र
412	नागासिया	छत्तीसगढ़, मध्यप्रदेश, महाराष्ट्र
413	नागेसिया	छत्तीसगढ़, मध्यप्रदेश, महाराष्ट्र
414	नागवंशी	छत्तीसगढ़, मध्यप्रदेश, महाराष्ट्र
415	नहूल	छत्तीसगढ़, मध्यप्रदेश, महाराष्ट्र
416	नायकड़ा	गुजरात, राजस्थान, कर्नाटक, महाराष्ट्र
417	नायकपोड	कर्नाटक
418	नाना नायक	गुजरात, राजस्थान, कर्नाटक, महाराष्ट्र
419	नांगुली	उड़ीसा
420	नायक	गुजरात, राजस्थान, कर्नाटक, महाराष्ट्र
421	नायक बडारू	आन्ध्रप्रदेश
422	नेग्रिटो	असम
423	निहाल	महाराष्ट्र
424	निहार	छत्तीसगढ़, मध्यप्रदेश
425	नोपिया	त्रिपुरा
426	नोनिया	बिहार
427	नुकाडोरा	आन्ध्रप्रदेश
428	ओझा	छत्तीसगढ़, मध्यप्रदेश, महाराष्ट्र

क्र.स.	जाति का नाम	राज्य का नाम
429	ओमानतिया	उड़ीसा
430	उरॉव	छत्तीसगढ़, पश्चिम बगाल, मध्यप्रदेश, उड़ीसा, झारखण्ड, महाराष्ट्र, त्रिपुरा
431	पानन	केरल
432	पधार	गुजरात
433	पडवी	गुजरात, महाराष्ट्र, कर्नाटक
434	पाईको	आन्ध्रप्रदेश
435	पेटे	मणिपुर
436	पलिहा	छत्तीसगढ़
437	पलियान	केरल
438	पल्लेयन	तमिलनाडु,
439	पाल्लियान	तमिलनाडु, कर्नाटक
440	पल्लियर	तमिलनाडु,
441	पण्डो	महाराष्ट्र, छत्तीसगढ़
442	पानिका	मध्यप्रदेश
443	पानियन	तमिलनाडु, कर्नाटक, केरल
444	पाओ	छत्तीसगढ़, मध्यप्रदेश
445	पारधी	गुजरात, छत्तीसगढ़, मध्यप्रदेश, महाराष्ट्र, कर्नाटक
446	पारंगीपेरजा	आन्ध्रप्रदेश
447	पारायन	केरल
448	परधान	आन्ध्रप्रदेश, महाराष्ट्र, छत्तीसगढ़
449	पारेंगा	उड़ीसा
450	परहेया	पश्चिम बंगाल, झारखण्ड
451	पारजा	छत्तीसगढ़, मध्यप्रदेश, महाराष्ट्र
452	पारोजा	उड़ीसा
453	पटेलिया	मध्यप्रदेश, महाराष्ट्र, गुजरात, राजस्थान
454	पठारी	छत्तीसगढ़, मध्यप्रदेश, महाराष्ट्र
455	पावी	असम, मेघालय, मिजोरम
456	पावरा	गुजरात, राजस्थान, कर्नाटक
457	पेटिया	उड़ीसा
458	फाक	अरुणाचल प्रदेश
459	फान्स पारधी	महाराष्ट्र, कर्नाटक, मध्यप्रदेश, छत्तीसगढ़

क्र.स.	जाति का नाम	राज्य का नाम
460	फास पारधी	गुजरात
461	फोम	नगालैण्ड
462	फोट	हिमाचल प्रदेश
463	पनार	असम, मिजोरम
464	पोचूरी	नगालैण्ड
465	पोमला	गुजरात, महाराष्ट्र
466	पोरजा	आन्ध्रप्रदेश
467	पूरूम	मणिपुर
468	पूतिया	आन्ध्रप्रदेश
469	राबा	मेघालय, असम, पश्चिम बंगाल
470	रेबारी	गुजरात
471	राजकोवा	कर्नाटक
472	राजकोया	आन्ध्रप्रदेश, महाराष्ट्र
473	राजह	आन्ध्रप्रदेश
474	राजगोण्ड	आन्ध प्रदेश, छत्तीसगढ़, महाराष्ट्र, गुजरात, मध्यप्रदेश, कर्नाटक
475	राजी	उत्तराखण्ड
476	राजौर	उड़ीसा
477	राल्टे	मणिपुर
478	रंगखोल	असम, मेघालय
479	रासाकोया	आन्ध्रप्रदेश
480	राठवा	कर्नाटक, गुजरात, महाराष्ट्र
481	राठिया	छत्तीसगढ़, महाराष्ट्र, मध्यप्रदेश
482	रावा	मेघालय
483	रावल भील	गुजरात, राजस्थान, कर्नाटक, महाराष्ट्र
484	रेडी धोराज	आन्ध्रप्रदेश
485	रेना	आन्ध्रप्रदेश
486	रेंग्मा	नगालैण्ड
487	रैंग	असम, मेघालय मिजोरम, त्रिपुरा
488	रोना	आन्ध्रप्रदेश
489	सहारा	उड़ीसा
490	सहरिया	छत्तीसगढ़, मध्यप्रदेश, राजस्थान

क्र.स.	जाति का नाम	राज्य का नाम
491	साहू	उड़ीसा
492	सैरहम	असम, मेघालय, मिजोरम
493	सैंग्टम	नगालैण्ड
494	सन्रोना	आन्ध्रप्रदेश
495	सन्ताल	उड़ीसा, त्रिपुरा, पश्चिम बंगाल, झारखण्ड, बिहार
496	साओन्ता	छत्तीसगढ़, मध्यप्रदेश
497	साओरा	उड़ीसा
498	सरोती	छत्तीसगढ़, मध्यप्रदेश, महाराष्ट्र
499	सोन्ता	मध्यप्रदेश, छत्तीसगढ़
500	सोर	छत्तीसगढ़, मध्यप्रदेश,
501	सोरा	उड़ीसा
502	सोरिया पहारिया	पश्चिम बंगाल, झारखण्ड
503	सावर	उड़ीसा, झारखण्ड, पश्चिम बंगाल, छत्तीसगढ़, महाराष्ट्र, मध्यप्रदेश
504	सावराज	आन्ध्रप्रदेश
505	सहरिया	छत्तीसगढ़, मध्यप्रदेश, राजस्थान
506	सेलनाम	असम, मेघालय, मिजोरम
507	सेमा	मणिपुर, नगालैम्ड
508	शाबर	उड़ीसा
509	शेरदूक्पेन	आन्ध्रप्रदेश
510	शेरपा	पश्चिम बंगाल
511	शिकारी	महाराष्ट्र, मध्यप्रदेश, छत्तीसगढ़
512	शोलगा	तमिलनाडु, कर्नाटक
513	सिड्डी	गुजरात, महाराष्ट्र
514	सिढो पाईको	आन्ध्रप्रदेश
515	सिम्टे	मणिपुर
516	सिंग्फो	अरुणाचल प्रदेश
517	सिंगसन	असम, मेघालय, मिजोरम
518	सिन्लूंग	झारखण्ड
519	सिताकन्ढा	उड़ीसा
520	सिथोउ	असम, मेघालय, मिजोरम
521	सोलीगरू	कर्नाटक

क्र.स.	जाति का नाम	राज्य का नाम
522	सोन कथोड़ी	गुजरात, महाराष्ट्र, राजस्थान, कर्नाटक
523	सोन कटकरी	गुजरात, महाराष्ट्र, राजस्थान, कर्नाटक
524	सोनझरी	छत्तीसगढ़, मध्यप्रदेश, महाराष्ट्र
525	सोनोवाल	असम
526	सोनल	छत्तीसगढ़, मध्यप्रदेश,
527	सोर	छत्तीसगढ़, मध्यप्रदेश
528	सोसिया	छत्तीसगढ़, मध्यप्रदेश
529	सौन्दी	उड़ीसा
530	सुगलिस	आन्ध्रप्रदेश
531	सुहटे	मणिपुर
532	सुक्टे	असम, मेघालय, मिजोरम
533	सिन्टेंग	असम, मिजोरम
534	टडवी	गुजरात, राजस्थान, महाराष्ट्र, कर्नाटक
535	तकांकर	महाराष्ट्र, मध्यप्रदेश, छत्तीसगढ़
536	टाकिया	महाराष्ट्र, मध्यप्रदेश, छत्तीसगढ़
537	तलविया	कर्नाटक, गुजरात, महाराष्ट्र
538	तमांग	सिक्किम, पश्चिम बंगाल
539	टंगखुल	मणिपुर
540	टंगसा	अरुणाचल प्रदेश
541	तंवर	छत्तीसगढ़, महाराष्ट्र, मध्यप्रदेश
542	तेतारिया	गुजरात, राजस्थान
543	तेतारिया वाल्वे	महाराष्ट्र
544	थोडा	असम, मेघालय, मिजोरम
545	थोडाउ	मणिपुर
546	ठाकुर	महाराष्ट्र
547	थंगंगेउ	असम, मेघालय, मिजोरम
548	थारू	उत्तराखण्ड
549	थारूआ	उड़ीसा
550	थातिया	छत्तीसगढ़, मध्यप्रदेश, महाराष्ट्र
551	थैंगल काचरी	असम
552	थौटी	आन्ध्रप्रदेश, महाराष्ट्र
553	थोटया	छत्तीसगढ़, मध्यप्रदेश, महाराष्ट्र

क्र.स.	जाति का नाम	राज्य का नाम
554	तिबेतन	पश्चिम बंगाल
555	टिखिर	नगालैण्ड
556	टिकिरिया कोंडस	आन्ध्रप्रदेश
557	टिप्रा	त्रिपुरा
558	टोडा	तमिलनाडु, कर्नाटक
559	टोकरा कोली	गुजरात, राजस्थान, कर्नाटक, महाराष्ट्र
560	टोटो	पश्चिम बंगाल
561	उचई	त्रिपुरा
562	उईबू	असम, मेघालय, मिजोरम
563	उल्लाडन	केरल
564	उरली	तमिलनाडु, केरल
565	वडे मारिया	छत्तीसगढ़, मध्यप्रदेश, महाराष्ट्र
566	वाघरी	गुजरात
567	वैफेई	मणिपुर, मेघालय, मिजोरम, असम
568	वाल्मीकी	आन्ध्रप्रदेश
569	वाल्वी	गुजरात, कर्नाटक, राजस्थान
570	वनरावत	उत्तराखण्ड
571	वरली	गुजरात, कर्नाटक, महाराष्ट्र
572	वासवा	गुजरात, राजस्थान, कर्नाटक, महाराष्ट्र
573	वेलिप	गोवा
574	वीटोलिया	गुजरात, कर्नाटक, महाराष्ट्र
575	वार	असम, मिजोरम
576	येनाडिस	आन्ध्रप्रदेश
577	येनिति कोन्डस	आन्ध्रप्रदेश
578	यरावा	कर्नाटक
579	यरूकुलस	आन्ध्रप्रदेश
580	यीमचूंगर	नगालैण्ड
581	योलमो	पश्चिमी बंगाल, झारखण्ड
582	जेलिंग	नगालैण्ड
583	जोउ	मणिपुर

परिशिष्ट 'ब'

अपरिगणित आदिवासियों की सूची

क्र.स.	*जाति का नाम*	*राज्य का नाम*
1	अहेरिया	दिल्ली
2	अमागुंतापलेगर	आन्ध्रप्रदेश
3	अम्बाला कारर	तमिलनाडु
4	अडुरिया डोम्ब, अन्दुईया डो	उड़ीसा
5	अनीपीमला	आन्ध्रप्रदेश
6	अन्नाबोईना मला	आन्ध्रप्रदेश
7	अप्पानाड कोन्डायम कोटाई मारावर	तमिलनाडु
8	अटूर किलनाड़ कोरावर	तमिलनाडु
9	अट्टुर मेलनाड़ कोरावर	तमिलनाडु
10	औधिया	उत्तरप्रदेश
11	औघर	उत्तरप्रदेश
12	बाड़िया	मध्यप्रदेश
13	बाफन	गुजरात
14	बागड़ी	मध्यप्रदेश, राजस्थान
15	बैद	उत्तरप्रदेश
16	बैरागी	छत्तीसगढ़
17	बैरागिया	मध्यप्रदेश
18	बनछाड़ा	मध्यप्रदेश
19	बनदास	आन्ध्रप्रदेश
20	बान्दी वाडर	कर्नाटक
21	बंगाली	हरियाणा, पंजाब
22	बंजारा	छत्तीसगढ़, मध्यप्रदेश, उत्तरप्रदेश, दिल्ली, महाराष्ट्र
23	बावरी	राजस्थान
24	बरार	हरियाणा, पंजाब
25	बारगी	उत्तरप्रदेश
26	बाट्टू टरका	तमिलनाडु
27	बोरिया	हरियाणा, पंजाब
28	बावरिया	दिल्ली

क्र.स.	जाति का नाम	राज्य का नाम
29	बाजीगर	दिल्ली, पंजाब
30	बेलदार	उत्तरप्रदेश
31	बेरड़	कर्नाटक, महाराष्ट्र
32	बेरिया	कर्नाटक, पश्चिम बंगाल
33	बेसतर	महाराष्ट्र
34	भाम्पता...राजपूत	कर्नाटक, महाराष्ट्र
35	भामता	कर्नाटक, महाराष्ट्र
36	भारमातिया	मध्यप्रदेश
37	भार	उत्तरप्रदेश, पश्चिम बंगाल
38	भाट	राजस्थान, उत्तरप्रदेश
39	भातरी	उत्तरप्रदेश
40	भाट्टू	आन्ध्रप्रदेश, मध्यप्रदेश
41	भील	दिल्ली
42	भोरा	हरियाणा
43	बिजारिया	मध्यप्रदेश
44	बोया	आन्ध्रप्रदेश, तमिलनाडु
45	बृजवासी	उत्तरप्रदेश
46	बुड़ा बुक्काल	आन्ध्रप्रदेश
47	सी.के. कोरावर	तमिलनाडु
48	चक्काला	तमिलनाडु
49	चमार जाटव	दिल्ली
50	चमार मंगता	उत्तरप्रदेश
51	चंकरावेडिय	मध्यप्रदेश
52	चंगायमपुडी कोरावर	तमिलनाडु
53	चप्पारबन्द...मुस्लिम	महाराष्ट्र
54	चपेरबन्द	कर्नाटक
55	चेट्टीनाड़ वलायर	तमिलनाडु
56	छारा	गुजरात, कर्नाटक
57	चिगरीबेतेगर	कर्नाटक
58	चोहरा चूरा	दिल्ली
59	चूबालिया कोली	गुजरात
60	डाबी कोरावर	तमिलनाडु

क्र.स.	जाति का नाम	राज्य का नाम
61	डाफेर	गुजरात
62	डन्डासी पानो	उड़ीसा
63	डन्डासी	आन्ध्रप्रदेश
64	डांग डासर	कर्नाटक
65	दसारी	आन्ध्रप्रदेश
66	देवगुडी तालायर	तमिलनाडु
67	धेकारू	पश्चिम बंगाल
68	धिन्वारा	हरियाणा
69	धोब्बा कोरावर्स	तमिलनाडु
70	डोब्बाला कोर्चा	आन्ध्रप्रदेश
71	डोम	दिल्ली
72	डोमबान	केरल
73	डोम्बो, डोम्ब, डोम्ब	तमिलनाडु, उड़ीसा
74	डोम्मार	आन्ध्रप्रदेश, तमिलनाडु
75	डोंगा बोया	आन्ध्रप्रदेश, तमिलनाडु
76	डोंगा दशारि	आन्ध्रप्रदेश, तमिलनाडु
77	डोंगा डोम्मार	आन्ध्रप्रदेश
78	डोंगा कोर्चा	आन्ध्रप्रदेश
79	डोंगा मला	आन्ध्रप्रदेश
80	डोंगा उर. कोर्चा	तमिलनाडु
81	डोंगा वडार	आन्ध्रप्रदेश
82	डोंगा यानाडि	आन्ध्रप्रदेश
83	डोंगा यथा	आन्ध्रप्रदेश
84	डोंगा यरूकुला	आन्ध्रप्रदेश
85	गन्धर्व कोटाई काल्लार	तमिलनाडु
86	गन्धर्व कोटाई कोरार्वर	तमिलनाडु
87	गन्डास, गान्डा	उड़ीसा
88	गन्डिला	उत्तरप्रदेश
89	गान्धीला	हरियाणा, पंजाब
90	घासिस, घासी, घासिया	उड़ीसा
91	घोसी हिन्दू	उत्तरप्रदेश
92	गिरनी वाडर	कर्नाटक

क्र.स.	जाति का नाम	राज्य का नाम
93	गोदन्हार	उत्तरप्रदेश
94	गोन्ड, गोन्डा	पश्चिम बंगाल
95	गोरेला डोडा बोया	तमिलनाडु
96	गोसायन	उत्तरप्रदेश
97	गुडू दसारि	तमिलनाडु
98	हाबूड़ा	मध्यप्रदेश
99	हिन्गोरा	गुजरात
100	ईरानिज	आन्ध्रप्रदेश
101	जैन्तीरा पान्ना	उड़ीसा
102	जम्बावनोडाई	तमिलनाडु
103	जरूगा मल्ली मादीगा	आन्ध्रप्रदेश
104	जटूर मिक्सड गैंग	आन्ध्रप्रदेश
105	जवेरी	कर्नाटक
106	जौ गुला	कर्नाटक
107	जोगा	उत्तरप्रदेश
108	जोगी, जोगी	उत्तरप्रदेश, तमिलनाडु
109	जोहरी	कर्नाटक
110	कबूतरिया	मध्यप्रदेश
111	कहार	उत्तरप्रदेश
112	कैकड़ी	कर्नाटक, महाराष्ट्र
113	काला कोरावर	तमिलनाडु
114	काला वथिला वोया	तमिलनाडु
115	कालाडि	तमिलनाडु
116	कलन्दर फकीर	उत्तरप्रदेश
117	कालवेलिया	मध्यप्रदेश
118	कलिंगा	मध्यप्रदेश
119	कलिंजी डाबी कोराव	तमिलनाडु
120	कल्लू...वाडर	कर्नाटक
121	कालोडोर	तमिलनाडु
122	कामती	कर्नाटक
123	कंजर	दिल्ली, मध्यप्रदेश, कर्नाटक, राजस्थान
124	कंजर भाट	महाराष्ट्र

क्र.स.	जाति का नाम	राज्य का नाम
125	कंजरी	कर्नाटक
126	कंकाली	उत्तरप्रदेश
127	कंमैलिया	उत्तरप्रदेश
128	कारचा	कर्नाटक
129	करमंगा	उत्तरप्रदेश
130	करवाल नट	पश्चिम बंगाल
131	काटवू	महाराष्ट्र
132	कयूयार भाटा	आन्ध्रप्रदेश
133	केपमारि	तमिलनाडु, आन्ध्रप्रदेश
134	केवट	उत्तरप्रदेश
135	खटिक	दिल्ली
136	खुरपल्टा	उत्तरप्रदेश
137	किंगिरा	उत्तरप्रदेश
138	किनिली	आन्ध्रप्रदेश
139	कोली	गुजरात
140	कोन्डाडोर	आन्ध्रप्रदेश
141	कू टप्पल काल्लर	तमिलनाडु
142	कोरावर	तमिलनाडु
143	कोर्चा	आन्ध्रप्रदेश
144	कूध भान्डीया	मध्यप्रदेश
145	लाम्बडी	आन्ध्रप्रदेश
146	लोधास, लोधा, लोध	उड़ीसा, पश्चिम बंगाल, उत्तरप्रदेश
147	लोंडा चमार	उत्तरप्रदेश
148	मदारी	दिल्ली, उत्तरप्रदेश
149	मघाईया डोम	पश्चिम बंगाल
150	महातम	हरियाणा, पंजाब
151	महावट	उत्तरप्रदेश
152	मल्लाह	दिल्ली, उत्तरप्रदेश
153	मन्नू बार्डर	कर्नाटक
154	मारावर	तमिलनाडु
155	मे	गुजरात
156	मेवाती	उत्तरप्रदेश

क्र.स.	जाति का नाम	राज्य का नाम
157	मिन्कास, मिन्का	उड़ीसा
158	मियाना	गुजरात
159	मोघाया डोम	पश्चिम बंगाल
160	मोघिया	मध्यप्रदेश
161	मोगिया	राजस्थान
162	मोण्डा गोल्ला	तमिलनाडु
163	मोण्डा कोरावर	तमिलनाडु
164	मोण्डी वागुल	आन्ध्रप्रदेश
165	मोटला काम्पट्टी	तमिलनाडु
166	मुगिया	उत्तरप्रदेश
167	मुल्तानि	राजस्थान
168	मुण्डा पोटा	उड़ीसा
169	मुथाराचा	आन्ध्रप्रदेश
170	नायक मक्कालू	कर्नाटक
171	नाईबाड़ी	कर्नाटक
172	नक्काल	आन्ध्रप्रदेश
173	नट...रानाबाडी	दिल्ली, कर्नाटक, हरियाणा, मध्यप्रदेश, पंजाब, राजस्थान
174	नेडेटी कोथाल	आन्ध्रप्रदेश
175	नीर सिकारि	आन्ध्रप्रदेश, कर्नाटक
176	इन्जी कोरावर	तमिलनाडु
177	नोक्कर	तमिलनाडु
178	नेल्लोरेपेट ओडार	तमिलनाडु
179	ओडार	तमिलनाडु
180	ओरिया डोम्ब	उड़ीसा
181	पडायाची	तमिलनाडु
182	पैडिय	आन्ध्रप्रदेश
183	पामलोर	कर्नाटक
184	पूमूला बुडा बुक्काल	आन्ध्रप्रदेश
185	परद्रशी भाम्पटा	कर्नाटक
186	पारधी	छत्तीसगढ़, मध्यप्रदेश, कर्नाटक
187	पारिली मुक्कला	आन्ध्रप्रदेश
188	पारय	आन्ध्रप्रदेश

क्र.स.	*जाति का नाम*	*राज्य का नाम*
189	पासिया	मध्यप्रदेश, छत्तीसगढ़, दिल्ली
190	पेड्डा बोया	आन्ध्रप्रदेश, तमिलनाडु
191	पेड्डी गोल्ला	आन्ध्रप्रदेश
192	पेरिया सूरियूर कल्लार	तमिलनाडु
193	पेरनास...पेरना	दिल्ली
194	फारेचारी	कर्नाटक
195	पिच्चीगून्तला	आन्ध्रप्रदेश
196	पीरामलाई कल्लार	तमिलनाडु
197	पोन्नाई कोरावर	तमिलनाडु
198	पून्नाम वेटुवा गोन्डर	तमिलनाडु
199	पिडीस, पैडी	उड़ीसा
200	राज पारधी	महाराष्ट्र
201	रामोसी	महाराष्ट्र
202	रेड्डी यानादि	आन्ध्रप्रदेश
203	रेड्डीका	आन्ध्रप्रदेश
204	रेल्लिय	आन्ध्रप्रदेश
205	साकाल	आन्ध्रप्रदेश
206	साक्काराईथामडाई कोरावर	तमिलनाडु
207	सलेम मेलनाड कोरावर	तमिलनाडु
208	सलेम उप्पू कोरावर	तमिलनाडु
209	सान्धी	गुजरात
210	सान्दुल्या	मध्यप्रदेश
211	सनोरिया	मध्यप्रदेश
212	सांसी	दिल्ली, मध्यप्रदेश, राजस्थान, पजाब, हरियाणा
213	सांसिया	कर्नाटक
214	सपेरा	दिल्ली, उत्तरप्रदेश
215	सारंगा पल्लई, कोरावर	तमिलनाडु
216	सेमबनाड़ मारावर	तमिलनाडु
217	सेरवाई	तमिलनाडु
218	सिकलीगर	दिल्ली, उत्तरप्रदेश
219	सिंगीवाल	उत्तरप्रदेश
220	सूरमारी ओड्डार	तमिलनाडु
221	सुगालि	आन्ध्रप्रदेश

क्र.स.	जाति का नाम	राज्य का नाम
222	टगुस करनाल जिला	हरियाणा
223	टकनाकर	कर्नाटक
224	टाकर	कर्नाटक
225	तलवार	कर्नाटक
226	टांगा भाट	उत्तरप्रदेश
227	तेलगा पामूलर	आन्ध्रप्रदेश, उड़ीसा
228	थल्ली कोरावर	तमिलनाडु
229	थेवा	गुजरात
230	थेलूंगापट्टी चैट्टीस	तमिलनाडु
231	थोगामलाई कोरावर	तमिलनाडु
232	थोटा नायक	आन्ध्रप्रदेश, तमिलनाडु
233	टोडनापुर महारात्रा	आन्ध्रप्रदेश
234	टूडुग वाडेर--	कर्नाटक
235	टुरका	आन्ध्रप्रदेश
236	उचीला	कर्नाटक
237	उप्पू कोरावर	तमिलनाडु
238	उराली गौन्डर	तमिलनाडु
239	वाड्डार	आन्ध्रप्रदेश
240	वाड्डी उप्पार	आन्ध्रप्रदेश
241	वड्डुवरपट्टी कोरावर	तमिलनाडु
242	वलायर	तमिलनाडु
243	वर्गानेरी कोरावर	तमिलनाडु
244	वेड्डूरूपका मला	आन्ध्रप्रदेश
245	वेट्टुवा गौन्डर	तमिलनाडु
246	वेट्टा कोरावर	तमिलनाडु
247	वेट्टाईकारर	तमिलनाडु
248	वाडर	महाराष्ट्र
249	वाघर, वाघेर	गुजरात
250	वाघरी	महाराष्ट्र
251	वायलपाड	तमिलनाडु
252	यानाडि	आन्ध्रप्रदेश
253	यरूकुला	आन्ध्रप्रदेश, कर्नाटक
254	योयालपाड	आन्ध्रप्रदेश

परिशिष्ट 'स'

घुमन्तू आदिवासियों की सूची

क्र.स.	*जाति का नाम*	*राज्य का नाम*
1	अरायन्डन	केरल
2	औघड़	उत्तरप्रदेश
3	अबधिया	उत्तरप्रदेश
4	बच्चोवालिया	मध्यप्रदेश
5	बाडी	उत्तरप्रदेश
6	बहेलिया	पश्चिम बंगाल
7	बहरूपी	महाराष्ट्र
8	बैलापटार	कर्नाटक
9	बैरागी बावा	कर्नाटक
10	बजानिया, बाजीगर	गुजरात, कर्नाटक, हरियाणा
11	बजीकर	उड़ीसा
12	बालसन्तोषी जोशी	कर्नाटक
13	बालदिया	मध्यप्रदेश
14	बालदियाज-बंजाराज	राजस्थान
15	बंगाई	हरियाणा
16	बंजारा	हरियाणा
17	बर्गी	उत्तरप्रदेश
18	बौरिया	हरियाणा
19	बौरी	पश्चिम बंगाल
20	बावा-वैरागी, वैरागी बावा	गुजरात
21	बेडिया, बेरिया	पश्चिम बंगाल
22	बेलदार	महाराष्ट्र, उत्तरप्रदेश
23	बेलदार-बेराड	पश्चिम बंगाल
24	भाण्ड, नट बजानिया	गुजरात
25	भान्टू	मध्यप्रदेश
26	भार	उत्तरप्रदेश
27	भाराडड्री हरबोला	मध्यप्रदेश
28	भाराधी, हरदास	मध्यप्रदेश
29	भाराडी	कर्नाटक, महाराष्ट्र

क्र.स.	जाति का नाम	राज्य का नाम
30	भारतीय इरानी	महाराष्ट्र
31	भार	पश्चिम बंगाल
32	भाट	छत्तीसगढ़, उत्तरप्रदेश
33	भाटा	मध्यप्रदेश
34	भट्टी	उत्तरप्रदेश
35	भावैया, तारगला	गुजरात
36	भोई	महाराष्ट्र
37	भोपा, गाडी लूहारिया	गुजरात, राजस्थान
38	भूटे	महाराष्ट्र
39	बीरहोर	पश्चिम बंगाल, उड़ीसा
40	वृजवासी	उत्तरप्रदेश
41	बुडबुडकी-जोशी-गोन्धाली	कर्नाटक
42	बुन्डा बेस्ता-बेस्तर	कर्नाटक
43	चमार, चर्मकार, मोची, मुची, रबिदास, रुईदास, ऋषि	पश्चिम बंगाल
44	चमार मंगता	उत्तरप्रदेश
45	चामटा, चमाठा	गुजरात
46	चारण, गधवी	गुजरात
47	चित्राकथी	महाराष्ट्र
48	चित्राकथी जोशी	कर्नाटक
49	चोलानायकन	केरल
50	दलेरे कहार	उत्तरप्रदेश
51	दरवेश	कर्नाटक
52	दरवेशी, वाघवोलेशाह-मुस्लिम-अश्वालवाले	महाराष्ट्र
53	दवेरी	कर्नाटक
54	देहा	हरियाणा
55	देवर	छत्तीसगढ़, मध्यप्रदेश
56	धांगड	छत्तीसगढ़, मध्यप्रदेश, महाराष्ट्र
57	ढोली	कर्नाटक
58	डोम, धांगड़-डोमा	पश्चिम बंगाल
59	डोमावारिश	राजस्थान

क्र.स.	जाति का नाम	राज्य का नाम
60	डोमवारी	कर्नाटक
61	डोम्वीदास	कर्नाटक
62	डुमना	हरियाणा
63	दुर्गामुर्गा	कर्नाटक
64	दुर्गीमुर्गी	मध्यप्रदेश
65	फकीर-सैन	पश्चिम बंगाल
66	गडालिया, गाडलिया	गुजरात
67	गड्डीस	मध्यप्रदेश
68	गागरा	हरियाणा
69	गन्दिला	उत्तरप्रदेश
70	गान्धिला	हरियाणा
71	गारो, गारोड़ा	गुजरात
72	गारूड़ी	गुजरात, कर्नाटक, महाराष्ट्र
73	गौरिया	हरियाणा
74	गवली, मुस्लिम गवली	महाराष्ट्र
75	घन्तारा घाडा, घन्तारा	उड़ीसा
76	घान्तिया, गान्तिया, नटाडा	गुजरात
77	घासी	पश्चिम बंगाल
78	घीसाड़ी	कर्नाटक, महाराष्ट्र, मध्यप्रदेश, राजस्थान
79	घोसी	उत्तरप्रदेश
80	घूसुरिया	उड़ीसा
81	गीहारा -गहारा	महाराष्ट्र
82	गिन्धाली	मध्यप्रदेश
83	गोडायना	मध्यप्रदेश
84	गोडनहार	उत्तरप्रदेश
85	गोलारस-गोलाम्स केल्लास-बालाघाट गोक्कारस	मध्यप्रदेश
86	गोल्ला	महाराष्ट्र
87	गोन्धाली	महाराष्ट्र
88	गोन्ड	पश्चिम बंगाल
89	गोपाल	कर्नाटक, महाराष्ट्र
90	गोसाई, गोसायन	छत्तीसगढ़, उत्तरप्रदेश

क्र.स.	जाति का नाम	राज्य का नाम
91	गोसवी	महाराष्ट्र
92	गुसाईन-गोसाईन	महाराष्ट्र
93	हजरा	मध्यप्रदेश
94	हांसी	हरियाणा
95	हेल्वे	महाराष्ट्र
96	होगर-होवडीगर	कर्नाटक
97	जोगा	उत्तरप्रदेश
98	जोगी कालवेलिया	राजस्थान
99	जोगी कन्फटा, जोगी	राजस्थान, गुजरात, उत्तरप्रदेश, छत्तीसगढ़, पश्चिम बंगाल
100	जोशी-सादा जोशी	छत्तीसगढ़, महाराष्ट्र, कर्नाटक
101	जोशी, बालसन्तोषी, जोशी बहुलीकार, जोशी चित्राकथी जोशी, हारडा, जोशीं-नाडिया, जोशी हरबोला, जोशी- नामडलवाला, जोशी पिंगाला	मध्यप्रदेश
102	कादर	केरल
103	कलन्दर फकीर	उत्तरप्रदेश
104	कलन्दर गुलाम डे	मध्यप्रदेश
105	कामड	मध्यप्रदेश
106	कंगासिया	गुजरात
107	कंजर	हरियाणा, पश्चिम बंगाल
108	कनकली	उत्तरप्रदेश
109	कनमैलिया	उत्तरप्रदेश
110	करमंगा, हिन्दू महावत	उत्तरप्रदेश
111	करोहिया	मध्यप्रदेश
112	कसाई	छत्तीसगढ़
113	कासी कपडी	महाराष्ट्र, कर्नाटक
114	काशी कपडी-हारडा	मध्यप्रदेश
115	कसाई-शेफर्डस	मध्यप्रदेश
116	कताबू	कर्नाटक
117	कथोडी-कटकरी	गुजरात
118	कट्टुनायकन	केरल

क्र.स.	*जाति का नाम*	*राज्य का नाम*
119	केला	उड़ीसा
120	केलकरी	कर्नाटक
121	केवट	उत्तरप्रदेश
122	खटीक-खटीस	पश्चिम बंगाल
123	खूरपल्टा	उत्तरप्रदेश
124	खुरपल्टास-कुलफल्टास	राजस्थान
125	किल्ले कयाथस	कर्नाटक
126	किंगिरिया	उत्तरप्रदेश
127	कोलहारी	कर्नाटक
128	कोठारी	महाराष्ट्र
129	कोटवालिया	गुजरात
130	कुरून्वार	केरल
131	लोध	उत्तरप्रदेश
132	लोधा, खेरिया, खारिया	पश्चिम बंगाल
133	लोहार पिट्टा-गाडियर जोहर	मध्यप्रदेश
134	लोना चमार	उत्तरप्रदेश
135	ईरानी, ईरानिस	मध्यप्रदेश, राजस्थान
136	मदारी	उड़ीसा, उत्तरप्रदेश
137	महावत और लूंगी पठान	उत्तरप्रदेश
138	माईराल	महाराष्ट्र
139	मालापण्डारम	केरल
140	मल्लाह	हरियाणा, पश्चिम बंगाल, उत्तरप्रदेश
141	मनकिढी	उड़ीसा
142	मनकिरडिया	उड़ीसा
143	मारियेवाले, काडकालक्ष्मी, मार्गाम्मावाले	महाराष्ट्र
144	मारवाड़ा-वाघरी, मारवाडीवाघरी, मारवाड़ा	गुजरात
145	मसानिया योगी	कर्नाटक
146	मसान जोगी	महाराष्ट्र
147	मेवाती	उत्तरप्रदेश
148	मुगिया-मुंग	उत्तरप्रदेश

क्र.स.	जाति का नाम	राज्य का नाम
149	मुस्लिम मदारी गारूडी, सांपवाले और जादूगर	महाराष्ट्र
150	नन्दीवाला जोशी गोन्डाली फूलमाली	कर्नाटक
151	नन्दीवाले	महाराष्ट्र
152	नट	हरियाणा, पश्चिम बंगाल
153	नाथ, नाथबावा	गुजरात
154	नाथपंथी-डौरी गोसवी	कर्नाटक
155	नायकड़ा-नायकडाघील	मध्यप्रदेश
156	ओढ	गुजरात, हरियाणा
157	ओतारी	महाराष्ट्र
158	पांगूल	महाराष्ट्र
159	पांगौडूल	कर्नाटक
160	पारधी	गुजरात
161	पारधिज	राजस्थान
162	पासी-पासिया	पश्चिम बंगाल
163	पैरना	हरियाणा
164	पिचागुन्ताला	कर्नाटक
165	राजगोण्ड	छत्तीसगढ़
166	रावलिया, रावल, रावलयोगी	गुजरात, महाराष्ट्र
167	रोभारिस	मध्यप्रदेश
168	सबाखिया	उड़ीसा
169	सलाट घेरा,	गुजरात
170	सांसी	हरियाणा
171	सरानिया	कर्नाटक, गुजरात, मध्यप्रदेश
172	सारोडी	कर्नाटक
173	सिकलीगर	राजस्थान, गुजरात, मध्यप्रदेश, छत्तीसगढ़, उत्तरप्रदेश हरियाणा
174	शोरगिर	हरियाणा
175	सिक्कलगर	महाराष्ट्र
176	सिंगीवाल	उत्तरप्रदेश
177	सिरगीवाला, कुचू और कुचबन्द	मध्यप्रदेश
178	सिरकीबन्द	हरियाणा

क्र.स.	*जाति का नाम*	*राज्य का नाम*
179	सपेला	हरियाणा, उत्तरप्रदेश
180	सुडूगुहू सिधान-बहुरनिया	मध्यप्रदेश
181	तांगा भाट	उत्तरप्रदेश
182	फेलारी	महाराष्ट्र
183	तिरूमली	कर्नाटक
184	तूरी	गुजरात
185	उल्लाडन	केरल
186	उरली	केरल
187	वाडी, जोगी वाडी	गुजरात, कर्नाटक
188	वेगलाले	महाराष्ट
189	वागरी	कर्नाटक
190	वैडू	कर्नाटक, महाराष्ट्र
191	वनियंथार-राजगोण्ड	मध्यप्रदेश
192	वन्जारी	महाराष्ट्र
193	दन्सफोड़ा	गुजरात,
194	वंजारा	गुजरात, उत्तरप्रदेश
195	वासुदेव	कर्नाटक, महाराष्ट्र
196	वीर	कर्नाटक
197	वीटोडिया, विटोलिया	गुजरात
198	योगी नाथ	पश्चिम बंगाल

परिशिष्ट 'द'

अर्द्ध-घुमन्तू आदिवासियों की सूची

क्र.स.	*जाति का नाम*	*राज्य का नाम*
1	भाराड्डी-जोधाव	राजस्थान
2	भाया	राजस्थान
3	जालूकु	राजस्थान
4	जंगलु	राजस्थान
5	झांग	राजस्थान
6	जोगी	राजस्थान
7	कन्नी	राजस्थान
8	मांगलिया	राजस्थान
9	रामास्वामी	राजस्थान
10	राठ	राजस्थान
11	रेवारिज	राजस्थान
12	सांरगीवाला भोपा	राजस्थान
13	सिन्डलू	राजस्थान

संदर्भ-ग्रंथ

हिन्दी

'आर्य क्रान्तिकारिणी विद्यावती शारदा', वी. सिंह 1990, दिल्ली

'अमर क्रान्तिकारी रासबिहारी बोस', अमरेन्द्र नाथ, 1978, कलकत्ता

'आग ती सदा धधकती रही', डॉ. भूपेन्द्रनाथ दत्त, 1986, कलकत्ता

'एक तूफान गंगानारायण', प्रवीर मैत्र, लखनऊ

'एक जहर जो धीरे-धीरे फैल रहा था', माँगीलाल सोलंकी, 1985, जयपुर

'भारत की आदिवासी जनजातियाँ ', डॉ. शिवतोष दास, 1965, आगरा

'बीर वनवासी भगोजी नाईक', डॉ. गोविन्द गारे, दिल्ली, 1982

'बिरसा मुण्डा', तोडू मुचिराम मुण्डा, मंत्री, वन एवं जनजाति कल्याण विभाग, बिहार, 1982

'भारत की जनजातियाँ', डॉ. शिवतोष दास, 1983, दिल्ली

'भारतीय क्रान्तिकारियों पर आर्यसमाज का प्रभाव', डॉ. भवानीलाल, 1990, दिल्ली

'धर्मयुद्ध में अंग्रेज त्राहिमाम् कर बैठे', बाल शंकर, 1982, दिल्ली

'धरती का देवता बिरसा', तारू मुण्डा, 1982, बिहार

'दहकता पूर्वांचल', भानु प्रताप शुक्ल, 1982, दिल्ली

'जब हो वनबासियों के तीन क्रान्ति को न्यौता देते थे', कार्तिकेय शुक्ल, दिल्ली, 1976

'जनजातीय वीर', एल.आर.एन श्रीवास्तव, अध्यक्ष, अ.ज. एवं एवं अ. जनजाति शिक्षा अनुभाग, रा.शै.अ. परिषद, नई दिल्ली, 1982

'जब वनवासी महिलाओं ने मुगलों के छक्के छुड़ाए', महादेव उराँव, 1981, पटना

'क्रान्तिनायक गोविन्द गुरू', सूर्य नारायण सक्सेना, 1990, दिल्ली

'क्रान्तिस्रोत-ऋषि चरित्र', क्षितीश वेदालंकार, 1969, दिल्ली

'महादेव कोली', डॉ. गाविन्द गोरे, निदेशक, जनजाति शोध एवं प्रशिक्षण संस्थान, महाराष्ट्र सरकार, बम्बई, 1971

'महान कोल संग्राम', बाल सौमित्र, 1989 दिल्ली

मीणा इतिहास, रावत सारस्वत, 1968

मीणा इतिहास, यशोदा मीणा, 2001

मीणा इतिहास, शकुन्तला मीणा, 2003

'पश्चिम बंगाल के आदिवासी आन्दोलन', ए.के. दास, निदेशक जनजाति कल्याण विभाग, प. बंगाल, 1979, कलकत्ता

'राष्ट्रीय आन्दोलन और आर्य समाज', डॉ. गणेशी लाल वर्मा, 1977, दिल्ली

'स्वातंत्र्य-संग्राम में वीर सावरकर का योगदान', बालराव सावरकर, 1973, दिल्ली

'संथाल वीर सिदो-कान्हू चन्द भैरों की क्रान्ति गाथा', डोमन साहू समीर, 1982 पटना, बिहार

'संस्थान-संघर्ष', डोमन साहू समीर, 1987, कलकत्ता

'तेजस्विनी क्रान्ति-वीरांगना मैडम कामा', बाल लिमये, 1980, दिल्ली

'ठाकुर रोशन सिंह', बनारसी सिंह, 1985, दिल्ली

'वीर दामोदर चाफेकर', गणेश त्रयंबक कुलकर्णी, 1988, नागपुर

'वीर वनवासी' भानु प्रताप शुक्ल, 1981, दिल्ली

'वनवासी स्वतन्त्रता-संग्राम के प्रमुख कीर्ति-स्तम्भ', भानु प्रताप शुक्ल, 1982, दिल्ली

'वनवासी', ठक्कर बापा, 1946, दिल्ली

वनवासी भील, रामचन्द्र पलात, 1988

अंग्रेजी

Anthropological Survey of India: People of India Series. General Editor K. S. Singh

Campbell, James M (ed): Hindu Castes and Tribes of Gajurat. 2 Vols. Gurgaon: Vintage, 1988, 630p., Rs. 400 (set)

Castes and Tribes on the Tea Estates of North-East India. Gurgaon: Vintage, 1989, 360p., Rs. 200

Census of India 1931 India Vols. by J.H. Hutton.

Census of India, Union Primary Census Abstract for Scheduled Castes and Scheduled Tribes, Paper 1 of 1993.

Crooke, E.W.: The Tribes and Castes of the North-Western Provinces and Oudh. 4 Vols.(Reprint Calcutta 1890 edn.) 1996.

Crooke, W: The Natives of Northern India; The Native Races of British Empire Series. Delhi:AES, 1995.

Elliot, M. Henry: Memoirs on the History, Folklore and Distribution of the races of the N.W. Provinces of India. Delhi:AES, 1996.

Elst, Koenraad: Indigenous Indians;Agastya toAmbedkar. Delhi: Voice of India.

Elwin, Verrier: The Baiga. Foreword by J. H. Hutton.

Encyclopaedia of Schudle Tribes in India. : 5 Volumes Y Mohanty, P.K.

Enthoven , R.E.: The Tribes and Castes of Bombay Presidency . 3 Vols.

Ghurye, G.S. *The Burning Cauldron of North-East India,* Popular Prakashan, Bombay, 1980.

Ghurye, G.S., *The Scheduled Tribes,* Popular Press, Bombay, 1963.

Government of India, Department of Social Security, *The Report of the Advisory Committee on the Revision of the Lists of Scheduled Castes and Scheduled Tribes,* 1965.

Government of India, Ministry of HomeAffairs, *Report of the Working Group on Development of Scheduled Tribes During Seventh Five Year Plan,* 1985-90, 1994.

Gustav, Oppert: The Dravidians, Or The Original Inhabitants of Bharatvarsah Or, India. Delhi:AES, 1988.

(ICSSR-sponsored Research Programme on Tribal Studies) – Tribal Studies of India Series,*Antiquity to Modernity in Tribal India:* Vol. I *Continuity and Change Among Indian Tribes,* ed. By S.C. Dube; Vol. II *Tribal Self-Management in North East India,* ed. By Bhupinder Singh; Vol. III *Ownership and Control of ResourcesAmong Indian Tribes,* ed. By S.N. Mishra; Vol. IV *Tribal Movements in India,* by K.S. Singh, Inter-India Publication, 1998.

Ibbetson, Denzil: Punjab Castes.

Ibbetson, Maclagan; Rose, H.A:A Glossary of the Tribes and Castes of the Punjab and North-West Frontier Province, Based on the Census Report for the Punjab, 1883- by the Late Sir Denzil Ibbetson and the Census Report for the Punjab, 1892, By Sir Edward Maclagan and Complied by H.A. Rose-in. Iyer, L. K.A: Cochin Tribes and Castes.;AnAnthropological and SociologicalAnalysis. 3 Vols. Delhi: Cosmo. Rs. 750

Iyer, L. K.A: The Mysore Tribes and Castes. 5 Vols. Delhi: Mittal, 1988.

Kaye, John William: The Peoples of India Delhi: BRPC, 1987.

^Kalkata Review* - 49] 1969] P- 109&158] Bhagwan Birsa Munda

Ketkar, S.V.: History of Caste in India : Evidence of the Laws of Manu on the Social Conditions in India During the 3rd CenturyA.D.

Life Style, Indian Tribes' Locational Practice Dr. Sivtosh Das,1987, Gyan Prakashan House, New Delhi

Levi, Przyluski Bloch: Pre-Aryan and Pre-Dravidian in India. Translated by Y.P. Chandra Bagchi Delhi:AES, 1993.

Miri, Mrinal(ed.), *Continuity and Change in Tribal Society,* Indian Institute ofAdvanced Study, Rashtrapati Nivas, Shimla, 1993.

Mathur, P.R.G., *Tribal Situation in Kerala,* Kerala Historical Society, Trivandrum, 1977.

Ministry of HomeAffairs, *Scheduled Tribes and ScheduledAreas in India: Background Paper*, New Delhi, July 1978.

National Commission for Scheduled Castes and Scheduled Tribes;

Historical Background, General Information, July 1993, published in 1994.

National Sample Survey Organisation, Department of Statistics, A *Report on Some Important Characteristics of Villages in TribalAreas,* No. 375, July 1988 and June 1989,August 1990.

'Peoples of The North-East India*] Dr. Shivtosh Das, 1979, Gyan Prakashan House New Delhi

Raza, Moonis andAijazuddinAhmad,A*n atlas of Tribal India,* Concept Publishing Company, 1990.

*Report of the Commissioner for Scheduled Castes and Scheduled Tribes, 1967-68(*Seventeenth Report), Vols. I, II.

Risley, H.H: The Tribes & Castes of Bengal. 2 Vols. Calcutta: Firma, 1981.

Risley, Herbert: The People of India: 2nd edn. by William Crooke. 1991.

Rizvi, S.H.M: Mina; The Ruling Tribe of Rajasthan. Delhi: BRPC, 1987.

Rowney, Horatio B: The Wild Tribes of India. Delhi.

Russell, J. & Hira Lal: The Tribes and Castes of the Central Provinces of India.

Sharma, B.D., "A New Deal for the Tribal Peaople", *Bhumkal,* July 1-29, 1965.

Singh, K.S.(ed.), *Economies of the Tribes and Their Transformation,* Concept Publishing Company, New Delhi, 1982.

Sherring, M.A: Hindu Tribes and Castes.(As Represented in Benaras) Delhi: Cosmo.

Shukla, Hira Lal: Tribal History;A New Interpretation. Delhi: BRPC, 1987.

Syed, Siraj Ul Hassan: The Castes & Tribes of H.E.H. The Nezam's Dominions(Ahir_waddar). Hyderabad. Delhi:AES, 1989.

The Tribal Revolts' V. Raghavyah,1973, Madras

Thurston, Edgar: Castes and Tribes of Southern India.

मुद्रक : एम.पी. प्रिन्टर्स, नोएडा